古董

2012ANTIQUES

CHINESE ARTS AUCTION RECORDS

拍卖年鉴 全彩版

2011.1.1～2011.12.31

玉器

CNS | 湖南美术出版社

图书在版编目(CIP)数据

2012古董拍卖年鉴·玉器 / 欣弘编.—长沙：湖南美术出版社，2012.1
ISBN 978-7-5356-5095-5

I. ①2… II. ①欣… III. ①历史文物－拍卖－价格－中国－2012－年鉴②古玉器－拍卖－价格－中国－2012－年鉴 IV. ①F724.787-54

中国版本图书馆CIP数据核字(2012)第006519号

2012古董拍卖年鉴·玉器

主　　编：欣　弘
策　　划：易兴宏
责任编辑：李　坚

湖南美术出版社出版发行(长沙市东二环一段622号)
湖南省新华书店经销
深圳雅昌彩色印刷有限公司制版、印刷
(本书采用CTP工艺制版、印刷)
开本：787×1092　1/16　印张：12.5
2012年2月第1版　2012年2月第1次印刷
ISBN 978-7-5356-5095-5
定价：98.00元

邮购联系：0731-84787105　邮编：410016　网址：http://www.arts-press.com/
电子邮箱：market@arts-press.com

目　　录

凡 例

1.《2012古董拍卖年鉴》分瓷器卷、玉器卷、杂项卷、书画卷共四册。收录了纽约、纳高、伦敦、香港、澳门、台北、北京、上海、广州、昆明、天津、重庆、成都、安徽、云南、南京、西安、济南等城市或地区的几十家拍卖公司上百个专场的2011年度拍卖成交记录与拍品图片。

2.本书内文条目原则上保留了原拍卖记录，按拍品号、朝代、品名、估价、成交价、尺寸、拍卖公司名称、拍卖日期等排序，部分原内容缺或不详的，即不注明，书画卷内文条目还有作者姓名、作品形式、创作年代、钤印等内容。

3.因境外拍卖公司宿地不同，本书拍品中有多种币种：RMB人民币，USD美元，EUR欧元，GBP英磅，HKD港币，TWD台币。但本书所有拍品估价与成交价均采用按汇率转换成RMB(人民币)币种。

4.需查看更多图片资料，请登陆“www.artron.net”进入“中国艺搜”栏目，输入要查看拍品的完整名称或名称的关键词语点击搜索即可。

礼 玉

玉 璜

2702 战国 玉双龙首璜
估　价：RMB 200,000～300,000
成交价：RMB 345,000
长12.2cm 北京翰海 2011.5.21

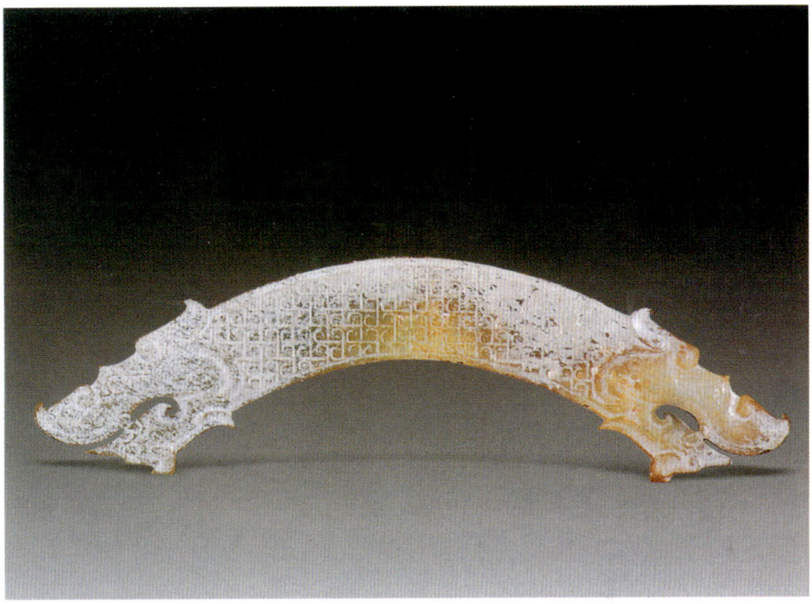

867 战国 白玉勾连云纹龙首玉璜
估　价：RMB 800,000～1,000,000
成交价：RMB 1,200,000
长15cm 红太阳 2011.5.28

855 汉 青玉双龙双凤纹璜
估　价：RMB 1,380,000～1,680,000
成交价：RMB 1,600,000
长20cm 红太阳 2011.5.28

玉 璧

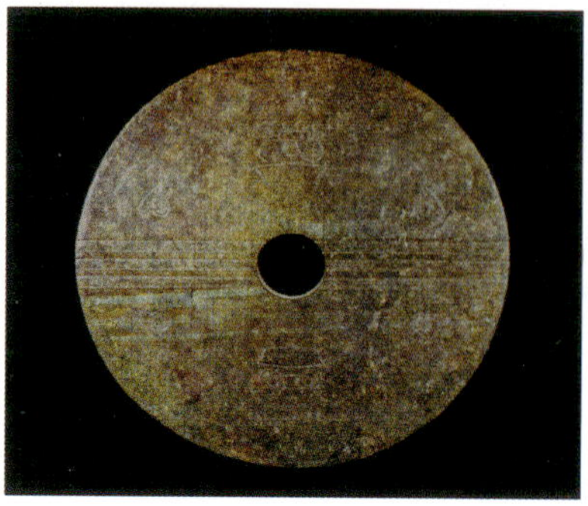

1128 良渚文化 神人兽面纹玉璧
估　价：RMB 3,800,000
成交价：RMB 4,180,000
直径46.5cm 北京中嘉 2011.1.9

1047 齐家文化 神人面玉璧
估　价：RMB 1,500,000
成交价：RMB 1,760,000
直径27.6cm 北京中嘉 2011.1.9

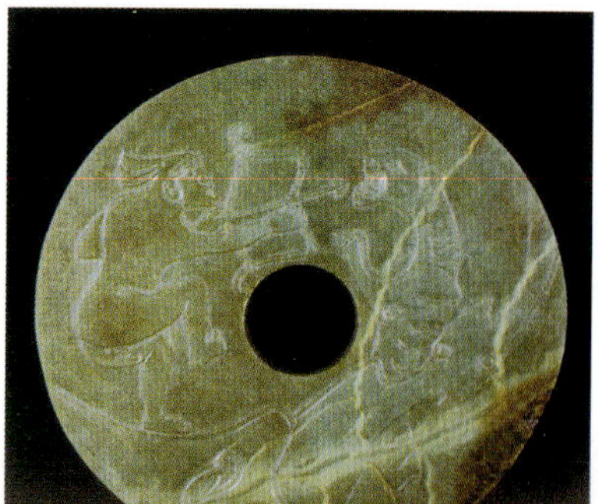

1339 齐家文化 狩猎纹玉璧
估　价：RMB 1,500,000
成交价：RMB 1,650,000
直径25.5cm 北京中嘉 2011.1.9

1219 齐家文化 青玉四蛇纹璧
估　价：RMB 2,100,000
成交价：RMB 2,200,000
直径39.3cm 北京中嘉 2011.1.9

1115 齐家文化 蛙形玉璧
估　价：RMB 660,000
成交价：RMB 770,000
长31.5cm 北京中嘉 2011.1.9

276 西周 白玉双层出廓璧
估　价：RMB 4,800,000
成交价：RMB 3,378,240
17cm×9.6cm 澳门中信 2011.11.25

2698 西汉 玉乳钉纹璧
估　价：RMB 320,000～380,000
成交价：RMB 483,000
直径16cm 北京翰海 2011.5.21

7175 汉 龙凤饕餮纹玉璧
估　价：RMB 1,000,000～1,500,000
成交价：RMB 1,265,000
直径13.2cm 北京保利 2011.6.5

1081 汉 黄玉长乐挂璧
估　价：RMB 1,100,000
成交价：RMB 1,210,000
通长43.5cm 北京中嘉 2011.1.9

878 汉 青玉蒲纹谷纹璧（一对）
估　价：RMB 1,680,000～1,880,000
成交价：RMB 1,680,000
直径22cm 红太阳 2011.5.28

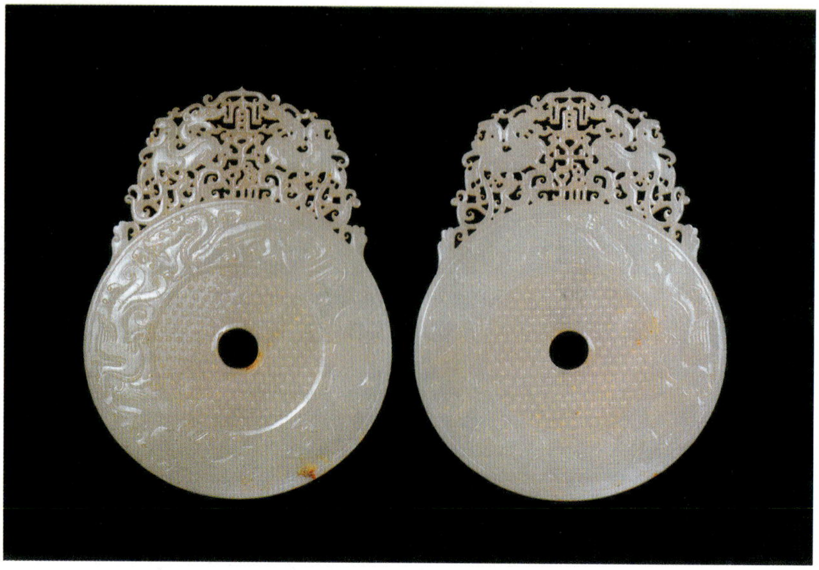

1010 汉 白玉“宜子孙”双龙纹出廓璧（一对）
估　价：RMB 1,300,000
成交价：RMB 1,430,000
通长30cm 北京中嘉 2011.1.9

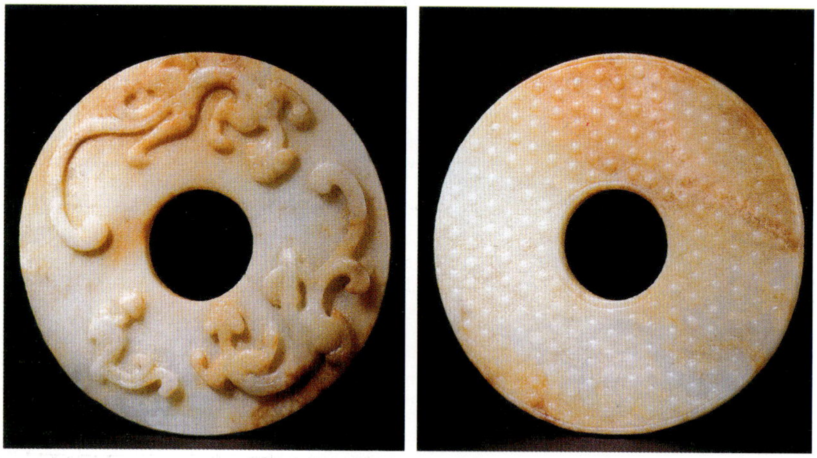

618 宋 白玉雕螭龙纹璧
估　价：RMB 50,000
成交价：RMB 115,000
直径12.5cm
上海大众 2011.08.25

1025 元 白玉螭龙玉璧
估　价：RMB 55,000～65,000
成交价：RMB 61,600
高6.1cm 北京荣宝 2011.11.11

850 汉 青玉谷纹璧
估　价：RMB 1,200,000～1,600,000
成交价：RMB 2,000,000
直径15cm 红太阳 2011.5.28

2717 明仿汉 玉璧
估　价：RMB 120,000～160,000
成交价：RMB 235,750
直径12.2cm 北京翰海 2011.5.21

578 明 白玉沁色雕望子成龙纹璧
估　价：RMB 70,000
成交价：RMB 156,800
高6.6cm 天津文物 2011.11.12

3127 清早期 玉雕十二章圭璧
估 价：RMB 180,000～280,000
成交价：RMB 460,000
高32.5cm 中国嘉德 2011.12.17

1220 汉 青黄玉神人四灵纹璧
估 价：RMB 350,000
成交价：RMB 418,000
长25.2cm 北京中嘉 2011.1.9

5187 清乾隆 黄玉十二章圭璧
估 价：RMB 700,000～900,000
成交价：RMB 1,380,000
长21.5cm 北京保利 2011.12.06

21 清乾隆 白玉龙纹圭璧
估 价：RMB 2,500,000～3,500,000
成交价：RMB 3,220,000
高28.3cm 浙江钱塘 2011.12.04

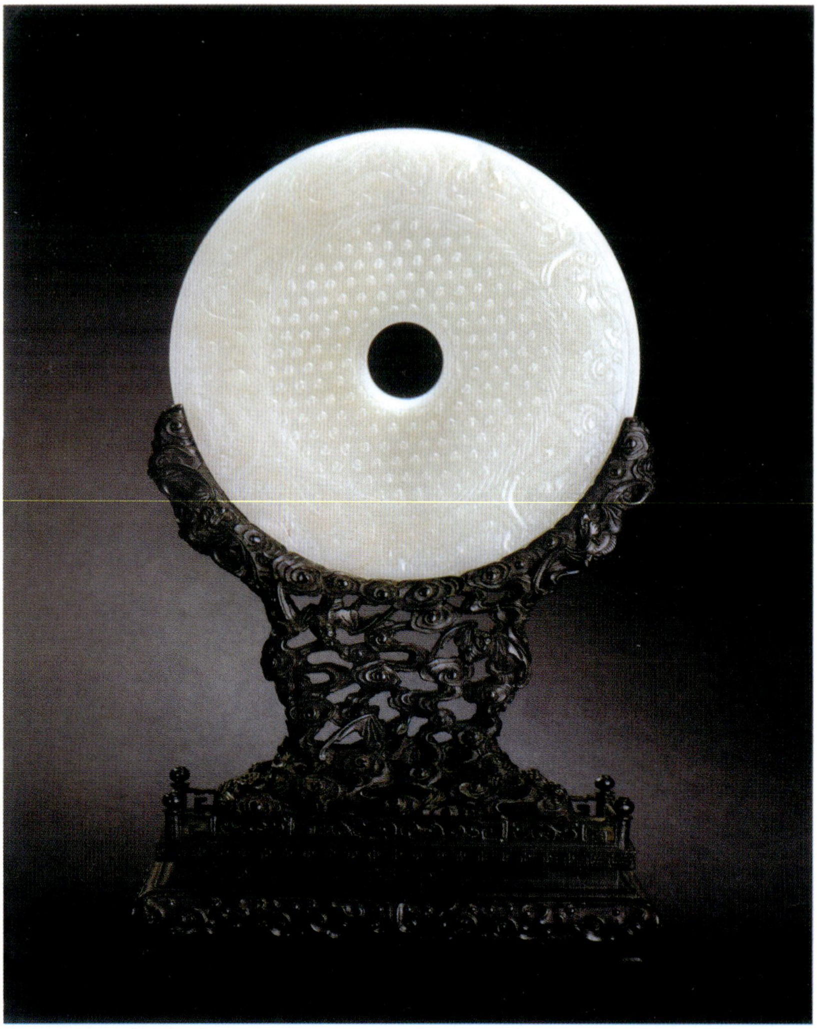

368 清乾隆 御制白玉雕仿石縠文吉礼璧
估　价：RMB 8,000,000～9,000,000
成交价：RMB 12,650,000
直径17.2cm 北京东正 2011.11.17

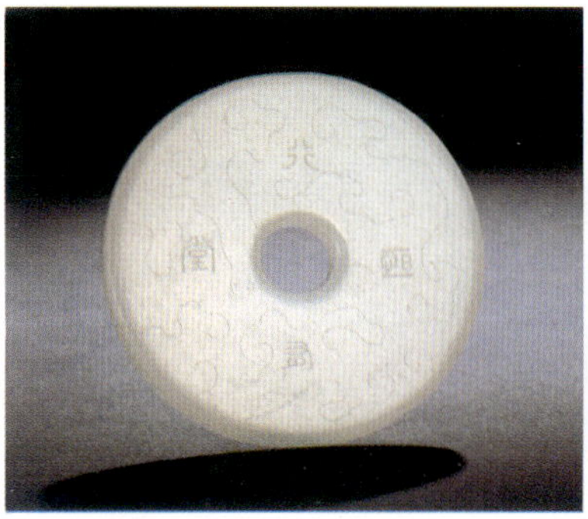

8340 清道光 羊脂白玉“行有恒堂”云纹璧
估　价：RMB 500,000～800,000
成交价：RMB 575,000
直径4.5cm 北京保利 2011.12.08

7507 清 白玉四时花卉纹璧
估　价：RMB 300,000～500,000
成交价：RMB 1,955,000
宽12.1cm 北京保利 2011.6.6

玉　环

781 商 玉龙纹环
估　价：RMB 30,000
成交价：RMB 56,000
直径5cm 天津文物 2011.5.13

1426 汉 白玉螭龙纹环
估　价：RMB 160,000
成交价：RMB 187,000
长13.2cm 北京中嘉 2011.1.9

7416 金-元 黄玉留皮巧雕“秋山图”带环
估　价：RMB 50,000～80,000
成交价：RMB 230,000
长6.4cm 北京保利 2011.6.6

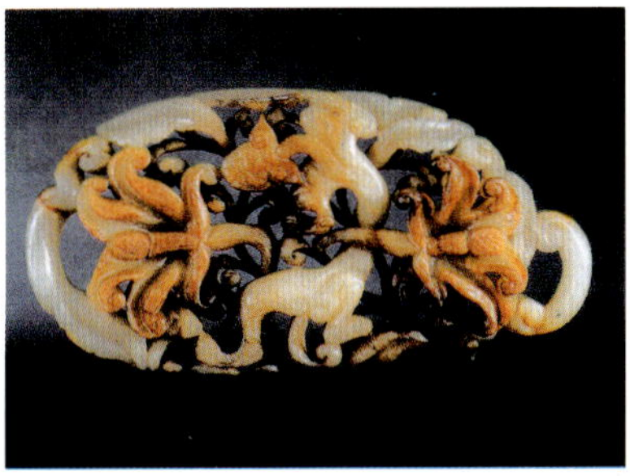

7420 元 白玉褐色皮巧雕葵花螭纹绦环
估　价：RMB 100,000～150,000
成交价：RMB 483,000
长12.5cm 北京保利 2011.6.6

7418 明 白玉云龙纹绦环
估　价：RMB 80,000～120,000
成交价：RMB 345,000
长7.4cm 北京保利 2011.6.6

2301 清中期 白玉子辰环形佩
估　价：RMB 200,000~300,000
成交价：RMB 862,500
高6.3cm 北京翰海 2011.5.19

玉　琮

1142 齐家文化 神人面玉琮
估　价：RMB 1,600,000
成交价：RMB 1,760,000
高17cm 北京中嘉 2011.1.9

887 良渚文化 青玉兽面纹玉琮
估　价：RMB 2,800,000～3,600,000
成交价：RMB 3,200,000
高40cm 红太阳 2011.5.28

177 宋 黄玉琮
估　价：RMB 250,000～350,000
成交价：RMB 460,000
直径9.5cm 福建拍卖 2011.7.2

玉　圭

719 明 白玉沁色雕十二章圭
估　价：RMB 500,000
成交价：RMB 560,000
长18.7cm 天津文物 2011.5.13

1227 商代 青白玉神人纹圭（一组三件）
估　价：RMB 900,000
成交价：RMB 990,000
通长19.5cm 北京中嘉 2011.1.9

7176 清乾隆 御题诗古玉圭
估　价：RMB 1,800,000~2,800,000
成交价：RMB 2,530,000
长39.5cm 北京保利 2011.6.5

玉 璋

5182 清乾隆 白玉仿古龙凤纹出戟璋
估 价：RMB 2,800,000～4,800,000
成交价：RMB 4,255,000
长12.7cm 北京保利 2011.12.06

玉 册

45 清乾隆 “宁寿宫宝”玉玺及“御制宁寿宫铭”玉册
成交价：RMB 11,500,000
玉玺高8cm；玉册长15cm 中翰清花 2011.09.10

玉璇玑

1452 商代 青玉璇玑（一对）
估 价：RMB 150,000
成交价：RMB 176,000
通长7.5cm 北京中嘉 2011.1.9

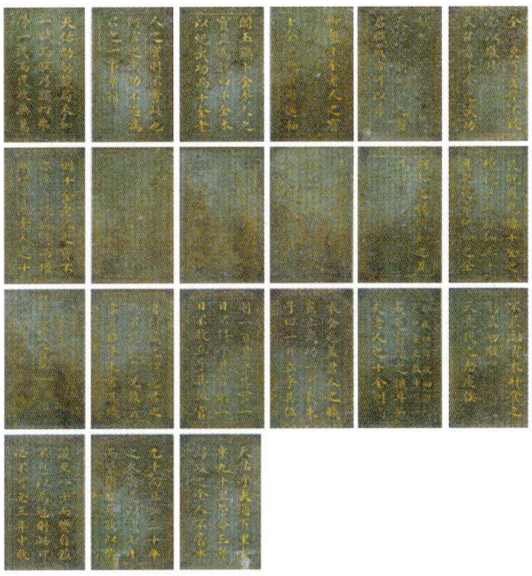

2303 清乾隆 和阗碧玉御制暗刻描金“御制十全老人之宝说”册
估 价：RMB 4,000,000～6,000,000
成交价：RMB 4,600,000
高16cm 宽12cm 北京翰海 2011.11.17

7192 清乾隆 御制青白玉16世纪应真玉册
估 价：RMB 6,000,000～8,000,000
成交价：RMB 13,800,000
长15.5cm宽11.4cm 北京保利 2011.6.5

佩玩件

玉 玦

784 红山文化 玉沁色玦
估 价：RMB 50,000
成交价：RMB 56,000
长7.7cm 天津文物 2011.5.13

1079 齐家文化 神人兽合体玉玦
估 价：RMB 550,000
成交价：RMB 638,000
长19cm 北京中嘉 2011.1.9

玉 管

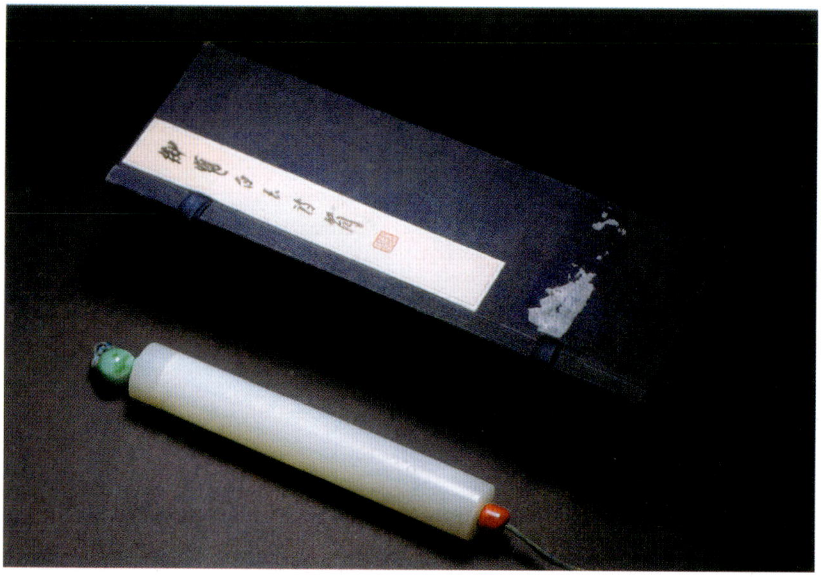

302 清 白玉刻御题诗筒
估 价：RMB 80,000
成交价：RMB 195,500
长10.5cm 上海大众 2011.08.25

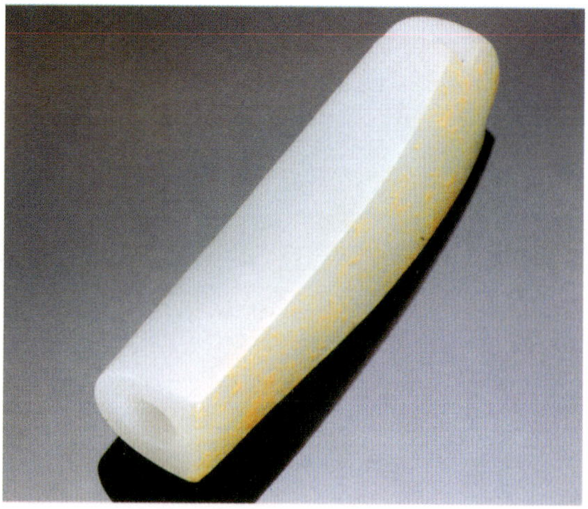

2698 清 白玉带皮翎管
估 价：RMB 10,000～15,000
成交价：RMB 55,200
长7.2cm 北京匡时 2011.6.8

787 春秋 玉沁色雕龙纹勒子
估　价：RMB 60,000
成交价：RMB 168,000
高2.5cm 天津文物 2011.5.13

616 清 白玉雕无双谱子冈款勒
估　价：RMB 50,000
成交价：RMB 287,500
高3cm 上海大众 2011.08.25

扳 指

71 明 黄玉雕灵兽纹诗文扳指
估　价：RMB 120,000～150,000
成交价：RMB 161,000
直径2.7cm 福建拍卖 2011.7.2

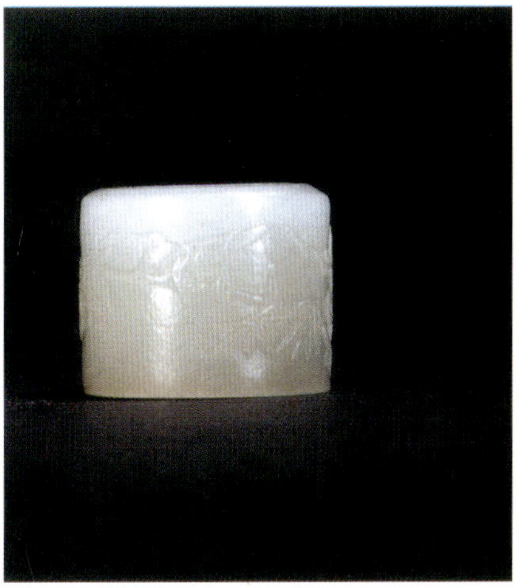

475 清乾隆 “乾隆年制”款白玉扳指
成交价：RMB 402,500
直径3.5cm 北京保利 2011.4.16

1647 清乾隆 白玉御题诗扳指
估　价：RMB 300,000～500,000
成交价：RMB 1,680,000
高2.8cm 北京荣宝 2011.11.11

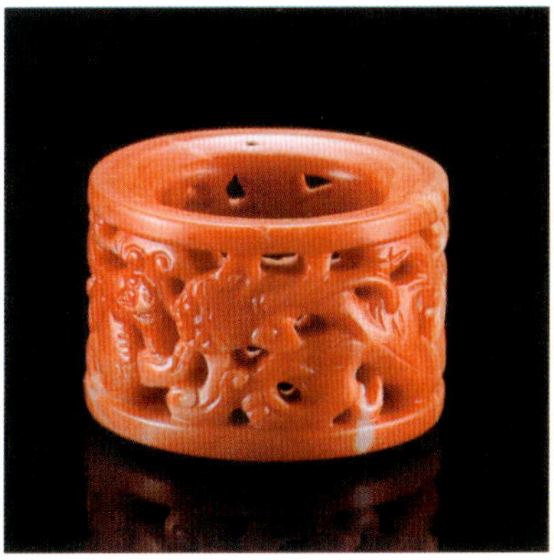

8778 清乾隆 珊瑚镂雕螭龙扳指
估　价：RMB 100,000～150,000
成交价：RMB 161,000
直径3.4cm 北京保利 2011.6.6

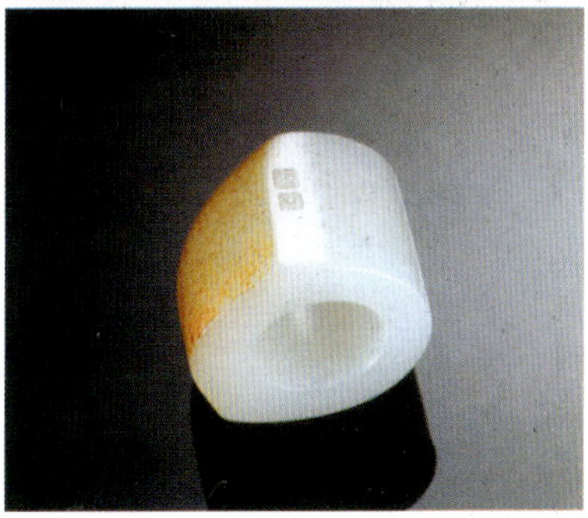

8730 清道光 白玉留皮御题诗扳指
估　价：RMB 500,000～800,000
成交价：RMB 690,000
直径3.7cm 北京保利 2011.6.6

铺首

1411 汉 青玉兽面铺首（一对）
估　价：RMB 210,000
成交价：RMB 242,000
通长16.7cm 北京中嘉 2011.1.9

带板

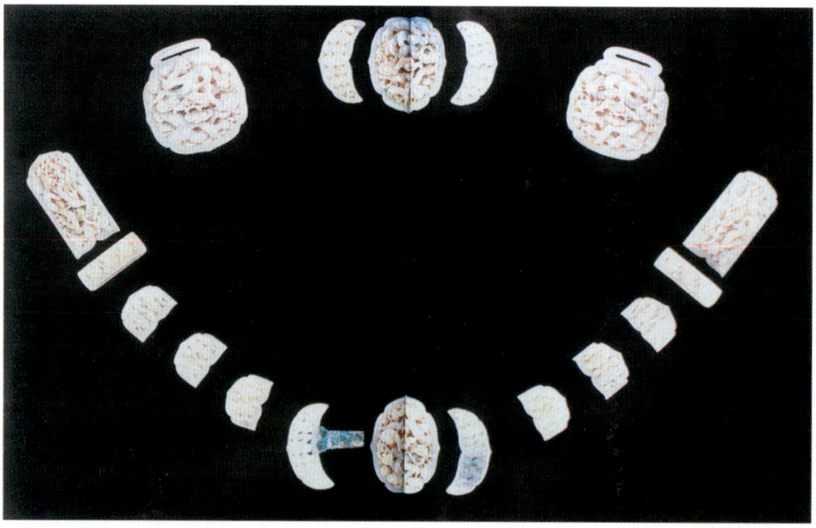

1257 元 白玉云龙纹带板
估　价：RMB 250,000～400,000
成交价：RMB 918,400
大小不一 中拍国际 2011.6.5

1433 战国 青黄玉蟠虺纹带板
估　价：RMB 250,000
成交价：RMB 275,000
通长107.5cm 北京中嘉 2011.1.9

2 元 白玉俏雕秋葵纹带板
估　价：RMB 15,000～20,000
成交价：RMB 184,000
宽4.5cm 上海崇源 2011.7.6

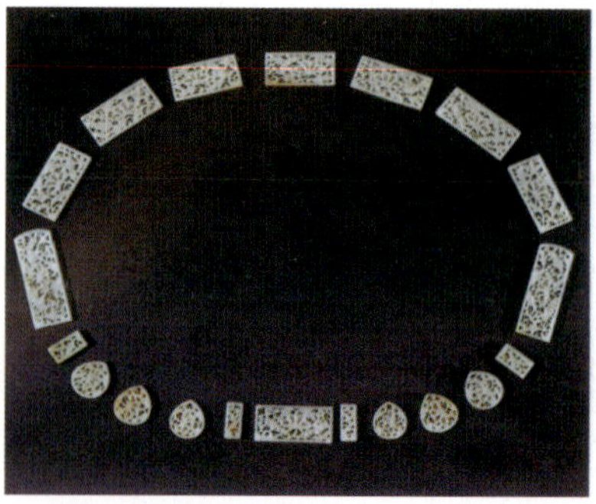

944 明 花鸟纹玉带板（一副）
估　价：RMB 8,000,000～12,000,000
成交价：RMB 1,437,500
荣宝斋 2011.11.25

43 明 金累丝镶宝石玉带板（一组17件）
估　价：RMB 800,000～1,200,000
成交价：RMB 1,150,000
中拍国际 2011.7.17

带 钩

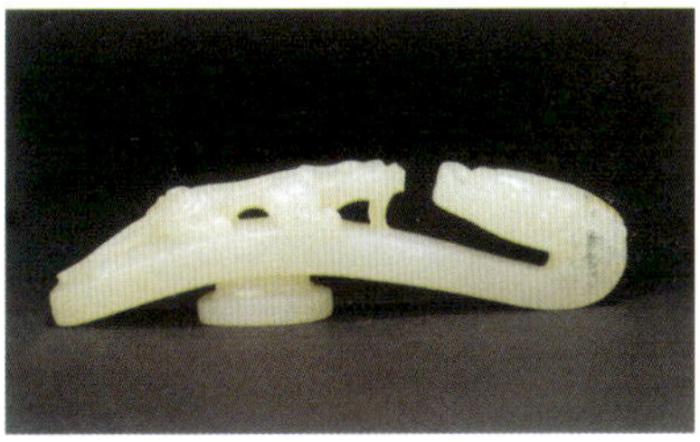

1012 明 白玉苍龙教子带钩
估　价：RMB 80,000～100,000
成交价：RMB 100,800
9cm×1.5cm 北京荣宝 2011.11.11

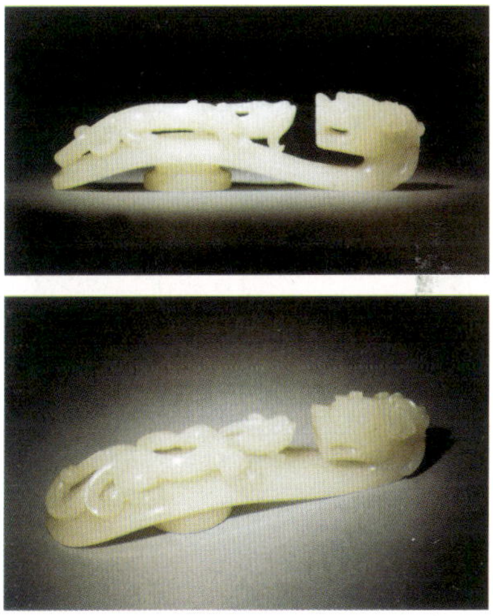

88 清乾隆 白玉琵琶龙纹钩
估　价：RMB 350,000～450,000
成交价：RMB 460,000
长14.1cm 福建拍卖 2011.7.2

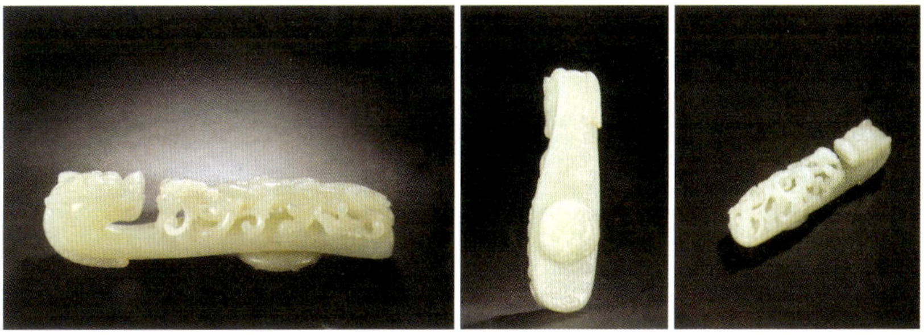

5008 清乾隆 白玉龙纹带钩
估　价：RMB 200,000～300,000
成交价：RMB 345,000
长13cm 北京保利 2011.12.06

带 扣

25 汉 玉扣带
估　价：RMB 150,000～200,000
成交价：RMB 70,173
90cm×6cm 中信国际 2011.3.13

1092 元 金镶玉雕龙纹带扣
估　价：RMB 400,000～650,000
成交价：RMB 989,000
长8.8cm 宽7.2cm 古天一 2011.12.05

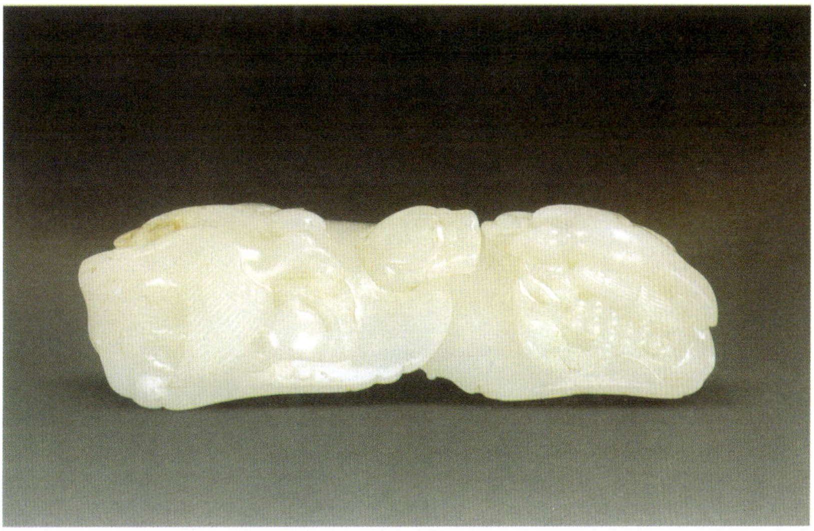

754 清 白玉雕寿鸟纹带扣
估　价：RMB 80,000
成交价：RMB 190,400
长10.5cm 天津文物 2011.5.13

2578 清 青白玉福寿带扣
估 价：RMB 8,000～12,000
成交价：RMB 402,500
长7.5cm 雍和嘉诚 2011.11.27

7407 金或元 黄玉天禄辟邪双兽纹带饰
估 价：RMB 100,000～150,000
成交价：RMB 1,667,500
长9cm 北京保利 2011.6.6

7423 元 白玉海东青击鹅“春水图”带饰
估 价：RMB 50,000～80,000
成交价：RMB 368,000
长8.5cm 北京保利 2011.6.6

带 饰

1398 汉 青白玉螭纹带饰（一组十二件）
估 价：RMB 250,000
成交价：RMB 330,000
总长93.5cm 北京中嘉 2011.1.9

7427 元 白玉伯牙子期纹带饰
估 价：RMB 150,000～200,000
成交价：RMB 368,000
长6.8cm 北京保利 2011.6.6

嵌 饰

7405 金-元 白玉灵兔望月灵芝纹嵌饰
估 价：RMB 50,000～80,000
成交价：RMB 299,000
长6.6cm 北京保利 2011.6.6

7408 元 白玉留褐色皮巧雕荷塘嵌饰
估　价：RMB 50,000～80,000
成交价：RMB 287,500
长5.7cm 北京保利 2011.6.6

7469 清 白玉双鹿松树湖石纹嵌饰
估　价：RMB 60,000～80,000
成交价：RMB 460,000
长10cm 北京保利 2011.6.6

7458 明 白玉草龙纹嵌饰
估　价：RMB 30,000～50,000
成交价：RMB 184,000
长6.9cm 北京保利 2011.6.6

玉锁

701 清中期 白玉云头纹万寿无疆锁片
估　价：RMB 25,000～35,000
成交价：RMB 56,000
长9cm 长风拍卖 2011.1.20

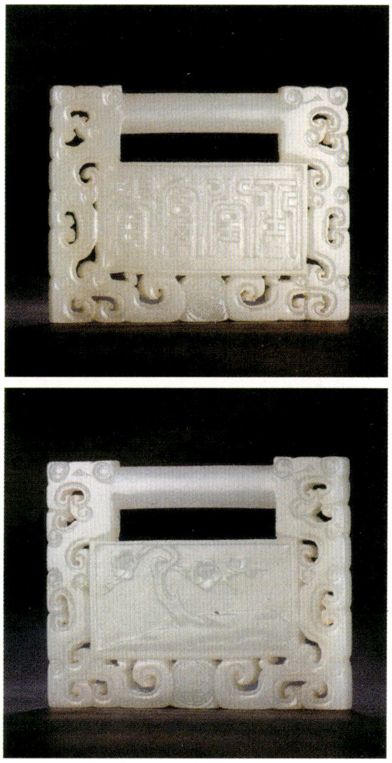

806 清 白玉梅树文锁片
成交价：RMB 86,250
高6.9cm 北京保利 2011.10.23

玉 磬

445 清乾隆 玛瑙“太平有象”磬
成交价：RMB 69,000
长14.5cm 北京保利 2011.10.22

515 清 白玉雕连年有余纹磬
估　价：RMB 150,000
成交价：RMB 302,400
长24.5cm 天津文物 2011.11.12

柄形器

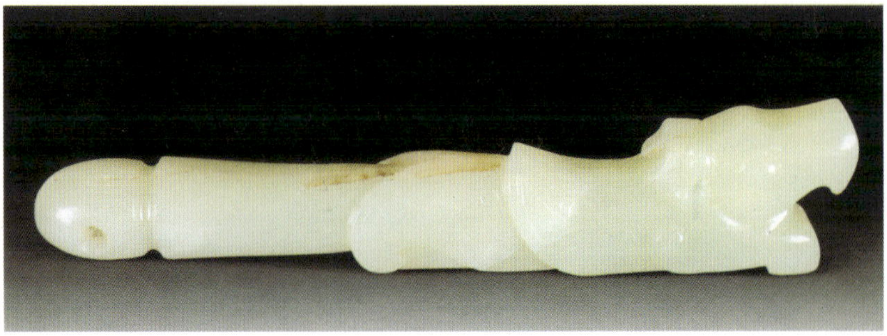

1427 商代 白玉神兽柄形器
估　价：RMB 330,000
成交价：RMB 363,000
长18.7cm 北京中嘉 2011.1.9

炉 顶

7475 元 白玉穿花龙纹炉顶
估　价：RMB 120,000～180,000
成交价：RMB 632,500
长7.1cm 北京保利 2011.6.6

7473 金-元 白玉黄褐皮双鹿纹炉顶
估　价：RMB 30,000～50,000
成交价：RMB 368,000
高3.4cm 北京保利 2011.6.6

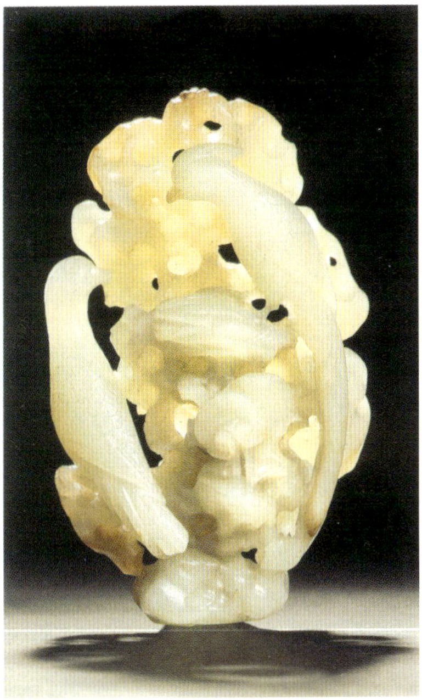

2553 元 青白玉透雕山石花鸟炉顶
估　价：RMB 180,000～250,000
成交价：RMB 563,500
高8.2cm 北京翰海 2011.5.21

8764 清中期 珊瑚朝珠
估　价：RMB 400,000～600,000
成交价：RMB 897,000
长160cm 北京保利 2011.6.6

6237 清18世纪 绿松石念珠
估　价：RMB 200,000～250,000
成交价：RMB 402,500
中拍国际 2011.12.07

珠串 项链

183 战国 战国玛瑙串
估　价：RMB 45,000
成交价：RMB 50,400
中联环球 2011.11.05

8822 清 蜜蜡108子数珠
估　价：RMB 200,000～300,000
成交价：RMB 552,000
长160cm 北京保利 2011.6.6

2844 青金石七眼天珠项链
估　价：RMB 180,000
成交价：RMB 207,000
北京翰海 2011.12.18

3923 旧玉多宝串
估　价：RMB 8,000～12,000
成交价：RMB 241,500
长24cm 中国嘉德 2011.11.15

玉镯

74 汉 玉镯
成交价：RMB 2,223,945
直径10.2cm 纽约苏富比 2011.3.22

1370 汉 青玉手镯（一对）
估　价：RMB 350,000
成交价：RMB 418,000
直径9.2cm 北京中嘉 2011.1.9

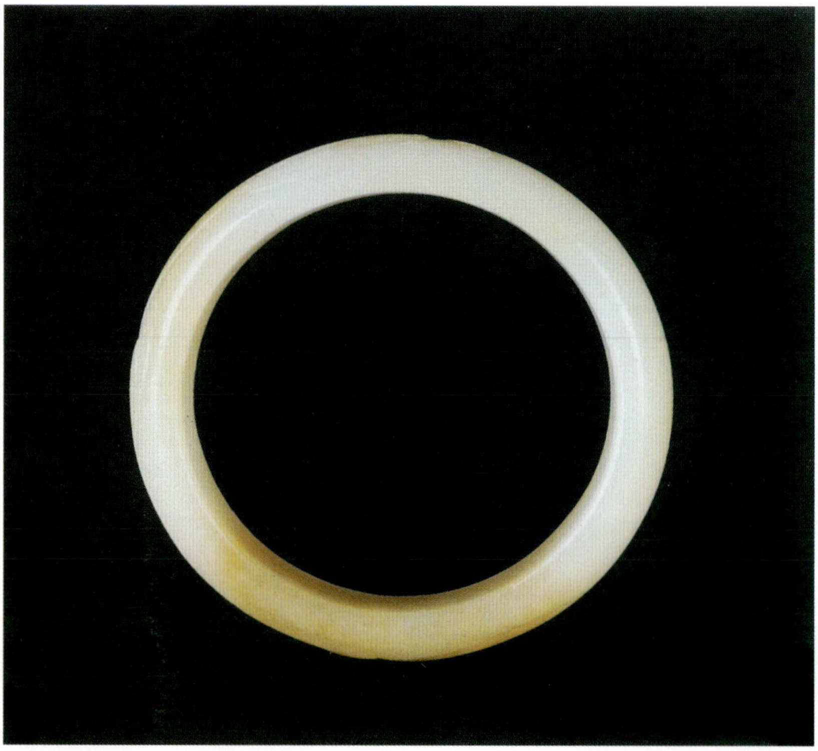

594 明 青白玉雕螭纹手镯
估　价：RMB 120,000～160,000
成交价：RMB 201,600
直径7.4cm 未来四方 2011.6.11

738 清乾隆 黄玉雕螭龙纹手镯
估 价：RMB 120,000～150,000
成交价：RMB 322,000
直径7.8cm 北京东正 2011.6.5

2942 清中期 黑白玉雕如意云纹手镯
估 价：RMB 70,000～80,000
成交价：RMB 80,500
直径7.7cm 北京匡时 2011.12.05

3294 清 白玉钮纹手镯
估 价：RMB 60,000～80,000
成交价：RMB 368,375
直径8cm 香港苏富比 2011.4.8

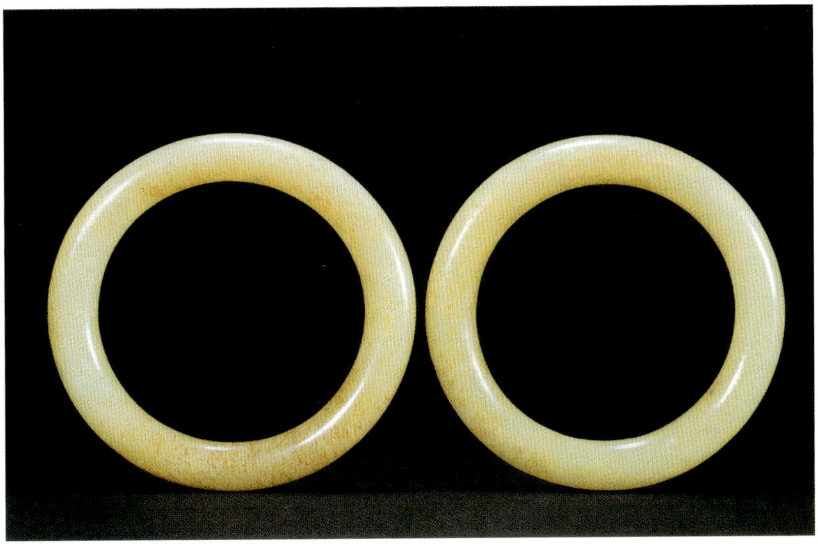

144 清 黄玉手镯（一对）
估 价：RMB 600,000～800,000
成交价：RMB 694,400
直径8.2cm 浙江钱塘 2011.6.12

1842 和田白玉雕手镯
估 价：RMB 400,000～800,000
成交价：RMB 632,500
直径8.3cm 中贸圣佳 2011.11.06

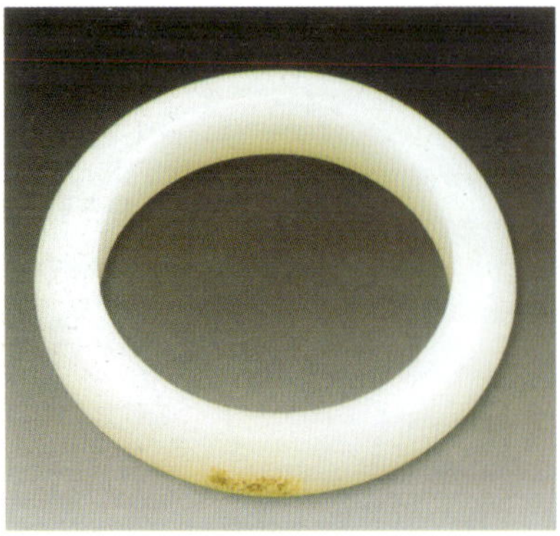

303 和田留秋梨皮籽玉手镯
估　价：RMB 500,000
成交价：RMB 560,000
内径5.5cm 北京国信 2011.08.19

玉 簪

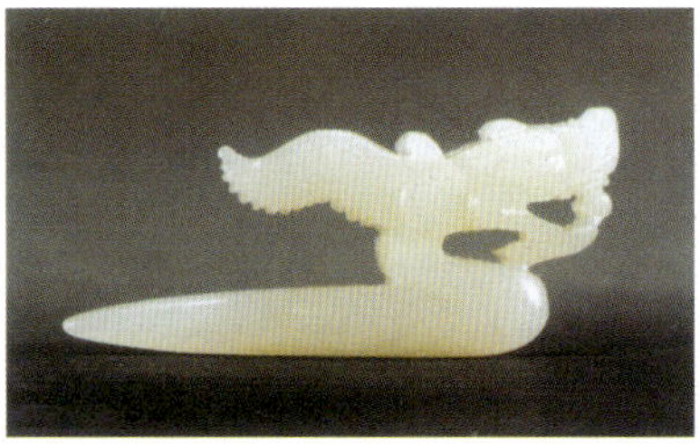

7428 宋 白玉龙头含珠发簪头
估　价：RMB 30,000~50,000
成交价：RMB 103,500
长4.4cm 北京保利 2011.6.6

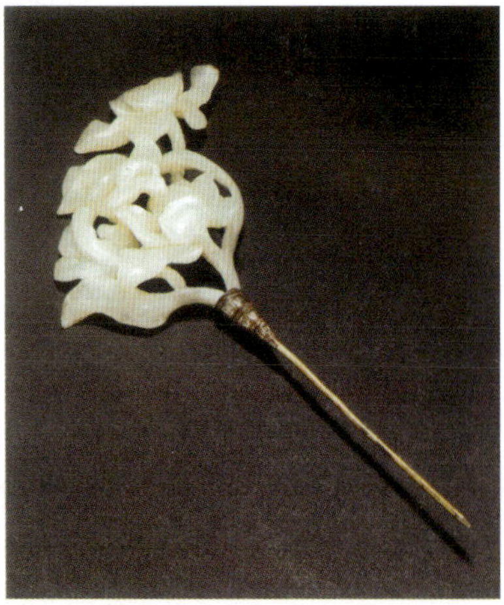

7429 元 白玉花鸟纹发簪
估　价：RMB 20,000~30,000
成交价：RMB 138,000
长6.3cm 北京保利 2011.6.6

玉 冠

1352 汉 青玉兽面纹冠
估　价：RMB 180,000
成交价：RMB 209,000
高16.6cm 北京中嘉 2011.1.9

玉 牌

1399 汉 白玉四灵纹圆牌（一组四件）
估　价：RMB 200,000
成交价：RMB 275,000
长5.5cm 北京中嘉 2011.1.9

973 宋 龙纹牌
估　价：RMB 180,000~260,000
成交价：RMB 287,500
长10cm 荣宝斋 2011.11.25

1092 魏晋 白玉九品官员牌饰（一组九件）
估　价：RMB 150,000
成交价：RMB 165,000
通长16.5cm 北京中嘉 2011.1.9

540 明 白玉雕子冈款瑞兽修道纹牌
估　价：RMB 350,000～400,000
成交价：RMB 690,000
长5.9cm 北京东正 2011.6.5

3290 元 镂雕白玉穿花祥凤牌
估　价：RMB 80,000～100,000
成交价：RMB 105,250
长12cm 香港苏富比 2011.4.8

4473 明 白玉太白醉酒诗文牌
估　价：RMB 120,000～180,000
成交价：RMB 437,000
长16.7cm 中国嘉德 2011.09.17

505 明 白玉雕山水纹牌
估　价：RMB 120,000
成交价：RMB 224,000
长4.2cm 天津文物 2011.11.12

8728 清早期 黄玉“戒急用忍”牌
估　价：RMB 180,000～280,000
成交价：RMB 345,000
长6.2cm 北京保利 2011.6.6

3141 清乾隆 苏作玛瑙巧雕人物纹牌
估　价：RMB 50,000～80,000
成交价：RMB 195,500
长5.5cm 中国嘉德 2011.12.17

7 清乾隆 白玉张志和《渔歌子》诗文牌
估　价：RMB 600,000～800,000
成交价：RMB 2,072,000
长4.3cm；高5.8cm 浙江钱塘 2011.6.12

542 清乾隆 白玉子冈款松下童子问道牌
估　价：RMB 1,000,000～1,200,000
成交价：RMB 1,725,000
长7cm 北京东正 2011.6.5

8333 清乾隆 白玉无双谱子冈牌
估　价：RMB 300,000～500,000
成交价：RMB 345,000
长5.1cm 北京保利 2011.12.08

3859 清乾隆 白玉龙纹诗文牌
估　价：RMB 350,000～450,000
成交价：RMB 1,623,780
高9cm 香港佳士得 2011.6.1

351 清乾隆 白玉雕“金瓯永固”纹牌
估　价：RMB 900,000～1,000,000
成交价：RMB 1,840,000
长6.7cm 北京东正 2011.11.17

306 清乾隆 白玉留皮浮雕河神牌
估　价：RMB 800,000
成交价：RMB 1,782,500
长6cm 上海大众 2011.08.25

543 清乾隆 白玉雕天干地支牌
估　价：RMB 500,000～600,000
成交价：RMB 805,000
长7.8cm 北京东正 2011.6.5

8727 清乾隆 白玉灵芝翠竹诗文牌
估　价：RMB 500,000～800,000
成交价：RMB 828,000
长5.8cm 北京保利 2011.6.6

3273 清18世纪 白玉武将牌
估 价：RMB 150,000～250,000
成交价：RMB 602,872
长5.2cm 香港苏富比 2011.4.8

3112 清 白玉连连报喜牌
估 价：RMB 80,000～120,000
成交价：RMB 379,500
长5.8cm 中国嘉德 2011.12.17

1571 清 白玉子冈牌
估 价：RMB 3,000～5,000
成交价：RMB 920,000
长6.3cm 北京保利 2011.10.23

306 刘忠荣 相马 白玉牌
估 价：RMB 660,000～800,000
成交价：RMB 862,500
6.2cm×3.9cm 西泠拍卖 2011.7.16

1154 19世纪 三色玉巧雕镂空牌
估　价：RMB 600,000～800,000
成交价：RMB 667,000
高5cm 古天一 2011.12.05

1806 和田黄玉雕后院幽情牌
估　价：RMB 400,000～600,000
成交价：RMB 552,000
高6cm 中贸圣佳 2011.11.06

1807 和田白玉雕观音牌
估　价：RMB 180,000～250,000
成交价：RMB 230,000
高7cm 中贸圣佳 2011.11.06

佩玩人物件

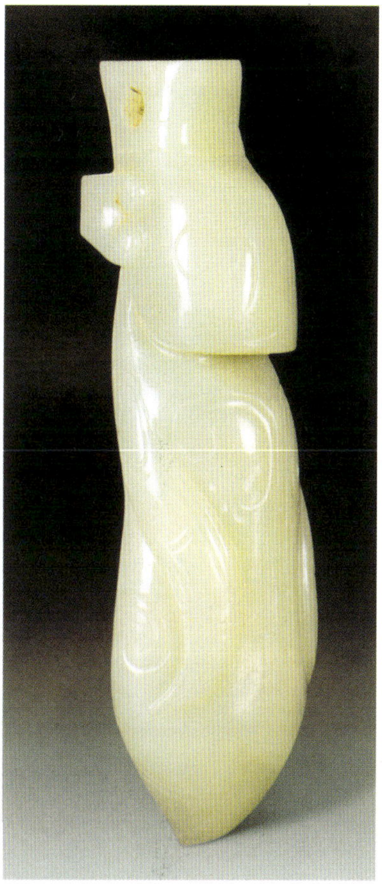

1173 商代 青白玉神人坠
估　价：RMB 210,000
成交价：RMB 275,000
长13cm 北京中嘉 2011.1.9

1381 商代 青白玉神人执斧佩
估　价：RMB 150,000
成交价：RMB 165,000
长8.5cm 北京中嘉 2011.1.9

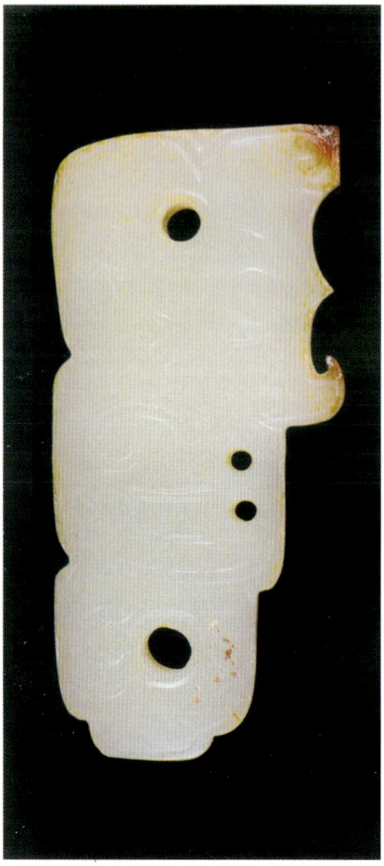

1014 商代 白玉神人佩
估 价：RMB 150,000
成交价：RMB 198,000
长9.5cm 北京中嘉 2011.1.9

7488 宋 白玉褐色沁留皮持荷双童子佩
估 价：RMB 100,000~150,000
成交价：RMB 690,000
高5.1cm 北京保利 2011.6.6

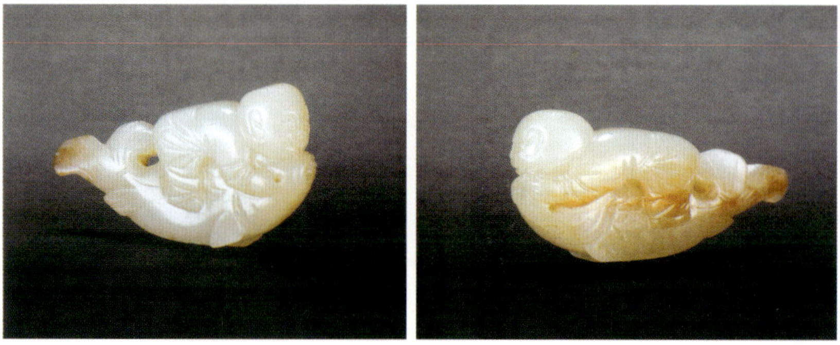

7491 元 白玉童子骑鱼佩
估 价：RMB 50,000~80,000
成交价：RMB 138,000
长5cm 北京保利 2011.6.6

779 元 白玉飞天佩
成交价：RMB 207,000
长4.7cm 北京保利 2011.10.23

7461 明 青白玉仙人骑鹤纹饰
估 价：RMB 50,000~80,000
成交价：RMB 138,000
长5.9cm 北京保利 2011.6.6

1461 明 和田玉雕童子洗鹅摆件
估 价：RMB 180,000
成交价：RMB 250,000
长20cm 中都国际 2011.6.12

107 清乾隆 玛瑙巧雕“刘海戏金蟾”把件
估 价：RMB 80,000～100,000
成交价：RMB 115,000
高4.6cm 江苏省拍 2011.12.10

8339 清早期 黄玉“宜子孙”人物佩
估 价：RMB 200,000～300,000
成交价：RMB 230,000
长9.3cm 北京保利 2011.12.08

8812 清乾隆 琥珀镂雕福寿高士四爱图佩
估 价：RMB 120,000～150,000
成交价：RMB 149,500
长5.5cm 北京保利 2011.6.6

7508 清乾隆 白玉胡人进宝纹火镰佩
估 价：RMB 150,000~200,000
成交价：RMB 805,000
长8.6cm 北京保利 2011.6.6

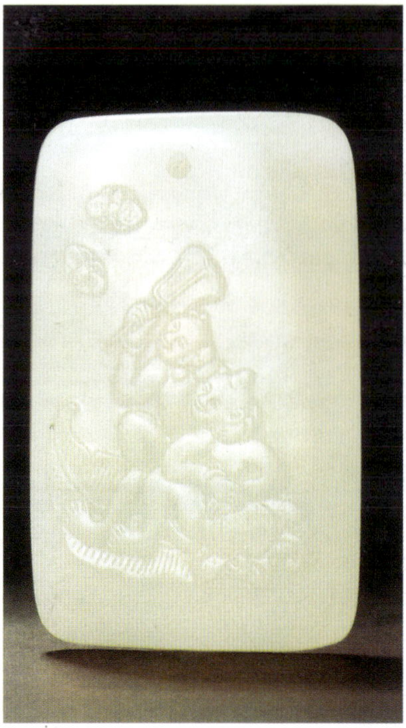

2675 清中期 白玉童子戏蝶诗文佩
估 价：RMB 500,000~600,000
成交价：RMB 690,000
高5.7cm 北京翰海 2011.5.21

568 清中期 白玉雕留皮双欢童子执荷挂件
估 价：RMB 600,000~700,000
成交价：RMB 1,242,000
长5.5cm；长4cm 北京东正 2011.6.5

2143 清乾隆 白玉“瑞象童子”饰
估 价：RMB 150,000~200,000
成交价：RMB 164,000
长7cm 香港苏富比 2011.10.05

3595 清中期 白玉司马光砸缸诗文佩
估 价：RMB 350,000~400,000
成交价：RMB 759,000
高5.6cm 北京翰海 2011.11.19

2676 清中期 白玉文武双全诗文佩
估　价：RMB 350,000～450,000
成交价：RMB 460,000
高5.7cm 北京翰海 2011.5.21

2572 清中期 白玉采芝求仙佩
估　价：RMB 500,000～700,000
成交价：RMB 943,000
高5.2cm 北京翰海 2011.5.21

3204 清末 人物坠
估　价：RMB 200,000～300,000
成交价：RMB 1,387,200
长5cm 香港佳士得 2011.11.30

736 清中期 白玉雕牧童水牛坠
估　价：RMB 80,000～100,000
成交价：RMB 667,000
5cm×3.4cm 北京诚轩 2011.5.22

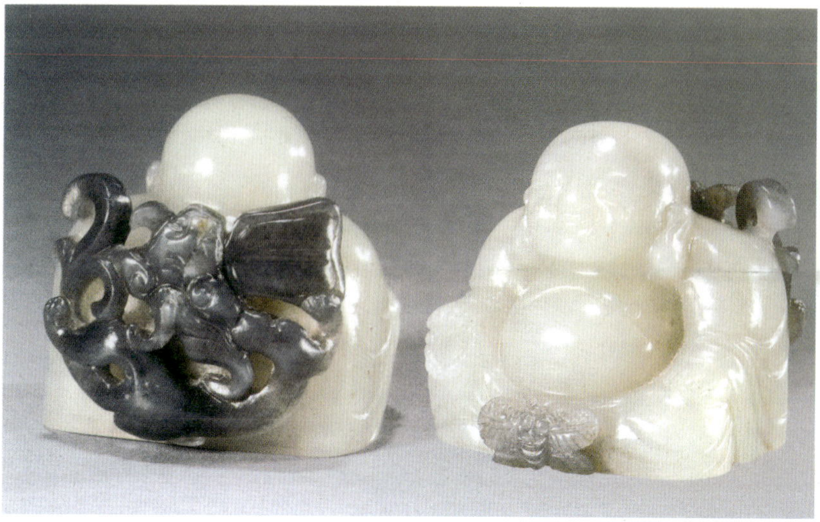

3679 清 黑白玉弥勒
估　价：RMB 80,000～120,000
成交价：RMB 92,000
高4.2cm 北京翰海 2011.11.19

3856 清18世纪 白玉天台采药诗文佩
估　价：RMB 300,000～500,000
成交价：RMB 438,588
高6.5cm 香港佳士得 2011.6.1

7501 清 白玉留皮巧色雕童子戏金蟾佩
估　价：RMB 100,000～150,000
成交价：RMB 1,035,000
高7.1cm 北京保利 2011.6.6

663 清 青白玉巧雕刘海戏蟾纹佩
估　价：RMB 150,000
成交价：RMB 168,000
高5.5cm 天津文物 2011.5.13

637 清 白玉雕苍龙教子纹斧形佩
估　价：RMB 60,000
成交价：RMB 149,040
高5.5cm 天津文物 2011.5.13

7502 清 白玉裹小脚背鱼篓村妇像佩
估 价：RMB 80,000～120,000
成交价：RMB 184,000
高8.5cm 北京保利 2011.6.6

327 崔磊 望子成龙 白玉把件
估 价：RMB 600,000～800,000
成交价：RMB 690,000
6.6cm×4.7cm 西泠拍卖 2011.7.16

562 清 白玉雕平安富贵童子佩
估 价：RMB 100,000
成交价：RMB 313,600
高7cm 天津文物 2011.11.12

2253 风调雨顺 新疆和田籽料
估 价：RMB 60,000～80,000
成交价：RMB 149,500
北京翰海 2011.11.19

872 财神 白玉把件
估 价：RMB 180,000～250,000
成交价：RMB 299,000
高8.2cm 荣宝斋 2011.11.25

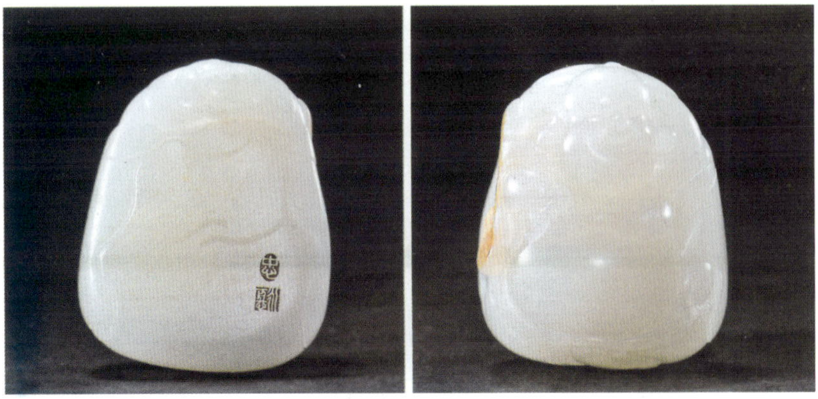

853 如意弥勒 白玉挂件
估　价：RMB 320,000～480,000
成交价：RMB 690,000
高5.7cm 荣宝斋 2011.11.25

7276 吴德升 和田玉籽料罗汉把件
估　价：RMB 1,050,000～1,500,000
成交价：RMB 1,176,000
7cm×4cm 北京博观 2011.6.12

924 自在观音挂件
估　价：RMB 1,600,000～1,800,000
成交价：RMB 1,840,000
7.5cm×4cm 苏州吴门 2011.6.12

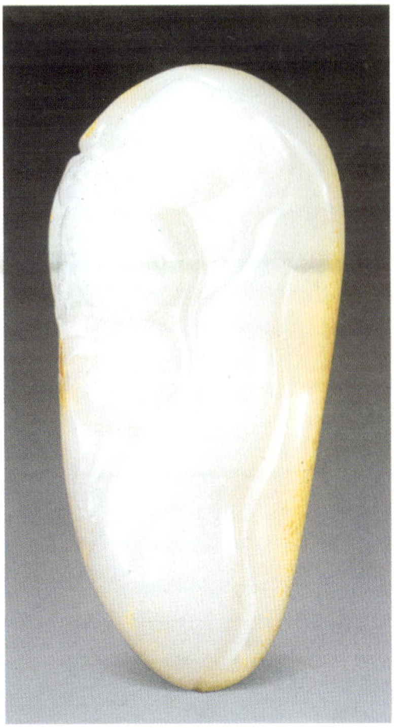

292 和田留皮羊脂玉 和合二仙手把件
估　价：RMB 2,200,000
成交价：RMB 2,464,000
高9.6cm 北京国信 2011.08.19

佩玩动物件

3 新石器时代 青玉蛙形挂件
估　价：RMB 450,000～500,000
成交价：RMB 575,000
长8.8cm 上海崇源 2011.10.12

1202 商代 青白玉神兽坠
估 价：RMB 150,000
成交价：RMB 176,000
长7.7cm 北京中嘉 2011.1.9

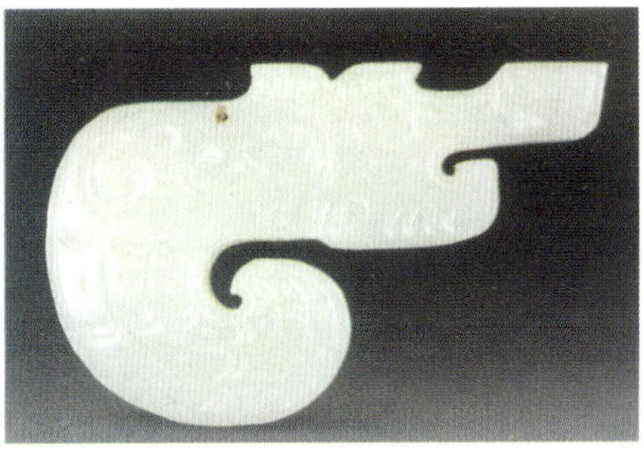

1027 商代 白玉蜷龙佩
估 价：RMB 150,000
成交价：RMB 198,000
长9.8cm 北京中嘉 2011.1.9

868 红山文化 青玉猪龙
估 价：RMB 480,000～580,000
成交价：RMB 480,000
高22cm 红太阳 2011.5.28

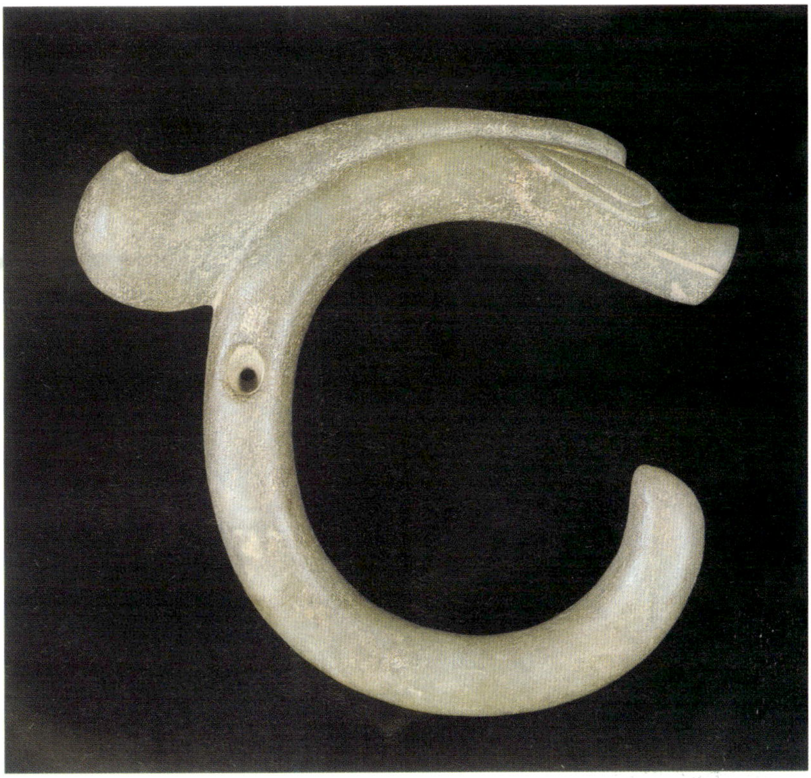

1101 红山文化 玉C型龙
估 价：RMB 300,000
成交价：RMB 352,000
长12cm 北京中嘉 2011.1.9

881 红山文化 青玉兽面纹佩
估 价：RMB 480,000～560,000
成交价：RMB 580,000
高5.6cm 红太阳 2011.5.28

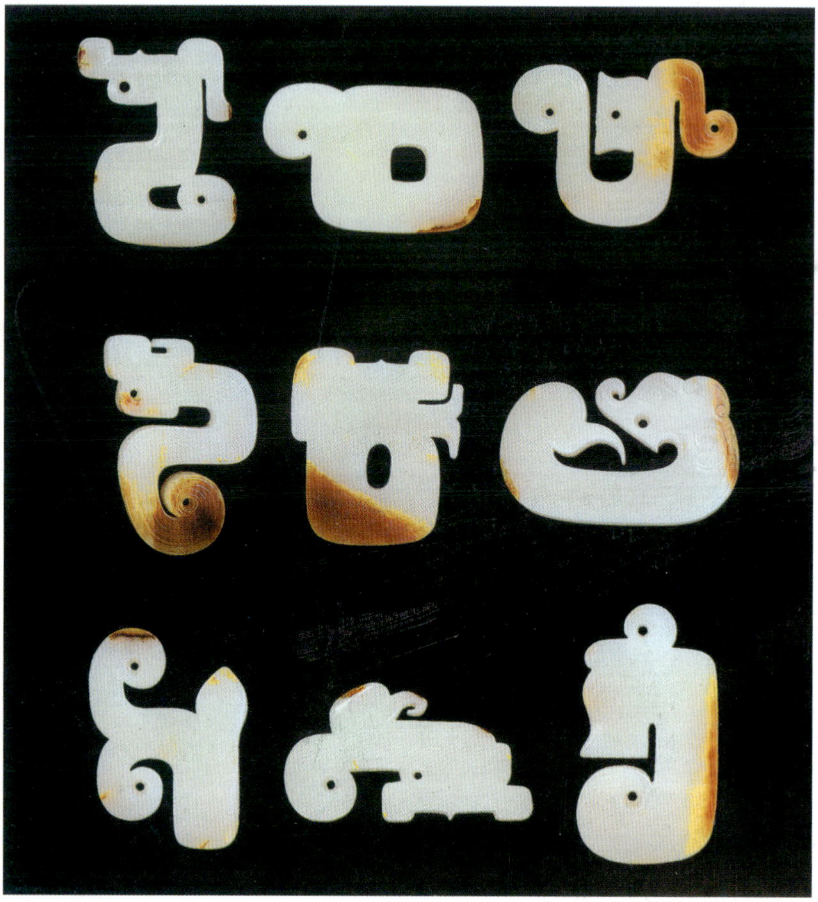

1311 西周 白玉九龙佩（一组九件）
估 价：RMB 1,800,000
成交价：RMB 1,800,000
通长9cm 北京中嘉 2011.1.9

1187 西周 白玉凤鸟形佩
估 价：RMB 150,000
成交价：RMB 198,000
长8.6cm 北京中嘉 2011.1.9

1091 西周 青白玉神兽形佩
估 价：RMB 150,000
成交价：RMB 187,000
长6.3cm 北京中嘉 2011.1.9

2701 战国 玉龙凤佩
估 价：RMB 80,000～100,000
成交价：RMB 109,250
长6.7cm 北京翰海 2011.5.21

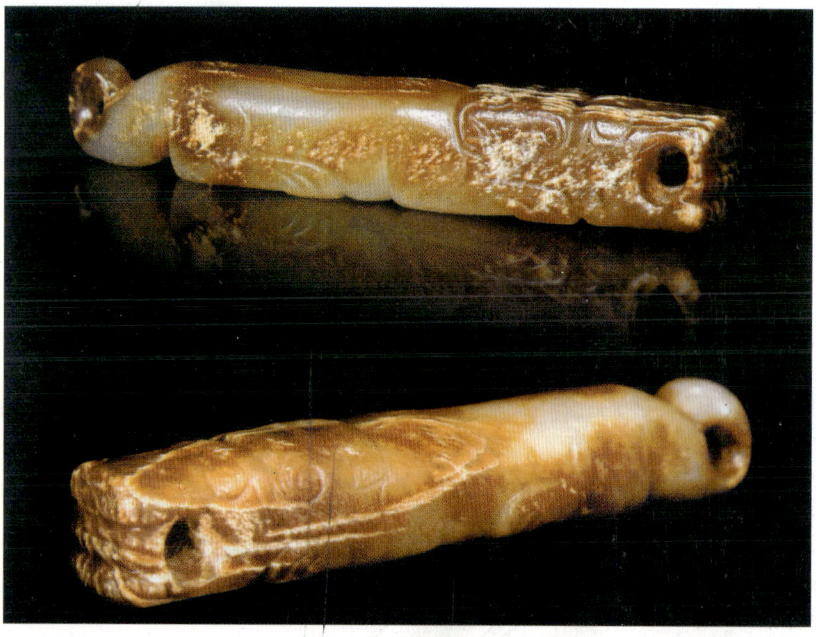

244 春秋 白玉带沁狩形佩
估 价：RMB 250,000～350,000
成交价：RMB 280,000
长8.5cm 上海新华 2011.6.25

2706 东汉 玉龙纹韘形佩
估　价：RMB 800,000～1,200,000
成交价：RMB 2,127,500
高7.7cm 北京翰海 2011.5.21

2700 汉 玉凤形佩
估　价：RMB 120,000～160,000
成交价：RMB 126,500
高4.8cm 北京翰海 2011.5.21

882 汉 青玉透雕螭龙佩（一对）
估　价：RMB 480,000～580,000
成交价：RMB 520,000
直径6cm 红太阳 2011.5.28

1345 战国 青玉蝉（一对）
估　价：RMB 100,000
成交价：RMB 110,000
通长9.3cm 北京中嘉 2011.1.9

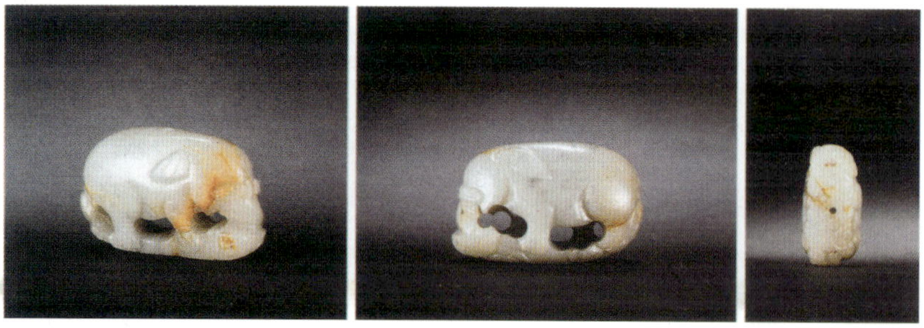

7442 唐-宋 白玉六牙云象佩
估　价：RMB 80,000～120,000
成交价：RMB 299,000
长5.5cm 北京保利 2011.6.6

7431 宋 黄玉圆雕公鸡佩
估　价：RMB 80,000～120,000
成交价：RMB 414,000
长5.6cm 北京保利 2011.6.6

7394 宋 白玉蹲龙饰
估　价：RMB 100,000～150,000
成交价：RMB 529,000
长4.6cm 北京保利 2011.6.6

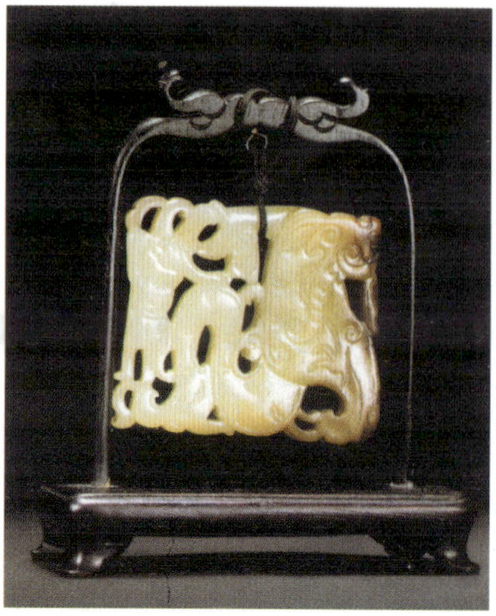

146 宋 黄玉镂空龙凤羽人佩
估　价：RMB 300,000～500,000
成交价：RMB 448,000
高5.8cm 浙江钱塘 2011.6.12

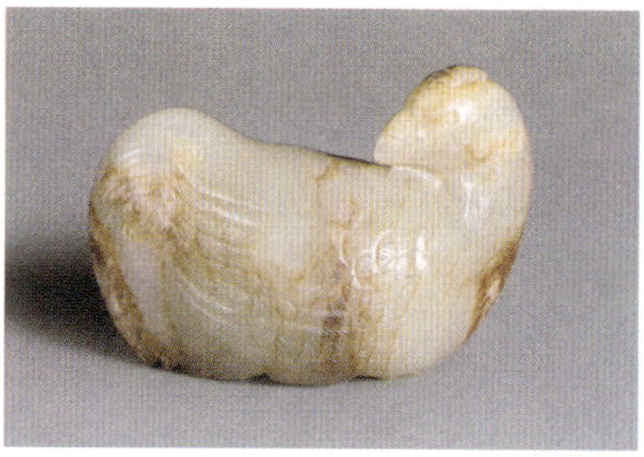

3060 宋-明 玉雕鸡形坠
估　价：RMB 300,000～350,000
成交价：RMB 336,000
长6cm 古天一 2011.6.4

3034 宋 白玉雕韘形佩
估　价：RMB 180,000～220,000
成交价：RMB 212,800
高7.5cm 古天一 2011.6.4

7413 辽-金 白玉双凤莲花纹饰
估　价：RMB 50,000～80,000
成交价：RMB 161,000
宽5.1cm 北京保利 2011.6.6

645 元 白玉雕子辰佩
估　价：RMB 600,000～700,000
成交价：RMB 1,127,000
长11.5cm 北京东正 2011.6.5

175 元 白玉雕月兔捣药纹挂件
估　价：RMB 350,000～400,000
成交价：RMB 483,000
长5.5cm 北京东正 2011.11.17

743 元 青白玉双凤牡丹纹饰
成交价：RMB 345,000
宽13.3cm 北京保利 2011.10.23

739 元 褐色玉雁佩
成交价：RMB 172,500
宽5.3cm 北京保利 2011.10.23

701 元 白玉行龙流云纹饰
估　价：RMB 10,000～20,000
成交价：RMB 368,000
宽4.1cm 北京保利 2011.10.23

7395 元 白玉龙吐珠湖石灵芝纹饰
估　价：RMB 60,000～80,000
成交价：RMB 483,000
长9cm 北京保利 2011.6.6

3209 明 黑白玉猫蝶佩
估　价：RMB 2,000,000～3,000,000
成交价：RMB 2,037,640
长6.8cm 香港苏富比 2011.4.8

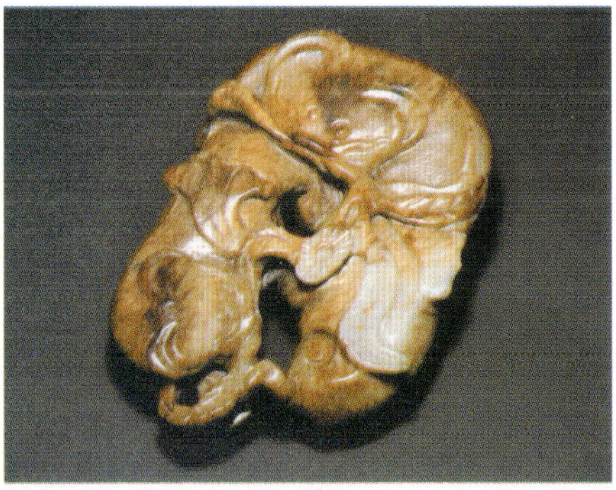

3767 明 玉雕年年有余佩
估　价：RMB 20,000～30,000
成交价：RMB 115,000
长8.9cm 中国嘉德 2011.6.18

2946 明 白玉带皮雕龙虎佩
估　价：RMB 900,000～1,000,000
成交价：RMB 1,035,000
长5.8cm 北京匡时 2011.6.8

5261 清乾隆 白玉雕福禄万代坠
估　价：RMB 400,000～600,000
成交价：RMB 460,000
高6cm 北京保利 2011.12.06

972 明 白玉吉庆有余佩
估　价：RMB 200,000～280,000
成交价：RMB 460,000
高7.1cm 荣宝斋 2011.11.25

5179 清乾隆 白玉双凤“比翼同心”佩
估　价：RMB 600,000～800,000
成交价：RMB 1,092,500
长8.5cm 北京保利 2011.12.06

5018 清乾隆 黄玉仿古龙纹佩
估　价：RMB 6,000,000～8,000,000
成交价：RMB 9,775,000
宽12.5cm 北京保利 2011.12.06

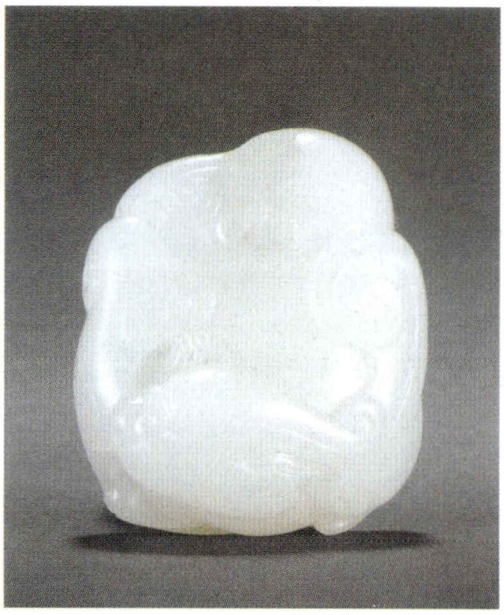

635 清乾隆 白玉雕螭龙纹挂件
估　价：RMB 350,000～400,000
成交价：RMB 1,058,000
长5cm 北京东正 2011.6.5

581 清乾隆 白玉雕双龙斧形佩
估　价：RMB 220,000
成交价：RMB 460,000
长6.5cm 上海大众 2011.08.25

3733 清乾隆 白玉蝠纹佩（一对）
估　价：RMB 300,000～500,000
成交价：RMB 747,500
长9.1cm 中国嘉德 2011.6.18

5017 清乾隆 白玉长宜子孙佩
估　价：RMB 2,600,000～3,600,000
成交价：RMB 3,910,000
高12cm 北京保利 2011.12.06

2302 清中期 白玉龙纹佩
估　价：RMB 300,000～500,000
成交价：RMB 1,667,500
高11.2cm 北京翰海 2011.5.19

2573 清中期 白玉受天百禄佩
估　价：RMB 180,000～220,000
成交价：RMB 253,000
高6.8cm 北京翰海 2011.5.21

3720 清中期 白玉透雕春水饰件
估　价：RMB 250,000～300,000
成交价：RMB 310,500
长8.3cm 北京翰海 2011.11.19

3855 清18世纪/19世纪 白玉福自天来佩
估　价：RMB 300,000～400,000
成交价：RMB 438,588
高6.3cm 香港佳士得 2011.6.1

3583 清中期 白玉福禄万代佩
估　价：RMB 180,000～250,000
成交价：RMB 207,000
高6.6cm 北京翰海 2011.11.19

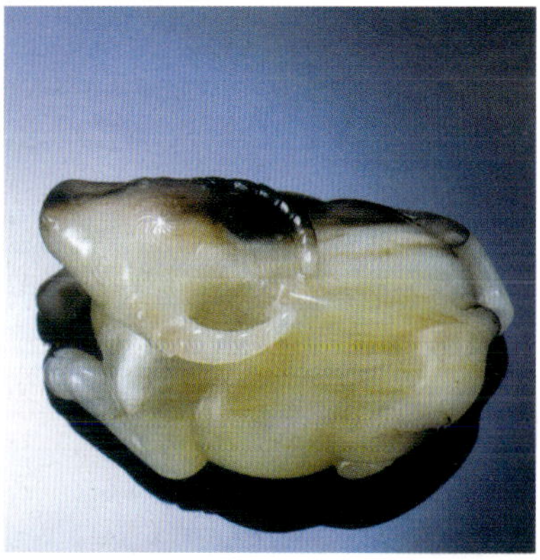

3980 清18世纪/19世纪 灰白玉水牛把件
估　价：RMB 80,000～120,000
成交价：RMB 313,875
长6cm 香港佳士得 2011.6.1

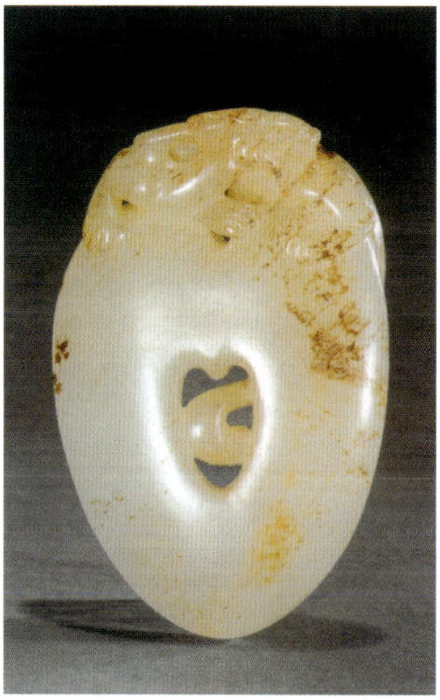

3562 清中期 玉螭龙鸡心佩
估　价：RMB 180,000～220,000
成交价：RMB 195,500
长6.9cm 北京翰海 2011.11.19

2704 清中期 白玉雕喜上眉梢佩
估　价：RMB 300,000～350,000
成交价：RMB 391,000
长5cm 北京匡时 2011.6.8

255 清 黑白玉巧雕少狮太狮
估　价：RMB 350,000～400,000
成交价：RMB 552,000
长5cm 浙江钱塘 2011.12.04

525 清 白玉巧雕龙凤纹佩
估　价：RMB 80,000
成交价：RMB 207,200
长6cm 天津文物 2011.11.12

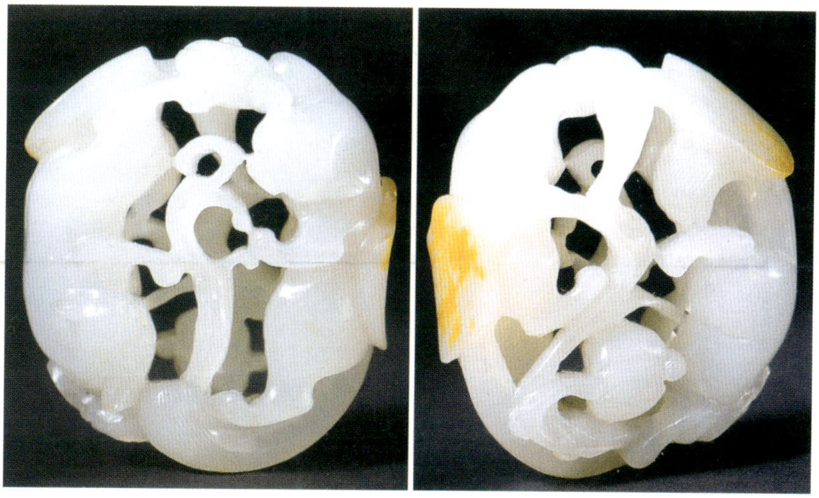

611 清 白玉留皮巧雕双欢坠
估　价：RMB 50,000
成交价：RMB 230,000
长5cm 上海大众 2011.08.25

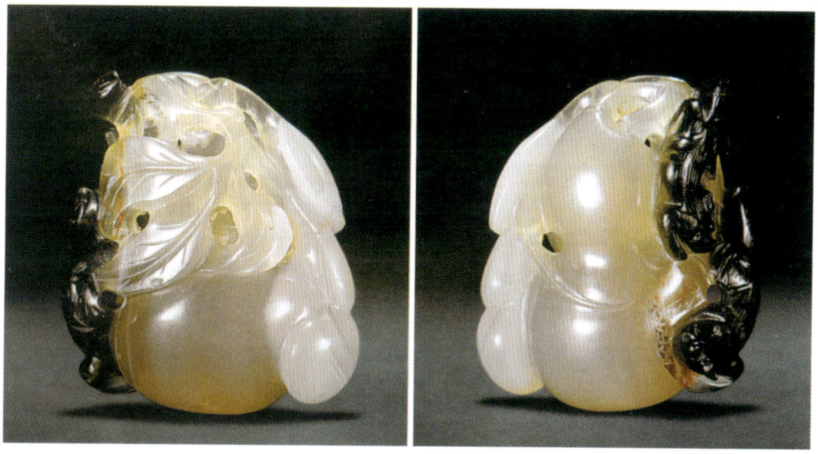

295 清 玛瑙巧雕松鼠葫芦佩
估　价：RMB 80,000～100,000
成交价：RMB 89,600
长4cm 浙江钱塘 2011.6.12

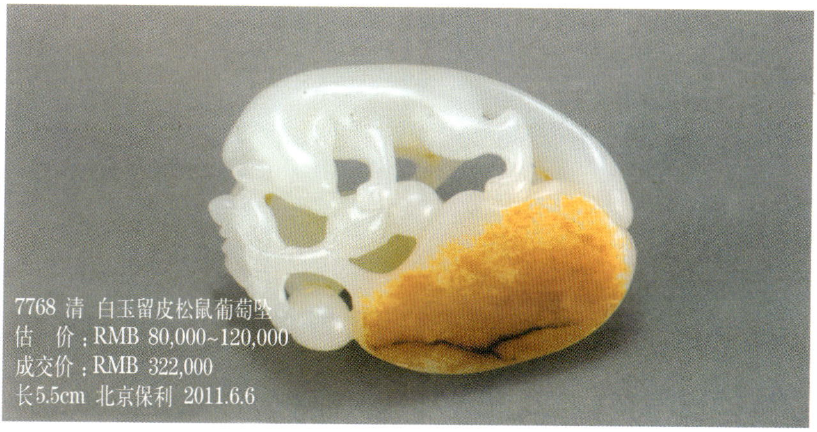

7768 清 白玉留皮松鼠葡萄坠
估　价：RMB 80,000~120,000
成交价：RMB 322,000
长5.5cm 北京保利 2011.6.6

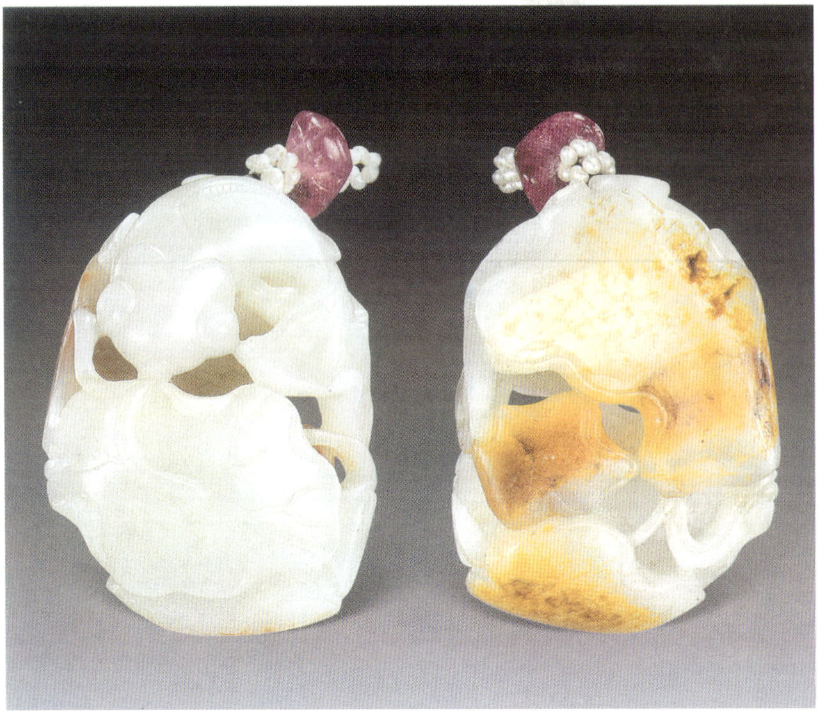

685 清 白玉留皮雕金玉满堂纹佩
估 价：RMB 40,000
成交价：RMB 98,560
长5cm 天津文物 2011.5.13

580 清 白玉留皮巧雕耄耋佩
估 价：RMB 65,000
成交价：RMB 94,300
长6cm 上海大众 2011.08.25

2674 清 墨玉巧雕双骏图佩
估 价：RMB 120,000～160,000
成交价：RMB 161,000
高4.4cm 北京翰海 2011.5.21

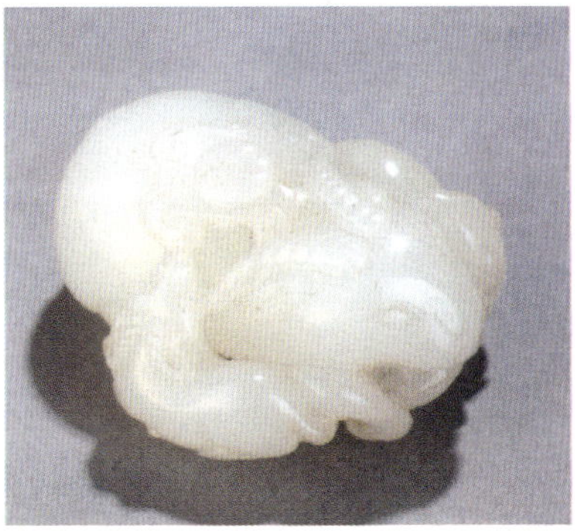

8407 清 白玉三羊开泰
估 价：RMB 70,000～100,000
成交价：RMB 287,500
长4.5cm 北京保利 2011.12.08

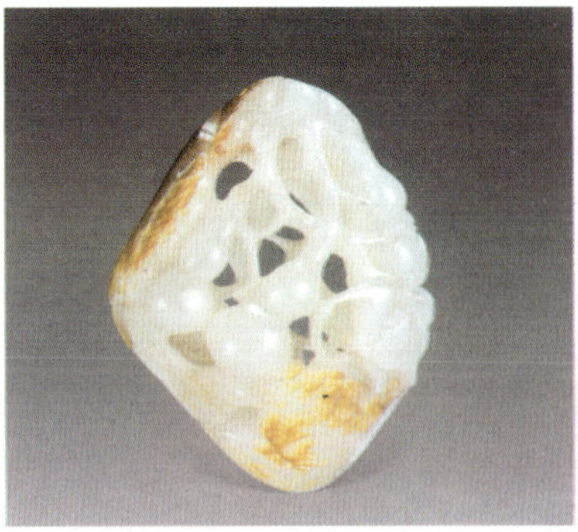

679 清 白玉留皮雕福禄万代纹佩
估 价：RMB 180,000
成交价：RMB 302,400
长5.5cm 天津文物 2011.5.13

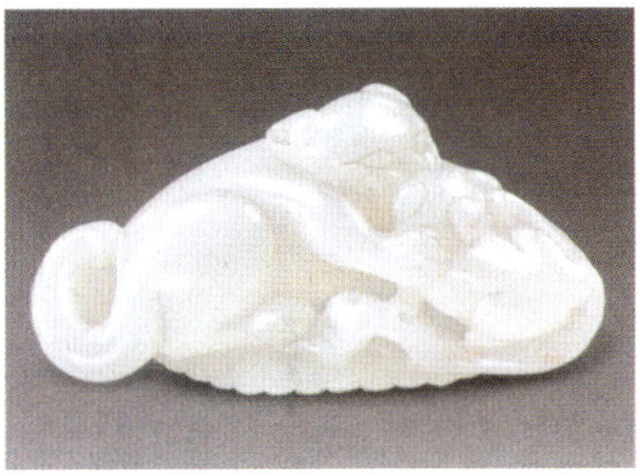

487 清 白玉雕双欢佩
估　价：RMB 100,000
成交价：RMB 403,200
长7.7cm 天津文物 2011.11.12

233 碧玉 辟邪
估　价：RMB 800,000～1,200,000
成交价：RMB 1,232,000
长25cm 江苏爱涛 2011.1.16

4753 民国 玛瑙万代封侯佩
成交价：RMB 149,500
长5.2cm 中国嘉德 2011.3.19

846 富贵有余
估　价：RMB 600,000～800,000
成交价：RMB 1,150,000
长7.8cm 荣宝斋 2011.11.25

2063 螭龙玉佩
估　价：RMB 4,000,000
成交价：RMB 3,324,000
18cm×16cm 中博文化 2011.7.10

351 王平 金蟾 白玉把件
估 价：RMB 280,000～350,000
成交价：RMB 437,000
长5.8cm 西泠拍卖 2011.7.16

425 徐志浩 福如东海 白玉把件
估 价：RMB 480,000～600,000
成交价：RMB 632,500
长4.6cm 西泠拍卖 2011.7.16

407 赵显志 龟鹤延年 白玉挂件
估 价：RMB 580,000~700,000
成交价：RMB 690,000
长6.4cm 西泠拍卖 2011.7.16

1826 和田白玉雕兽面玉佩
估 价：RMB 200,000～700,000
成交价：RMB 575,000
高6.5cm 中贸圣佳 2011.11.06

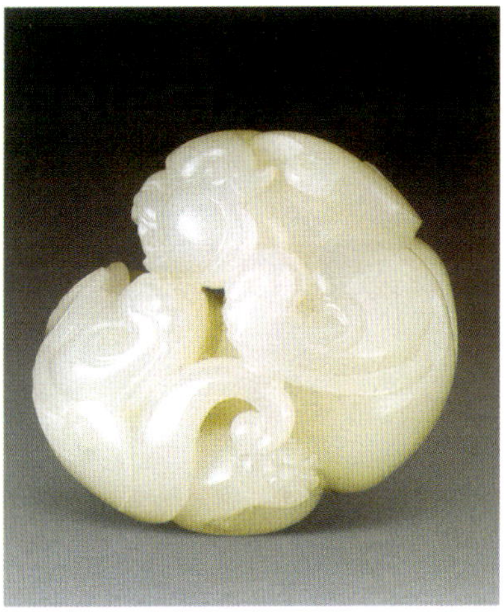

261 和田留皮籽玉 貔貅手把件
估　价：RMB 500,000
成交价：RMB 560,000
高5.1cm 北京国信 2011.08.19

173 金代 白玉雕花卉纹佩
估　价：RMB 80,000～120,000
成交价：RMB 126,500
长7.9cm 福建拍卖 2011.7.2

91 清初 白玉雕德比君子纹佩
估　价：RMB 500,000～600,000
成交价：RMB 782,000
长7.5cm 北京东正 2011.11.17

佩玩植物件

811 元 白玉灵芝花纹饰
成交价：RMB 57,500
长5.2cm 北京保利 2011.10.23

547 清乾隆 白玉雕瓜瓞绵绵挂件
估　价：RMB 150,000～180,000
成交价：RMB 264,500
长5cm 北京东正 2011.6.5

826 清乾隆 黄玉雕竹节纹挂件
估　价：RMB 180,000～200,000
成交价：RMB 207,000
高4cm 北京东正 2011.11.18

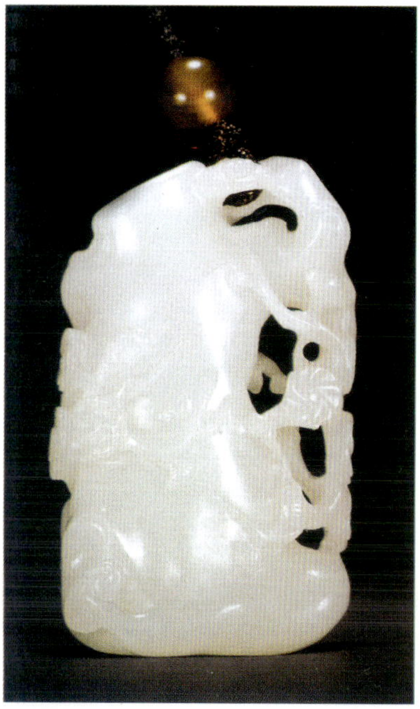

8 清乾隆 白玉梅树佩
估　价：RMB 120,000～150,000
成交价：RMB 280,000
高5cm 浙江钱塘 2011.1.9

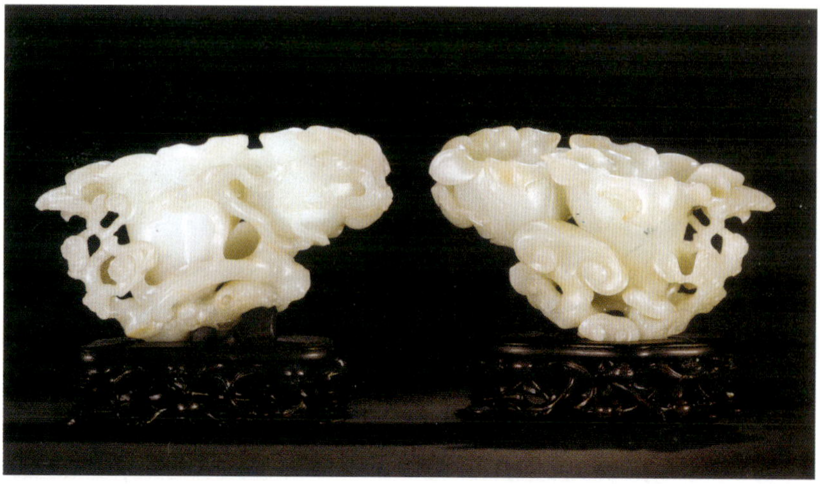

551 清中期 白玉雕芝兰纹摆件
估　价：RMB 600,000～700,000
成交价：RMB 920,000
长21.5cm 北京东正 2011.6.5

3592 清中期 白玉三多九如佩
估　价：RMB 250,000～350,000
成交价：RMB 287,500
高5.3cm 北京翰海 2011.11.19

3581 清中期 白玉梅寿佩
估　价：RMB 150,000～180,000
成交价：RMB 161,000
高5.6cm 北京翰海 2011.11.19

543 清 白玉雕岁寒三友纹佩
估　价：RMB 280,000
成交价：RMB 784,000
长5.7cm 天津文物 2011.11.12

4457 清 白玉巧雕君子比德佩
估　价：RMB 280,000～380,000
成交价：RMB 322,000
长6.5cm 中国嘉德 2011.09.17

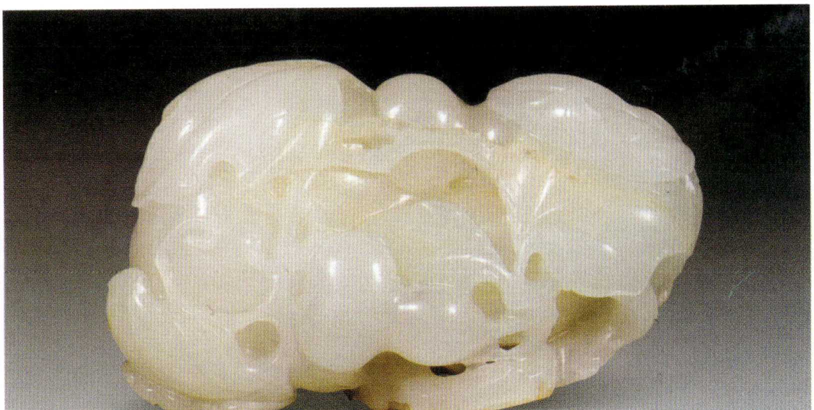

4395 清 白玉子孙万代坠
估　价：RMB 30,000～50,000
成交价：RMB 184,000
长8.5cm 中国嘉德 2011.3.19

3732 清 青白玉瓜形把件
估 价：RMB 150,000～250,000
成交价：RMB 172,500
长7cm 中国嘉德 2011.6.18

3027 明 青白玉留皮巧雕松树握件
估 价：RMB 270,000～370,000
成交价：RMB 302,400
长7.2cm 中贸圣佳 2011.4.29

7448 明 白玉巧色万喜灵芝龙纹铊尾
估 价：RMB 100,000～150,000
成交价：RMB 345,000
长13.3cm 北京保利 2011.6.6

其他佩玩件

1150 红山文化 勾云形佩（一对）
估 价：RMB 1,800,000
成交价：RMB 980,000
通长21cm 北京中嘉 2011.1.9

1532 清乾隆 白玉斧形牌佩
成交价：RMB 2,066,265
长12.7cm 纽约佳士得 2011.3.24

158 清乾隆 白玉仿古斧形佩
估　价：RMB 300,000～350,000
成交价：RMB 402,500
长10.5cm 北京东正 2011.11.17

1023 唐代 青白玉杵（一对）
估　价：RMB 5,800,000
成交价：RMB 6,000,000
通长52.3cm 北京中嘉 2011.1.9

747 清 珊瑚雕五芝佛手暖手
估　价：RMB 35,000～45,000
成交价：RMB 379,500
9.4cm×5.6cm 北京诚轩 2011.5.22

708 清 黄玉留皮雕富足平安纹佩
估　价：RMB 80,000
成交价：RMB 201,600
长6.6cm 天津文物 2011.5.13

1716 白玉雕钟型佩
估　价：RMB 600,000～800,000
成交价：RMB 672,000
9cm×7cm 中贸圣佳 2011.1.23

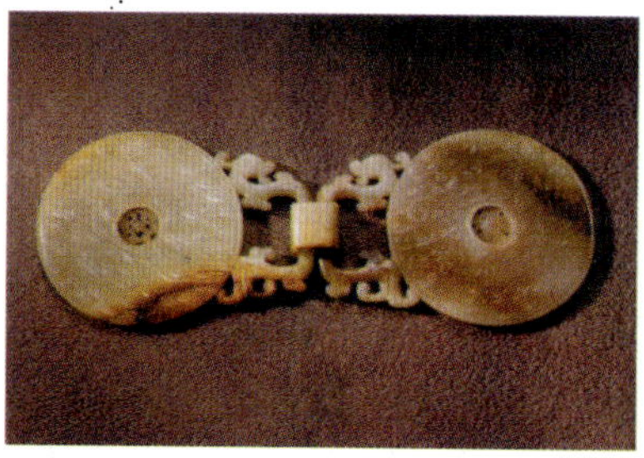

81 清 黄玉双璧相连佩
成交价：RMB 2,854,665
长31cm 纽约苏富比 2011.3.22

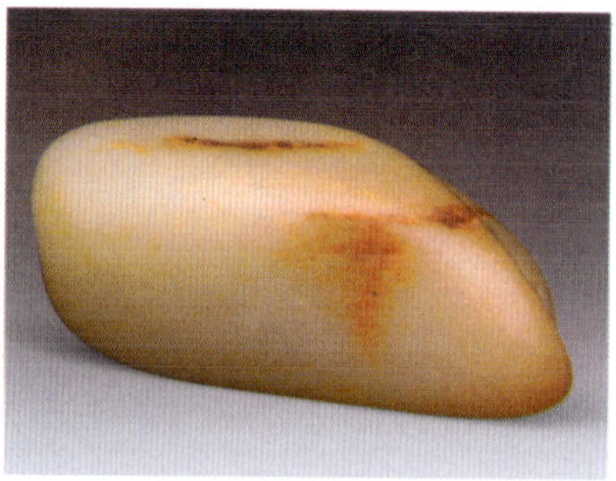

318 和田留皮籽玉手把件
估　价：RMB 1,600,000
成交价：RMB 1,792,000
长6.7cm 北京国信 2011.08.19

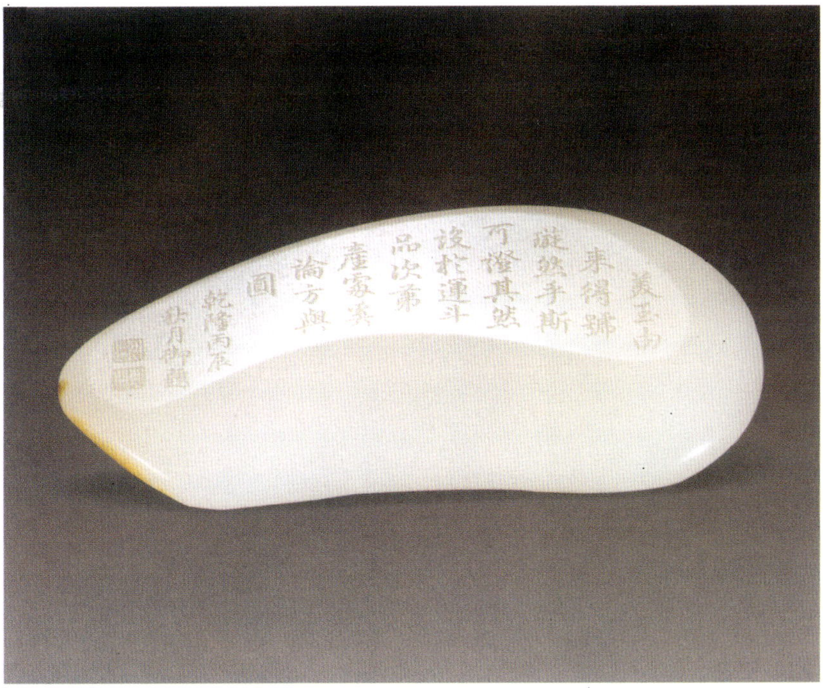

3039 清 白玉雕御制诗文羊脂玉握
估　价：RMB 4,800,000～5,800,000
成交价：RMB 5,712,000
长10cm 中贸圣佳 2011.4.29

1533 清18世纪 白玉牌形挂佩
成交价：RMB 3,327,705
高22.9cm 纽约佳士得 2011.3.24

392 葛洪 天马行空 白玉把件
估　价：RMB 700,000～900,000
成交价：RMB 1,092,500
6.1cm×6.4cm 西泠拍卖 2011.7.16

7358 和田籽料三多把件
估　价：RMB 540,000～700,000
成交价：RMB 604,800
长10cm 北京博观 2011.6.12

陈设和生活用品

玉 屏

1824 清乾隆 白玉雕大吉插牌
估 价：RMB 1,200,000～1,500,000
成交价：RMB 1,344,000
高21cm 北京荣宝 2011.3.18

7332 清乾隆 白玉赤壁怀古座屏
估 价：RMB 600,000～800,000
成交价：RMB 690,000
高20.7cm 北京保利 2011.6.5

315 和田留皮籽玉 共读西厢插牌
估 价：RMB 3,500,000
成交价：RMB 3,920,000
高15.9cm 北京国信 2011.08.19

0266 清乾隆 白玉龙马纹插屏
估　价：RMB 1,000,000～1,500,000
成交价：RMB 1,955,000
高25.5cm 浙江钱塘 2011.12.04

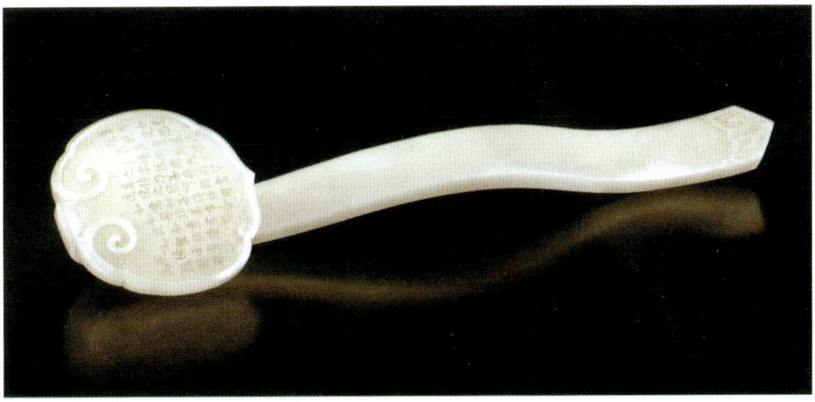

3535 清乾隆 白玉御题诗文如意
估　价：RMB 4,000,000～6,000,000
成交价：RMB 7,820,000
长33.5cm 中国嘉德 2011.5.22

玉如意

1091 明 青玉螭龙如意
估　价：RMB 1,800,000～2,500,000
成交价：RMB 2,645,000
长38.5cm 古天一 2011.12.05

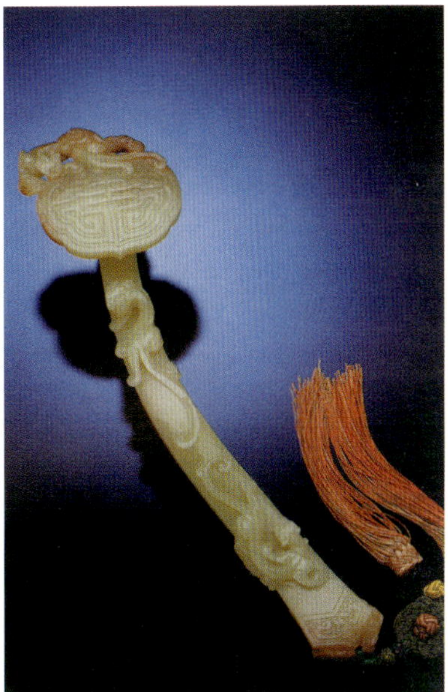

3251 清乾隆 黄玉如意
估　价：RMB 700,000～900,000
成交价：RMB 5,108,160
长31.5cm 香港佳士得 2011.11.30

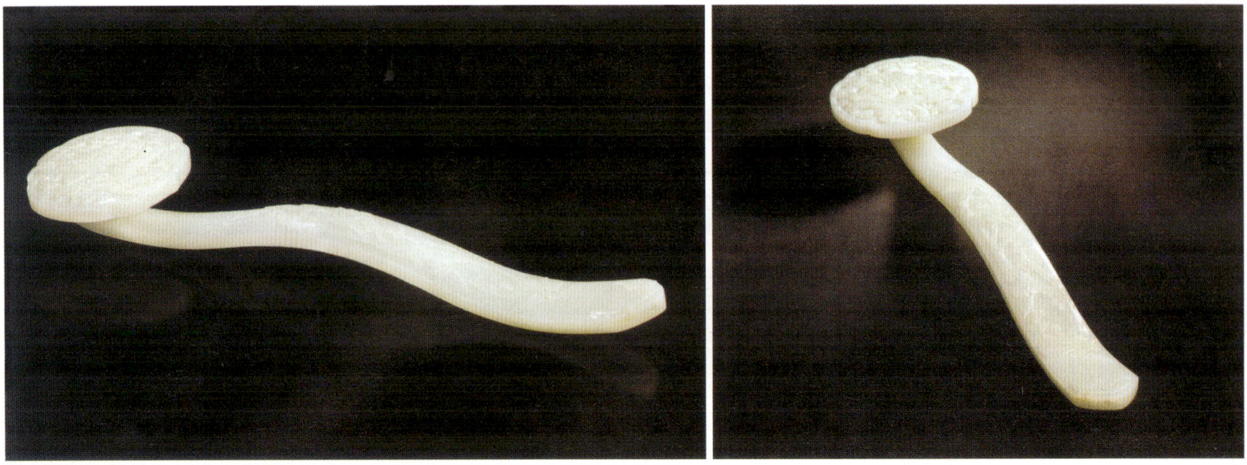

3552 清乾隆 白玉雕升龙五蝠兆庆如意
估　价：RMB 6,000,000～8,000,000
成交价：RMB 20,700,000
长43.5cm 中国嘉德 2011.5.22

3541 清乾隆 白玉嵌百宝花鸟如意
估　价：RMB 5,000,000～7,000,000
成交价：RMB 6,325,000
长43.5cm 中国嘉德 2011.5.22

20 清乾隆 白玉龙纹如意
估　价：RMB 3,000,000～5,000,000
成交价：RMB 7,130,000
长50cm 浙江钱塘 2011.12.04

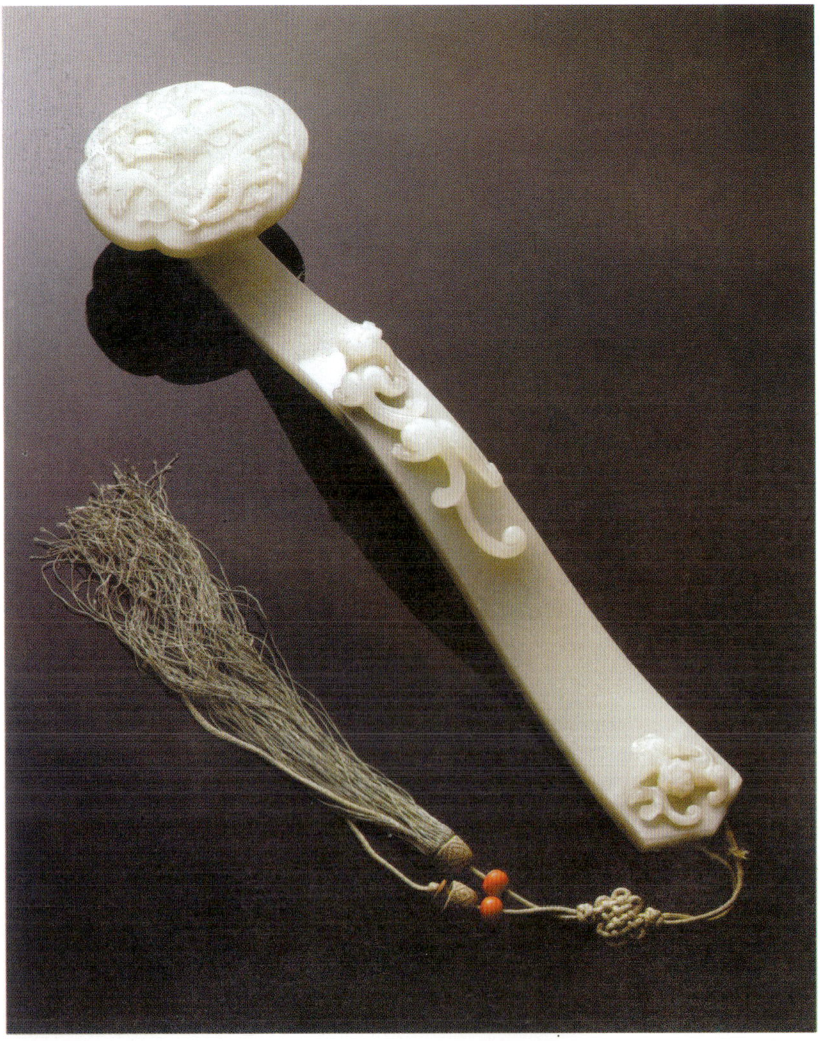

7193 清乾隆 白天填金刻御题诗龙纹如意
估　价：RMB 5,000,000～8,000,000
成交价：RMB 17,250,000
长41cm 北京保利 2011.6.5

3640 清18世纪/19世纪 白玉嵌百宝灵猴献寿如意
估 价：RMB 4,000,000～6,000,000
成交价：RMB 11,801,700
长41.2cm 香港佳士得 2011.6.1

2872 清中期 白玉雕山水人物如意
估　价：RMB 1,800,000～2,200,000
成交价：RMB 2,070,000
长40cm 北京匡时 2011.6.8

1557 清乾隆 白玉佛手
成交价：RMB 2,539,305
长19.5cm 纽约佳士得 2011.3.24

3074 清乾隆 白玉雕佛手摆件
估　价：RMB 600,000～800,000
成交价：RMB 690,000
高9.8cm 北京匡时 2011.6.8

玉佛手

8448 清 青白玉雕佛手摆件
估　价：RMB 180,000～280,000
成交价：RMB 402,500
高16cm 北京保利 2011.12.08

玉 船

2945 清乾隆 白玉船形摆件
估　价：RMB 400,000～450,000
成交价：RMB 460,000
长16.5cm 北京匡时 2011.12.05

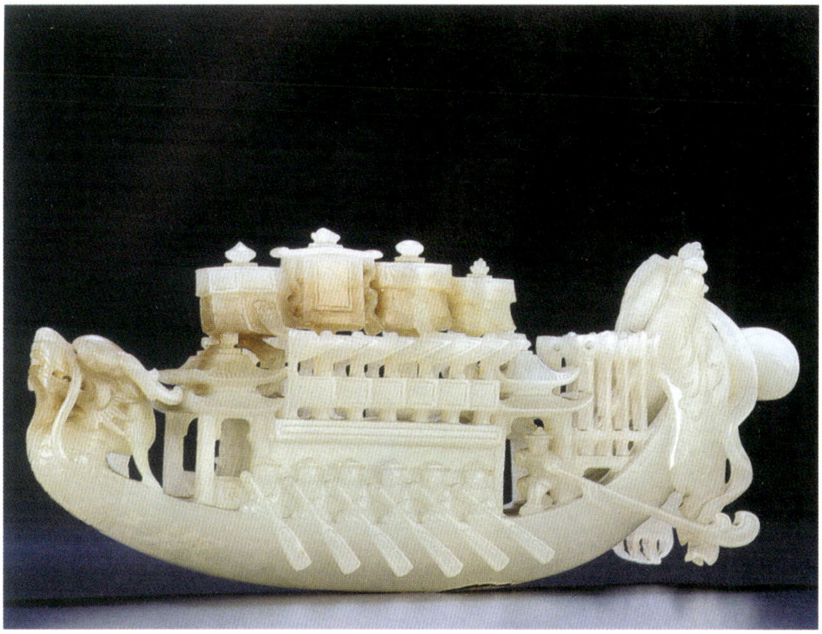

3748 清18世纪/19世纪 白玉龙船摆件
估　价：RMB 200,000～300,000
成交价：RMB 4,034,340
宽16.3cm 香港佳士得 2011.6.1

19 清乾隆 白玉船
估　价：RMB 1,500,000～2,000,000
成交价：RMB 3,220,000
高9cm 长28cm 浙江钱塘 2011.12.04

1085 清 白玉雕龙舟
估　价：RMB 1,500,000
成交价：RMB 1,760,000
长38cm 高27cm 北京中嘉 2011.1.9

玉山子

7481 宋 白玉褐黑色皮仙人灵龟纹山子
估　价：RMB 200,000～300,000
成交价：RMB 943,000
高11.6cm 北京保利 2011.6.6

7480 宋 白玉褐黑皮提油人物纹山子
估 价：RMB 150,000～200,000
成交价：RMB 805,000
高9.4cm 北京保利 2011.6.6

1096 金代 玉雕秋山山子
估 价：RMB 1,600,000～2,300,000
成交价：RMB 1,840,000
高11cm 长12.8cm 古天一 2011.12.05

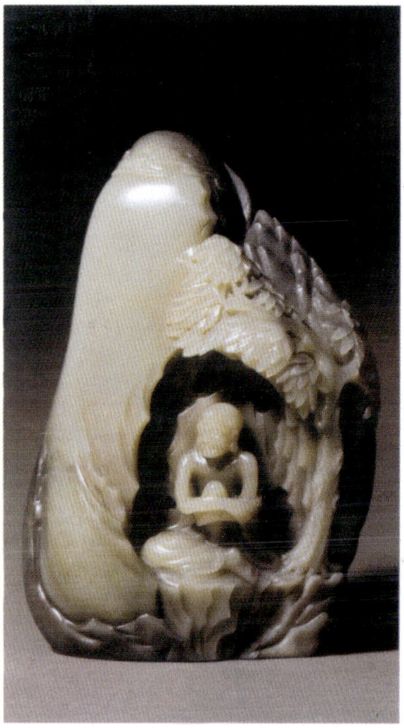

2991 清乾隆 浅青玉“罗汉尊者”山子
估 价：RMB 500,000～550,000
成交价：RMB 575,000
高22cm 北京匡时 2011.09.17

372 清乾隆 御制白玉雕罗汉山子
估 价：RMB 2,800,000～3,000,000
成交价：RMB 4,140,000
高21.5cm 北京东正 2011.11.17

2812 清乾隆 青玉雕“御题鸡雏待饲图”御制诗山子
估　价：RMB 2,000,000～3,000,000
成交价：RMB 2,643,880
长26.3cm 香港苏富比 2011.4.8

1491 清乾隆 白玉留皮山水山子
估　价：RMB 38,000～50,000
成交价：RMB 517,500
宽9cm 北京保利 2011.7.27

2316 清乾隆 黑白玉巧雕御制诗山子
估　价：RMB 1,000,000～1,200,000
成交价：RMB 1,380,000
高14.5cm(含座) 长23cm 北京匡时 2011.6.8

5015 清乾隆 白玉留皮婴戏山子
估　价：RMB 2,000,000～3,000,000
成交价：RMB 4,370,000
长17cm 北京保利 2011.12.06

5014 清乾隆 黄玉高士小山子
估　价：RMB 2,500,000～3,500,000
成交价：RMB 2,990,000
高9cm 北京保利 2011.12.06

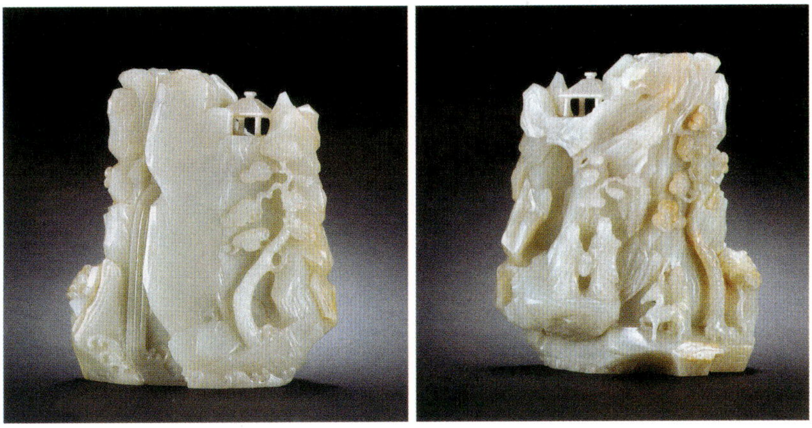

7335 清乾隆 白玉福禄寿山子
估　价：RMB 1,000,000～1,500,000
成交价：RMB 1,150,000
高16cm 北京保利 2011.6.5

407 清乾隆 白玉雕御题诗松山访友纹山子
估 价：RMB 10,000,000~12,000,000
成交价：RMB 16,675,000
北京东正 2011.6.5

338 清 观音山子摆件
估 价：RMB 800,000
成交价：RMB 3,682,200
高20cm 浙江民和 2011.08.14

2208 清乾隆 白玉雕御题诗卓锡泉图山子
估 价：RMB 200,000~250,000
成交价：RMB 2,300,000
高15.5cm 中贸圣佳 2011.11.06

1463 清中期 白玉渔樵耕读山子摆件
估 价：RMB 450,000~650,000
成交价：RMB 1,058,000
高20cm 北京保利 2011.10.23

3956 清中期 白玉雕牧马图山子
估 价：RMB 800,000~1,200,000
成交价：RMB 1,265,000
长18.7cm 中国嘉德 2011.11.15

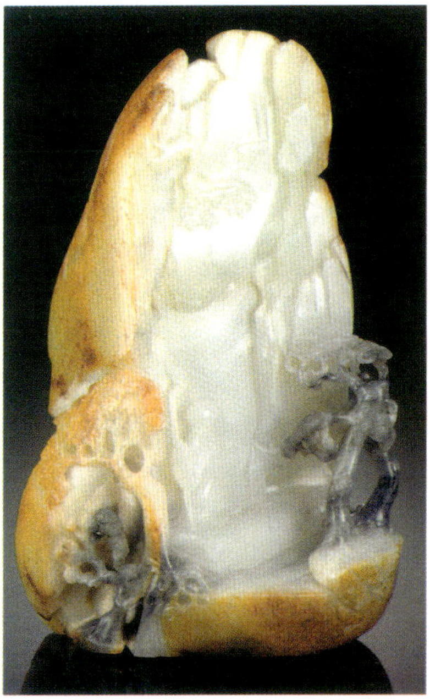

1508 清18世纪 带皮白玉山子
成交价：RMB 3,012,345
高16.8cm 纽约佳士得 2011.3.24

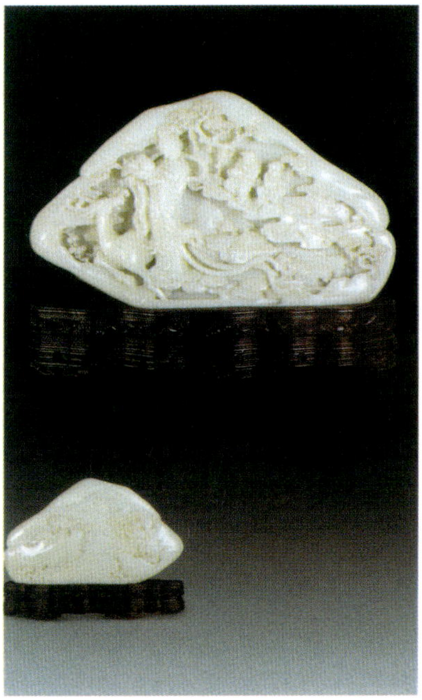

1017 清 白玉雕麻姑献寿山子
估 价：RMB 1,100,000
成交价：RMB 1,210,000
高41cm 长69cm 北京中嘉 2011.1.9

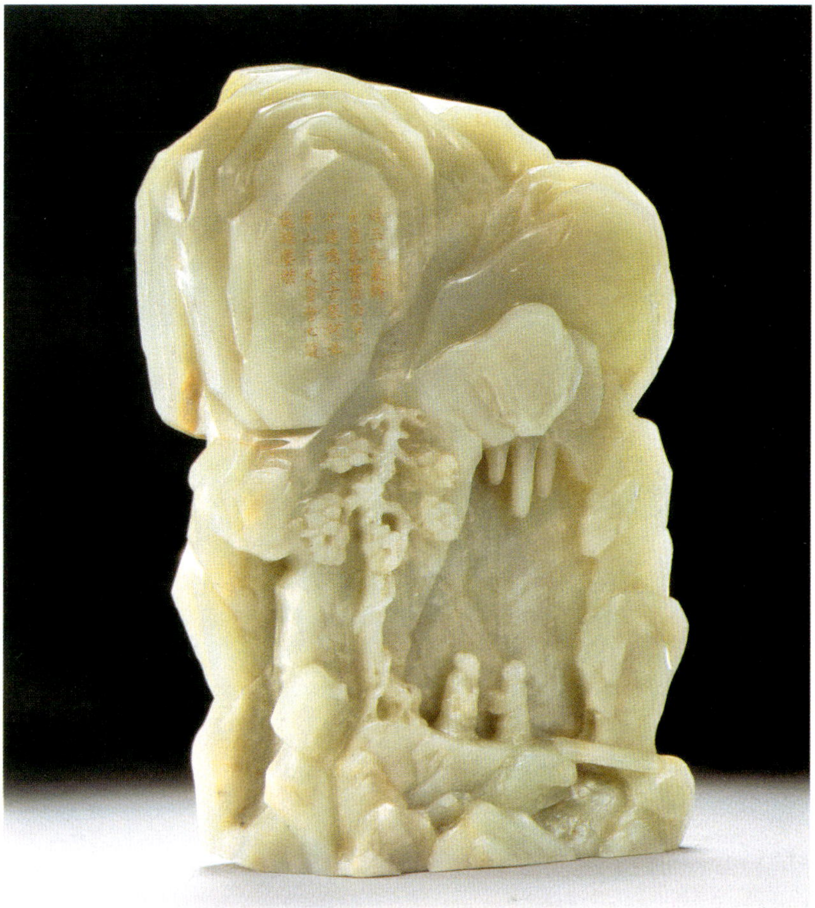

2611 清中期 青白玉山水人物诗文山子
估 价：RMB 4,500,000～5,500,000
成交价：RMB 5,175,000
高24cm 北京翰海 2011.5.21

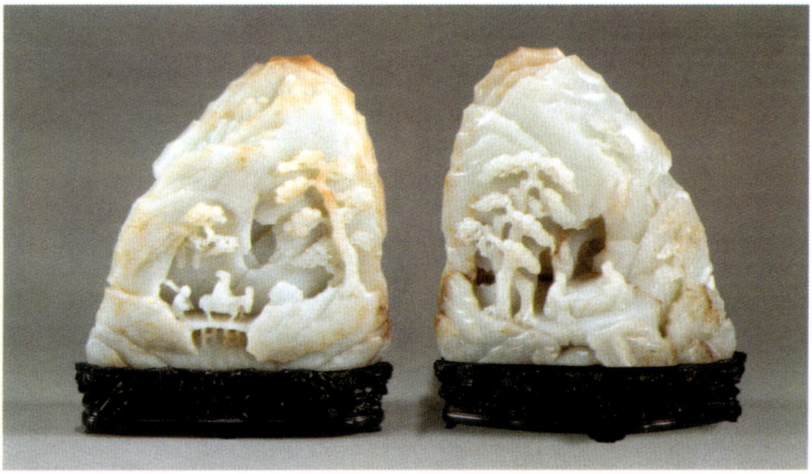

3687 清中期 白玉携琴访友山子
估 价：RMB 1,800,000～2,200,000
成交价：RMB 2,645,000
高18.5cm 北京翰海 2011.11.19

341 清 白玉雕瑶台祝寿山子
估 价：RMB 1,800,000
成交价：RMB 2,070,000
高17.5cm 上海大众 2011.8.25

2003 清 白玉雕牧牛图山子
估 价：RMB 1,300,000~1,800,000
成交价：RMB 1,495,000
长18cm 中贸圣佳 2011.11.6

390 张庆强 坐看云起时 青花玉山子
估 价：RMB 2,200,000~2,800,000
成交价：RMB 3,450,000
带座高17cm 西泠拍卖 2011.7.16

353 和田籽料雕婴戏纹山子摆件
估 价：RMB 3,500,000~3,800,000
成交价：RMB 3,920,000
长26cm 蓝天国拍 2011.11.25

291 岫玉18世纪罗汉山子
估 价：RMB 1,000,000~2,000,000
成交价：RMB 1,792,000
高100cm 宽160cm 厚90cm 辽宁建投 2011.5.12

陈设人物件

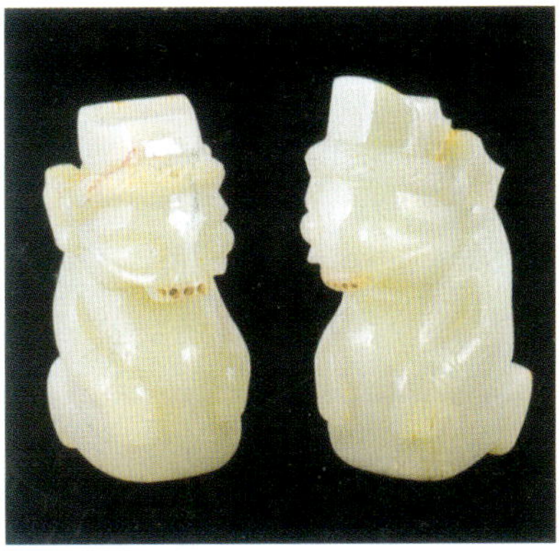

1182 商代 青白玉跪人（一对）
估　价：RMB 1,500,000
成交价：RMB 1,650,000
通高8.5cm 北京中嘉 2011.1.9

1005 三星堆文化 神人摆件（一对）
估　价：RMB 2,880,000
成交价：RMB 3,520,000
通高19cm 北京中嘉 2011.1.9

1045 三星堆文化 青黄玉神人立件（一对）
估　价：RMB 20,000,000
成交价：RMB 20,000,000
通高26.5cm 北京中嘉 2011.1.9

1002 商代 白玉跪人（一对）
估　价：RMB 2,300,000
成交价：RMB 2,530,000
通高13cm 北京中嘉 2011.1.9

1389 战国 青白玉天子巡游马车（一组20件）
估　价：RMB 1,800,000
成交价：RMB 1,980,000
通高22cm 北京中嘉 2011.1.9

1143 汉 青白玉仕女立件（一对）
估　价：RMB 200,000
成交价：RMB 308,000
通高25.5cm 北京中嘉 2011.1.9

1016 汉 青白玉舞人螭纹出廓（一对）
估　价：RMB 1,600,000
成交价：RMB 1,760,000
通长32.5cm 北京中嘉 2011.1.9

1111 唐代 白玉文官仕女摆件
估　价：RMB 550,000
成交价：RMB 638,000
高23.5cm 北京中嘉 2011.1.9

1203 唐代 青玉乐人（一组九件）
估　价：RMB 680,000
成交价：RMB 748,000
通高19cm 北京中嘉 2011.1.9

3029 五代／宋 白玉雕天人立像
估　价：RMB 230,000～280,000
成交价：RMB 291,200
高5.5cm 古天一 2011.6.4

2529 辽 棕金白玉飞天
估　价：RMB 80,000～100,000
成交价：RMB 172,500
长7.6cm 北京翰海 2011.5.21

3001 宋／元 玉巧雕倚卧童子
估　价：RMB 350,000～400,000
成交价：RMB 582,400
长6cm 古天一 2011.6.4

3186 元/明 白玉人物摆件
估　价：RMB 50,000～70,000
成交价：RMB 1,387,200
高7cm 香港佳士得 2011.11.30

406 明初 白玉雕释迦牟尼佛像
估　价：RMB 2,000,000～2,500,000
成交价：RMB 3,220,000
19cm×13cm 北京东正 2011.6.5

1328 明 青玉招财进宝摆件
估　价：RMB 350,000
成交价：RMB 440,000
长61.5cm 北京中嘉 2011.1.9

44 明 黄玉雕高士像
估　价：RMB 1,800,000～2,000,000
成交价：RMB 2,530,000
高15.1cm 北京东正 2011.11.17

5024 清康熙 白玉渔翁
估　价：RMB 500,000～800,000
成交价：RMB 598,000
高9.8cm 北京保利 2011.12.6

2923 清早期 雄晶雕自在观音像
估　价：RMB 60,000～80,000
成交价：RMB 92,000
像高4cm 西泠拍卖 2011.7.18

7494 明 白玉坐佛像
估　价：RMB 20,000～30,000
成交价：RMB 460,000
高3.6cm 北京保利 2011.6.6

2700 明 子冈制白玉麻姑献寿摆件连原座盒
估　价：RMB 1,200,000～1,600,000
成交价：RMB 1,840,000
高16.5cm 北京匡时 2011.6.8

5021 清康熙 白玉童子献花
估 价：RMB 800,000～1,200,000
成交价：RMB 2,645,000
高14.5cm 北京保利 2011.12.6

7673 清乾隆 御制仿汉仙人骑羊
估 价：RMB 3,000,000～5,000,000
成交价：RMB 4,600,000
长15cm 北京保利 2011.6.6

357 清康熙 白玉雕无量寿佛像
估 价：RMB 3,500,000～4,000,000
成交价：RMB 5,750,000
高11.3cm 北京东正 2011.11.17

0016 清乾隆 羊脂白玉弥勒佛
估 价：RMB 600,000～800,000
成交价：RMB 1,265,000
高6.8cm 浙江钱塘 2011.12.04

7337 清乾隆 碧玉佛坐像原配白玉背光莲花座及掐丝珐琅底座
估 价：RMB 6,000,000～8,000,000
成交价：RMB 6,900,000
高30cm 北京保利 2011.6.5

7695 清乾隆 青白玉渔家乐摆件
估 价：RMB 600,000～800,000
成交价：RMB 690,000
长22cm 北京保利 2011.6.6

5022 清乾隆 白玉胡人戏狮摆件
估 价：RMB 1,000,000～1,500,000
成交价：RMB 1,955,000
长14cm 北京保利 2011.12.06

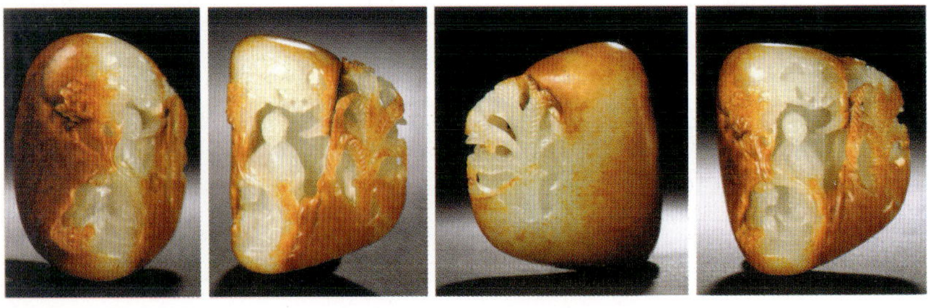

5013 清乾隆 白玉籽料留皮芭蕉美人摆件
估 价：RMB 700,000～900,000
成交价：RMB 1,725,000
高6cm 北京保利 2011.12.6

251 清中期 碧玉雕释迦牟尼佛配白玉座
估 价：RMB 500,000～600,000
成交价：RMB 805,000
高27cm 北京东正 2011.11.1

31 清乾隆 白玉佛陀坐像
估 价：RMB 800,000
成交价：RMB 2,258,873
高18.5cm 台北富博斯 2011.12.18

2945 清乾隆 白玉圆雕寿星童子摆件
估 价：RMB 500,000～550,000
成交价：RMB 552,000
高7.5cm 北京匡时 2011.6.8

2838 清乾隆 白玉“玉莲瓣观音赞”御制诗山子
估 价：RMB 1,500,000～2,500,000
成交价：RMB 6,079,240
长16cm 香港苏富比 2011.4.8

3958 清中期 白玉童子捧鹅卧像
估　价：RMB 360,000～460,000
成交价：RMB 575,000
长8cm 中国嘉德 2011.11.15

707 清中期 黑白玉童子戏兽
估　价：RMB 80,000～120,000
成交价：RMB 224,000
高3cm 长风拍卖 2011.1.20

2839 清中期 白玉圆雕仙翁祝寿摆件
估　价：RMB 450,000～500,000
成交价：RMB 517,500
高15.5cm 北京匡时 2011.6.8

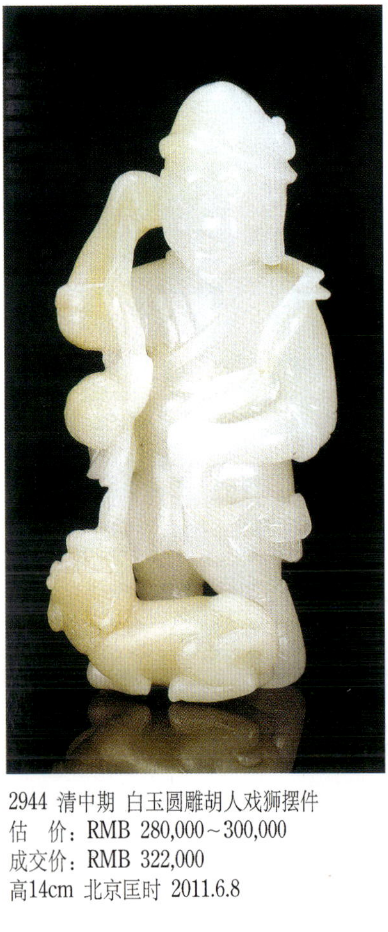

2944 清中期 白玉圆雕胡人戏狮摆件
估　价：RMB 280,000～300,000
成交价：RMB 322,000
高14cm 北京匡时 2011.6.8

828 清末红珊瑚弥勒佛
估　价：RMB 180,000～260,000
成交价：RMB 299,000
高14cm 荣宝斋 2011.11.25

1238 清 青白玉执莲观音摆件
估 价：RMB 200,000~250,000
成交价：RMB 2,240,000
高24cm 江苏万达 2011.5.29

3635 清18世纪 白玉天下太平摆件
估 价：RMB 2,500,000~3,500,000
成交价：RMB 8,051,940
高10.4cm 香港佳士得 2011.6.1

2858 清 珊瑚雕人物摆件
估 价：RMB 120,000~150,000
成交价：RMB 425,500
高18.5cm 北京匡时 2011.6.8

3080 清18世纪 白玉圆雕和合二仙乘槎摆件
估 价：RMB 400,000~450,000
成交价：RMB 437,000
长14.7cm 北京匡时 2011.12.05

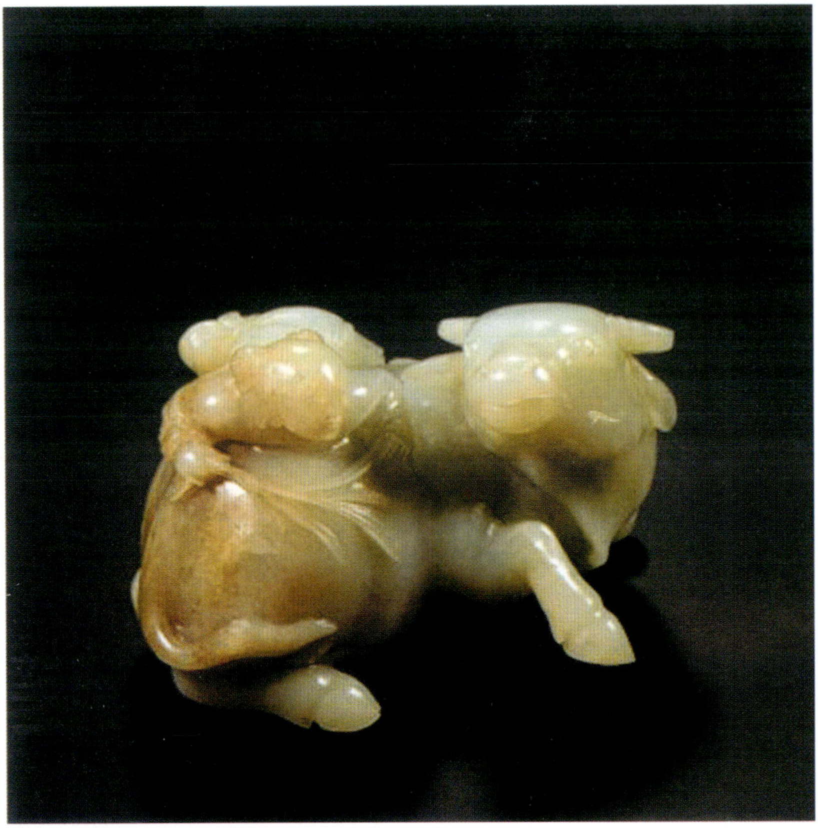

3210 清17世纪末 青白玉童子牧牛
估 价：RMB 3,000,000～5,000,000
成交价：RMB 7,897,960
长11cm 香港苏富比 2011.4.8

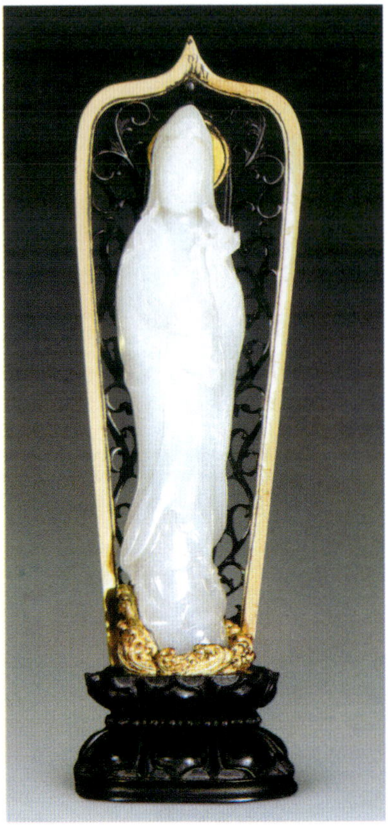

1934 清 洒金白玉雕观音大士立像
估 价：RMB 500,000～700,000
成交价：RMB 460,000
高32.5cm 上海嘉泰 2011.10.17

1025 清 青白玉过桥图摆件
估 价：RMB 3,000,000
成交价：RMB 3,200,000
长38cm 北京中嘉 2011.1.9

2042 清 红珊瑚童子婴戏摆件（金座）
估 价：RMB 650,000
成交价：RMB 1,012,000
高20.5cm 北京纳高 2011.7.6

3073 清 白玉雕深山访友图杯形摆件
估 价：RMB 1,600,000~2,000,000
成交价：RMB 2,464,000
高41.5cm 中贸圣佳 2011.4.29

2947 清 白玉圆雕关公立像
估 价：RMB 2,800,000
成交价：RMB 4,025,000
高67.5cm 北京匡时 2011.6.8

2642 清 白玉渔翁童子摆件
估 价：RMB 180,000~250,000
成交价：RMB 345,000
高8.6cm 北京翰海 2011.5.21

7503 清 白玉神农大帝坐像
估 价：RMB 100,000~150,000
成交价：RMB 4,140,000
高8.8cm 北京保利 2011.6.6

1138 清 白玉休闲观音
估 价：RMB 600,000~800,000
成交价：RMB 504,000
高22cm 江苏万达 2011.5.29

1236 清 白玉人物摆件
估 价：RMB 200,000~280,000
成交价：RMB 537,600
高8cm 江苏万达 2011.5.29

720 清 白玉雕莲花观音像
估 价：RMB 1,500,000
成交价：RMB 2,817,500
高19cm 上海大众 2011.8.25

121 民国 珊瑚雕仙女散花纹摆件
估 价：RMB 1,200,000~1,300,000
成交价：RMB 1,725,000
长47.5cm 北京东正 2011.11.17

850 加官进爵 白玉摆件
估　价：RMB 1,600,000～1,800,000
成交价：RMB 2,760,000
高14.5cm 荣宝斋 2011.11.25

1846 和田白玉雕钟馗照镜摆件
估　价：RMB 2,000,000～3,000,000
成交价：RMB 2,530,000
高11cm 中贸圣佳 2011.11.06

1 和田籽玉 婀娜
估　价：RMB 3,000,000～5,000,000
成交价：RMB 5,600,000
高15.8cm 江苏爱涛 2011.5.8

230 白玉 童子闹佛
估　价：RMB 2,800,000～3,200,000
成交价：RMB 3,360,000
高20cm 江苏爱涛 2011.1.16

313 和田留皮羊脂玉 坐相自在观音
估　价：RMB 1,600,000
成交价：RMB 1,792,000
高13cm 北京国信 2011.8.19

1097 水晶雕嵌宝白度母座像
成交价：RMB 48,000,000
高30cm 印千山 2011.6.3

845 双娇 白玉摆件
估 价：RMB 5,800,000～6,800,000
成交价：RMB 7,475,000
14.7cm×10.8cm×4.6cm 荣宝斋 2011.11.25

231 白玉 贵妃出浴图
估 价：RMB 3,600,000～3,800,000
成交价：RMB 4,256,000
高23cm 江苏爱涛 2011.1.16

372 吴德升 青史香尘 白玉摆件
估 价：RMB 7,000,000～10,000,000
成交价：RMB 10,350,000
高14.5cm 高14.6cm 高13.6cm 高13.5cm
西泠拍卖 2011.7.16

陈设动物件

1136 商代 青白玉虎食人摆件
估　价：RMB 3,300,000
成交价：RMB 3,630,000
高17cm 北京中嘉 2011.1.9

1347 齐家文化 玉鱼（一组十件）
估　价：RMB 1,000,000
成交价：RMB 1,100,000
通长10cm 北京中嘉 2011.1.9

1388 西周 白玉鸟摆件
估　价：RMB 1,000,000
成交价：RMB 1,100,000
长13cm 北京中嘉 2011.1.9

2684 汉 玉羊
估　价：RMB 250,000～280,000
成交价：RMB 264,500
长4cm 北京翰海 2011.5.21

275 东汉 S型龙凤纹玉
估 价：RMB 3,800,000
成交价：RMB 3,565,920
长12.1cm 澳门中信 2011.11.25

1087 辽 白玉雕海冬青捕鹅
估 价：RMB 30,000
成交价：RMB 156,800
长7cm 北京翰海 2011.4.9

1058 汉 青白玉天子巡游牛车（一组）
估 价：RMB 2,100,000
成交价：RMB 2,640,000
通高11.5cm 北京中嘉 2011.1.9

4403 元 玉雕洗马摆件
估 价：RMB 150,000~250,000
成交价：RMB 172,500
长12.5cm 中国嘉德 2011.9.17

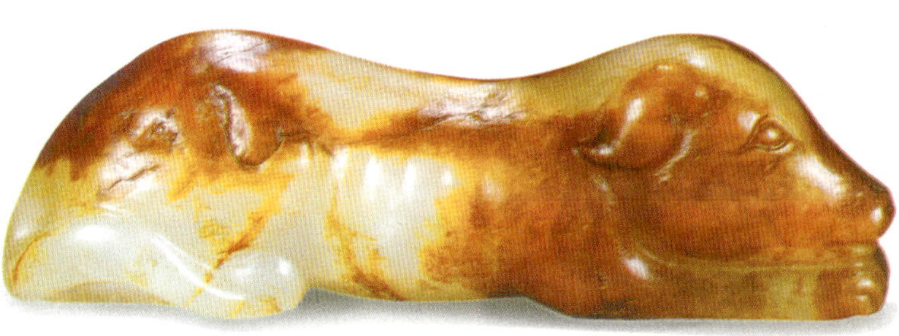

86 宋 黄玉红沁犬
估 价：RMB 400,000~500,000
成交价：RMB 896,000
长6.5cm 浙江钱塘 2011.6.12

1052 元 黄玉云纹辟邪
估 价：RMB 180,000～220,000
成交价：RMB 201,600
长8cm 北京荣宝 2011.11.11

334 元/明 黄玉雕喜鹊（一对）
估 价：RMB 800,000～900,000
成交价：RMB 1,495,000
长7cm 长6.6cm 北京东正 2011.6.5

3253 元/明 黄玉卧犬
估 价：RMB 250,000～350,000
成交价：RMB 263,125
长5cm 香港苏富比 2011.4.8

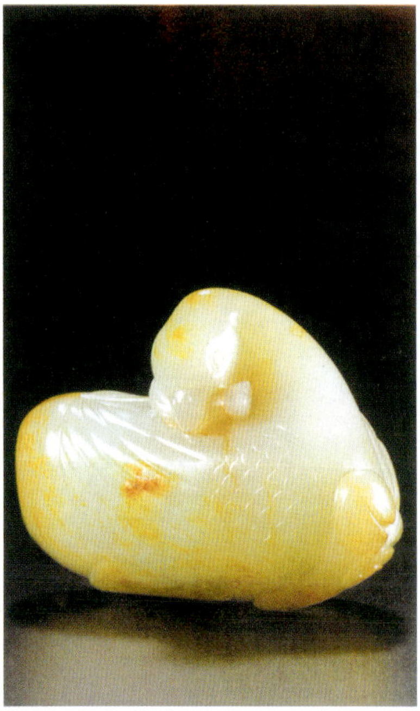

2139 14世纪 白玉“衔莲宝鸭”
估 价：RMB 150,000～200,000
成交价：RMB 823,280
长8cm 香港苏富比 2011.10.5

327 元/明 白玉雕母仪天下
估 价：RMB 1,800,000～2,200,000
成交价：RMB 4,600,000
长10.5cm 北京东正 2011.6.5

5004 明或更早 玉羊
估 价：RMB 200,000~300,000
成交价：RMB 414,000
长5cm 北京保利 2011.12.6

1039 明 玉雕卧鼠暖手
估 价：RMB 450,000~500,000
成交价：RMB 504,000
长8.3cm 北京永乐 2011.5.24

2706 明 黄玉圆雕牛摆件
估 价：RMB 200,000~250,000
成交价：RMB 943,000
长8.5cm 北京匡时 2011.6.8

2140 明 青褐玉骆驼
估 价：RMB 200,000~300,000
成交价：RMB 205,000
长7cm 香港苏富比 2011.10.5

7767 明 旧玉雕卧马摆件
估 价：RMB 300,000~400,000
成交价：RMB 345,000
长12cm 北京保利 2011.6.6

3547 明 古玉双狮衔芝
估 价：RMB 380,000~480,000
成交价：RMB 437,000
高9.5cm 北京翰海 2011.11.19

2301 明 黄玉雕连年有余
估　价：RMB 800,000～1,000,000
成交价：RMB 1,725,000
长11cm 北京翰海 2011.11.17

315 清初 黄玉雕辟邪
估　价：RMB 1,000,000～1,200,000
成交价：RMB 2,185,000
长7.5cm 北京东正 2011.6.5

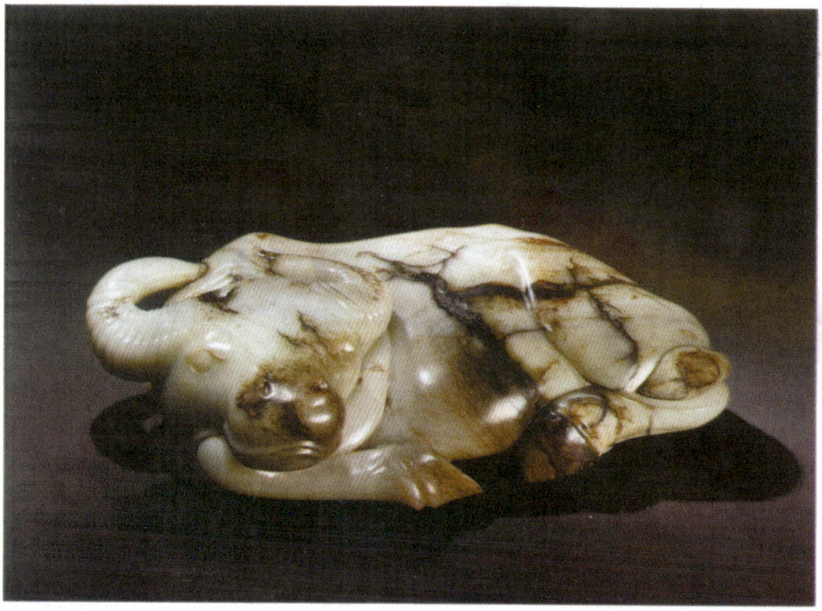

7254 明末清初（17世纪）青白玉大卧牛
估　价：RMB 5,000,000～8,000,000
成交价：RMB 7,130,000
长42.5cm 北京保利 2011.6.5

563 明 白玉沁色雕独占鳌头
估　价：RMB 180,000
成交价：RMB 448,000
长8.3cm 天津文物 2011.11.12

3038 清初 白玉雕太狮少狮摆件
估　价：RMB 1,500,000～1,800,000
成交价：RMB 1,680,000
12cm×8.9cm 中贸圣佳 2011.4.29

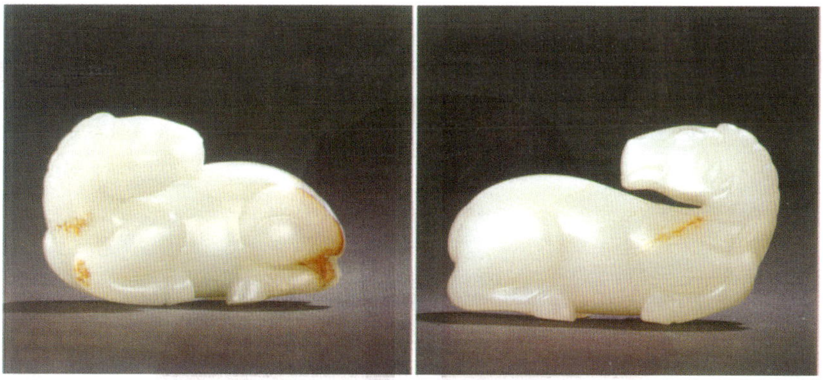

5028 清康熙 白玉卧马
估　价：RMB 600,000～800,000
成交价：RMB 736,000
长10.5cm 北京保利 2011.12.06

3030 清康熙 白玉雕鹅衔灵芝摆件
估　价：RMB 3,000,000～5,000,000
成交价：RMB 2,464,320
宽14.2cm 香港佳士得 2011.11.30

336 清康熙 白玉雕宝鸭衔莲
估　价：RMB 1,500,000～1,800,000
成交价：RMB 3,220,000
长15cm 北京东正 2011.6.5

340 清乾隆 青白玉雕双马
估　价：RMB 600,000～700,000
成交价：RMB 943,000
长9.5cm 北京东正 2011.6.5

3036 清初 白玉雕双鹿衔灵芝摆件
估　价：RMB 800,000～900,000
成交价：RMB 896,000
11.5cm×5.3cm 中贸圣佳 2011.4.29

5263 清乾隆 墨玉卧牛
估 价：RMB 3,500,000～5,500,000
成交价：RMB 5,175,000
长21cm 北京保利 2011.12.6

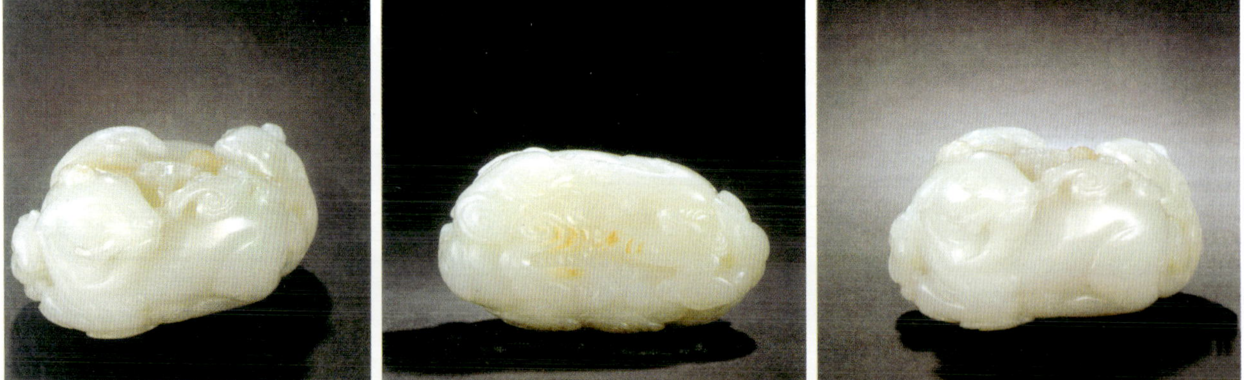

5031 清乾隆 白玉三羊开泰
估 价：RMB 1,500,000～2,000,000
成交价：RMB 2,760,000
长8cm 北京保利 2011.12.6

3638 清乾隆 白玉双马摆件
估 价：RMB 4,000,000～5,000,000
成交价：RMB 9,926,820
长13.3cm 香港佳士得 2011.6.1

7672 清乾隆 白玉神羊摆件
估 价：RMB 1,200,000～2,200,000
成交价：RMB 1,955,000
长8cm 北京保利 2011.6.6

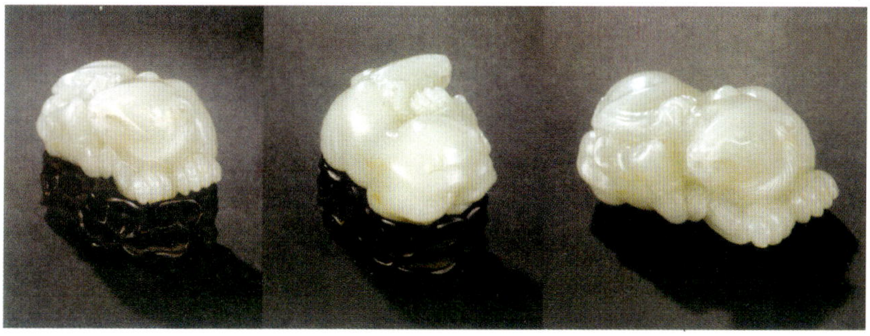

5030 清乾隆 仿汉白玉双熊
估 价：RMB 800,000～1,200,000
成交价：RMB 920,000
长6.5cm 北京保利 2011.12.6

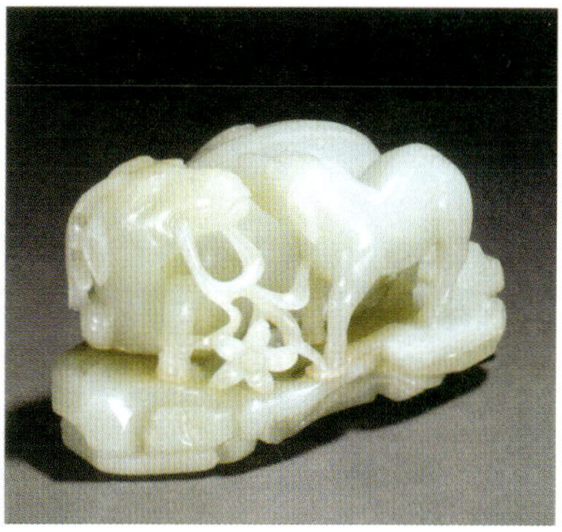

7255 清乾隆 白玉双鹿摆件
估 价：RMB 1,200,000～2,200,000
成交价：RMB 1,725,000
长18cm 北京保利 2011.6.5

3597 清乾隆 白玉太平有象摆件
估 价：RMB 800,000～1,200,000
成交价：RMB 1,523,340
宽14cm 香港佳士得 2011.6.1

7334 清乾隆 白玉留皮福禄摆件
估 价：RMB 1,200,000～2,200,000
成交价：RMB 1,725,000
高13.5cm 北京保利 2011.6.5

5016 清乾隆 白玉甪端（一对）
估 价：RMB 33,000,000～53,000,000
成交价：RMB 55,200,000
高14.5cm 北京保利 2011.12.6

370 清乾隆 白玉雕麒麟教子纹摆件
估 价：RMB 1,800,000～2,000,000
成交价：RMB 2,300,000
长13.5cm 北京东正 2011.11.17

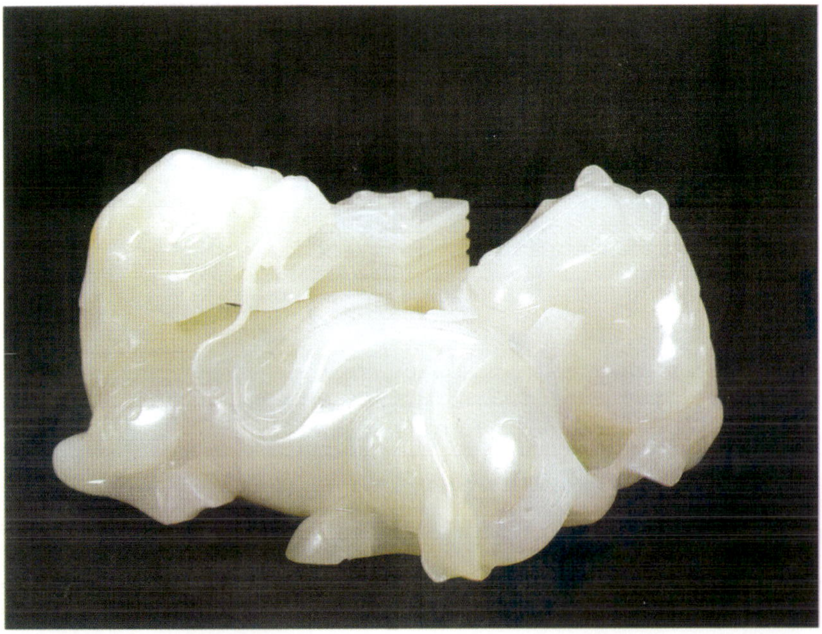

114 清乾隆 白玉河洛负书摆件
估 价：RMB 700,000～900,000
成交价：RMB 2,016,000
长12.8cm 高7cm 浙江钱塘 2011.6.12

402 清乾隆 白玉雕九龙壁摆件
估 价：RMB 800,000～1,000,000
成交价：RMB 3,450,000
长20cm 北京东正 2011.6.5

3946 清乾隆 白玉凤持宝瓶摆件
估 价：RMB 1,000,000～1,500,000
成交价：RMB 1,150,000
高19.8cm 中国嘉德 2011.11.15

2303 清中期 白玉渔家乐摆件
估 价：RMB 800,000～1,200,000
成交价：RMB 2,070,000
长17.5cm 北京翰海 2011.5.19

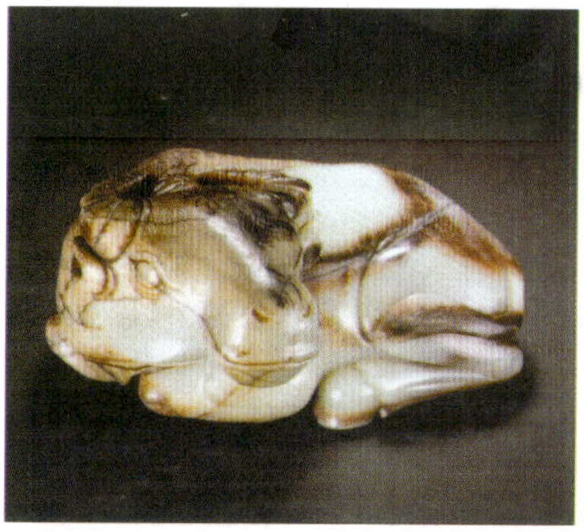

2866 清中期 青白玉圆雕卧牛摆件
估 价：RMB 720,000～800,000
成交价：RMB 1,035,000
长28.5cm 北京匡时 2011.6.8

2304 清中期 白玉洋洋得意摆件
估 价：RMB 1,500,000～1,800,000
成交价：RMB 2,300,000
长13.2cm 北京翰海 2011.5.19

9463 清中期 黄玉双鱼摆件
估 价：RMB 700,000～1,000,000
成交价：RMB 897,000
长14.5cm 北京保利 2011.6.7

3243 清18世纪 白玉鸳鸯衔莲
估 价：RMB 700,000～900,000
成交价：RMB 926,200
长20cm 香港苏富比 2011.4.8

8392 清 蓝水晶鲤鱼摆件
估 价：RMB 150,000～250,000
成交价：RMB 322,000
高17.5cm 北京保利 2011.12.8

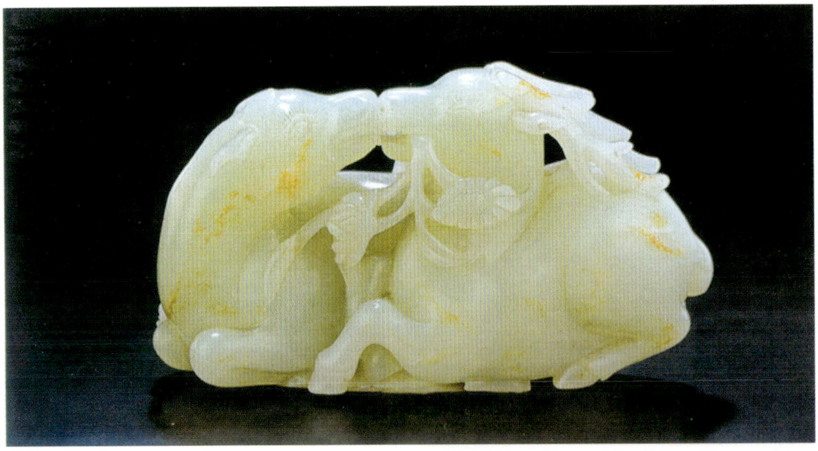

3561 清18世纪 白玉雕双鹿
估 价：RMB 1,000,000～1,500,000
成交价：RMB 3,230,820
宽17.2cm 香港佳士得 2011.6.1

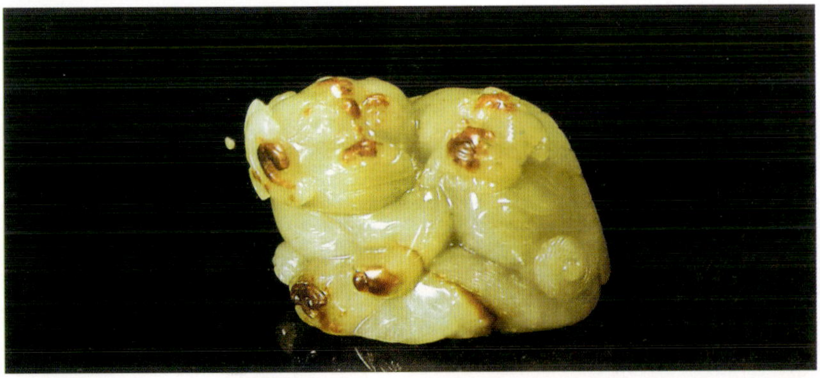

922 清 黄玉太狮少狮摆件
估 价：RMB 300,000～400,000
成交价：RMB 575,000
长5.6cm 荣宝斋 2011.11.25

7306 和田玉籽料龙凤呈祥摆件
估　价：RMB 3,000,000～4,000,000
成交价：RMB 3,360,000
长12.9cm 北京博观 2011.6.12

4404 清 黄玉留皮骆驼
估　价：RMB 350,000～550,000
成交价：RMB 575,000
长6.5cm 中国嘉德 2011.9.17

3213 清18世纪/19世纪 青玉卧马
估　价：RMB 1,500,000～2,000,000
成交价：RMB 1,532,440
长28cm 香港苏富比 2011.4.8

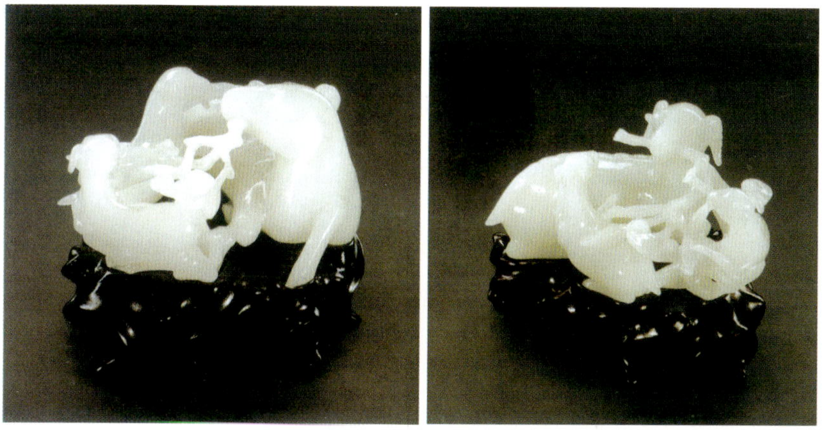

4017 清 白玉三羊衔灵芝摆件
估　价：RMB 1,000,000～1,800,000
成交价：RMB 1,840,000
宽12cm 中国嘉德 2011.11.15

1151 清 碧玉卧牛
估　价：RMB 1,000,000～1,200,000
成交价：RMB 2,688,000
长50cm 高52cm 江苏万达 2011.5.29

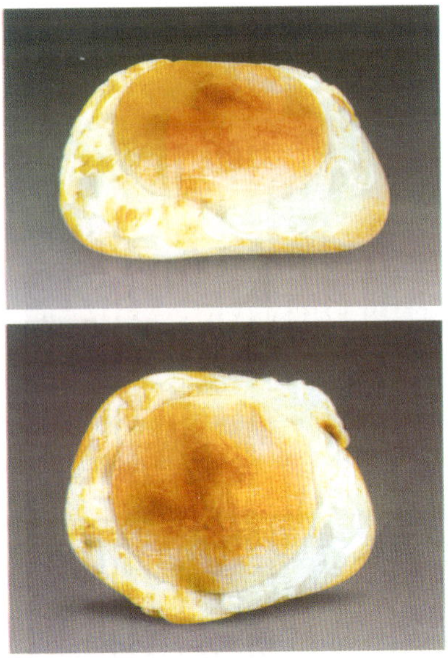

1374 现代 苏然 白玉《江山永固》
估　价：RMB 1,000,000～1,350,000
成交价：RMB 1,344,000
长11.5cm 海士德 2011.6.17

855 禄禄连科 白玉摆件
估　价：RMB 800,000～1,600,000
成交价：RMB 2,012,500
高14.1cm 荣宝斋 2011.11.25

陈设植物件

2307 清 青玉雕并蒂莲摆件连座
估　价：RMB 300,000～320,000
成交价：RMB 345,000
长11.5cm 北京匡时 2011.6.8

1088 清 白玉瓜瓞绵绵
估　价：RMB 800,000～1,000,000
成交价：RMB 1,120,000
长10cm 江苏万达 2011.5.29

541 清 白玉巧雕石榴纹摆件
估　价：RMB 80,000
成交价：RMB 199,360
长6.6cm 天津文物 2011.11.12

126 白玉 白菜
估 价：RMB 10,000,000~12,000,000
成交价：RMB 21,280,000
75cm×26cm 江苏爱涛 2011.5.8

74 和田籽玉 花开富贵
估 价：RMB 660,000~750,000
成交价：RMB 806,400
13cm×15cm×14cm 江苏爱涛 2011.5.8

1847 和田白玉雕一叶知秋
估 价：RMB 3,300,000~4,000,000
成交价：RMB 3,795,000
12cm×6.5cm×6.6cm
中贸圣佳 2011.11.06

2161 羊脂籽玉白菜摆件
估 价：RMB 500,000
成交价：RMB 415,500
高28cm 中博文化 2011.7.10

1150 双喜临门 百财亨通
估 价：RMB 1,200,000~1,600,000
成交价：RMB 448,000
长32cm 江苏万达 2011.5.29

其他陈设件

1353 汉 青玉天子出游马车（一组68件）
估　价：RMB 3,000,000
成交价：RMB 3,520,000
通高26.5cm 北京中嘉 2011.1.9

861 清雍正 和田碧玉龙赶珠纹伞盖
估　价：RMB 1,800,000～2,200,000
成交价：RMB 2,400,000
高27cm 红太阳 2011.5.28

1412 汉 青黄玉四方编钟（一组）
估　价：RMB 23,000,000
成交价：RMB 25,000,000
北京中嘉 2011.1.9

1449 汉 白玉雕螭编钟（淮阳玉玺）（一组）
估　价：RMB 3,200,000
成交价：RMB 3,520,000
高53cm 长88cm 北京中嘉 2011.1.9

1229 元 白玉雕福绿寿摆件
估　价：RMB 180,000
成交价：RMB 201,600
长14cm 北京翰海 2011.09.18

2595 清 白玉螭龙纹竹节腕枕
估　价：RMB 80,000～100,000
成交价：RMB 92,000
高14.5cm 北京翰海 2011.5.21

5262 19世纪末-20世纪初 碧玉九龙大玉海
估　价：RMB 400,000～600,000
成交价：RMB 713,000
口径62cm 中国嘉德 2011.3.21

4021 清乾隆 青白玉御题介如峰摆件
估　价：RMB 6,000,000～8,000,000
成交价：RMB 6,900,000
高29.6cm 高42cm 中国嘉德 2011.11.15

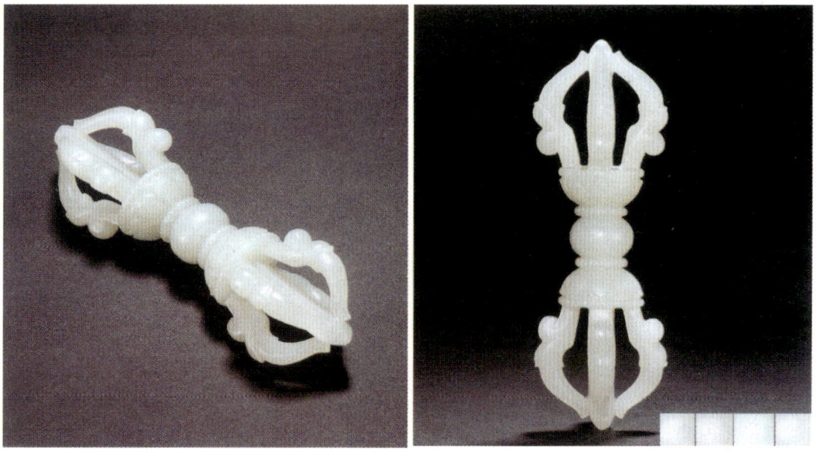

5180 清乾隆 御制青白玉金刚杵
估　价：RMB 1,500,000～2,500,000
成交价：RMB 2,185,000
长12cm 北京保利 2011.12.06

2804 清乾隆 白玉“北斗图”三连环
估　价：RMB 1,200,000～1,500,000
成交价：RMB 2,037,640
长11.6cm 香港苏富比 2011.4.8

玉瓶

1254 元 白玉春水秋山纹瓶
估　价：RMB 80,000～150,000
成交价：RMB 280,000
高28cm 中拍国际 2011.6.5

654 明 玉沁色雕兽面纹瓶
估　价：RMB 50,000
成交价：RMB 168,000
高16.5cm 天津文物 2011.5.13

5190 清乾隆 黄玉龙凤盖瓶
估　价：RMB 1,000,000～1,500,000
成交价：RMB 1,840,000
高14cm 北京保利 2011.12.06

2859 清乾隆 珊瑚雕云龙纹瓶
估　价：RMB 450,000～500,000
成交价：RMB 575,000
高38cm 北京匡时 2011.6.8

8363 清康熙 仿古玉雕兽面纹瓶
估　价：RMB 150,000～200,000
成交价：RMB 172,500
高16.5cm 北京保利 2011.12.08

7198 清乾隆 白玉御题诗喜鹊登梅双环耳盖瓶
估　价：RMB 3,000,000~5,000,000
成交价：RMB 3,910,000
高16.5cm 北京保利 2011.6.5

5026 清乾隆 碧玉洋菊纹盖瓶
估　价：RMB 900,000~1,500,000
成交价：RMB 1,035,000
高27.2cm 北京保利 2011.12.6

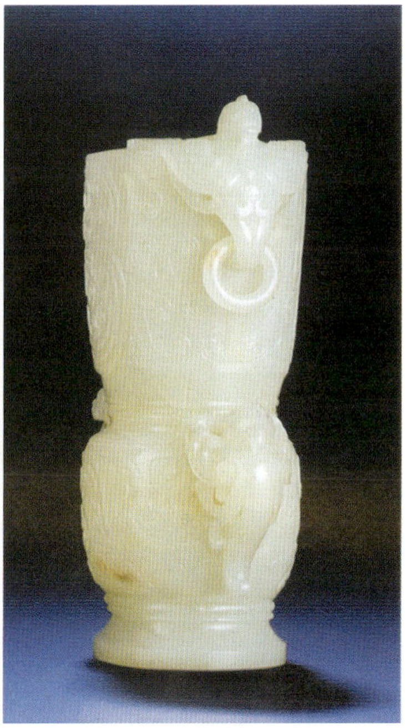

3032 清乾隆 仿古玉瓶
估　价：RMB 3,500,000~5,500,000
成交价：RMB 3,149,760
高15.2cm 香港佳士得 2011.11.30

1960 清乾隆 白玉水波云蝠“和合二仙”图葫芦盖瓶
估　价：RMB 2,600,000~2,800,000
成交价：RMB 2,574,800
高20.5cm 香港苏富比 2011.10.05

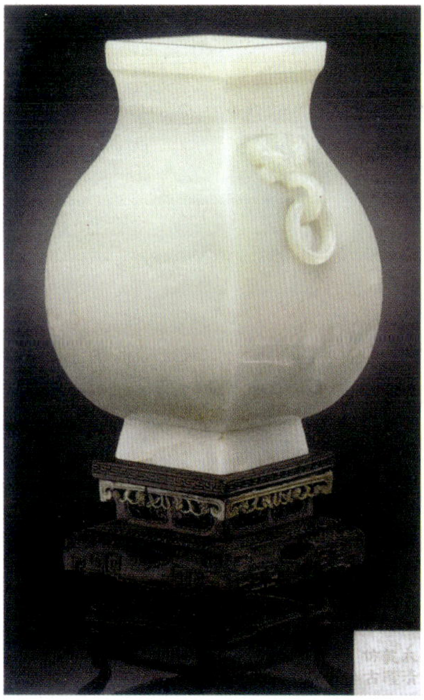

1522 清乾隆 白玉仿古花瓶
成交价：RMB 4,746,825
高21.5cm 纽约佳士得 2011.3.24

8377 清乾隆 白玉五蝠螭龙包袱瓶
估 价：RMB 600,000~900,000
成交价：RMB 690,000
高13.5cm 北京保利 2011.12.08

3595 清乾隆 白玉莲纹双象活环耳盖瓶
估 价：RMB 3,000,000~5,000,000
成交价：RMB 7,047,540
高31.2cm 香港佳士得 2011.6.1

3594 清乾隆 黄玉莲花盖瓶
估 价：RMB 800,000~1,200,000
成交价：RMB 2,427,300
宽21cm 香港佳士得 2011.6.1

2971 清乾隆 白玉雕龙盖瓶
估 价：RMB 28,000,000～35,000,000
成交价：RMB 27,042,240
高28cm 香港佳士得 2011.11.30

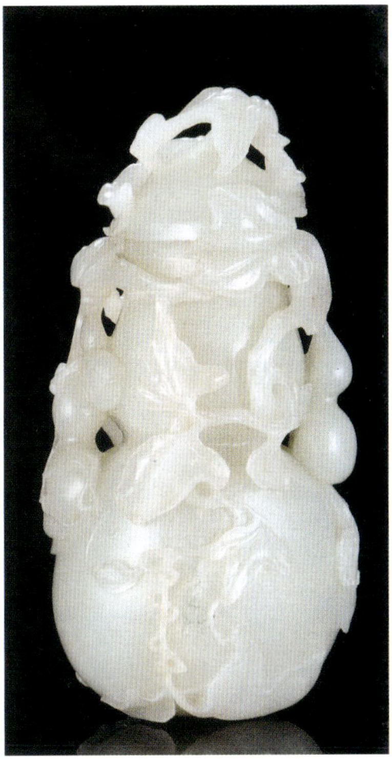

2420 清乾隆 白玉雕福禄万代盖瓶
估 价：RMB 1,800,000～2,200,000
成交价：RMB 2,185,000
高18cm 北京匡时 2011.6.8

2610 清中期 玉天鸡瓶
估 价：RMB 1,500,000～1,800,000
成交价：RMB 1,610,000
高24.5cm 北京翰海 2011.5.21

2946 清乾隆 白玉雕兽面纹盖瓶
估 价：RMB 3,500,000～3,800,000
成交价：RMB 3,680,000
高23.5cm 北京匡时 2011.12.5

961 清中期 仕女童子献寿瓶
估　价：RMB 1,500,000～1,800,000
成交价：RMB 4,025,000
高31cm 长风拍卖 2011.6.21

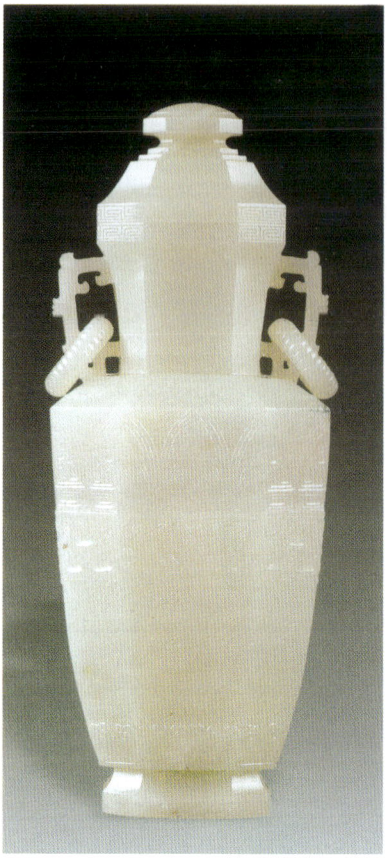

1832 清乾隆 白玉雕八角双耳衔环瓶
估　价：RMB 900,000～1,200,000
成交价：RMB 1,008,000
高22.5cm 北京荣宝 2011.3.18

1155 清 婴戏瓶
估　价：RMB 100,000～150,000
成交价：RMB 1,232,000
高25.5cm 江苏万达 2011.5.29

1496 清18世纪 白玉仿古花瓶
成交价：RMB 8,636,265
高25.5cm 纽约佳士得 2011.3.24

522 清 水晶雕喜鹊登梅盖瓶
估 价：RMB 380,000～450,000
成交价：RMB 448,000
高19.5cm 云南典藏 2011.5.14

2842 清中期 白玉雕对凤纹盖瓶
估 价：RMB 2,200,000～2,500,000
成交价：RMB 2,932,500
高29cm 北京匡时 2011.6.8

7518 清中期 青白玉双凤耳瓶
估 价：RMB 800,000～1,200,000
成交价：RMB 2,300,000
高19.8cm 北京保利 2011.6.6

7345 清 白玉正面云龙纹兽耳盖瓶
估 价：RMB 1,800,000～2,800,000
成交价：RMB 3,680,000
高33cm 北京保利 2011.6.5

781 清中期 黄玉饕餮纹双环耳盖瓶
估 价：RMB 450,000～550,000
成交价：RMB 840,000
高15.6cm 长风拍卖 2011.1.20

2608 清 青白玉兽面出戟双耳瓶
估 价：RMB 500,000～700,000
成交价：RMB 667,000
高23.8cm 北京翰海 2011.5.21

119 清 碧玉双环瓶
估 价：RMB 250,000～350,000
成交价：RMB 1,344,000
高34cm 浙江钱塘 2011.6.12

3072 清中期 白玉雕古松双环耳盖瓶
估 价：RMB 800,000～1,200,000
成交价：RMB 896,000
高23cm 中贸圣佳 2011.4.29

160 清 白玉龙凤盖瓶
估　价：RMB 1,000,000～1,500,000
成交价：RMB 3,808,000
高21cm 浙江钱塘 2011.1.9

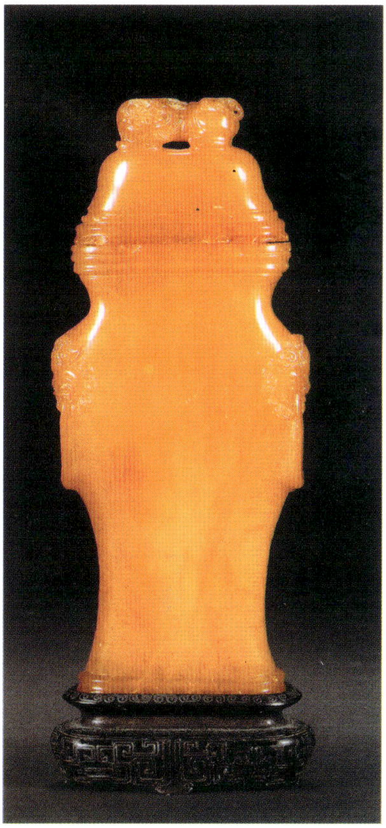

0025 清 蜜蜡双铺首方瓶
估　价：RMB 200,000～300,000
成交价：RMB 483,000
高25.6cm 浙江钱塘 2011.12.4

962 清道光 白玉"道光年制"款盖瓶
估　价：RMB 1,000,000～1,500,000
成交价：RMB 2,185,000
高28.5cm 长风拍卖 2011.6.21

930 清 白玉葫芦万代瓶
估　价：RMB 800,000～1,200,000
成交价：RMB 1,725,000
高21.8cm 荣宝斋 2011.11.25

113 20世纪 翠玉富贵平安炼瓶摆件
估　价：RMB 4,500,000
成交价：RMB 7,753,653
高25cm 台北富博斯 2011.12.18

3069 清 白玉雕双象耳盖瓶
估　价：RMB 800,000～1,200,000
成交价：RMB 896,000
高15cm 中贸圣佳 2011.4.29

571 清 白玉雕芝仙祝寿纹瓶
估　价：RMB 500,000
成交价：RMB 1,097,600
高15cm 天津文物 2011.11.12

0695 白玉雕人物故事纹吊链瓶
成交价：RMB 1,100,000
高27cm 鼎时国际 2011.12.03

314 和田留皮籽玉 花卉炉瓶
估 价：RMB 1,800,000
成交价：RMB 2,016,000
高15cm 北京国信 2011.08.19

1389 现代 柳朝国 白玉福寿链瓶
估 价：RMB 2,800,000～3,300,000
成交价：RMB 3,584,000
高60cm 海士德 2011.6.17

354 清乾隆 白玉雕仿古纹出戟尊
估 价：RMB 1,500,000～1,800,000
成交价：RMB 2,300,000
高11.4cm 北京东正 2011.11.17

2255 刘卫国 莨苕纹白玉链瓶
估 价：RMB 600,000～800,000
成交价：RMB 713,000
北京翰海 2011.11.19

玉尊

2979 明 碧玉圆雕瑞兽平安尊
估 价：RMB 500,000～550,000
成交价：RMB 552,000
高15.5cm 北京匡时 2011.6.8

3563 清乾隆 白玉雕仿古纹双龙活环耳菱口尊
估 价：RMB 2,800,000～3,500,000
成交价：RMB 6,043,140
宽15.8cm 香港佳士得 2011.6.1

3060 清乾隆 白玉雕兽面纹螭龙钮尊
估 价：RMB 2,000,000～2,800,000
成交价：RMB 2,912,000
高18cm 中贸圣佳 2011.4.29

2699 清乾隆 痕都斯坦白玉雕花卉纹双耳尊
估 价：RMB 820,000～880,000
成交价：RMB 920,000
高9.2cm 北京匡时 2011.6.8

玉觥

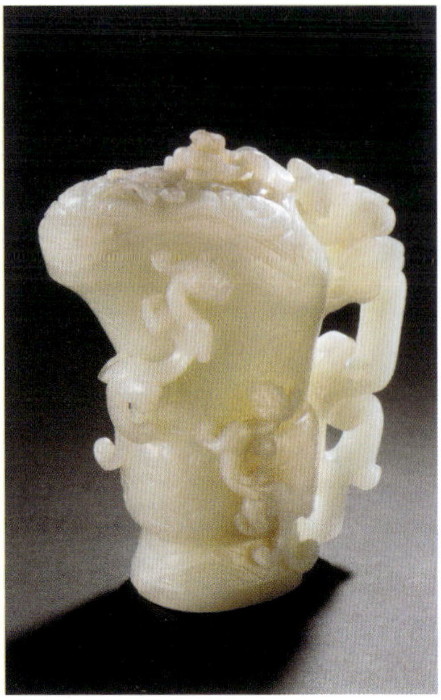

566 清初 白玉雕龙纹觥
估 价：RMB 1,500,000～1,800,000
成交价：RMB 2,070,000
高17cm 北京东正 2011.6.5

3067 清 白玉雕龙凤觥
估 价：RMB 900,000～1,200,000
成交价：RMB 1,008,000
高20.8cm 中贸圣佳 2011.4.29

7177 清乾隆 御题诗白玉仿汉龙尾觥
估　价：RMB 8,000,000～12,000,000
成交价：RMB 14,375,000
长17cm 北京保利 2011.6.5

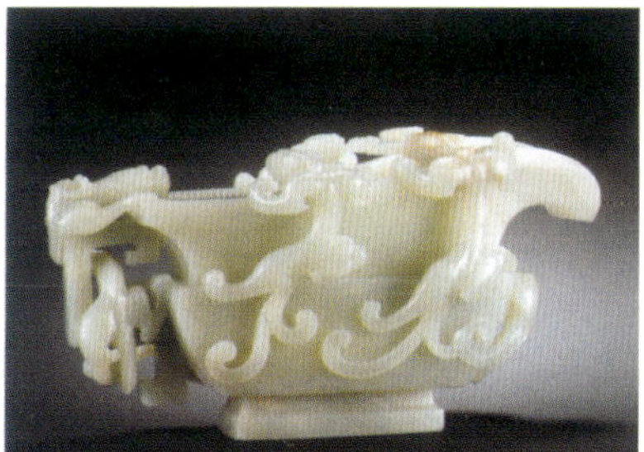

7343 清乾隆 白玉盘螭龙纹觥
估　价：RMB 1,300,000～2,000,000
成交价：RMB 1,840,000
长22.5cm 北京保利 2011.6.5

11 汉 和田玉觥
估　价：RMB 800,000
成交价：RMB 794,144
高15cm 澳门中信 2011.6.25

玉 觚

2607 明 白玉蕉叶纹仿古花觚
估　价：RMB 100,000～150,000
成交价：RMB 402,500
高16.6cm 北京翰海 2011.5.21

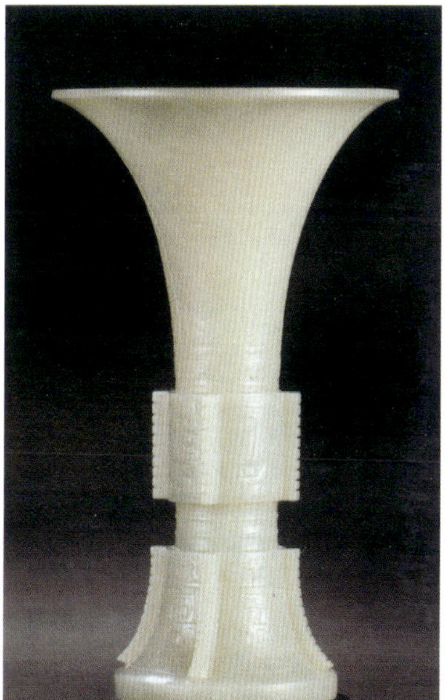

5036 清乾隆 青白玉雕蕉叶纹出戟花觚
估　价：RMB 300,000～500,000
成交价：RMB 1,265,000
高18cm 北京保利 2011.12.6

2609 清中期 白玉雕海水云龙纹花觚
估 价：RMB 3,000,000～4,000,000
成交价：RMB 3,450,000
高22.5cm 北京翰海 2011.5.21

2044 清19世纪 青白玉浮雕“兽面”纹双耳活环花觚
估 价：RMB 600,000～800,000
成交价：RMB 508,400
高20.6cm 香港苏富比 2011.10.5

5037 清乾隆 玉雕仿古兽面纹觚
估 价：RMB 400,000～600,000
成交价：RMB 460,000
高22cm 北京保利 2011.12.6

玉鼎

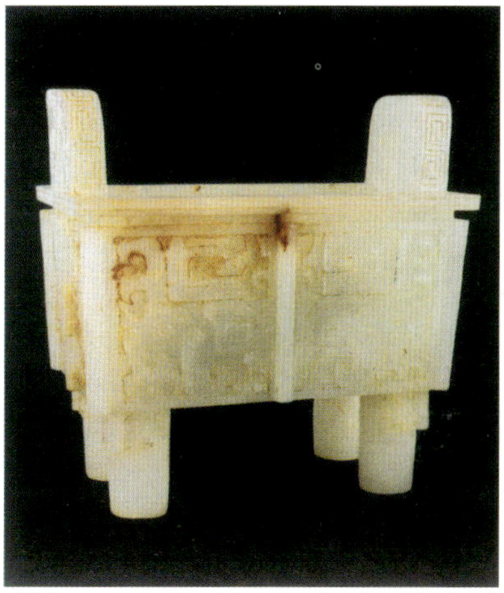

1066 西周 兽面纹白玉鼎
估　价：RMB 800,000
成交价：RMB 880,000
高17.5cm 北京中嘉 2011.1.9

1424 春秋 青玉铭文盖鼎
估　价：RMB 300,000
成交价：RMB 418,000
高17cm 口长20cm 北京中嘉 2011.1.9

1143 清 白玉龙纹四足方鼎
估　价：RMB 1,800,000～2,000,000
成交价：RMB 2,016,000
高8.5cm 江苏万达 2011.5.29

398 祥和玉鼎
估　价：RMB 12,000,000～18,000,000
成交价：RMB 20,160,000
长102cm 宽70cm 高104cm 重469kg 北京国信 2011.8.19

113 清乾隆 碧玉西番莲鼎
估 价：RMB 1,000,000~1,500,000
成交价：RMB 1,456,000
高26cm 长25cm 浙江钱塘 2011.6.12

1165 汉 青黄玉螭纹提梁盖壶（一对）
估 价：RMB 8,800,000
成交价：RMB 900,000
高24.3cm 北京中嘉 2011.1.9

玉壶

4303 明万历 玉雕八仙祝寿图执壶
估 价：RMB 220,000~320,000
成交价：RMB 253,000
高21cm 中国嘉德 2011.3.19

1166 汉 青玉兽面纹盖壶
估 价：RMB 350,000
成交价：RMB 440,000
高24cm 北京中嘉 2011.1.9

724 明 白玉雕瑞兽纹砚壶
估　价：RMB 800,000
成交价：RMB 1,097,600
高15cm 天津文物 2011.5.13

3228 清乾隆 白玉饕餮纹兽流带盖执壶
估　价：RMB 3,500,000～5,500,000
成交价：RMB 6,584,440
高18cm 香港苏富比 2011.4.8

3028 清乾隆/嘉庆 白玉壶
估　价：RMB 3,500,000
成交价：RMB 3,443,520
宽16.5cm 香港佳士得 2011.11.30

388 清初 白玉雕凤形提梁壶
估　价：RMB 2,000,000~2,500,000
成交价：RMB 2,875,000
长19cm 北京东正 2011.11.17

3600 清乾隆 白玉双龙执壶
估　价：RMB 800,000～1,000,000
成交价：RMB 6,545,340
高18.7cm 香港佳士得 2011.6.1

9469 清乾隆 白玉鹤鹿同春凤纹注壶
估 价：RMB 1,000,000～1,500,000
成交价：RMB 1,150,000
宽14cm 北京保利 2011.6.7

3620 清嘉庆 墨绿玉雕饕餮纹双象耳扁壶
估 价：RMB 800,000～1,000,000
成交价：RMB 770,040
高34.6cm 香港佳士得 2011.6.1

1142 清 白玉壶
估 价：RMB 2,800,000～3,200,000
成交价：RMB 4,256,000
高23cm 江苏万达 2011.5.29

1144 清 白玉僧帽壶
估 价：RMB 1,800,000~2,000,000
成交价：RMB 2,016,000
高13.6cm 江苏万达 2011.5.29

1639 清 白玉雕竹纹壶
估 价：RMB 500,000~800,000
成交价：RMB 896,000
长11cm 北京荣宝 2011.11.11

3262 清18世纪 白玉壶
估 价：RMB 800,000~1,200,000
成交价：RMB 2,170,560
高18.3cm 香港佳士得 2011.11.30

1400 现代 高毅进 竹节壶
估 价：RMB 1,000,000~1,500,000
成交价：RMB 1,120,000
高12cm 海士德 2011.6.17

玉卣

0638 清乾隆 白玉雕饕餮纹提梁卣
估 价：RMB 4,200,000~4,800,000
成交价：RMB 5,175,000
高25cm 江苏省拍 2011.12.10

140 清乾隆 白玉雕仿古饕餮纹提梁卣
估 价：RMB 6,000,000～8,000,000
成交价：RMB 8,280,000
高27.8cm 福建拍卖 2011.7.2

2622 清中期 玉兽面纹出戟提梁卣
估 价：RMB 400,000～600,000
成交价：RMB 460,000
高17.5cm 北京翰海 2011.5.21

玉罐

1198 战国 青玉兽面纹掏药罐
估 价：RMB 250,000
成交价：RMB 330,000
通高29cm 北京中嘉 2011.1.9

100 明 白玉雕龙纹大罐
估 价：RMB 3,000,000～3,800,000
成交价：RMB 4,368,000
高24.3cm 中鸿信 2011.6.26

1474 清乾隆 和田玉雕云头纹将军盖罐（一对）
估 价：RMB 680,000
成交价：RMB 950,000
高13cm 中都国际 2011.6.12

3002 辽、金或宋 白玉雕荷叶盖罐
估 价：RMB 90,000～120,000
成交价：RMB 257,600
高3.6cm 古天一 2011.6.4

3244 清18世纪 青白玉洋花小罐
估 价：RMB 300,000～400,000
成交价：RMB 315,750
高10cm 香港苏富比 2011.4.8

玉 盆

486 清乾隆 西洋风格白石菊瓣盆
成交价：RMB 115,000
直径51cm 北京保利 2011.10.22

7196 清乾隆 青玉御题百花诗花盆
估　价：RMB 1,000,000～1,500,000
成交价：RMB 1,610,000
直径18cm 北京保利 2011.6.5

玉 匜

1448 战国 青玉蟠虺纹匜
估　价：RMB 100,000
成交价：RMB 132,000
高14cm 北京中嘉 2011.1.9

玉 炉

1248 汉 青玉瑞兽托炉摆件
估　价：RMB 230,000
成交价：RMB 308,000
通高20.5cm 北京中嘉 2011.1.9

3091 明 夔龙纹双耳三狮足金累丝嵌宝石喜上眉梢白玉炉
估　价：RMB 1,000,000～1,200,000
成交价：RMB 1,380,000
高11cm 中拍国际 2011.12.6

405 清乾隆 黄玉雕饕餮纹三足炉
估　价：RMB 2,500,000～3,000,000
成交价：RMB 4,600,000
高16.6cm 北京东正 2011.6.5

5025 清乾隆 碧玉兽面纹龙耳三足炉
估　价：RMB 800,000～1,200,000
成交价：RMB 920,000
宽18cm 北京保利 2011.12.06

2972 清乾隆 白玉香炉
估　价：RMB 3,000,000
成交价：RMB 3,737,280
宽19.5cm 香港佳士得 2011.11.30

5265 清乾隆 青白玉蝶纹活环耳盖炉
估　价：RMB 1,000,000～2,000,000
成交价：RMB 3,220,000
宽16cm 北京保利 2011.12.6

26 清乾隆 碧玉贴金镂空香炉
估　价：RMB 1,600,000～2,800,000
成交价：RMB 3,680,000
高12cm 直径17.5cm 中拍国际 2011.7.17

3564 清乾隆 白玉饕餮纹双龙活环耳三足盖炉
估　价：RMB 2,000,000～3,000,000
成交价：RMB 11,801,700
宽21cm 香港佳士得 2011.6.1

1940 清乾隆 白玉出戟“兽面”纹双耳三足龙钮盖炉
估　价：RMB 5,000,000～7,000,000
成交价：RMB 7,888,400
高15.8cm 香港苏富比 2011.10.05

927 清乾隆 白玉饕餮纹兽耳熏炉
估　价：RMB 600,000～800,000
成交价：RMB 1,495,000
高10.5cm 宽16.6cm 荣宝斋 2011.11.25

4025 清乾隆 白玉双如意耳双狮戏球钮盖炉
估　价：RMB 4,000,000～6,000,000
成交价：RMB 6,325,000
宽16cm 中国嘉德 2011.11.15

125 清中期 珊瑚雕龙纹盖炉
估　价：RMB 1,200,000～1,300,000
成交价：RMB 1,955,000
长14cm 北京东正 2011.11.17

3235 清18世纪 白玉镂空双兽活环耳瑞狮戏球钮三足盖炉
估 价：RMB 2,500,000～3,000,000
成交价：RMB 4,563,640
宽19cm 香港苏富比 2011.4.8

2312 清乾隆 白玉雕牡丹四花钮盖炉连座
估 价：RMB 2,200,000～2,500,000
成交价：RMB 2,645,000
高18cm（含座）长18cm
北京匡时 2011.6.8

3600 清中期 白玉双耳衔环兽纽三足炉
估 价：RMB 4,500,000～5,500,000
成交价：RMB 5,175,000
高15.2cm 北京翰海 2011.11.19

423 清中期 白玉双龙衔环耳狮钮炉
估 价：RMB 2,200,000～2,800,000
成交价：RMB 5,750,000
长17.5cm 宽8cm 高12.5cm
北京东正 2011.6.5

5191 清中期 白玉太狮少狮双耳炉
估 价：RMB 2,600,000～4,600,000
成交价：RMB 4,600,000
高13cm 北京保利 2011.12.6

1409 清 白玉雕兽钮凤耳炉
估 价：RMB 1,500,000
成交价：RMB 5,600,000
高16cm 长15.5cm 苏州东方 2011.4.28

3061 清 黄玉雕狮钮盖兽首衔环三足炉
估 价：RMB 1,500,000～2,000,000
成交价：RMB 1,680,000
高17cm 中贸圣佳 2011.4.29

572 清 水晶雕双龙耳香炉
估 价：RMB 160,000
成交价：RMB 470,400
高13cm 天津文物 2011.11.12

3057 清 白玉雕兽面纹四兽首衔环带盖四足炉
估 价：RMB 700,000～800,000
成交价：RMB 1,008,000
高12.5cm 中贸圣佳 2011.4.29

369 俞艇 白玉龙耳香草纹香炉
估 价：RMB 3,000,000～4,000,000
成交价：RMB 4,140,000
高9.8cm 西泠拍卖 2011.7.16

3075 清 紫玉雕兽面纹三足鬲式炉
估 价：RMB 1,500,000～2,000,000
成交价：RMB 1,680,000
高17.3cm 中贸圣佳 2011.4.29

3752 清19世纪末 白玉雕龙活环耳四棱盖炉
估 价：RMB 2,000,000～3,000,000
成交价：RMB 4,837,860
高18.4cm 香港佳士得 2011.6.1

玉 盒

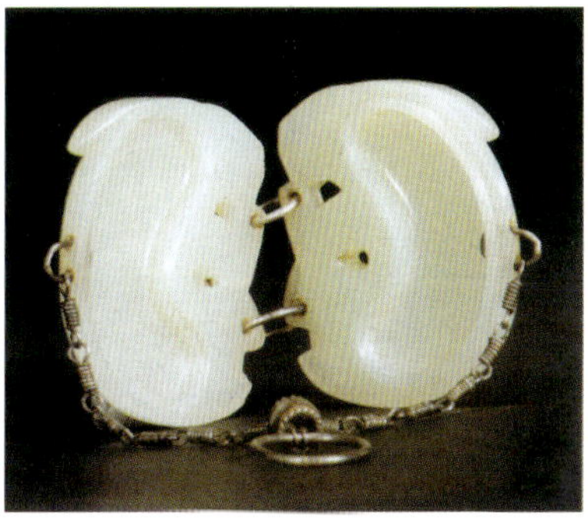

3135 元 青白玉嵌宝石兔形香盒
估 价：RMB 100,000～150,000
成交价：RMB 230,000
5cm×4.5cm 中拍国际 2011.12.6

1496 清乾隆 碧玉嵌白玉葵口玉盒
估 价：RMB 3,500,000～5,000,000
成交价：RMB 8,064,000
长14cm；高5cm 东方艺都 2011.7.6

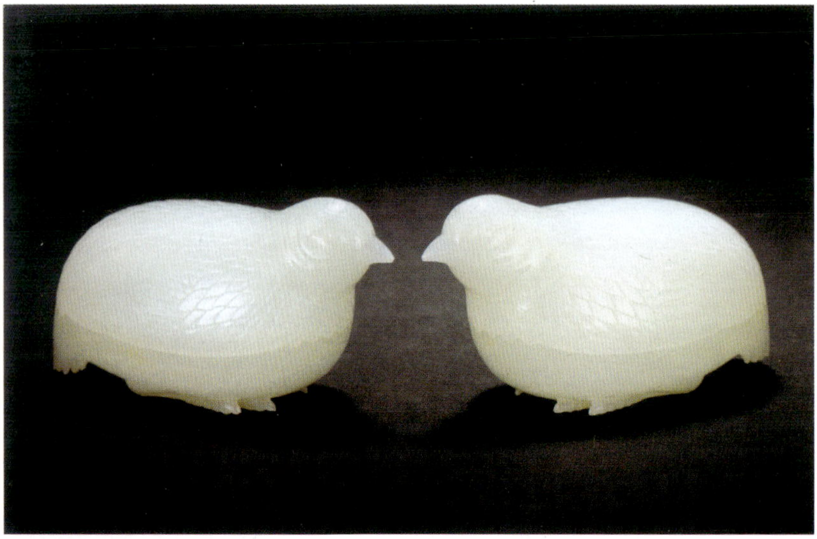

2393 清乾隆 白玉安居乐业盖盒（一对）
估 价：RMB 600,000～800,000
成交价：RMB 4,025,000
高7cm 北京匡时 2011.6.8

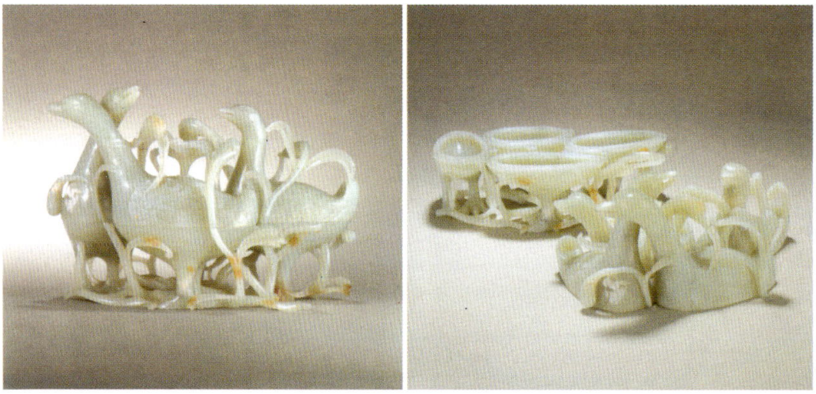

7076 清乾隆 青白玉宝鸭穿莲四连盒
估 价：RMB 1,500,000～2,000,000
成交价：RMB 2,185,000
长22.5cm 北京保利 2011.6.5

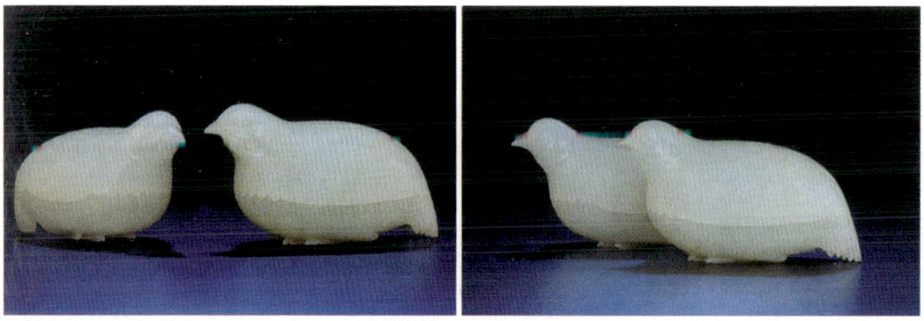

3029 清乾隆 白玉鹌鹑盒
估 价：RMB 2,800,000
成交价：RMB 2,170,560
长11.5cm 香港佳士得 2011.11.30

2037 清19世纪 白玉“瑞鸟”盖盒
估 价：RMB 150,000～200,000
成交价：RMB 902,000
长16.5cm 香港苏富比 2011.10.5

7331 清乾隆 黄玉透雕八仙贺寿人物故事大捧盒
估 价：RMB 1,000,000～1,500,000
成交价：RMB 1,725,000
直径28.5cm 北京保利 2011.6.5

2554 清 白玉红运当头盒（二件）
估 价：RMB 700,000～900,000
成交价：RMB 1,058,000
长7cm 北京翰海 2011.5.21

3753 清18世纪 白玉五福捧寿盖盒
估　价：RMB 2,000,000～3,000,000
成交价：RMB 4,235,220
直径15.5cm 香港佳士得 2011.6.1

玉卮

3641 清乾隆 白玉双蝶活环耳婚喜卮
估　价：RMB 3,000,000～4,000,000
成交价：RMB 3,532,140
宽23.1cm 香港佳士得 2011.6.1

1148 清 白玉透雕龙纹食盒
估　价：RMB 1,200,000～1,600,000
成交价：RMB 1,344,000
高22.5cm 江苏万达 2011.5.29

玉簋

1390 汉 青玉神人神兽纹簋
估　价：RMB 150,000
成交价：RMB 165,000
高9cm 北京中嘉 2011.1.9

1036 周代 兽面纹玉簋
估　价：RMB 680,000
成交价：RMB 825,000
通高33.5cm 北京中嘉 2011.1.9

玉盘

1084 清 白玉仙鹤灵芝盘
估　价：RMB 800,000～1,000,000
成交价：RMB 1,064,000
直径20cm 江苏万达 2011.5.29

1098 清 “生机一片”巧雕玉盘
估　价：RMB 2,300,000～2,800,000
成交价：RMB 2,760,000
长20.5cm 古天一 2011.12.05

8461 清乾隆 青白玉莲花高足盘
估 价：RMB 300,000～500,000
成交价：RMB 598,000
直径14.2cm 北京保利 2011.12.08

玉 碗

7318 清雍正 御制花玛瑙碗
估 价：RMB 1,500,000～2,500,000
成交价：RMB 3,450,000
直径10.2cm 北京保利 2011.6.5

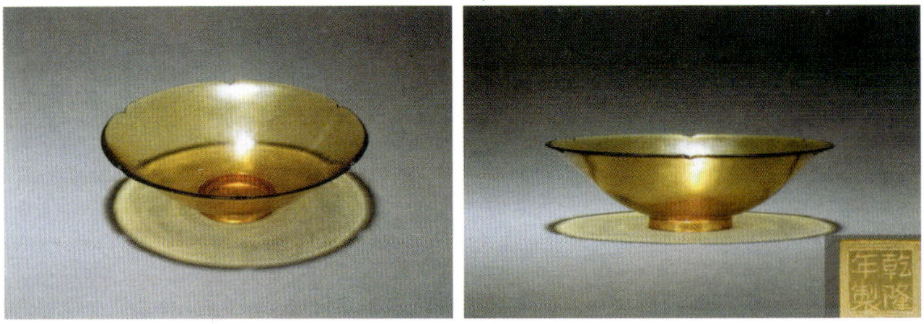

7319 清乾隆 透琥珀料花口斗笠碗
估 价：RMB 600,000～800,000
成交价：RMB 690,000
直径11.8cm 北京保利 2011.6.5

2964 清乾隆 刻字墨玉碗
估 价：RMB 1,000,000
成交价：RMB 1,974,720
直径13cm 香港佳士得 2011.11.30

7847 清乾隆 黄玉描金宫苑仕女图碗
估 价：RMB 1,000,000～1,500,000
成交价：RMB 1,610,000
直径14cm 北京保利 2011.6.6

2967 清乾隆 白玉碗
估 价：RMB 1,500,000
成交价：RMB 1,974,720
直径17.4cm 香港佳士得 2011.11.30

422 清乾隆 白玉雕八吉祥纹盖碗连碧玉座
估 价：RMB 3,000,000～4,000,000
成交价：RMB 6,900,000
直径13cm 北京东正 2011.6.5

5010 清乾隆 白玉御题诗茶碗
估　价：RMB 1,800,000～2,800,000
成交价：RMB 3,450,000
直径10.6cm 北京保利 2011.12.06

1156 清 白玉薄胎玉碗（一对）
估　价：RMB 2,800,000～3,000,000
成交价：RMB 3,136,000
直径18.5cm 江苏万达 2011.5.29

7195 清乾隆 白玉“乾隆丙午”鐾款弦纹碗
估　价：RMB 1,500,000～2,000,000
成交价：RMB 2,300,000
直径12.7cm 北京保利 2011.6.5

9494 清乾隆 白玉痕都斯坦花卉碗
估　价：RMB 500,000～800,000
成交价：RMB 1,840,000
直径15.5cm 北京保利 2011.6.7

3848 清19世纪 青白玉年年丰余碗
估　价：RMB 180,000～220,000
成交价：RMB 1,121,580
宽13.4cm 香港佳士得 2011.6.1

5012 清嘉庆 白玉碗
估 价：RMB 1,000,000～1,500,000
成交价：RMB 2,185,000
直径12.3cm 北京保利 2011.12.06

1046 汉 黄玉凤鸟骈杯
估 价：RMB 200,000
成交价：RMB 220,000
高22.5cm 北京中嘉 2011.1.9

玉 杯

1269 唐 白玉灵芝朵云纹耳杯
估 价：RMB 60,000～80,000
成交价：RMB 109,760
高3.7cm；通径11.7cm 中拍国际 2011.6.5

561 明永乐 白玉雕金盅杯
估 价：RMB 280,000～350,000
成交价：RMB 690,000
直径9.5cm 北京东正 2011.6.5

1100 汉 青玉螭纹兽爪角杯
估 价：RMB 330,000
成交价：RMB 363,000
高25.5cm 北京中嘉 2011.1.9

4953 明 玉雕仿古螭龙杯
估 价：RMB 300,000～500,000
成交价：RMB 345,000
高15cm 北京保利 2011.12.06

7194 明 白玉阳刻诗文双龙耳杯（一对）
估 价：RMB 800,000～1,200,000
成交价：RMB 920,000
宽12cm 北京保利 2011.6.5

3070 清乾隆 白玉雕爵杯
估 价：RMB 2,300,000～2,800,000
成交价：RMB 2,576,000
高20cm 古天一 2011.6.4

5035 清乾隆 青玉仿古爵杯（一对）
估 价：RMB 1,200,000～2,200,000
成交价：RMB 2,070,000
长12cm 北京保利 2011.12.06

1595 清乾隆 白玉痕都斯坦嵌金花口杯
估 价：RMB 400,000～600,000
成交价：RMB 728,000
长17.5cm 上海嘉泰 2011.6.30

7517 明 白玉梅花纹双灵芝耳杯
估 价：RMB 80,000～120,000
成交价：RMB 207,000
宽11.3cm 北京保利 2011.6.6

3621 清乾隆 青白玉英雄合卺杯
估　价：RMB 3,000,000～4,000,000
成交价：RMB 3,029,940
高26.7cm 香港佳士得 2011.6.1

610 清乾隆 白玉匜形杯
成交价：RMB 10,843,785
高15.3cm 纽约苏富比 2011.3.23

1883 清中期 洒金白玉雕英雄杯
估　价：RMB 600,000～800,000
成交价：RMB 747,500
高15.5cm 上海嘉泰 2011.10.17

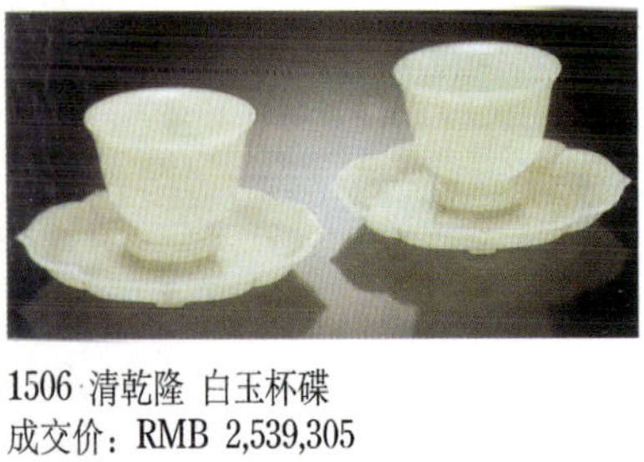

1506 清乾隆 白玉杯碟
成交价：RMB 2,539,305
玉碟直径11cm 玉杯直径6cm
纽约佳士得 2011.3.24

10 清乾隆 白玉雕簋式双龙耳杯
估　价：RMB 800,000～1,000,000
成交价：RMB 2,072,000
口径15cm，高7.4cm 浙江钱塘 2011.1.9

2614 清中期 黄玉螭龙杯
估　价：RMB 180,000～200,000
成交价：RMB 207,000
高7.7cm 北京翰海 2011.5.21

3852 清18世纪 白玉梅树椿形三龙杯
估　价：RMB 700,000～900,000
成交价：RMB 2,527,740
高11.5cm 香港佳士得 2011.6.1

玉 缸

2478 清 碧玉龙纹缸
估　价：RMB 20,000
成交价：RMB 176,000
直径96cm 中都国际 2011.08.28

玉花插

2564 清乾隆 子冈款白玉岁寒三友小花插
估　价：RMB 600,000～750,000
成交价：RMB 632,500
高7cm 北京匡时 2011.6.8

3639 清乾隆 白玉松树春花插
估　价：RMB 2,000,000～3,000,000
成交价：RMB 1,824,660
高13.6cm 香港佳士得 2011.6.1

2963 清乾隆 仿古玉花插
估　价：RMB 5,000,000
成交价：RMB 4,912,320
高22.5cm 香港佳士得 2011.11.30

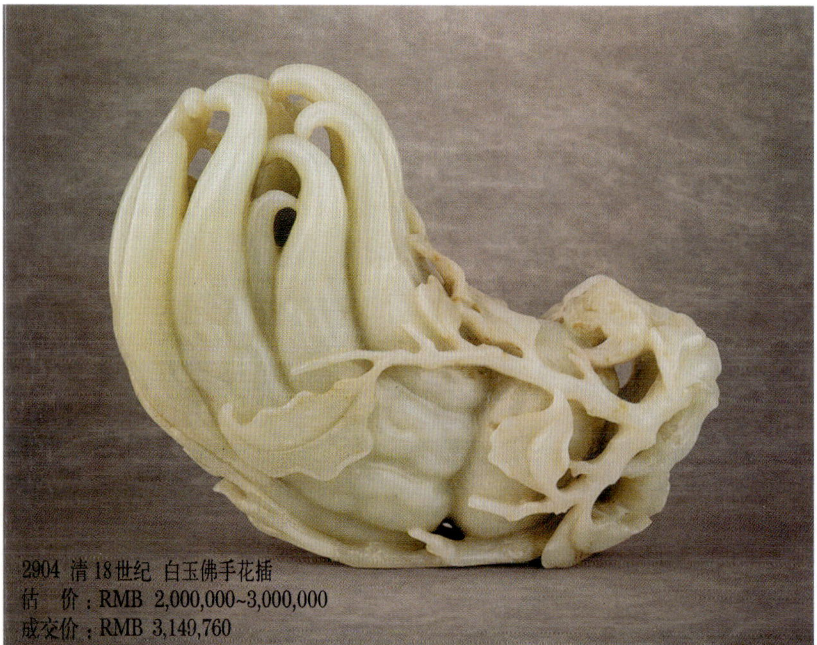

2904 清 18世纪 白玉佛手花插
估　价：RMB 2,000,000~3,000,000
成交价：RMB 3,149,760
高22cm 香港佳士得

9486 清乾隆 白玉大吉百财花插
估　价：RMB 200,000～300,000
成交价：RMB 1,092,500
高15.5cm 北京保利 2011.6.7

2318 清 黄玉髓九如纹花插（一对）
估　价：RMB 1,000,000～1,200,000
成交价：RMB 1,380,000
高16cm（含座）北京匡时 2011.6.8

玉香筒

3282 清乾隆 珊瑚雕童子香插
估　价：RMB 60,000～100,000
成交价：RMB 126,500
高5.8cm 西泠拍卖 2011.7.19

469 清康熙 白玉雕芭蕉仕女纹香筒
估　价：RMB 380,000～420,000
成交价：RMB 483,000
高17.3cm 北京东正 2011.11.17

4475 清乾隆 白玉山水人物纹香筒（一对）
估　价：RMB 500,000～800,000
成交价：RMB 977,500
高25.4cm 中国嘉德 2011.09.17

3534 清乾隆 白玉雕仙山高士图香筒
估　价：RMB 4,500,000～6,500,000
成交价：RMB 5,175,000
高18.9cm 中国嘉德 2011.5.22

404 清乾隆 白玉镂雕御题诗山水人物纹香筒
估　价：RMB 4,500,000～5,000,000
成交价：RMB 6,325,000
高23.8cm 北京东正 2011.6.5

964 清 白玉“八骏图”香筒
估　价：RMB 100,000～120,000
成交价：RMB 322,000
高18cm 长风拍卖 2011.6.21

387 清乾隆 白玉雕溪山高隐图香筒（一对）
估 价：RMB 1,800,000～2,000,000
成交价：RMB 2,875,000
长24.9cm 北京东正 2011.11.17

玉香熏

1164 商代 神人骑兽玉制香熏（一对）
估 价：RMB 180,000
成交价：RMB 242,000
通高29.3cm 北京中嘉 2011.1.9

1154 汉 青白玉螭纹香熏
估 价：RMB 250,000
成交价：RMB 330,000
高18cm 北京中嘉 2011.1.9

3239 清乾隆 青白玉镂空山水人物图香薰（一对）
估 价：RMB 1,200,000～1,500,000
成交价：RMB 1,734,520
高21.2cm 香港苏富比 2011.4.8

3721 明 玉饕餮纹琮式香熏
估 价：RMB 300,000～400,000
成交价：RMB 368,000
高7.5cm 北京翰海 2011.11.19

960 清 黄玉香熏
估 价：RMB 600,000～800,000
成交价：RMB 805,000
高18cm 长23.3cm 长风拍卖 2011.6.21

90 青玉雕龙纹大香熏
估 价：RMB 2,600,000~3,800,000
成交价：RMB 3,584,000
高61.5cm 中鸿信 2011.6.26

403 清乾隆 白玉雕云龙纹香熏
估 价：RMB 1,500,000~2,000,000
成交价：RMB 3,565,000
长20.9cm 北京东正 2011.6.5

玉觿

2705 战国 玉龙形觿
估 价：RMB 700,000~900,000
成交价：RMB 1,092,500
长9cm 北京翰海 2011.5.21

玉手镜

585 清 白玉雕安居乐业纹手镜
估 价：RMB 40,000
成交价：RMB 67,200
长24.6cm 天津文物 2011.11.12

玉香囊

554 清乾隆 黄玉雕螭龙纹香囊
估　价：RMB 200,000～250,000
成交价：RMB 494,500
高5.5cm 北京东正 2011.6.5

3987 清18世纪/19世纪 青玉嵌宝石痕都斯坦式菱口渣斗连盖
估　价：RMB 400,000～600,000
成交价：RMB 770,040
宽11cm 香港佳士得 2011.6.1

8752 清乾隆 嵌珊瑚珠寿字香囊
估　价：RMB 50,000～80,000
成交价：RMB 74,750
长8cm 北京保利 2011.6.6

玉渣斗

2973 清乾隆 白玉雕对凤纹渣斗
估　价：RMB 1,800,000～2,000,000
成交价：RMB 2,070,000
直径17cm 北京匡时 2011.12.05

玉盏

702 清 白玉雕海棠形盏
估 价：RMB 500,000
成交价：RMB 560,000
长14.8cm 天津文物 2011.5.13

721 明 白玉雕双龙捧寿纹盏托
估 价：RMB 50,000
成交价：RMB 179,200
直径18cm 天津文物 2011.5.13

玉斝

0549 清 青玉雕仿古饕餮纹出戟斝
估 价：RMB 500,000~650,000
成交价：RMB 828,000
高28cm 江苏省拍 2011.12.10

其他生活器

1371 战国 青玉兽面纹盉
估 价：RMB 130,000
成交价：RMB 154,000
高22cm 北京中嘉 2011.1.9

1231 红山文化 马蹄形器
估 价：RMB 350,000
成交价：RMB 440,000
高13.5cm 北京中嘉 2011.1.9

1001 元 白玉错金马头形器（一对）
估 价：RMB 6,800,000
成交价：RMB 8,250,000
通高24cm 北京中嘉 2011.1.9

701 清 白玉钵
估 价：RMB 180,000
成交价：RMB 201,600
口径4cm 天津文物 2011.5.13

文房用品

笔 管

2552 清康熙 白玉浮雕云龙纹笔
估　价：RMB 180,000~200,000
成交价：RMB 218,500
长21cm 北京匡时 2011.6.8

笔 筒

1910A 清乾隆 御制碧玉“朝贡图”笔筒
估　价：RMB 2,800,000~3,500,000
成交价：RMB 5,428,400
高15.5cm 香港苏富比 2011.10.05

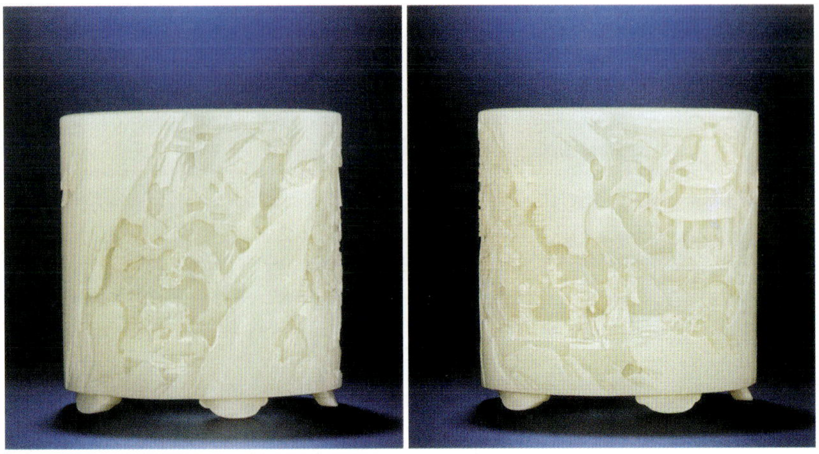

2970 清乾隆 白玉笔筒
估　价：RMB 6,000,000
成交价：RMB 5,695,680
高15.3cm 香港佳士得 2011.11.30

2311 清乾隆 白玉雕山水人物三足小笔筒
估　价：RMB 500,000~550,000
成交价：RMB 632,500
高8.5cm 北京匡时 2011.6.8

740 清乾隆 白玉雕溪山高隐纹笔筒
估　价：RMB 1,800,000~2,200,000
成交价：RMB 2,070,000
高8.9cm 北京东正 2011.11.18

423 清乾隆 碧玉雕渔樵耕读纹笔筒
估　价：RMB 1,200,000~1,500,000
成交价：RMB 1,840,000
高15.5cm 北京东正 2011.11.17

7077 清乾隆 白玉浮雕灵仙祝寿笔筒
估　价：RMB 400,000～600,000
成交价：RMB 667,000
高15.5cm 北京保利 2011.6.5

3942 清中期 黄玉开光御题诗文花卉笔筒
估　价：RMB 800,000～1,200,000
成交价：RMB 920,000
高9.8cm 中国嘉德 2011.11.15

2494 清乾隆 白玉雕荷叶形笔筒
估　价：RMB 400,000～450,000
成交价：RMB 862,500
高12cm 北京匡时 2011.6.8

600 清嘉庆 水晶留皮螭龙纹笔筒
成交价：RMB 437,000
高14.5cm 北京保利 2011.4.16

2597 清中期 白玉狩猎图笔筒
估　价：RMB 500,000～600,000
成交价：RMB 1,380,000
高9.8cm 北京翰海 2011.5.21

612 清18世纪 青白玉百子图笔筒
成交价：RMB 10,107,945
高14.8cm 纽约苏富比 2011.3.23

3217 清18世纪 白玉羲之爱鹅图笔筒
估　价：RMB 4,000,000～6,000,000
成交价：RMB 10,929,160
高14cm 香港苏富比 2011.4.8

345 清 碧玉雕浴马图笔筒
估　价：RMB 800,000
成交价：RMB 920,000
高18cm 上海大众 2011.08.25

3219 清18世纪 碧玉寿老捧桃笔筒
估　价：RMB 3,000,000～4,000,000
成交价：RMB 3,048,040
高13.2cm 香港苏富比 2011.4.8

1391 现代 夏惠杰 白玉《四季笔筒》
估　价：RMB 2,600,000~3,200,000
成交价：RMB 3,136,000
[illegible]

笔搁 笔架

7482 金 青白玉笔架山
估　价：RMB 80,000～120,000
成交价：RMB 230,000
[illegible]

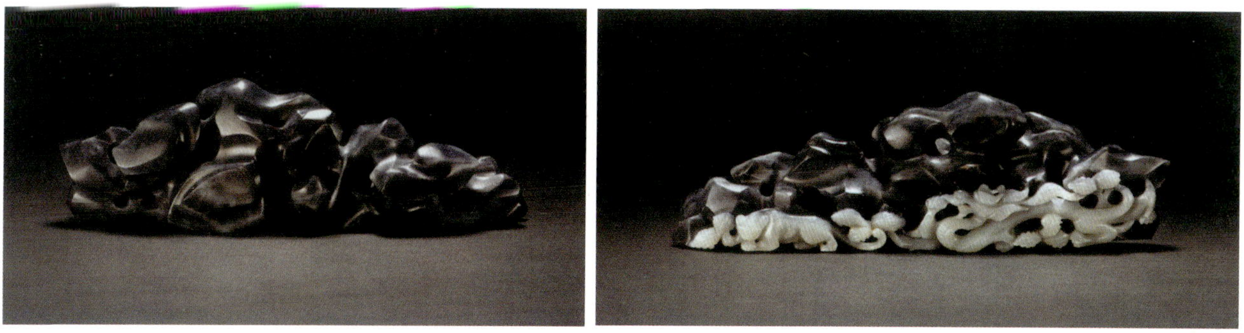

5002 元 墨玉巧雕笔架
估　价：RMB 400,000～600,000
成交价：RMB 575,000
长20cm 北京保利 2011.12.06

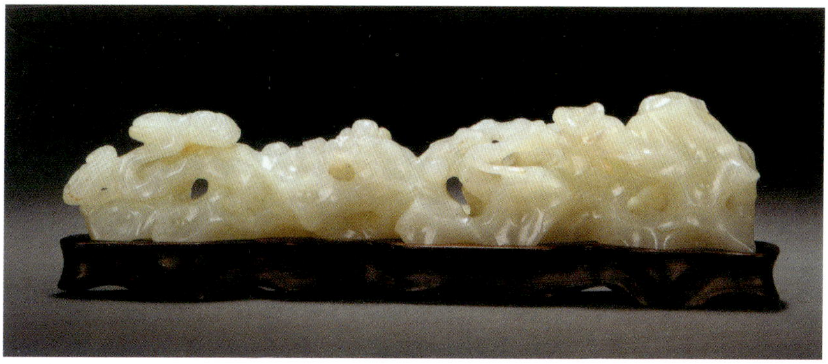

8344 清乾隆 白玉梅花洞石笔架
估　价：RMB 300,000～500,000
成交价：RMB 575,000
长19cm 北京保利 2011.12.08

3032 清 白玉雕龙形笔架
估　价：RMB 350,000～450,000
成交价：RMB 392,000
长11.5cm 中贸圣佳 2011.4.29

346 清初 黄玉雕瑞兽笔架
估　价：RMB 600,000～700,000
成交价：RMB 989,000
长7.8cm 北京东正 2011.6.5

149 清乾隆 白玉四灵纹山型笔架
估　价：RMB 600,000～800,000
成交价：RMB 828,000
长11.1cm 福建拍卖 2011.7.2

425 清中期 黑白玉巧雕三阳开泰纹笔架
估　价：RMB 100,000～120,000
成交价：RMB 172,500
长7.2cm 北京东正 2011.11.17

笔 掭

2794 明 灰白玉雕双鱼笔掭
估 价：RMB 250,000~300,000
成交价：RMB 230,000
长20.5cm 北京匡时 2011.6.8

2298 清乾隆 白玉雕对凤纹书卷笔掭
估 价：RMB 200,000~220,000
成交价：RMB 253,000
长7cm 北京匡时 2011.6.8

2984 清 黄玉荷叶双鱼笔掭
估 价：RMB 600,000~800,000
成交价：RMB 690,000
长17.7cm 西泠拍卖 2011.7.18

9489 清乾隆 白玉雕佛手笔掭
估 价：RMB 150,000~200,000
成交价：RMB 172,500
宽13.5cm 北京保利 2011.6.7

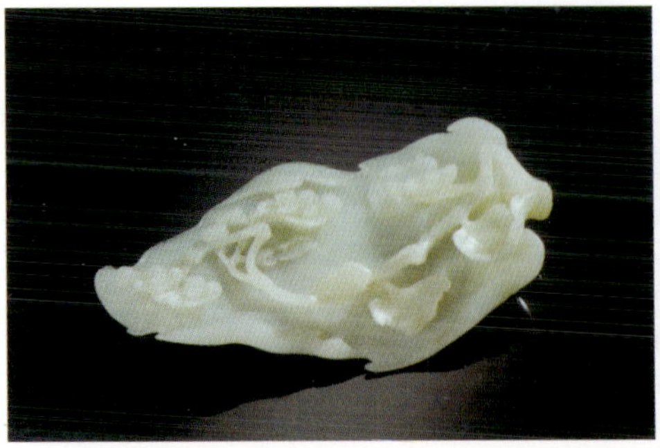

2315 清中期 白玉雕枝梅遒劲笔掭
估 价：RMB 200,000~220,000
成交价：RMB 230,000
宽11cm 长20cm 北京匡时 2011.6.8

臂 搁

222 明末清初 碧玉雕螭云纹诗文臂搁连染色透雕象牙座
估 价：RMB 180,000~200,000
成交价：RMB 322,000
长13.8cm 北京永乐 2011.11.15

1817 清 白玉雕山水人物臂搁
估 价：RMB 160,000
成交价：RMB 184,000
长19cm 北京翰海 2011.12.18

2562 清乾隆 紫檀镶辽金白玉海冬青带饰臂搁
估 价：RMB 800,000~1,000,000
成交价：RMB 1,150,000
长17cm 北京匡时 2011.6.8

3065 清乾隆 白玉“桃实三千”等 臂搁
估 价：RMB 800,000~1,000,000
成交价：RMB 1,000,500
长8.8cm 北京匡时 2011.12.05

印 盒

7510 元 青玉螭纹印盒
估 价：RMB 100,000~150,000
成交价：RMB 195,500
宽5.1cm 北京保利 2011.6.6

7511 明 白玉螭龙云纹印盒
估 价：RMB 150,000~200,000
成交价：RMB 207,000
长6.2cm 北京保利 2011.6.6

651 清乾隆 碧玉雕菊瓣纹印盒
估 价：RMB 200,000～250,000
成交价：RMB 287,500
直径7.8cm 北京东正 2011.6.5

3630 清乾隆 白玉“桃宾三千”墨床
估 价：RMB 500,000～800,000
成交价：RMB 498,852
宽8.9cm 香港佳士得 2011.6.1

2313 清乾隆 白玉雕福寿纹印盒
估 价：RMB 550,000～600,000
成交价：RMB 690,000
高4.5cm 直径7cm 北京匡时 2011.6.8

墨床

766 元-明 白玉雕婴戏图墨床
估 价：RMB 150,000
成交价：RMB 276,000
7cm×7cm 上海大众 2011.08.25

555 清乾隆 黄玉雕墨床
估 价：RMB 400,000～500,000
成交价：RMB 460,000
长7.1cm 北京东正 2011.6.5

4189 清中期 白玉文镇、墨床、水呈（三件）
估 价：RMB 550,000～650,000
成交价：RMB 690,000
长20.5cm，长12.2cm，长7.8cm 北京翰海 2011.11.19

水丞

6 清乾隆 白玉凤形水丞
估　价：RMB 600,000～800,000
成交价：RMB 1,512,000
长12.3cm 浙江钱塘 2011.6.12

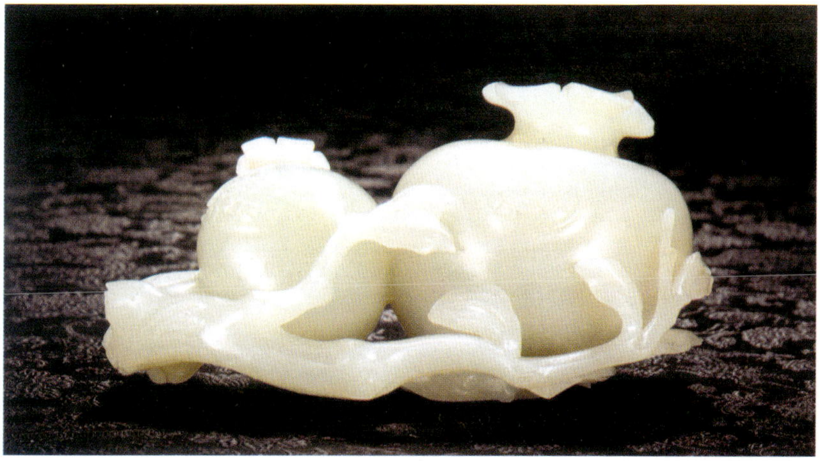

786 清 白玉“榴生百子”水呈
估　价：RMB 60,000～80,000
成交价：RMB 201,600
长12.5cm 长风拍卖 2011.1.20

3732 清乾隆 白玉雕海水螭龙水丞
估　价：RMB 800,000～1,200,000
成交价：RMB 920,000
宽11.5cm 中国嘉德 2011.5.23

水盂

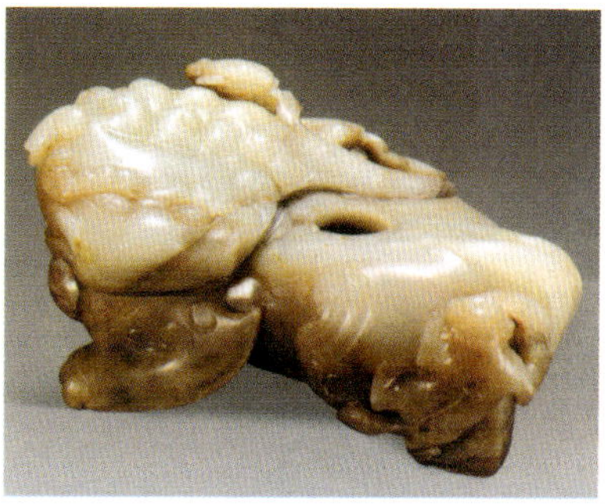

474 明 白玉雕太师少师纹水盂
估　价：RMB 300,000～350,000
成交价：RMB 437,000
长15cm 北京东正 2011.11.17

7253 清乾隆 青玉雕鹅衔水草水盂
估　价：RMB 400,000～600,000
成交价：RMB 632,500
长12.5cm 北京保利 2011.6.5

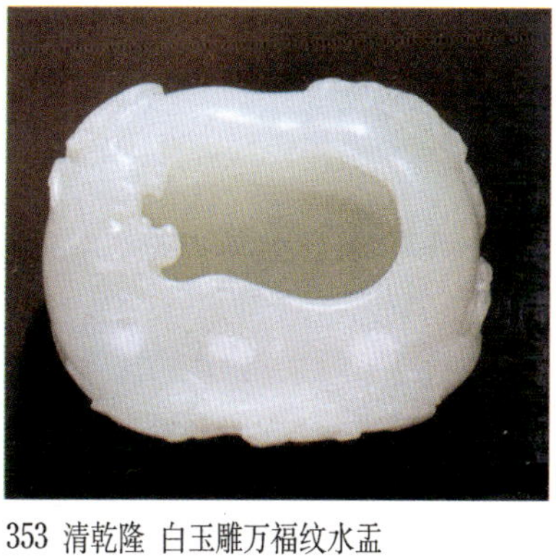

353 清乾隆 白玉雕万福纹水盂
估　价：RMB 600,000～800,000
成交价：RMB 1,150,000
长7cm 北京东正 2011.11.17

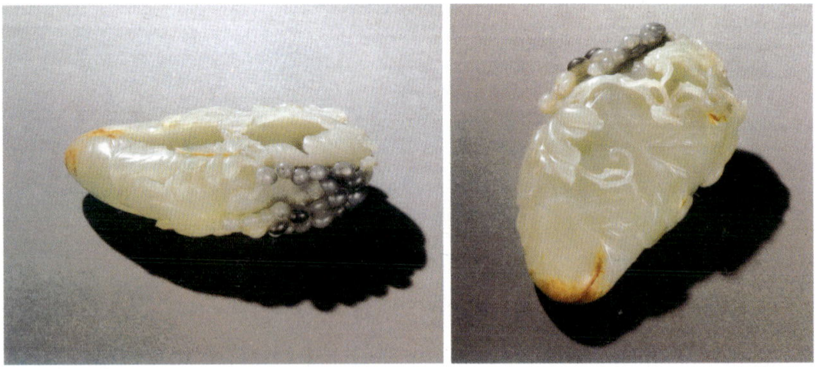

7683 清乾隆 白玉留皮巧雕葡萄水盂
估　价：RMB 500,000～800,000
成交价：RMB 575,000
长11cm 北京保利 2011.6.6

772 清乾隆 白玉雕福寿长春纹壶形水注
估　价：RMB 800,000～1,000,000
成交价：RMB 1,150,000
高11cm 北京东正 2011.11.18

401 清乾隆 白玉雕三子捧寿纹水盂
估　价：RMB 800,000～1,000,000
成交价：RMB 2,415,000
长12.5cm 北京东正 2011.6.5

2540 清乾隆 白玉宝鸭青莲砚滴连象牙座
估　价：RMB 180,000～250,000
成交价：RMB 345,000
长12cm 北京匡时 2011.6.8

砚滴 水注

2978 明 白玉雕瑞兽水滴
估　价：RMB 500,000～600,000
成交价：RMB 517,500
长12.5cm 北京匡时 2011.12.05

2541 清乾隆 白玉仿青铜凤首水滴连座
估　价：RMB 600,000~800,000
成交价：RMB 805,000
长12.5cm 北京匡时 2011.6.8

笔洗

3724 明 玉雕双凤衔枝纹洗
估 价：RMB 150,000~200,000
成交价：RMB 207,000
长15cm 北京翰海 2011.11.19

534 清早期 琥珀雕螭龙纹笔洗
估 价：RMB 120,000~180,000
成交价：RMB 322,000
长13cm 北京歌德 2011.6.3

8465 清早期 青白玉云龙纹笔洗
估 价：RMB 700,000~900,000
成交价：RMB 1,035,000
长15.4cm 北京保利 2011.12.08

733 明末清初 玉雕云龙纹笔洗
估 价：RMB 60,000~100,000
成交价：RMB 310,500
13.8cm×12.4cm 北京诚轩 2011.5.22

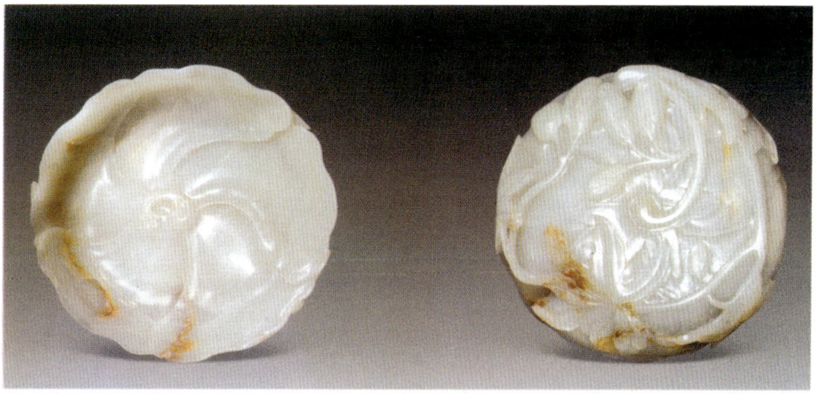

444 清早期 白玉留皮秋葵洗
估 价：RMB 100,000~200,000
成交价：RMB 784,000
直径17cm 北京保利 2011.1.15

3033 清初 白玉雕一路连科笔洗
估 价：RMB 600,000~800,000
成交价：RMB 672,000
长28cm 中贸圣佳 2011.4.29

5034 清乾隆 白玉云蝠纹双环耳洗
估 价：RMB 2,000,000～3,000,000
成交价：RMB 4,140,000
长31.5cm 北京保利 2011.12.06

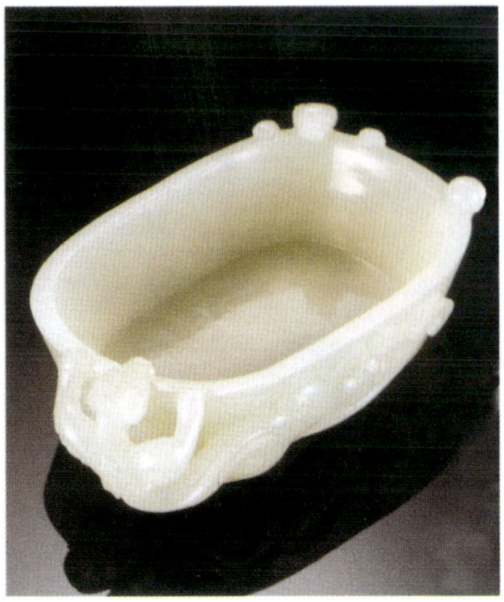

2553 清乾隆 白玉双龙戏珠洗
估 价：RMB 800,000～1,100,000
成交价：RMB 1,150,000
长13.5cm 北京匡时 2011.6.8

3565 清乾隆 白玉双蝶活环耳洗
估 价：RMB 3,000,000～5,000,000
成交价：RMB 7,549,740
宽34cm 香港佳士得 2011.6.1

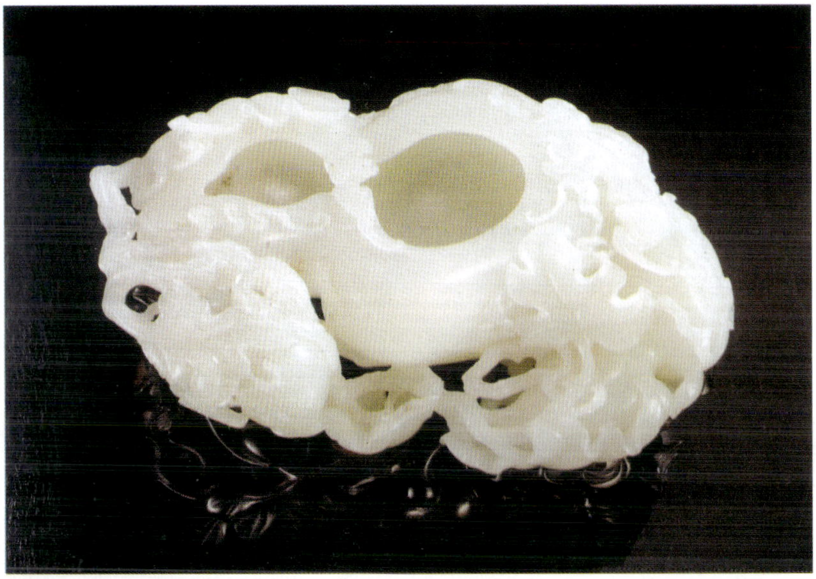

424 清乾隆 白玉雕万福万寿纹洗
估 价：RMB 2,200,000～2,800,000
成交价：RMB 4,370,000
长16.5cm 北京东正 2011.6.5

100 清乾隆 白玉荷叶笔洗
估 价：RMB 180,000～250,000
成交价：RMB 672,000
长11.2cm 浙江钱塘 2011.6.12

3224 清乾隆 白玉双活环耳洗
估　价：RMB 4,000,000～5,000,000
成交价：RMB 4,058,440
长24cm 香港苏富比 2011.4.8

1356 清中期 碧玉云龙纹水洗
估　价：RMB 500,000～600,000
成交价：RMB 943,000
直径21cm 北京保利 2011.4.17

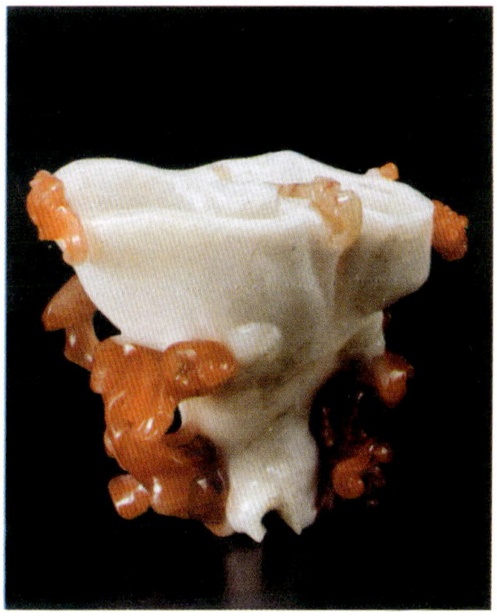

2319 清 双色玛瑙雕灵福笔洗
估　价：RMB 260,000～280,000
成交价：RMB 322,000
高11cm；直径13cm 北京匡时 2011.6.8

355 清乾隆 白玉雕年年有余纹荷叶洗
估　价：RMB 3,800,000～4,000,000
成交价：RMB 5,290,000
长22cm 北京东正 2011.11.17

8378 清乾隆 白玉雕“九如”錾花口洗
估　价：RMB 800,000～1,200,000
成交价：RMB 1,092,500
直径13.8cm 北京保利 2011.12.08

2305 清中期 白玉花卉象耳衔环四足洗
估　价：RMB 1,200,000~1,500,000
成交价：RMB 2,300,000
高7.3cm 北京翰海 2011.5.19

2598 清中期 白玉雕八吉祥纹双凤衔环倭角洗
估　价：RMB 1,600,000～2,200,000
成交价：RMB 2,357,500
直径19.5cm 北京翰海 2011.5.21

3252 宋 浅青玉骆驼纸镇
估　价：RMB 220,000～280,000
成交价：RMB 294,700
长10.5cm 香港苏富比 2011.4.8

3061 明 黄玉巧雕羊衔灵芝镇子
估　价：RMB 2,300,000～2,800,000
成交价：RMB 2,576,000
长5.6cm 古天一 2011.6.4

26 浮雕花纹碧玉洗连坐
估　价：RMB 1,100,000
成交价：RMB 956,800
高8cm 直径12.8cm 澳门中信 2011.6.25

纸 镇

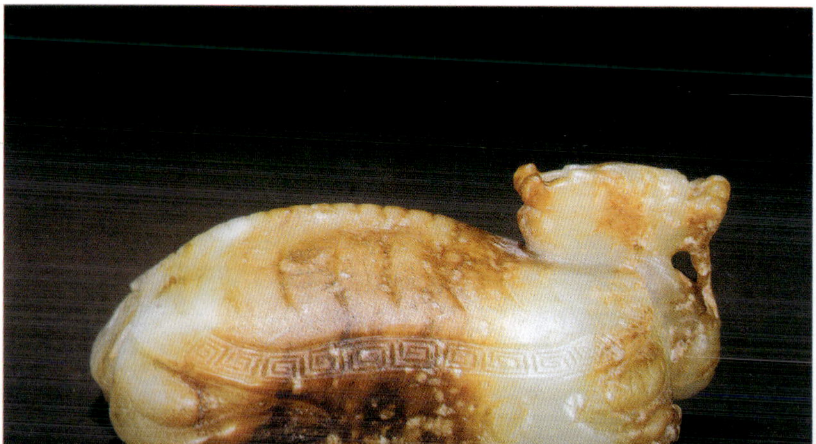

121 元末明初 白玉沁色龙龟镇纸
估　价：RMB 2,000,000～3,000,000
成交价：RMB 3,696,000
长10cm；宽7cm 浙江钱塘 2011.6.12

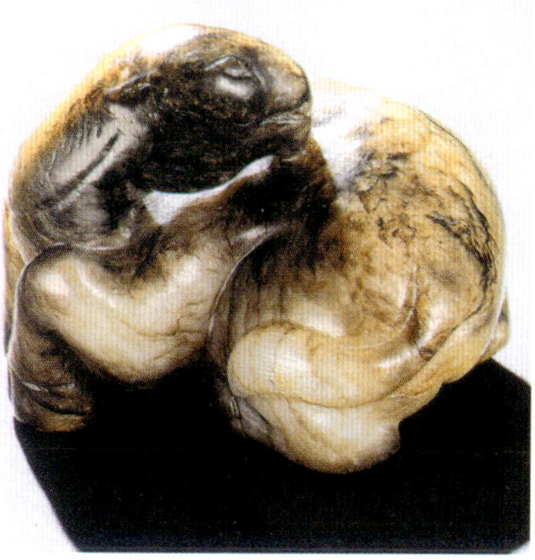

5258 明或更早 古玉骆驼镇
估 价：RMB 1,200,000～1,800,000
成交价：RMB 1,380,000
长5cm 北京保利 2011.12.06

7671 明中期 黄玉瑞兽镇
估 价：RMB 500,000～800,000
成交价：RMB 575,000
长6cm 北京保利 2011.6.6

8364 清早期 黄玉苍龙教子镇
估 价：RMB 200,000～300,000
成交价：RMB 230,000
宽9cm 北京保利 2011.12.08

3058 明 白玉雕天鹿镇子
估 价：RMB 380,000～450,000
成交价：RMB 425,600
长4.7cm 古天一 2011.6.4

230 清初 黄玉雕瑞兽纹纸镇
估 价：RMB 300,000～350,000
成交价：RMB 402,500
长6cm 北京东正 2011.11.17

2571 清乾隆 白玉圆雕欢天喜地镇纸
估 价：RMB 280,000～350,000
成交价：RMB 713,000
高3.5cm 北京匡时 2011.6.8

361 瞿利军 渔樵耕读书镇
估　价：RMB 1,500,000～1,800,000
成交价：RMB 2,242,500
18.5cm×3.5cm×2.8cm×2 西泠拍卖 2011.7.16

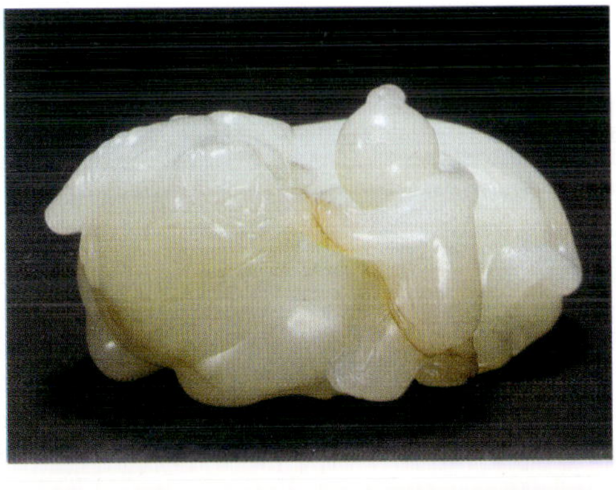

103 清乾隆 白玉牧牛童子镇纸
估　价：RMB 1,000,000～1,500,000
成交价：RMB 1,680,000
长7.5cm 浙江钱塘 2011.6.12

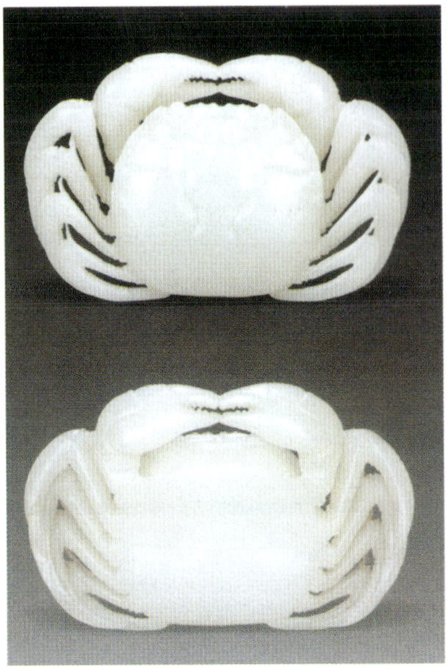

3035 清 白玉雕螃蟹镇纸
估　价：RMB 800,000～900,000
成交价：RMB 896,000
长9.3cm 中贸圣佳 2011.4.29

玉 砚

3034 明 白玉雕仙人乘槎船形砚
估　价：RMB 600,000～800,000
成交价：RMB 672,000
长10.4cm 中贸圣佳 2011.4.29

899 清康熙 白玉太平有象砚
估　价：RMB 800,000～1,600,000
成交价：RMB 1,322,500
高20cm 宽12.7cm 荣宝斋 2011.11.25

1057 清乾隆 碧玉龙纹辟雍砚
估 价：RMB 350,000
成交价：RMB 418,000
口径18.7cm 北京中嘉 2011.1.9

7190 清乾隆 白玉“春江花月夜”御题诗小砚屏
估 价：RMB 1,000,000~1,500,000
成交价：RMB 1,380,000
高12cm 北京保利 2011.6.5

砚 屏

427 清乾隆 白玉雕和合二仙纹砚屏
估 价：RMB 350,000~400,000
成交价：RMB 575,000
长7cm 北京东正 2011.11.17

849 清中期 和田白玉雕竹菊图砚屏
估 价：RMB 800,000~1,200,000
成交价：RMB 1,344,000
长12cm；宽7cm 长风拍卖 2011.1.20

玉 玺

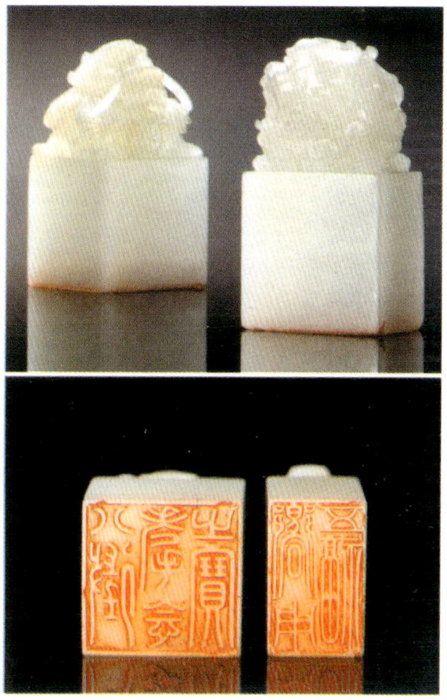

4981 清乾隆五十四年 (1789年)白玉龙钮征耄念之宝”“向用五福”宝玺 (一组)
估 价：RMB 25,000,000~35,000,000
成交价：RMB 43,125,000
2.6cm×2.6cm×5cm 2.6cm×1.6cm×5c
北京保利 2011.12.06

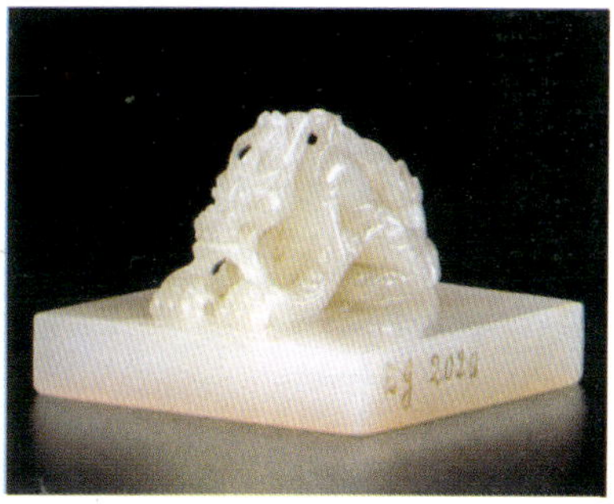

1908 元/清雍正 雍正帝御宝镂雕龙钮白玉玺
估 价：RMB 20,000,000~30,000,000
成交价：RMB 29,011,600
5.5cm×5.6cm 香港苏富比 2011.10.05

4984 清道光十一年（1831年）白玉御制文“慎德堂宝”交龙钮宝玺
成交价：RMB 90,850,000
11.5cm×11.5cm×10cm 北京保利 2011.12.06

4982 清乾隆六十年（1795年）白玉御题诗
“太上皇帝”圆玺
成交价：RMB 161,000,000
直径4.6cm 高5cm 北京保利 2011.12.06

2817 清乾隆 乾隆帝御宝交龙钮白玉玺
估　价：RMB 30,000,000～40,000,000
成交价：RMB 54,309,000
高8.6cm 香港苏富比 2011.4.8

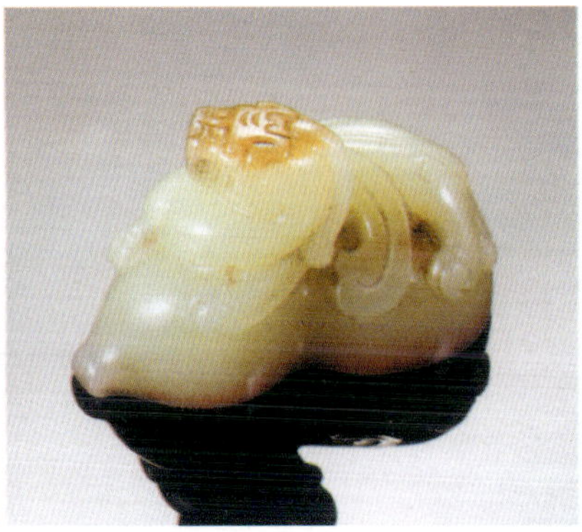

5181 清乾隆 御制黄玉蟠螭钮葫芦玺
估　价：RMB 1,800,000～2,500,000
成交价：RMB 2,070,000
长4.2cm 北京保利 2011.12.06

玉 印

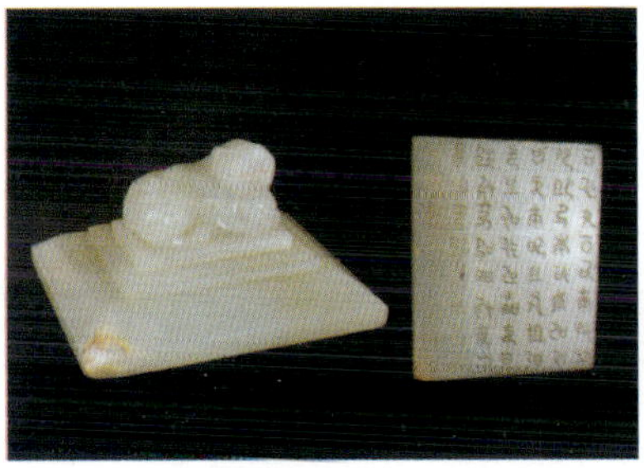

1378 汉 青白玉兽钮印
估　价：RMB 180,000
成交价：RMB 220,000
高5.7cm 北京中嘉 2011.1.9

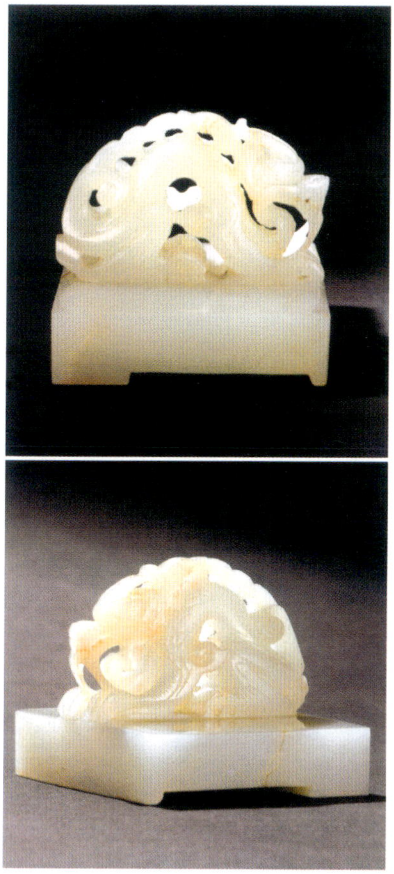

5001 元 白玉蹲龙印押
估　价：RMB 1,000,000～2,000,000
成交价：RMB 2,070,000
长6.5cm 北京保利 2011.12.06

158 清乾隆 青白玉玄武章
估　价：RMB 2,000,000～2,600,000
成交价：RMB 2,645,000
4.5cm×4.5cm 福建拍卖 2011.7.2

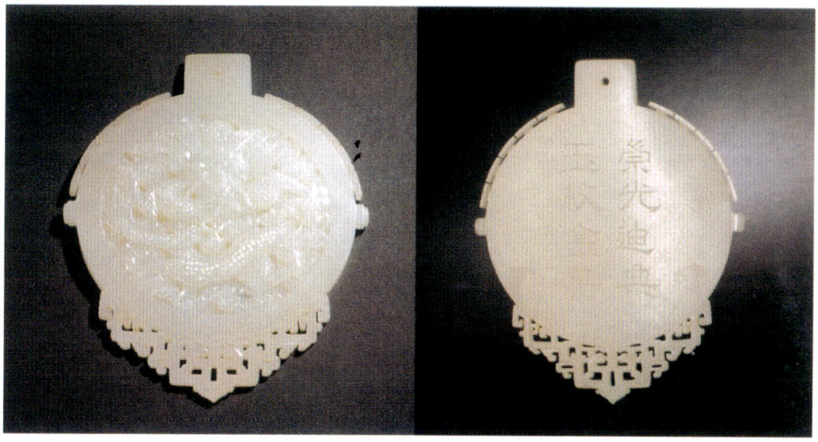

13 清乾隆 白玉迎面龙纹宝章
估　价：RMB 800,000～1,200,000
成交价：RMB 4,370,000
长13cm 北京保利 2011.10.22

9503 清乾隆 白玉巧雕福寿方印
估　价：RMB 800,000～1,200,000
成交价：RMB 1,035,000
高3.5cm 北京保利 2011.6.7

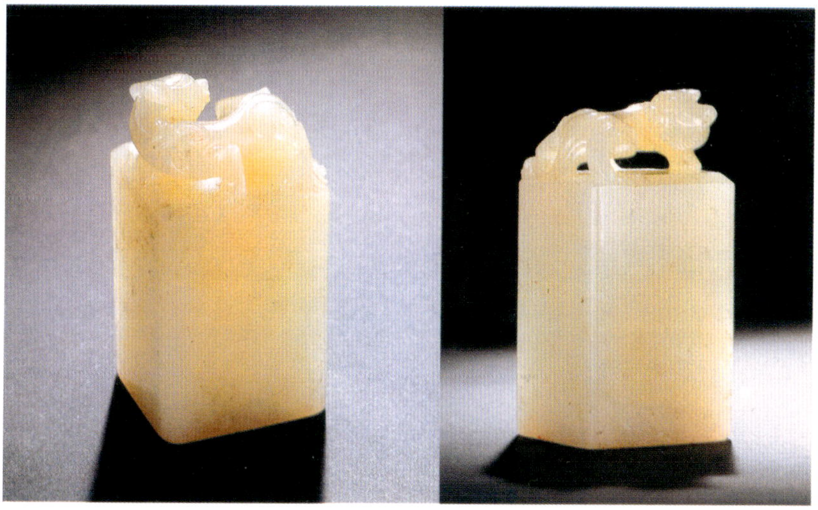

8341 清乾隆 淡黄玉盘螭方印
估　价：RMB 600,000～800,000
成交价：RMB 690,000
高6cm 北京保利 2011.12.08

7186 清乾隆 御制"学诗堂"白玉辟邪纽印
估 价：RMB 2,000,000～3,000,000
成交价：RMB 3,450,000
长3cm 北京保利 2011.6.5

9479 清嘉庆 碧玉龙纽"经纬乾坤"印
估 价：RMB 600,000～800,000
成交价：RMB 1,322,500
长6.4cm 北京保利 2011.6.7

其他文房用品

430 清初 白玉雕芦雁文房（一组六件）
估 价：RMB 800,000～900,000
成交价：RMB 1,127,000
尺寸不一 北京东正 2011.11.17

709 清乾隆 白玉雕文房（一组十件）
估 价：RMB 1,800,000～2,200,000
成交价：RMB 2,990,000
尺寸不一 北京东正 2011.11.18

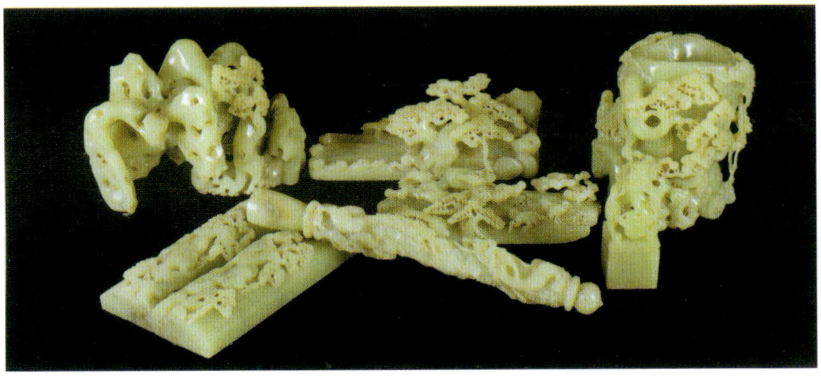

1156 清 青黄玉文房用具（一组八件）
估 价：RMB 1,800,000
成交价：RMB 2,200,000
通高12.5cm 北京中嘉 2011.1.9

兵器及刀剑饰

1134 齐家文化 神人狩猎纹五孔玉刀
估 价：RMB 1,600,000
成交价：RMB 1,760,000
长53.1cm 北京中嘉 2011.1.9

72 商晚期 玉斧
成交价：RMB 2,223,945
长49.5cm 纽约苏富比 2011.3.22

1076 汉 青玉螭纹剑
估　价：RMB 1,600,000
成交价：RMB 2,090,000
长97.1cm 北京中嘉 2011.1.9

1301 战国 青玉兽面纹斧（一对）
估　价：RMB 100,000
成交价：RMB 110,000
通长17cm 北京中嘉 2011.1.9

1140 西周 青白玉凤鸟纹刀
估　价：RMB 300,000
成交价：RMB 330,000
长22cm 北京中嘉 2011.1.9

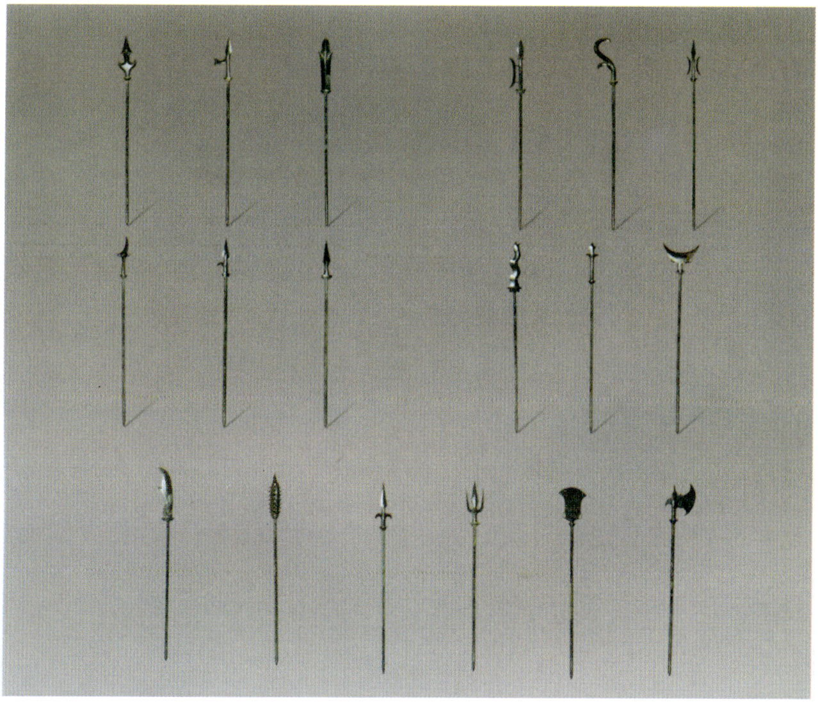

1369 汉 碧玉雕十八般兵器（一套18件）
估　价：RMB 36,000,000
成交价：RMB 40,000,000
通长170cm 北京中嘉 2011.1.9

1018 汉 青玉出征纹刀
估　价：RMB 1,300,000
成交价：RMB 1,540,000
长86cm 北京中嘉 2011.1.9

2392 清乾隆 白玉雕螭龙纹玉斧
估　价：RMB 600,000～800,000
成交价：RMB 977,500
长14cm 北京匡时 2011.6.8

3082 清乾隆 御题元黄天符钺
估　价：RMB 3,800,000～4,800,000
成交价：RMB 4,256,000
高12.2cm 中贸圣佳 2011.4.29

葬 玉

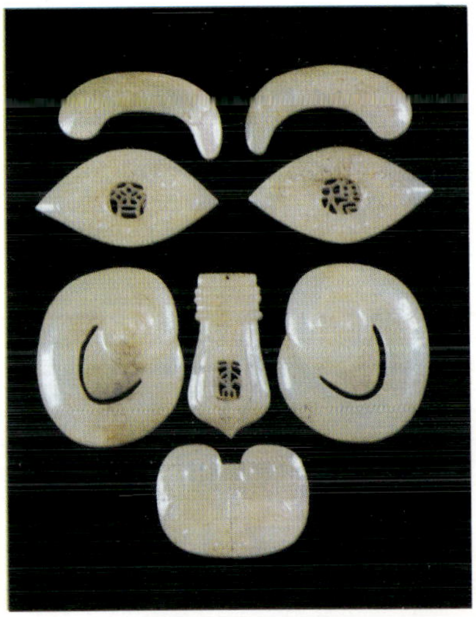

1330 汉 白玉覆面（一套八件）
估　价：RMB 210,000
成交价：RMB 242,000
通长8.5cm 北京中嘉 2011.1.9

2011玉器拍卖成交汇总

(成交价RMB，5万元以上)

拍品名称	尺寸	成交价RMB	拍卖公司	拍卖日期
礼玉				
玉璜				
战国 白玉勾连云纹龙首玉璜	长15cm	1,200,000	红太阳	2011.5.28
战国 玉双龙首璜	长12.2cm	345,000	北京翰海	2011.5.21
西周 白玉鸟纹璜	长12cm	209,000	北京中嘉	2011.1.9
汉 白玉饕餮纹璜	长35cm	89,600	辽宁志和	2011.4.16
汉 青玉双龙双凤纹璜	长20cm	1,600,000	红太阳	2011.5.28
汉 白玉双龙璜	长9.7cm	55,000	北京中嘉	2011.1.9
汉 白玉双龙首璜	长23.5cm	275,000	北京中嘉	2011.1.9
汉 青玉双龙首璜	长19cm	198,000	北京中嘉	2011.1.9
明 玉虎璜	长7.7cm	51,750	北京翰海	2011.11.19
清初 黄玉带色龙纹璜	长11.3cm	201,600	上海新华	2011.6.25
清乾隆 白玉K金飞天璜	长5.7cm	69,440	上海新华	2011.6.25
清 白玉雕龙纹璜	长 15cm	168,000	天津文物	2011.11.12
古玉龙纹璜	长15cm	400,000	红太阳	2011.5.28
黄玉双龙并体璜	长11.3cm	138,000	北京保利	2011.10.23
杨曦 璜 白玉挂件	长4.2cm	97,750	西泠拍卖	2011.7.16
玉璧（玉瑗）				
良渚文化 神人兽面纹玉璧	直径46.5cm	4,180,000	北京中嘉	2011.1.9
齐家文化 青玉四蛇纹璧	直径39.3cm	2,200,000	北京中嘉	2011.1.9
齐家文化 神人面玉璧	直径27.6cm	1,760,000	北京中嘉	2011.1.9
齐家文化 神兽纹椭圆形玉璧	长42cm	1,650,000	北京中嘉	2011.1.9
齐家文化 狩猎纹玉璧	直径25.5cm	1,650,000	北京中嘉	2011.1.9
齐家文化 蛙形玉璧	长31.5cm	770,000	北京中嘉	2011.1.9
战国 青黄玉跪人顶璧(一对)	通高24cm	330,000	北京中嘉	2011.1.9
西周 白玉双层出廓璧	长17cm	3,378,240	澳门中信	2011.11.25
西周 青玉夔纹璧	直径16.5cm	88,000	北京中嘉	2011.1.9
西汉 玉乳钉纹璧	直径16cm	483,000	北京翰海	2011.5.21
汉 龙凤饕餮纹玉璧	直径13.2cm	1,265,000	北京保利	2011.6.5
汉 青玉谷纹璧	直径15cm	2,000,000	红太阳	2011.5.28
汉 青玉龙纹璧	径20cm	57,500	上海崇源	2011.10.12
汉 青玉蒲纹谷纹璧(一对)	直径22cm	1,680,000	红太阳	2011.5.28
汉 双凤璧	长19cm	67,200	江苏万达	2011.5.29
汉 玉扭丝瑗	直径5.3cm	126,500	北京翰海	2011.5.21
汉 白玉 "长乐" 出廓璧	长20cm	275,000	北京中嘉	2011.1.9
汉 白玉 "宜子孙" 出廓璧	长20cm	275,000	北京中嘉	2011.1.9
汉 白玉 "宜子孙" 双龙纹出廓璧(一对)	通长30cm	1,430,000	北京中嘉	2011.1.9
汉 白玉长乐出廓璧(一对)	通长45cm	682,000	北京中嘉	2011.1.9
汉 白玉螭纹璧	长21cm	330,000	北京中嘉	2011.1.9
汉 白玉螭纹璧	直径8.5cm	60,500	北京中嘉	2011.1.9
汉 白玉螭纹出廓璧	长17.7cm	242,000	北京中嘉	2011.1.9
汉 白玉龙凤纹出廓璧	长11cm	132,000	北京中嘉	2011.1.9
汉 白玉镂雕宜子孙出廓璧	长12.3cm	121,000	北京中嘉	2011.1.9
汉 白玉双凤纹出廓璧	长15.2cm	198,000	北京中嘉	2011.1.9
汉 黄玉长乐挂璧	通长43.5cm	1,210,000	北京中嘉	2011.1.9
汉 黄玉螭纹璧	长19.5cm	275,000	北京中嘉	2011.1.9
汉 黄玉龙凤纹出廓璧	长34.5cm	385,000	北京中嘉	2011.1.9
汉 青白玉螭纹璧	长17cm	187,000	北京中嘉	2011.1.9
汉 青白玉螭纹出廓璧	长18.5cm	330,000	北京中嘉	2011.1.9
汉 青白玉螭纹出廓璧	长26.5cm	275,000	北京中嘉	2011.1.9
汉 青白玉螭纹出廓璧	长17.5cm	187,000	北京中嘉	2011.1.9
汉 青白玉螭纹出廓璧	长10cm	71,500	北京中嘉	2011.1.9
汉 青白玉双龙夹璧形佩	长16cm	198,000	北京中嘉	2011.1.9
汉 青黄玉螭纹璧	长14.7cm	242,000	北京中嘉	2011.1.9
汉 青黄玉螭纹璧	长11cm	60,500	北京中嘉	2011.1.9
汉 青黄玉螭纹出廓璧	长16cm	132,000	北京中嘉	2011.1.9
汉 青黄玉螭纹出廓璧	长11.5cm	63,800	北京中嘉	2011.1.9
汉 青黄玉螭纹出廓璧	长11.5cm	55,000	北京中嘉	2011.1.9
汉青黄玉螭纹兽面纹双联璧	长17.2cm	308,000	北京中嘉	2011.1.9
汉 青黄玉凤纹出廓璧形佩(一对)	通长7.9cm	82,500	北京中嘉	2011.1.9
汉 青黄玉龙凤纹出廓璧	长17.7cm	176,000	北京中嘉	2011.1.9
汉 青黄玉神人兽面出廓璧	长14.5cm	165,000	北京中嘉	2011.1.9
汉 青黄玉神人四灵纹璧	长25.2cm	418,000	北京中嘉	2011.1.9
汉 青黄玉双龙首兽面纹双璜合璧	长19.3cm	187,000	北京中嘉	2011.1.9
汉 青玉螭纹双联璧	长24.5cm	352,000	北京中嘉	2011.1.9
宋 白玉雕螭龙纹璧	直径12.5cm	115,000	上海大众	2011.8.25
宋 黄玉雕螭龙璧	直径5.3cm	80,500	江苏省拍	2011.12.10
宋-明 白玉雕圭璧合一佩	长11.5cm	86,250	上海大众	2011.8.25
元 白玉螭龙玉璧	高6.1cm	61,600	北京荣宝	2011.11.11
元 白玉蟠螭玉璧	直径7cm	56,000	北京荣宝	2011.11.11
元 白玉沁色雕双螭纹璧	长7.2cm	123,200	天津文物	2011.11.12
明 白玉龙纹璧	直径6cm	53,760	浙江钱塘	2011.1.9
明 白玉沁色雕望子成龙纹璧	高6.6cm	156,800	天津文物	2011.11.12
明 白玉双螭纹璧	长6.5cm	63,250	北京保利	2011.10.23
明 黄玉带沁雕生肖八卦纹璧	直径6cm	92,000	中贸圣佳	2011.11.6
明 玉雕双龙纹璧	直径8.5cm	207,000	上海大众	2011.8.25
明 玉刻螭龙璧	长8.6cm	50,400	十竹斋	2011.5.29
明 玉双龙璧	直径11.6cm	161,000	北京翰海	2011.11.19
明仿汉 玉璧	直径12.2cm	235,750	北京翰海	2011.5.21
明末 白玉雕螭龙璧	长5.5cm	287,500	北京东正	2011.6.5
清早期 描金玉璧	高62cm	201,600	上海中福	2011.8.7
清早期 玉雕螭龙纹出廓璧	高5.4cm	172,500	古天一	2011.12.5
清早期 玉雕十二章圭璧	高32.5cm	460,000	中国嘉德	2011.12.17
清乾隆 白玉螭龙谷纹璧	直径5cm	212,800	北京荣宝	2011.11.11
清乾隆 白玉仿古兽面谷纹璧	直径5.5cm	161,000	北京保利	2011.6.6
清乾隆 白玉龙纹圭璧	高28.3cm	3,220,000	浙江钱塘	2011.12.4
清乾隆 白玉镂雕夔龙纹"长宜子孙"璧	长15.6cm	9,514,600	香港苏富比	2011.4.8
清乾隆 黑白玉高浮雕龙璧	直径12.3cm	517,500	福建拍卖	2011.7.2
清乾隆 黄玉十二章圭璧	长21.5cm	1,380,000	北京保利	2011.12.6
清乾隆 御制白玉雕仿石穀文吉礼璧	直径17.2cm	12,650,000	北京东正	2011.11.17
清中期 白玉螭龙璧	直径5.8cm	55,200	北京翰海	2011.11.19
清中期 白玉螭龙璧	高7.3cm	51,750	北京翰海	2011.11.19
清中期 白玉螭纹瑗	直径5.8cm	52,818	台北富博斯	2011.12.18
清中期 白玉雕双螭纹璧	直径5.4cm	69,000	北京诚轩	2011.11.12
清中期 白玉龙凤瑗	直径7.7cm	92,000	北京翰海	2011.11.19
清中期 白玉双螭璧形佩	直径5.5cm	82,800	北京翰海	2011.5.21
清中期 青白玉雕蟠螭纹璧	直径6.4cm	89,700	北京诚轩	2011.5.22
清道光 羊脂白玉 "行有恒堂" 云纹璧	直径4.5cm	575,000	北京保利	2011.12.8
清18世纪 白玉雕花卉纹璧	直径7.5cm	272,025	香港佳士得	2011.6.1
清 白玉璧	直径5.6cm	80,500	西泠拍卖	2011.7.18
清 白玉螭龙璧	长10cm	89,600	江苏万达	2011.5.29
清 白玉螭龙璧	直径5cm	67,200	北京荣宝	2011.11.11
清 白玉螭龙璧	直径5.4cm	63,250	北京翰海	2011.11.19
清 白玉螭龙出廓璧(三件)	尺寸不一	80,500	北京保利	2011.10.23
清 白玉螭龙乳丁纹璧形佩	直径5.8cm	63,250	北京翰海	2011.5.21
清 白玉螭纹出廓璧	长5.9cm	56,000	浙江钱塘	2011.6.12
清 白玉雕螭纹璧	长6cm	56,000	天津文物	2011.5.13
清 白玉雕螭纹璧	长5.6cm	109,760	天津文物	2011.11.12
清 白玉雕龙凤祥瑞纹璧	长5.2cm	50,400	天津文物	2011.11.12
清 白玉浮雕龙纹璧	长11.4cm	116,196	香港淳浩	2011.4.1
清 白玉龙纹璧(两件)	尺寸不一	126,500	北京保利	2011.10.23
清 白玉盘螭璧(两件)	尺寸不一	51,750	北京保利	2011.10.23
清 白玉貔貅璧	长7.5cm	61,003	香港富得	2011.4.9
清 白玉狮子戏球璧	直径5.6cm	94,300	北京翰海	2011.11.19
清 白玉双螭璧	长6.3cm	100,800	北京荣宝	2011.11.11
清 白玉四时花卉纹璧	宽12.1cm	1,955,000	北京保利	2011.6.6
清白玉透雕龙凤长宜子孙璧	高12.6cm	184,000	北京纳高	2011.7.6
清 白玉雕螭龙纹璧	直径6.4cm	168,000	古天一	2011.6.4
清 螭龙白玉璧	直径5cm	57,500	浙商拍卖	2011.8.28
青白玉双龙璧	长9.5cm	196,144	香港富得	2011.6.24
旧玉龙纹璧	直径4.1cm	207,000	中国嘉德	2011.11.15
旧玉玉璧(九件)	尺寸不一	58,240	太平洋	2011.6.18
白玉龙纹璧、兽纹璧(两件)	尺寸不一	103,500	北京保利	2011.10.23
白玉五龙璧	长8cm	56,580	香港拍得高	2011.10.6
古玉壳纹璧连紫檀座	高16cm	249,895	香港拍得高	2011.10.6
玉环				

2011玉器拍卖成交汇总

(成交价RMB：5万元以上)

拍品名称	尺寸	成交价RMB	拍卖公司	拍卖日期
商 玉龙纹环	直径5cm	56,000	天津文物	2011.5.13
战国 玉谷纹环	直径5.5cm	51,750	北京翰海	2011.5.21
战国 白玉红沁素环	直径9.5cm	57,500	上海大众	2011.8.25
汉 白玉螭纹环	长9.2cm	60,500	北京中嘉	2011.1.9
汉 白玉螭龙纹环	长13.2cm	187,000	北京中嘉	2011.1.9
宋 白玉雕双龙环	长4.5cm	56,000	古天一	2011.6.4
金–元 黄玉留皮巧雕"秋山图"带环	长6.4cm	230,000	北京保利	2011.6.6
元 青玉云螭纹带绦环	长8.2cm	184,000	北京保利	2011.6.6
元 白玉云纹灵芝环	直径6cm	112,000	北京荣宝	2011.11.11
元 白玉云龙纹绦环	长7.7cm	195,500	北京保利	2011.6.6
元 白玉云龙纹带环	长6.3cm	184,000	北京保利	2011.6.6
元 白玉双螭纹环	长7.8cm	322,000	北京保利	2011.6.6
元 白玉双螭纹环	直径7.1cm	207,000	北京保利	2011.6.6
元 白玉连珠龙纹带环	长4.6cm	138,000	北京保利	2011.6.6
元 白玉褐色皮巧雕葵花螭纹绦环	长12.5cm	483,000	北京保利	2011.6.6
元 白玉海东青攫天鹅绦环	长8.8cm	84,000	北京荣宝	2011.11.11
元 白玉飞天龙绦环	长4.4cm	72,800	北京荣宝	2011.11.11
元–明 白玉灵芝纹环	直径5.5cm	57,500	北京东正	2011.11.18
明 白玉云龙纹绦环	长7.4cm	345,000	北京保利	2011.6.6
清中期 白玉子辰环形佩	高6.3cm	862,500	北京翰海	2011.5.19
清中期 白玉夔龙纹环	直径7cm	63,250	北京翰海	2011.5.21
清中期 白玉螭龙乳钉环	直径5.9cm	78,200	北京翰海	2011.5.21
清乾隆 黄玉雕龙凤纹环	直径5.5cm	230,000	北京东正	2011.11.18
清道光 "行有恒堂"款玉环	直径4.8cm	105,800	中国嘉德	2011.11.15
清 玉雕"子冈"款竹节环佩	直径5.4cm	287,500	北京歌德	2011.6.3
清 白玉三层活环佩	长5.8cm	105,122	香港淳浩	2011.7.30
清 白玉雕望子成龙纹环	长11cm	201,600	天津文物	2011.11.12
清 白玉雕寿字手环	直径7.8cm	103,500	北京匡时	2011.12.5
玉琮				
商 玉琮式勒 玉琮(二件)	尺寸不一	55,200	北京翰海	2011.5.21
良渚文化 青玉兽面纹玉琮	高40cm	3,200,000	红太阳	2011.5.28
齐家文化 神人面玉琮	高17cm	1,760,000	北京中嘉	2011.1.9
西周 蚕纹龙玉琮	长6cm	58,098	香港富得	2011.4.9
宋 黄玉琮	直径9.5cm	460,000	福建拍卖	2011.7.2
宋 白玉琮式佩	长4cm	92,000	上海大众	2011.8.25
元/明 白玉琮	高7.7cm	230,000	北京东正	2011.6.5
旧玉琮	长6.4cm	57,500	中国嘉德	2011.6.18
汉 青白玉螭纹琮	高9.2cm	110,000	北京中嘉	2011.1.9
古玉琮	高11cm	500,000	红太阳	2011.5.28
玉圭				
商代 青白玉圭(一组六件)	通长17.5cm	900,000	北京中嘉	2011.1.9
商代 青白玉神人纹圭(一组三件)	通长19.5cm	990,000	北京中嘉	2011.1.9
汉 白玉螭纹出圭璧	长25cm	330,000	北京中嘉	2011.1.9
汉 青白玉龙纹出圭璧	长37.5cm	187,000	北京中嘉	2011.1.9
明 白玉沁色雕十二章圭	长18.7cm	560,000	天津文物	2011.5.13
明 白玉沁色圭璧	长11.5cm	89,600	天津文物	2011.5.13
清乾隆 御题诗古玉圭	长39.5cm	2,530,000	北京保利	2011.6.5
清 白玉十二章纹玉圭	长19.5cm	95,200	北京荣宝	2011.11.11
白玉圭(一组六件)	尺寸不一	149,500	北京保利	2011.12.7
玉璋				
清乾隆 白玉仿古龙凤纹出戟璋	长12.7cm	4,255,000	北京保利	2011.12.6
玉璇玑				
商代 青玉璇玑(一对)	通长7.5cm	176,000	北京中嘉	2011.1.9
玉册				
清乾隆 御制青白玉16世纪应真玉册	长15.5cm	13,800,000	北京保利	2011.6.5
清乾隆 "宁寿宫宝"玉玺及"御制宁寿宫铭"玉册	玺高8cm 册长15cm	11,500,000	中翰清花	2011.9.10
清乾隆 和阗碧玉御制暗刻描金"御制十全老人之宝说"册	高16cm；宽12cm	4,600,000	北京翰海	2011.11.17
清 御制[illegible]	长10cm	414,400	雍和嘉诚	2011.6.1
佩玩件				
[illegible]				

拍品名称	尺寸	成交价RMB	拍卖公司	拍卖日期
春秋 玉玦	直径3cm	101,200	北京翰海	2011.5.21
红山文化 玉沁色玦	长7.7cm	56,000	天津文物	2011.5.13
齐家文化 神人兽合体玉玦	长19cm	638,000	北京中嘉	2011.1.9
明 玉龙形玦	直径4.6cm	218,500	北京翰海	2011.11.19
玉管				
明 白玉雕六方经文管	长5.9cm	89,600	苏州东方	2011.4.28
清 白玉带皮翎管	长7.2cm	55,200	北京匡时	2011.6.8
清 翠玉翎管	长7cm	402,500	北京华辰	2011.5.20
清 白玉翎管	高6.7cm	61,600	北京荣宝	2011.3.18
清 白玉洒金皮乾隆御题诗灵管	长8cm	78,400	上海新华	2011.6.25
清 白玉翎管	长5cm	65,421	浙江民和	2011.8.14
滇文化 一线天缠丝玛瑙		89,600	中联环球	2011.11.5
清 白玉刻御题诗筒	长10.5cm	195,500	上海大众	2011.8.25
玉勒				
商–汉 工字佩 玉勒(五件)	尺寸不一	112,700	北京翰海	2011.5.21
西周 白玉沁色雕喇叭形勒子	长5.5cm	95,200	天津文物	2011.5.13
春秋 玉沁色雕龙纹勒子	高2.5cm	168,000	天津文物	2011.5.13
春秋 玉勒	长4cm	94,300	北京诚轩	2011.5.22
春秋 白玉红沁勾连云纹鼓形勒	长3cm	126,500	上海大众	2011.8.25
战国 玉龙凤勒	高2.8cm	55,200	北京翰海	2011.5.21
汉 白玉螭纹扁勒(一对)	通长7.5cm	55,000	北京中嘉	2011.1.9
清中期 白玉无双谱勒子	长3.8cm	138,000	北京保利	2011.6.7
清早期 白玉雕子冈款诗文勒子	长3.6cm	253,000	北京东正	2011.6.5
清 白玉高士图勒子	长4.5cm	123,200	北京保利	2011.1.15
清 白玉雕无双谱子冈款勒	高3cm	287,500	上海大众	2011.8.25
黄玉弦纹勒子	高4cm	168,000	古天一	2011.12.5
和田玉籽料龙德凤品勒子	长3.3cm	64,960	北京博观	2011.11.25
白玉雕御制诗文勒子	高6.4cm	89,600	海士德	2011.6.17
扳指				
明 黄玉雕灵兽纹诗文扳指	直径2.7cm	161,000	福建拍卖	2011.7.2
清康熙 白玉制伏虎罗汉扳指	直径3cm	172,500	北京歌德	2011.6.3
清乾隆 "乾隆年制"款白玉扳指	直径3.5cm	402,500	北京保利	2011.4.16
清乾隆 白玉雕伯乐相马扳指	直径2.9cm	138,000	江苏省拍	2011.12.10
清乾隆 白玉雕螭龙扳指	直径6.2cm	86,250	江苏省拍	2011.12.10
清乾隆 白玉雕诗文扳指	高2.4cm	138,000	福建拍卖	2011.7.2
清乾隆 白玉雕携琴访友扳指	直径3.1cm	437,000	江苏省拍	2011.12.10
清乾隆 白玉仿古云雷纹扳指	直径3cm	138,000	北京保利	2011.6.6
清乾隆 白玉刻"阿文"扳指	直径3cm	161,000	福建拍卖	2011.7.2
清乾隆 白玉刻书法诗文扳指	直径3cm	230,000	上海大众	2011.8.25
清乾隆 白玉留皮扳指	直径3.3cm	276,000	中国嘉德	2011.3.19
清乾隆 白玉耄耋御题扳指	直径3.1cm	138,000	北京保利	2011.6.7
清乾隆 白玉乾隆年制扳指	长2.5cm	89,600	上海嘉泰	2011.6.30
清乾隆 白玉题诗扳指	直径3cm	69,000	北京保利	2011.6.6
清乾隆 白玉御题诗扳指	直径2.9cm	230,000	北京保利	2011.6.5
清乾隆 白玉御题诗扳指	高2.8cm	1,680,000	北京荣宝	2011.11.11
清乾隆 白玉御题诗扳指	直径3cm	368,000	北京保利	2011.12.6
清乾隆 和田玉雕御题诗扳指	高2.5cm	246,400	长风拍卖	2011.1.20
清乾隆 黄玉 白玉扳指	直径3.5cm	460,000	北京东正	2011.11.18
清乾隆 黄玉御题诗扳指	直径2.6cm	414,000	北京保利	2011.6.6
清乾隆 珊瑚镂雕螭龙扳指	直径3.4cm	161,000	北京保利	2011.6.6
清乾隆 御制扳指	直径2.9cm	460,000	北京匡时	2011.6.8
清乾隆 子冈款白玉米芾拜石扳指	高4.4cm	943,000	浙江钱塘	2011.12.4
清中期 白玉带皮雕螭龙纹扳指	高2.7cm	132,250	北京匡时	2011.12.5
清中期 白玉雕扳指	长3.5cm	391,000	北京东正	2011.11.17
清中期 白玉雕扳指 鹅首带钩 桃形挂件(一组)	尺寸不一	230,000	北京东正	2011.11.17
清道光 白玉留皮御题诗扳指	直径3.7cm	690,000	北京保利	2011.6.6
清18世纪 白玉镂雕螭龙灵芝纹扳指	宽3.3cm	106,010	香港佳士得	2011.6.1
清18世纪 白玉扳指(一组五件)	宽[illegible]cm	[illegible]	香港佳士得	2011.6.1

拍品名称	尺寸	成交价RMB	拍卖公司	拍卖日期
清18世纪 白玉扳指(一组五件)	宽3cm	251,100	香港佳士得	2011.6.1
清18世纪 白玉扳指(一组五件)	直径3.1cm	230,175	香港佳士得	2011.6.1
清18世纪/19世纪 白玉扳指(一组五件)	宽3cm	177,863	香港佳士得	2011.6.1
清 周庆基旧藏子冈款白玉扳指	外直径2.8cm	345,000	西泠拍卖	2011.7.18
清 弥猎扳指	径3.5cm	52,100	浙江民和	2011.8.14
清 黄玉花蝶纹扳指	直径2.9cm	69,000	中国嘉德	2011.12.17
清 琥珀扳指	宽3cm	57,500	北京保利	2011.6.6
清 和田白玉扳指	径3.2cm	60,023	浙江民和	2011.8.14
清 各式扳指(一盒七件)	尺寸不一	72,800	北京保利	2011.1.16
清 扳指五件(玉四件、犀角一件)	尺寸不一	115,000	上海崇源	2011.10.12
清 扳指六只连盒	尺寸不一	58,098	香港淳浩	2011.4.1
清 白玉御题诗扳指	高2.5cm	264,500	北京歌德	2011.6.3
清 白玉御题扳指	3.6cm	63,250	雍和嘉诚	2011.11.27
清 白玉渔乐扳指	直径2.8cm	57,500	北京保利	2011.6.6
清 白玉透雕双龙纹扳指	直径2.5cm	179,200	天津文物	2011.5.13
清 白玉洒金夔龙扳指	内直径2cm	69,000	北京翰海	2011.11.19
清 白玉洒金扳指	内直径1.9cm	86,250	北京翰海	2011.11.19
清 白玉留皮御题诗扳指	宽3cm	92,000	北京保利	2011.7.27
清 白玉留皮扳指	直径3.8cm	117,600	天津文物	2011.5.13
清 白玉留皮扳指	直径3.5cm	322,000	上海大众	2011.8.25
清 白玉留皮扳指	直径3.4cm	134,400	天津文物	2011.11.12
清 白玉雕御题诗文扳指	高2.7cm	649,600	中贸圣佳	2011.4.29
清 白玉雕英雄扳指	直径3cm	190,400	古天一	2011.12.5
清 白玉雕勾云纹扳指	直径2.5cm	84,000	天津文物	2011.5.13
清 白玉雕封侯挂印诗文扳指	直径3cm	69,000	上海大众	2011.8.25
清 白玉带皮扳指	直径3.5cm	101,200	北京匡时	2011.6.8
清 白玉扳指	直径3.8cm	168,000	天津文物	2011.11.12
清 白玉扳指	直径4cm	78,200	上海大众	2011.8.25
清 白玉扳指	直径3cm	57,500	北京保利	2011.12.8
和田白玉雕扳指	直径3.7cm	207,000	中贸圣佳	2011.11.6
铺首				
汉 青白玉兽面铺首	长17.2cm	88,000	北京中嘉	2011.1.9
汉 青玉兽面铺首(一对)	通长16.7cm	242,000	北京中嘉	2011.1.9
带板				
战国 青黄玉蟠虺纹带板	通长107.5cm	275,000	北京中嘉	2011.1.9
元 白玉春水纹带板	长8.6cm	123,200	中拍国际	2011.6.5
元 白玉镂雕云龙纹带板	长8cm	253,000	北京保利	2011.6.6
元 白玉俏雕秋葵纹带板	宽4.5cm	184,000	上海崇源	2011.7.6
元 白玉云龙带板	长8cm	218,500	西泠拍卖	2011.7.18
元 白玉云龙纹带板	大小不一	918,400	中拍国际	2011.6.5
明 白玉雕龙纹带板	长13.5cm	109,760	天津文物	2011.11.12
明 白玉福寿喜云龙纹带板	长7.7cm	184,000	北京保利	2011.6.6
明 白玉花鸟云龙纹带板	宽6.5cm	57,500	北京保利	2011.10.23
明 白玉流云纹带板	长6.9cm	138,000	北京保利	2011.6.6
明 白玉镂雕春水带板	直径5.8cm	80,500	上海崇源	2011.7.6
明 白玉镂雕秋山带板(一套20件)		172,500	福建拍卖	2011.7.2
明 白玉镂雕云龙纹带板	长11cm	58,240	上海嘉泰	2011.1.25
明 白玉麒麟松梅灵芝纹带板	长6.9cm	161,000	北京保利	2011.6.6
明 白玉双龙抢珠纹带板	长5.5cm	138,000	北京保利	2011.6.6
明 白玉双龙抢珠纹带板	宽6cm	51,750	北京保利	2011.10.23
明 白玉松竹梅双鹿纹带板	长6.2cm	276,000	北京保利	2011.6.6
明 白玉松竹牡丹纹桃形带板(一对)	长5.6cm	74,750	北京保利	2011.10.23
明 白玉桃形穿花龙纹带板	高5.1cm	57,500	北京保利	2011.10.23
明 白玉桃形麒麟纹带板	宽5.5cm	57,500	北京保利	2011.10.23
明 白玉万寿云龙纹带板	宽8.4cm	92,000	北京保利	2011.10.23
明 白玉应龙云纹带板	宽7.5cm	74,750	北京保利	2011.10.23
明 花鸟纹玉带板(一副)		1,437,500	荣宝斋	2011.11.25
明 金累丝镶宝石玉带板(一组17件)		1,150,000	中拍国际	2011.7.17

拍品名称	尺寸	成交价RMB	拍卖公司	拍卖日期
明 青白玉云龙纹带板(一组九件)	尺寸不一	368,000	北京保利	2011.6.6
清乾隆 白玉带板(一组三件)	长9cm；长8.5cm；长6cm	632,500	北京东正	2011.11.17
清中期 白玉带板(十四件)	长1.8–4.8cm	103,500	北京翰海	2011.11.19
清中期 白玉雕“书梅图”带板	6.8×7cm	67,200	云南典藏	2011.5.14
带钩				
东汉 白玉鸟头龙钩	长6.6cm	156,800	苏州东方	2011.4.28
元 黄玉带钩	长7.5cm	57,500	古天一	2011.12.5
明 白玉苍龙教子带钩	长13cm	63,250	上海崇源	2011.7.6
明 白玉苍龙教子带钩	9cm×1.5cm	100,800	北京荣宝	2011.11.11
明 白玉带钩	长7.6cm	59,800	北京翰海	2011.11.19
明 白玉雕苍龙教子带钩	长12.5cm	72,800	北京荣宝	2011.8.13
明 白玉龙首带钩(两只)	长12.5；长13cm	80,500	中拍国际	2011.7.17
明 黄玉雕螭纹龙首带钩	13cm	72,800	天津文物	2011.11.12
明 青玉正龙带钩	7.3×4.8cm	56,000	北京荣宝	2011.11.11
清初 白玉雕苍龙教子纹带钩	长10cm	172,500	北京东正	2011.6.5
清乾隆 白玉雕螭龙纹带钩	长长12cm	125,550	香港佳士得	2011.6.1
清乾隆 白玉雕金榜题名纹带钩	长11cm	230,000	北京东正	2011.6.5
清乾隆 白玉雕龙钩	长13.5cm	51,750	中国嘉德	2011.5.23
清乾隆 白玉雕马首带钩	长7cm	80,500	北京匡时	2011.6.8
清乾隆 白玉雕玉凤带钩	长12cm	345,000	北京东正	2011.11.18
清乾隆 白玉龙纹带钩	长13cm	345,000	北京保利	2011.12.6
清乾隆 白玉琵琶龙纹钩	长14.1cm	460,000	福建拍卖	2011.7.2
清乾隆 白玉兽面羽翼龙纹带钩	8.5cm	112,000	北京荣宝	2011.11.11
清乾隆 黄玉雕龙纹带钩	长10cm	230,000	北京东正	2011.11.18
清乾隆 黄玉雕龙纹带钩	长10.5cm	230,000	北京东正	2011.11.18
清乾隆 珊瑚龙纹带钩	长9.3cm	161,000	北京保利	2011.6.6
清早期 白玉雕螭龙带钩	长11cm	56,000	云南典藏	2011.10.31
清早期 白玉雕螭龙带钩	长11.5cm	56,000	云南典藏	2011.10.31
清早期 黄玉龙钩	长6.7cm	67,200	苏州东方	2011.4.28
清中期 白玉螭龙带钩	长13.1cm	57,500	北京翰海	2011.11.19
清中期 白玉螭龙带钩(二件)	尺寸不一	74,750	北京翰海	2011.11.19
清中期 白玉雕螭龙带钩	长12cm	103,500	北京匡时	2011.6.8
清中期 白玉雕福寿纹带钩	长9.2cm	92,000	北京东正	2011.6.5
清中期 白玉雕灵芝 凤首带钩(两件)	尺寸不一	246,400	北京荣宝	2011.3.18
清中期 白玉雕灵芝小带钩	长8.6cm	61,600	北京荣宝	2011.3.18
清中期 白玉雕龙带钩	长13cm	67,200	北京荣宝	2011.3.18
清中期 白玉雕马上封侯纹带钩	长8cm	92,000	北京东正	2011.11.18
清中期 白玉凤纹带钩	长9.2cm	94,300	北京翰海	2011.5.21
清中期 白玉勾云纹马首带钩	长14.8cm	57,500	北京翰海	2011.11.19
清中期 黄玉、白玉、碧玉带钩(三件)	尺寸不一	69,000	北京翰海	2011.11.19
清中期 黄玉雕螳螂捕蝉纹带钩	长7.5cm	92,000	北京东正	2011.11.18
清中期 黄玉龙首带钩	长8cm	69,000	北京匡时	2011.6.8
清中期 青白玉雕龙钩	长14cm	63,250	中国嘉德	2011.5.23
清中期 青白玉龙勾、青白玉母子鹅带勾(两件)	尺寸不一	92,000	北京保利	2011.6.6
清18世纪 白玉卵石形带钩	长6cm	99,394	香港佳士得	2011.6.1
19世纪 白玉龙勾	长11.5cm	54,694	香港拍得高	2011.10.6
清 白玉带钩、剑饰(三件)	尺寸不一	82,800	中国嘉德	2011.3.19
清 白玉雕苍龙教子带钩	长14cm	218,500	北京匡时	2011.6.8
清 白玉雕螭纹龙首带钩	长15cm	89,600	天津文物	2011.5.13
清 白玉雕螭纹龙首带钩	长13cm	58,240	天津文物	2011.5.13
清 白玉雕螭纹龙首带钩	长13cm	53,760	天津文物	2011.5.13
清 白玉雕螭纹龙首带钩	长12.5cm	76,160	天津文物	2011.11.12
清 白玉雕螭纹龙首带钩	长13.5cm	75,600	天津文物	2011.11.12
清 白玉雕螭纹龙首带钩	长13.2cm	67,200	天津文物	2011.11.12
清 白玉雕螭纹龙首带钩	长10.5cm	61,600	天津文物	2011.11.12
清 白玉浮雕望子成龙带钩	长12cm	54,427	香港淳浩	2011.11.26

2011玉器拍卖成交汇总

(成交价RMB：5万元以上)

拍品名称	尺寸	成交价RMB	拍卖公司	拍卖日期
清 白玉浮雕望子成龙带钩	长12.8cm	54,427	香港淳浩	2011.11.26
清 白玉龙勾	长12cm	51,750	北京保利	2011.10.23
清 白玉龙钩	长12.6cm	67,200	苏州东方	2011.4.28
清 白玉龙钩(三件)	尺寸不一	115,000	北京保利	2011.12.7
清 白玉龙首带钩	长12.5cm	55,200	中国嘉德	2011.6.18
清 白玉龙首带钩	长14cm	115,000	中国嘉德	2011.12.17
清 白玉龙纹谷线带钩(一对)	长12.5cm×2	149,500	北京九歌	2011.6.10
清 白玉沁色浮雕龙纹带钩	长11.6cm	54,427	香港淳浩	2011.11.26
清 白玉羊首云纹带钩	长9cm	87,360	浙江钱塘	2011.1.9
清 碧玉龙钩	长13.5cm	56,000	海士德	2011.6.17
清 青白玉龙首带钩等(三件)	尺寸不一	51,750	中国嘉德	2011.6.18
白玉马上封侯龙钩	长9cm	58,098	香港富得	2011.4.9
和田玉雕龙纹带钩	长13.5cm	120,000	印千山	2011.6.3
带扣				
汉 玉扣带	长90cm	70,173	中信国际	2011.3.13
辽金 和田玉雕春水纹扣带	长9cm	56,000	蓝天国拍	2011.11.25
辽代 玉带扣(七件套)		187,680	澳门中信	2011.11.25
元 金镶玉雕龙纹带扣	长8.8cm	989,000	古天一	2011.12.5
元 白玉连年有余带扣	通长12.7cm	56,000	中拍国际	2011.6.5
元 白玉福禄寿灵带扣	长8.6cm	56,000	中拍国际	2011.6.5
清乾隆 白玉马上封侯带扣	长7.5cm	92,000	北京保利	2011.6.6
清乾隆 白玉留皮三多带扣	长11.5cm	126,500	北京保利	2011.6.6
清乾隆 白玉雕寿字绳结纹带扣	长9cm	50,400	北京荣宝	2011.3.18
清乾隆 白玉雕螭龙带扣	长11.8cm	86,250	江苏省拍	2011.12.10
清中期 白玉双狮戏球带扣	长9cm	63,250	北京翰海	2011.5.21
清中期 白玉浮雕“月影梅”带扣	长6.5cm	103,500	北京匡时	2011.6.8
清中期 白玉螭龙带扣(一套)	长13cm	149,500	北京纳高	2011.7.6
清 青白玉福寿带扣	长7.5cm	402,500	雍和嘉诚	2011.11.27
清 青白玉雕龙首三联带扣	长20.4cm	78,400	天津文物	2011.11.12
清 青白玉带扣(三件)	尺寸不一	69,000	中国嘉德	2011.6.18
清 黄玉兽面纹带扣	长5cm	115,000	中国嘉德	2011.6.18
清 黑白玉巧色雕双螭纹带扣	长9.5cm	149,500	北京保利	2011.6.6
清 各式白玉雕龙首带扣	尺寸不一	57,500	上海大众	2011.8.25
清 白玉双福绵长带扣	长10.8cm	115,000	北京保利	2011.6.6
清 白玉寿字带扣(一对)	长6.1cm	69,000	中国嘉德	2011.6.18
清 白玉狮纹带扣	长9cm	235,200	辽宁建投	2011.5.11
清 白玉沁色马上封侯带扣	长6.8cm	80,500	中国嘉德	2011.3.19
清 白玉留红褐色皮巧雕双螭纹带扣	宽9.8cm	57,500	北京保利	2011.10.23
清 白玉雷纹带扣	高9.5cm	76,383	香港拍得高	2011.10.6
清 白玉兰花带扣	长9.3cm	69,000	北京保利	2011.12.8
清 白玉高浮雕螭龙纹带扣	长9.5cm	145,600	北京荣宝	2011.3.18
清 白玉雕寿鸟纹带扣	长10.5cm	190,400	天津文物	2011.5.13
清 白玉雕螭纹衔芝带扣	长11.5cm	123,200	天津文物	2011.5.13
清 白玉雕螭纹衔芝带扣	长10cm	67,200	天津文物	2011.5.13
清 白玉雕螭纹带扣	长11cm	95,200	天津文物	2011.11.12
清 白玉雕螭纹带扣	长9cm	89,600	天津文物	2011.11.12
清 白玉螭龙纹带扣	长6cm	115,000	中国嘉德	2011.9.17
青白玉雕螭虎纹带扣	长10.5cm	56,000	丰辛四方	2011.6.11
白玉巧色螭龙纹带扣	长9cm	61,235	香港富得	2011.6.24
白玉、象牙、沉香龙纹带扣(三件)	尺寸不一	100,800	北京保利	2011.1.15
带饰				
汉 青白玉螭纹带饰(一组十二件)	总长93.5cm	330,000	北京中嘉	2011.1.9
宋 白玉翔雁流云纹带饰	长6.7cm	253,000	北京保利	2011.6.6
金–元 白玉狮戏球纹鎏金铜带饰	长6.6cm	184,000	北京保利	2011.6.6
金–元 白玉巧色犀牛望月纹带饰	长6.9cm	161,000	北京保利	2011.6.6
金–元 白玉虎形带饰	长5.4cm	218,500	北京保利	2011.6.6
金或元 黄玉天禄辟邪双兽纹带饰	长9cm	1,667,500	北京保利	2011.6.6
元 玉石羊形带饰	宽5.3cm	55,200	北京保利	2011.10.23
元 青玉[illegible]纹带饰	宽7.5cm	80,500	北京保利	2011.10.23

拍品名称	尺寸	成交价RMB	拍卖公司	拍卖日期
元 青白玉螭龙三台带饰(三件套)	尺寸不一	100,800	北京荣宝	2011.11.11
元 灰玉鹰熊纹带饰	长8.2cm	161,000	北京保利	2011.6.6
元 黑白玉带皮巧雕狮子戏球带饰	长8.8cm	172,500	北京保利	2011.12.8
元 白玉云龙纹带饰	长7.6cm	230,000	北京保利	2011.6.6
元 白玉鹰熊纹带饰	长6.3cm	184,000	北京保利	2011.6.6
元 白玉双云雁纹带饰	长3.8cm	97,750	北京保利	2011.10.23
元 白玉犬纹带饰	长5.6cm	207,000	北京保利	2011.6.6
元 白玉胡人戏狮纹带饰	长6.9cm	161,000	北京保利	2011.6.6
元 白玉红皮巧雕春水带饰	长6cm	207,000	上海大众	2011.8.25
元 白玉红皮巧雕穿花龙连珠纹带饰	直径7.5cm	94,300	上海大众	2011.8.25
元 白玉荷塘鹭鸶纹嵌饰	长5cm	51,750	北京保利	2011.10.23
元 白玉海兽纹带饰	长9.3cm	98,560	北京荣宝	2011.11.11
元 白玉海东青击鹅“春水图”带饰	长8.5cm	368,000	北京保利	2011.6.6
元 白玉富贵绶带(一对)	长4.2cm	134,400	北京荣宝	2011.11.11
元 白玉雕花鸟纹带饰	长5.3cm	56,000	天津文物	2011.5.13
元 白玉春水大雁带饰	6×4.6cm	95,200	北京荣宝	2011.11.11
元 白玉伯牙子期纹带饰	长6.8cm	368,000	北京保利	2011.6.6
元 白玉“春水图”带饰	长3.8cm	92,000	北京保利	2011.10.23
元末明初 白玉穿花螭纹带饰	长6.1cm	57,500	北京保利	2011.10.23
清乾隆 白玉带饰	长10cm	53,760	苏州东方	2011.4.28
清 白玉云龙纹鎏金带饰	长6.5cm	80,500	北京保利	2011.10.23
清 白玉双螭穿云方胜纹带饰	宽8.5cm	80,500	北京保利	2011.10.23
清 白玉螭纹带饰	长8.5cm	69,440	天津文物	2011.11.12
旧玉胡人带饰(十二块)	尺寸不一	61,600	中贸圣佳	2011.1.23
玉嵌饰				
宋 白玉云龙纹嵌饰	长7.2cm	172,500	北京保利	2011.6.6
宋 白玉仕读龟吐祥云鹤纹嵌饰	高6.6cm	138,000	北京保利	2011.6.6
金–元 白玉芝冠鹿纹松树湖石灵芝嵌饰	长6.5cm	253,000	北京保利	2011.6.6
金–元 白玉双鹿松纹嵌饰	长10.8cm	253,000	北京保利	2011.6.6
金–元 白玉灵兔望月灵芝纹嵌饰	长6.6cm	299,000	北京保利	2011.6.6
元 青白玉连珠纹“春水图”嵌饰	高7.1cm	287,500	北京保利	2011.10.23
元 褐皮双狮戏球纹嵌饰	宽10cm	103,500	北京保利	2011.10.23
元 白玉巧色公鸡云纹嵌饰	长4.6cm	253,000	北京保利	2011.6.6
元 白玉留皮巧色荷塘鸳鸯纹嵌饰	高4.9cm	161,000	北京保利	2011.6.6
元 白玉留褐色皮巧雕荷塘嵌饰	长5.7cm	287,500	北京保利	2011.6.6
元 白玉孔雀牡丹纹嵌饰	宽4.8cm	57,500	北京保利	2011.10.23
元 白玉褐皮提油双螭灵芝纹嵌饰	长7.5cm	253,000	北京保利	2011.6.6
元 白玉褐皮螭纹嵌饰	长5.6cm	166,750	北京保利	2011.6.6
明 白玉云形应龙纹嵌饰	长6.5cm	138,000	北京保利	2011.6.6
明 白玉镶宝天王宝塔纹嵌饰	高5.1cm	92,000	北京保利	2011.6.6
明 白玉连珠麒麟纹嵌饰	宽7.9cm	55,200	北京保利	2011.10.23
明 白玉卷草龙纹嵌饰	宽6.9cm	69,000	北京保利	2011.10.23
明 白玉荷塘鸳鸯纹嵌饰	长8.4cm	138,000	北京保利	2011.6.6
明 白玉草龙纹嵌饰	长6.9cm	184,000	北京保利	2011.6.6
清 白玉玉兰花绶带鸟纹嵌饰	长9.3cm	195,500	北京保利	2011.6.6
清 白玉双鹿松树湖石纹嵌饰	长10cm	460,000	北京保利	2011.6.6
清 白玉梅树纹嵌饰	长9.6cm	103,500	北京保利	2011.10.23
清 白玉海东青击天鹅图嵌饰	长10.7cm	230,000	北京保利	2011.6.6
清 白玉螭口衔灵芝纹嵌饰	宽6.5cm	63,250	北京保利	2011.10.23
玉锁				
清中期 白玉云头纹万寿无疆锁片	长9cm	56,000	长风拍卖	2011.1.20
清 白玉雕双龙福寿纹锁	长10cm	56,000	天津文物	2011.5.13
清 白玉刻龙纹福寿绵长锁片	长7.5cm	87,147	香港淳浩	2011.4.1
清 白玉梅树文锁片	高6.9cm	86,250	北京保利	2011.10.23
清 白玉锁片(三件)	尺寸不一	69,000	北京保利	2011.10.23
[illegible]				
[illegible]	[illegible]	[illegible]	[illegible]	[illegible]

拍品名称	尺寸	成交价RMB	拍卖公司	拍卖日期
清乾隆 白玉雕刀箸(一套)	长24.6cm	448,500	北京东正	2011.11.17
清 白玉雕福庆如意纹磬	长17.3cm	109,760	天津文物	2011.11.12
清 白玉雕吉庆有余纹磬	长8.6cm	112,000	天津文物	2011.11.12
清 白玉雕连年有余纹磬	长24.5cm	302,400	天津文物	2011.11.12
柄形器				
商代 白玉神兽柄形器	长18.7cm	363,000	北京中嘉	2011.1.9
玉炉顶				
宋 白玉仙人福寿炉顶	高4.6cm	56,000	中拍国际	2011.6.5
金-元 白玉黄褐皮双鹿纹炉顶	高3.4cm	368,000	北京保利	2011.6.6
元 提油巧色螭纹玉炉顶	宽4.2cm	63,250	北京保利	2011.10.23
元 青白玉透雕山石花鸟炉顶	高8.2cm	563,500	北京翰海	2011.5.21
元 灰白玉双大鸱鸟栖湖石纹大炉顶	高8.8cm	368,000	北京保利	2011.6.6
元 灰白玉镂雕传华龙炉顶	长6.2cm	366,188	香港佳士得	2011.6.1
元 白玉柞树鹿纹炉顶	宽3.4cm	74,750	北京保利	2011.10.23
元 白玉鸳鸯炉顶	长4cm	72,800	北京荣宝	2011.11.11
元 白玉透雕荷花双鹭炉顶	高5cm	86,250	上海崇源	2011.7.6
元 白玉松下高士饲鹤图炉顶	高3.2cm	460,000	北京保利	2011.6.6
元 白玉双螭云纹炉顶	宽4.5cm	51,750	北京保利	2011.10.23
元 白玉镂雕云龙纹炉顶	高4.5cm	218,500	北京匡时	2011.6.8
元 白玉荷塘鸳鸯炉顶	高4.4cm	391,000	北京保利	2011.6.6
元 白玉荷塘鹭鸶纹炉顶	高4.6cm	149,500	北京保利	2011.6.6
元 白玉荷塘鹭鸶纹炉顶	高3.2cm	57,500	北京保利	2011.10.23
元 白玉雕鹭鸶鸟炉顶	高5.5cm	149,500	上海大众	2011.8.25
元 白玉雕荷塘水禽炉顶	高3.5cm	123,200	古天一	2011.6.4
元 白玉穿花龙纹炉顶	长7.1cm	632,500	北京保利	2011.6.6
元 白玉螭龙炉顶	长6cm	112,000	北京荣宝	2011.11.11
明 灰白玉提油荷塘鹭鸶纹炉顶	高5.2cm	391,000	北京保利	2011.6.6
明 白玉荷塘鹭鸶纹炉顶	宽4.7cm	80,500	北京保利	2011.10.23
明 白玉雕鸳鸯纹炉顶	长3.5cm	86,250	上海大众	2011.8.25
清早期 白玉荷塘鸳鸯炉顶	长13cm	218,500	北京保利	2011.6.5
珠串、项链				
战国 战国玛瑙串		50,400	中联环球	2011.11.5
公元前2世纪 大骠管项链	长9.5cm	67,200	中联环球	2011.11.5
汉 药师珠串		76,160	中联环球	2011.11.5
唐 药师珠手串		53,760	中联环球	2011.11.5
清中期 珊瑚朝珠	长160cm	897,000	北京保利	2011.6.6
清中期 珊瑚18世纪子手串	长24cm	299,000	北京保利	2011.6.6
清中期 蜜蜡(一串)	长80cm	230,000	北京东正	2011.6.5
清乾隆 御制合香18世纪子手串(一件)	直径约1.43cm	145,600	天工艺苑	2011.6.26
清18世纪 绿松石念珠		402,500	中拍国际	2011.12.7
清 珊瑚珠串(一百零八粒)		126,500	北京翰海	2011.5.21
清 珊瑚珠串(一百零八颗)	重214g	161,000	北京歌德	2011.6.3
清 珊瑚珠串(四19颗)	重99g	80,500	北京歌德	2011.6.3
清 珊瑚手串		56,000	谷云轩	2011.4.22
清 珊瑚雕团寿项链及金镶珍珠莲花坠	长18cm	184,000	北京保利	2011.6.6
清 珊瑚18世纪子手串	尺寸不一	120,750	北京永乐	2011.11.15
清 蜜蜡佛珠		66,700	广州嘉德	2011.6.11
清 蜜蜡108子数珠	长160cm	552,000	北京保利	2011.6.6
清 蜜蜡108颗朝珠		123,200	长风拍卖	2011.1.20
清 老蜜蜡珠串	重190g	121,000	鼎时国际	2011.12.3
清 老蜜蜡佛珠	重243g	154,000	鼎时国际	2011.12.3
清 金铂朝珠	长81.5cm	51,750	中国嘉德	2011.6.18
清 琥珀珠项链		112,000	中鸿信	2011.6.26
清 琥珀翡翠朝珠	长140cm	92,000	北京保利	2011.6.7
清 琥珀朝珠		179,200	天津文物	2011.11.12
清 琥珀朝珠		57,500	北京翰海	2011.12.18
清 琥珀朝珠	尺寸不一	57,500	浙江钱塘	2011.12.4
清 红血珀朝珠一串共108颗(婴戏纹铜制空心圆盒)		448,000	江苏万达	2011.5.29
清 红珊瑚佛珠	重605g	150,000	印千山	2011.6.3
清 红珊瑚佛珠	重625g	110,000	印千山	2011.6.3
清 红玛瑙朝珠		57,500	福建拍卖	2011.7.3

拍品名称	尺寸	成交价RMB	拍卖公司	拍卖日期
清 海蓝宝18世纪子手串	长25cm	92,000	北京保利	2011.6.6
清 大南红串		291,200	中联环球	2011.11.5
清 碧玺朝珠	长80cm	78,400	北京保利	2011.1.16
清 白玉手串	长36cm	53,760	天津文物	2011.5.13
民国 和田白玉链带坠		93,840	澳门中信	2011.11.25
民国 东珠18世纪子供串		134,400	上海嘉泰	2011.6.30
青金石七眼天珠项链		207,000	北京翰海	2011.12.18
牛血红珊瑚项链		280,000	天工艺苑	2011.6.26
牛血红珊瑚素面项链		190,400	天工艺苑	2011.6.26
卢开飞 路路如意 白玉手链		63,250	西泠拍卖	2011.7.16
雪山蜜蜡法珠项链		57,500	北京翰海	2011.12.18
项链两串手链一串	小67cm；大长75cm	58,240	四川嘉禾	2011.1.23
现代 和田白玉珠链		56,000	上海博海	2011.4.24
19世纪 红珊瑚镶金手链		56,000	中鸿信	2011.6.26
珊瑚项链(三串)	尺寸不一	59,800	中国嘉德	2011.9.17
珊瑚项链	长32cm	57,500	中国嘉德	2011.9.17
珊瑚阿卡项链		78,400	谷云轩	2011.4.22
旧玉多宝串	长24cm	241,500	中国嘉德	2011.11.15
蒋喜 墨玉云纹手链	重72.2克	218,500	西泠拍卖	2011.7.16
蒋喜 白玉云纹手链	重55.8克	253,000	西泠拍卖	2011.7.16
琥珀朝珠	长80cm	57,500	北京保利	2011.4.18
汉药师珠手串		76,160	历博国际	2011.5.7
碧玉佛珠		58,240	北京博观	2011.6.12
19世纪 金珀佛珠(一百零八粒)		64,960	云南典藏	2011.5.14
10世纪 金珠手串	重92.1g	126,500	古天一	2011.12.5
108颗红珊瑚珠链		72,800	苏州东方	2011.4.27
玉镯				
汉 玉镯	直径10.2cm	2,223,945	纽约苏富比	2011.3.22
汉 青玉手镯(一对)	直径9.2cm	418,000	北京中嘉	2011.1.9
明 青白玉雕螭纹手镯	直径7.4cm	201,600	未来四方	2011.6.11
明 黄玉带皮纪年手镯	直径8cm	69,000	北京保利	2011.12.8
明 白玉竹节形手镯(一对)	直径7.2cm	63,250	上海崇源	2011.7.6
明 白玉绞索纹手镯(一对)	直径8cm	184,000	荣宝斋	2011.11.25
明 白玉灰沁手镯(一对)	直径8cm	138,000	上海大众	2011.8.25
明 黄玉红沁素手镯	直径8cm	69,000	上海大众	2011.8.25
清乾隆 黄玉雕螭龙纹手镯	直径7.8cm	322,000	北京东正	2011.6.5
清乾隆 白玉雕绳纹手镯	直径7.8cm	63,250	北京东正	2011.6.5
清乾隆 白玉雕牡丹纹手镯	直径7.5cm	115,000	北京东正	2011.11.17
清中期 黑白玉雕如意云纹手镯	直径7.7cm	80,500	北京匡时	2011.12.5
清中期 白玉双龙戏珠手镯	直径7.5cm	82,800	北京匡时	2011.6.8
清中期 白玉手镯(一对)	直径7.9cm	69,000	北京东正	2011.6.5
清中期 白玉手镯(二件)	直径5.7cm	69,000	北京翰海	2011.5.21
清中期 白玉手镯(二件)	内直径5.7cm	57,500	北京翰海	2011.11.19
清中期 白玉手镯	直径5.8cm	51,750	北京翰海	2011.5.21
清中期 白玉手镯	直径7.6cm	123,200	北京荣宝	2011.11.11
清中期 白玉二龙戏珠手镯(二件)	直径5.7cm	149,500	北京翰海	2011.5.21
清中期 白玉雕镯	直径8.6cm	51,750	北京东正	2011.11.17
清中期 白玉雕龙头手镯(一对)	直径8.3cm	82,800	北京东正	2011.6.5
清早期 白玉绞丝纹双龙手镯	直径5.1cm	184,000	北京翰海	2011.5.21
清 黄玉手镯(一对)	直径8.2cm	694,400	浙江钱塘	2011.6.12
清 红玛瑙双龙戏珠镯(一对)	直径6cm	67,200	太平洋	2011.6.18
清 白玉镯(一对)	直径7.8cm	138,000	中国嘉德	2011.5.23
清 白玉镯(一对)	直径7.5cm	69,000	北京保利	2011.12.8
清 白玉镯	直径7.7cm	103,500	北京保利	2011.6.7
清 白玉手镯(一对)	直径7.8cm×2	53,760	海士德	2011.6.17
清 白玉手镯(一对)	长10cm	287,500	雍和嘉诚	2011.11.27
清 白玉手镯	直径7.6cm	67,200	苏州东方	2011.4.28
清 白玉钮纹手镯	直径8cm	368,375	香港苏富比	2011.4.8
清 白玉麻花手镯(一对)	直径7.7cm	78,400	浙江钱塘	2011.6.12
清 白玉龙戏珠手镯	直径7.4cm	50,400	十竹斋	2011.5.29
清 白玉龙首手镯	外径7.6cm	64,960	苏州东方	2011.4.28

2011玉器拍卖成交汇总

(成交价RMB：5万元以上)

拍品名称	尺寸	成交价RMB	拍卖公司	拍卖日期
清 白玉绞丝镯(一对)	直径8cm	57,500	中国嘉德	2011.3.19
清 白玉绞丝纹镯(一对)	直径 7.8cm×2	89,600	辽宁建投	2011.5.11
清 白玉红皮手镯	直径8.5cm	230,000	上海大众	2011.8.25
清 白玉贵妃手镯(一对)	直径6.8cm	87,360	浙江钱塘	2011.6.12
清 白玉二龙戏珠镯(一对)	直径7.1cm	66,700	北京纳高	2011.7.6
清 白玉雕绳纹手镯	内径5.4cm	184,800	天津文物	2011.5.13
清 白玉雕灵猴献寿手镯	内径5.7cm	517,500	江苏省拍	2011.12.10
清 白玉雕绞丝纹手镯	内径5.7cm	100,800	天津文物	2011.5.13
清 白玉雕二龙戏珠纹手镯	内径5.3cm	78,400	天津文物	2011.11.12
清 白玉雕二龙戏珠纹手镯	内径5.8cm	50,400	天津文物	2011.11.12
青玉雕动物纹手镯	直径8.4cm	246,400	未来四方	2011.6.11
和田羊脂白玉手镯	内径6cm	207,000	北京九歌	2011.6.10
和田留秋梨皮籽玉手镯	内径5.5cm	560,000	北京国信	2011.8.19
和田白玉雕素手镯	直径7.7cm	287,500	中贸圣佳	2011.11.6
和田白玉雕手镯	直径8.3cm	632,500	中贸圣佳	2011.11.6
和田白玉雕开门见喜手镯	直径7.5cm	207,000	中贸圣佳	2011.11.6
白玉籽料福禄寿喜手镯	直径7.4cm	95,200	中鸿信	2011.6.26
白玉手镯	直径7cm	552,000	苏州吴门	2011.6.12
白玉手镯	直径7.8cm	291,200	江苏爱涛	2011.1.16
白玉手镯		62,940	香港富得	2011.4.9
白玉龙纹镯(一对)	直径7.5cm	57,500	北京保利	2011.4.17
现代 马进贵 碧玉《手镯》	直径6cm	145,600	海士德	2011.6.17
瞿利军 和田玉籽料冰清玉洁手镯	内径5.6cm	336,000	北京博观	2011.6.12
玉簪 玉梳（玉箍）				
商 骨雕发簪(三件)	尺寸不一	89,700	北京翰海	2011.5.21
汉 青玉螭纹梳	长21cm	60,500	北京中嘉	2011.1.9
宋 白玉龙头含珠发簪头	长4.4cm	103,500	北京保利	2011.6.6
元 白玉花鸟纹发簪	长6.3cm	138,000	北京保利	2011.6.6
玉冠				
汉 青玉兽面纹冠	高16.6cm	209,000	北京中嘉	2011.1.9
玉牌				
汉 白玉四灵纹圆牌(一组四件)	长5.5cm	275,000	北京中嘉	2011.1.9
魏晋 白玉九品官员牌饰(一组九件)	通长16.5cm	165,000	北京中嘉	2011.1.9
宋 龙纹牌	长10cm	287,500	荣宝斋	2011.11.25
元 镂雕白玉穿花祥凤牌	长12cm	105,250	香港苏富比	2011.4.8
元 白玉鹤鹿松树湖石纹牌饰	宽7.6cm	51,750	北京保利	2011.10.23
元 白玉褐皮龙纹牌饰	宽6cm	74,750	北京保利	2011.10.23
元或以后 青白玉镂雕云龙牌	宽10cm	188,325	香港佳士得	2011.6.1
明 玉雕"文珍"款人物诗文牌	长6cm	138,000	北京歌德	2011.6.3
明 白玉万字连珠花鸟纹牌	宽9.3cm	92,000	北京保利	2011.10.23
明 白玉透雕花鸟纹牌	长7.8cm	56,000	中鸿信	2011.6.26
明 白玉太白醉酒诗文牌	长16.7cm	437,000	中国嘉德	2011.9.17
明 白玉双螭穿花连珠纹牌饰	长7.2cm	138,000	北京保利	2011.6.6
明 白玉镂雕牡丹绶带鸟纹牌	高7.3cm	126,500	北京保利	2011.10.23
明 白玉镂雕穿花麒麟牌	高9.4cm	78,938	香港苏富比	2011.4.8
明 白玉福山寿海五章纹牌	高7cm	460,000	华艺国际	2011.12.11
明 白玉雕子冈款松下高士牌	长5.5cm	483,000	北京东正	2011.6.5
明 白玉雕子冈款瑞兽修道纹牌	长5.9cm	690,000	北京东正	2011.6.5
明 白玉雕山水纹牌	长4.2cm	224,000	天津文物	2011.11.12
明 白玉雕山水诗文牌	高5.2cm	840,000	古天一	2011.6.4
明 白玉雕八卦饰纹牌	长6.5cm	103,500	江苏省拍	2011.12.10
明 白玉八仙纹牌	高5.5cm	126,500	华艺国际	2011.12.11
明晚清初 崇祯壬申陆子冈玉牌	长7.5cm	690,000	荣宝斋	2011.11.25
清初 玉雕"文玩"款人物歌舞升平牌	长7cm	92,000	北京歌德	2011.6.3
清初 白玉雕子冈款倚栏读书纹牌	长5cm	517,500	北京东正	2011.11.17
清初 白玉雕子冈款山石兰纹牌	长5.3cm	80,500	北京东正	2011.6.5
清初 白玉雕子冈款人物纹牌	长7cm	287,500	北京东正	2011.11.17
清初 白玉雕龙凤呈瑞纹牌	长7cm	287,500	北京东正	2011.11.17
清早期 黄玉 [illegible] 牌	长6.2cm	345,000	北京保利	2011.6.6

拍品名称	尺寸	成交价RMB	拍卖公司	拍卖日期
清早期 白玉溪山高隐牌	长5.5cm	67,223	台北富博斯	2011.12.18
清早期 白玉童子喜字牌	长5.7cm	82,800	中国嘉德	2011.6.18
清早期 白玉雕仕女牌	长4cm	345,000	江苏省拍	2011.12.10
清乾隆 玉人物诗文牌	长5.3cm	207,000	广州艺拍	2011.6.12
清乾隆 苏作玛瑙巧雕人物纹牌	长5.5cm	195,500	中国嘉德	2011.12.17
清乾隆 苏作黑白玉巧雕代代封侯牌	高6cm	470,400	浙江钱塘	2011.6.12
清乾隆 黄玉斋戒竹节牌	长4.3cm	345,000	北京保利	2011.12.6
清乾隆 黄玉斋戒牌	长6cm	115,000	北京保利	2011.10.22
清乾隆 碧玉填金罗汉御制诗文牌	长9.5cm	63,250	北京保利	2011.10.22
清乾隆 白玉子冈款松下童子问道牌	长7cm	1,725,000	北京东正	2011.6.5
清乾隆 白玉张志和《渔歌子》诗文牌	高5.8cm	2,072,000	浙江钱塘	2011.6.12
清乾隆 白玉斋戒牌	高6.7cm	230,000	北京华辰	2011.5.20
清乾隆 白玉无双谱子冈牌	长5.1cm	345,000	北京保利	2011.12.8
清乾隆 白玉仕女诗文子冈牌	高4.2cm	253,000	福建拍卖	2011.7.2
清乾隆 白玉山水纹牌	长5.4cm	805,000	北京保利	2011.6.6
清乾隆 白玉人物诗文子冈牌	高5.2cm	632,500	福建拍卖	2011.7.2
清乾隆 白玉铺首衔环牌	长7.8cm	368,000	浙江钱塘	2011.12.4
清乾隆 白玉龙纹诗文牌	高9cm	1,623,780	香港佳士得	2011.6.1
清乾隆 白玉留皮浅刻龙凤纹长宜子孙牌	长4.5cm	460,000	上海大众	2011.8.25
清乾隆 白玉留皮浮雕河神牌	长6cm	1,782,500	上海大众	2011.8.25
清乾隆 白玉灵芝翠竹诗文牌	长5.8cm	828,000	北京保利	2011.6.6
清乾隆 白玉雕子冈款溪山访友纹牌	长6cm	1,092,500	北京东正	2011.6.5
清乾隆 白玉雕子冈款灵芝纹牌	长6cm	138,000	北京东正	2011.6.5
清乾隆 白玉雕子冈款芙蓉烂漫牌	高4.5cm	402,500	北京东正	2011.6.5
清乾隆 白玉雕指日高升牌	长5cm	322,000	江苏省拍	2011.12.10
清乾隆 白玉雕芝亭款人物牌	高5.5cm	313,600	北京荣宝	2011.3.18
清乾隆 白玉雕云蝠如意纹大吉牌	长11.5	632,500	北京永乐	2011.11.15
清乾隆 白玉雕天干地支牌	长7.8cm	805,000	北京东正	2011.6.5
清乾隆 白玉雕太乙莲舟纹牌	长5.3cm	1,058,000	北京东正	2011.11.17
清乾隆 白玉雕受天百禄纹牌	长4.8cm	253,000	北京东正	2011.11.17
清乾隆 白玉雕如意万年御制诗文牌子	长7.2cm	287,500	中贸圣佳	2011.11.6
清乾隆 白玉雕平升三级纹牌	长6.8cm	460,000	北京东正	2011.11.17
清乾隆 白玉雕龙马精神纹牌	长6.5cm	690,000	北京东正	2011.11.17
清乾隆 白玉雕龙凤纹牌	长5.5cm	184,000	北京东正	2011.11.17
清乾隆 白玉雕临江独钓玉牌	长5cm	437,000	北京东正	2011.6.5
清乾隆 白玉雕高士洗桐纹牌	长5.8cm	862,500	北京东正	2011.11.17
清乾隆 白玉雕福寿绵绵牌	直径4.5cm	690,000	江苏省拍	2011.12.10
清乾隆 白玉雕二乔读书纹牌	长5.6cm	402,500	北京东正	2011.11.17
清乾隆 白玉雕采芝献寿纹牌	高5cm	1,667,500	北京东正	2011.11.18
清乾隆 白玉雕"金瓯永固"纹牌	长6.7cm	1,840,000	北京东正	2011.11.17
清乾隆 白玉雕"访友图"子冈牌	长5.8cm	322,000	江苏省拍	2011.12.10
清乾隆 白玉《无双谱》人物诗文子冈牌	高7.7cm	1,667,500	福建拍卖	2011.7.2
清乾隆 白玉"子冈"题诗牌	长7cm	402,500	北京保利	2011.12.8
清乾隆 白玉"增花吉庆"牌	直径6cm	483,000	北京保利	2011.12.6
清中期 玉刻"子冈"款人物诗文牌	长6cm	207,000	北京歌德	2011.6.3
清中期 玉雕山水人物图五言诗牌	长5.1cm	92,000	北京诚轩	2011.11.12
清中期 玉雕鹤鹿同春牌	高5cm	94,300	中国嘉德	2011.5.23
清中期 青白玉雕平安如意牌	高6.6cm	299,000	中国嘉德	2011.11.15
清中期 黄玉斋戒牌	长6cm	168,000	北京荣宝	2011.11.11
清中期 黄玉山水人物填诗牌	高5.5cm	56,000	上海博海	2011.4.24
清中期 白玉竹石诗文牌	高5.7cm	101,200	中国嘉德	2011.5.23
清中期 白玉[illegible]诗文牌	高6cm	69,000	中国嘉德	2011.5.23
清中期 白玉[illegible]诗文牌	高8cm	138,000	中国嘉德	2011.3.19
清中期 白玉[illegible]诗文牌	长5.8cm	101,200	中国嘉德	2011.5.23

拍品名称	尺寸	成交价RMB	拍卖公司	拍卖日期
清中期 白玉踏雪寻梅牌	长6cm	97,750	北京保利	2011.7.27
清中期 白玉人物诗文牌	高5.5cm	392,000	长风拍卖	2011.1.20
清中期 白玉龙纹牌	高5cm	134,400	十竹斋	2011.5.29
清中期 白玉篮花如意诗文牌	高6.8cm	103,500	中国嘉德	2011.5.23
清中期 白玉欢天喜地玉牌	高6.5cm	257,600	长风拍卖	2011.1.20
清中期 白玉寒梅诗文牌	高6.2cm	94,300	中国嘉德	2011.5.23
清中期 白玉高浮雕达摩渡海牌	高6.5cm	345,000	中国嘉德	2011.11.15
清中期 白玉雕周颢爱莲牌	长5.3cm	184,000	北京匡时	2011.6.8
清中期 白玉雕渔樵耕读诗文牌	高6.1cm	103,500	福建拍卖	2011.7.2
清中期 白玉雕仙人乘槎纹玉牌	高6.5cm	207,000	北京东正	2011.11.17
清中期 白玉雕仙人乘槎纹牌	长5.5cm	230,000	北京东正	2011.11.18
清中期 白玉雕文姬思乡图牌	高5.2×cm	483,000	北京诚轩	2011.5.22
清中期 白玉雕如意牌	直径5.2cm	126,500	江苏省拍	2011.12.10
清中期 白玉雕牧童诗文牌子	高6.2cm	172,500	中贸圣佳	2011.11.6
清中期 白玉雕麻姑献寿牌	高6cm	103,500	北京纳高	2011.7.6
清中期 白玉雕鹿饰牌	长3.8cm	92,000	江苏省拍	2011.12.10
清中期 白玉雕红梅鹦鹉牌	直径5cm	69,000	江苏省拍	2011.12.10
清中期 白玉雕福寿纹牌	长6.8cm	713,000	北京东正	2011.6.5
清中期 白玉博古平安如意牌	长6cm	51,750	北京保利	2011.10.23
清18世纪/19世纪 金嵌宝石"福寿长庆"图花簪(一对)	长16cm	92,250	香港苏富比	2011.10.4
清18世纪/19世纪 白玉仕女婴戏图牌	长5.1cm	315,750	香港苏富比	2011.4.8
清18世纪 巧色白玉灵仙祝寿双喜牌	长8.2cm	421,000	香港苏富比	2011.4.8
清18世纪 白玉武将牌	长5.2cm	602,872	香港苏富比	2011.4.8
清18世纪 白玉瑞果百事如意牌	长5.5cm	115,775	香港苏富比	2011.4.8
清18世纪 白玉青竹牌	长7.8cm	441,208	香港苏富比	2011.4.8
清18世纪 白玉梅花牌	长6.6cm	368,375	香港苏富比	2011.4.8
清18世纪 白玉镂雕吉祥如意牌	长5cm	105,250	香港苏富比	2011.4.8
清18世纪 白玉高士童子牌	长3.8cm	52,625	香港苏富比	2011.4.8
清18世纪 白玉高士赏松牌	长5.4cm	78,938	香港苏富比	2011.4.8
清18世纪 白玉持芝童子双喜牌	长5.4cm	136,825	香港苏富比	2011.4.8
清18世纪 白玉"渔樵耕读"图牌	长5cm	358,750	香港苏富比	2011.10.5
清 玉堂富贵牌	长6cm	66,700	苏州吴门	2011.6.12
清 玉雕李仙渡海牌	长7cm	149,500	北京诚轩	2011.5.22
清 岁岁平安玉牌	长6.6cm	55,000	上海拍卖	2011.4.23
清 松竹梅白玉牌	长7cm	92,000	荣宝斋	2011.11.25
清 双桃红碧玺牌	高8cm	172,500	北京歌德	2011.6.3
清 双凤仪牌	长6.5cm	332,214	浙江民和	2011.8.14
清 青白玉旭日东升图牌	长5.2cm	138,000	中国嘉德	2011.6.18
清 青白玉牌(两件)	尺寸不一	103,500	北京保利	2011.10.23
清 青白玉雕骅骝纹牌子	长5.3cm	195,500	中贸圣佳	2011.11.6
清 青白玉"增花进爵"牌	高6cm	126,500	中国嘉德	2011.5.23
清 蜜蜡雕事事如意牌	长6cm	69,000	上海大众	2011.8.25
清 绿松石斋戒牌	长4.9cm	72,025	台北富博斯	2011.12.18
清 九世同堂白玉牌	长7.2cm	207,000	西泠拍卖	2011.7.18
清金缧丝嵌宝石凤纹簪(一对)	尺寸不一	101,200	中国嘉德	2011.6.18
清 黄玉双凤纹牌	长6.2cm	92,000	中国嘉德	2011.9.17
清 黄玉山水纹牌	长7cm	89,700	中国嘉德	2011.3.19
清 黄玉牌		103,500	北京容海	2011.10.24
清 黄玉雕双钱牌	长7cm	67,200	北京保利	2011.1.15
清 黄玉雕人物诗文牌	高5.5cm	105,800	中国嘉德	2011.5.23
清 独占鳌头玉牌	长4.1cm	88,200	上海拍卖	2011.4.23
清 白玉子冈牌	高5.2cm	517,500	古天一	2011.12.5
清 白玉子冈题词牌	长6.5cm	112,000	江苏万达	2011.5.29
清 白玉子冈牌	长6.3cm	920,000	北京保利	2011.10.23
清 白玉子冈牌	长6cm	184,000	雍和嘉诚	2011.11.27
清 白玉钟形牌	长4.5cm	172,500	荣宝斋	2011.11.25
清 白玉斋戒牌	长6.2cm	92,000	北京保利	2011.6.6
清 白玉斋戒牌	长6cm	89,600	中贸圣佳	2011.4.29
清 白玉簪(一组十件)	尺寸不一	52,900	北京保利	2011.10.23
清 白玉餘庆牌	长5cm	80,500	北京保利	2011.6.6
清 白玉仙人乘槎牌	高6cm	414,000	古天一	2011.12.5
清 白玉仙人乘槎牌	长5.5cm	74,750	北京保利	2011.10.23
清 白玉喜上眉梢牌	直径5.4cm	91,840	十竹斋	2011.5.29
清 白玉天马行空牌	长9.5cm	448,000	江苏万达	2011.5.29
清 白玉天干地支子辰牌	长5.8cm	50,400	北京荣宝	2011.11.11
清 白玉太白醉酒诗文牌	长4.8cm	253,000	中国嘉德	2011.12.17
清 白玉松下授教牌	高7cm	100,800	江苏万达	2011.5.29
清 白玉松下老翁诗文子冈牌	长4.9cm	100,800	上海新华	2011.6.25
清 白玉松下高士诗文牌	长4.5cm	253,000	北京保利	2011.10.23
清 白玉双喜临门牌	高6cm	115,000	北京保利	2011.6.6
清 白玉双龙紫书牌	长5.2cm	134,400	江苏万达	2011.5.29
清 白玉双龙人物牌	长8.75cm	89,600	江苏万达	2011.5.29
清 白玉双蝠喜字牌	直径7.3cm	86,250	中国嘉德	2011.12.17
清 白玉书法人物牌	长5.2cm	89,600	安华白云	2011.3.6
清 白玉寿喜吉庆牌	高6.8cm	63,250	福建拍卖	2011.7.2
清 白玉十二生肖牌	尺寸不一	66,700	中国嘉德	2011.9.17
清 白玉狮球图牌 白玉花卉纹牌各一件	尺寸不一	69,000	中国嘉德	2011.3.19
清 白玉诗文牌	长6.5cm	354,410	浙江民和	2011.8.14
清 白玉山水诗文牌	长6cm	57,500	中国嘉德	2011.12.17
清 白玉山水牌	长4.5cm	57,500	北京保利	2011.10.23
清 白玉人物纹牌	长5.7cm	55,200	中国嘉德	2011.3.19
清 白玉人物诗文牌(两件)	尺寸不一	184,000	北京保利	2011.10.23
清 白玉人物诗文牌	cm	95,200	苏州东方	2011.4.28
清 白玉人物诗文牌	长6.2cm	92,000	中国嘉德	2011.6.18
清 白玉人物诗文牌	长6.7cm	53,760	苏州东方	2011.4.28
清 白玉人物牌诗文牌	高5cm	132,250	北京保利	2011.10.23
清 白玉沁色婴戏题诗牌	长6cm	69,000	北京保利	2011.6.6
清 白玉沁色雕喜上眉梢纹牌	长4.7cm	50,400	天津文物	2011.11.12
清 白玉牌(两件)	尺寸不-	57,500	北京保利	2011.10.23
清 白玉明月松间人物牌	长5.5cm	53,760	安华白云	2011.3.6
清 白玉镂空婴嬉牌	长7cm	537,600	江苏万达	2011.5.29
清 白玉留皮耕织图诗文牌	高6.5cm	86,250	中国嘉德	2011.3.19
清 白玉留皮耕织图诗文牌	长5.3cm	51,750	中国嘉德	2011.6.18
清 白玉留皮"精慎勤忍"腰牌	长5.5cm	253,000	北京保利	2011.4.17
清 白玉灵仙童子如意牌	长6cm	161,000	北京保利	2011.10.23
清 白玉莲蓬诗文牌	长5.3cm	78,400	苏州东方	2011.4.28
清 白玉连升三级牌	长4.7cm	57,500	中国嘉德	2011.6.18
清 白玉连连报喜牌	长5.8cm	379,500	中国嘉德	2011.12.17
清 白玉历古太平牌	长6.7cm	287,500	中国嘉德	2011.9.17
清 白玉豊年呈瑞牌	长5.8cm	89,148	香港淳浩	2011.11.26
清 白玉夔龙牌	长5.9cm	201,600	江苏万达	2011.5.29
清 白玉夔龙蝠纹磬牌	宽14cm	80,500	北京保利	2011.10.23
清 白玉刻竹石纹牌	长5.9cm	100,343	香港淳浩	2011.7.30
清 白玉刻献寿童子牌	长6.1cm	101,672	香港淳浩	2011.4.1
清 白玉刻喜字葫芦形牌	长7.4cm	51,612	香港淳浩	2011.11.26
清 白玉刻人物纹牌	长5.7cm	75,527	香港淳浩	2011.4.1
清 白玉刻龙凤纹牌	长6.2cm	79,401	香港淳浩	2011.4.1
清 白玉刻吉庆有余牌	长5.8cm	91,989	香港淳浩	2011.4.1
清 白玉刻勾云纹牌	长4.8cm	82,306	香港淳浩	2011.4.1
清 白玉吉祥如意牌	长5.2cm	253,000	北京保利	2011.12.8
清 白玉吉庆有馀牌	长6.5cm	97,750	北京保利	2011.4.17
清 白玉吉庆有鱼牌	长7cm	201,600	上海新华	2011.6.25
清 白玉吉庆有余诗文牌	高5.5cm	89,600	浙江钱塘	2011.1.9
清 白玉吉庆有余牌	长5.7cm	70,380	香港淳浩	2011.11.26
清 白玉花牌(三件)	尺寸不一	72,800	苏州东方	2011.4.28
清 白玉花卉牌	长5.3cm	112,000	十竹斋	2011.5.29
清 白玉后继有人牌	长6cm	56,000	江苏万达	2011.5.29
清 白玉观音诗文牌	高6cm	101,200	中国嘉德	2011.5.23
清 白玉福寿齐眉玉牌	长5.8cm	56,000	北京荣宝	2011.11.11
清 白玉浮雕双马图牌	长5.5cm	184,000	北京保利	2011.10.23
清 白玉浮雕人物福字牌	长5.9cm	65,688	香港淳浩	2011.11.26
清 白玉浮雕"福寿"牌	长6cm	51,750	北京匡时	2011.6.8

2011玉器拍卖成交汇总

(成交价RMB：5万元以上)

拍品名称	尺寸	成交价RMB	拍卖公司	拍卖日期
清 白玉独占鳌头牌	长5.6cm	215,832	香港淳浩	2011.11.26
清 白玉雕瞻宫折桂纹牌	高6cm	50,400	北京荣宝	2011.3.18
清 白玉雕载来花甲牌	长5.2cm	168,000	浙江佳宝	2011.6.23
清 白玉雕婴戏纹牌	高6cm	50,400	北京荣宝	2011.3.18
清 白玉雕洋洋得意纹牌	长5cm	80,640	天津文物	2011.5.13
清 白玉雕仙人乘槎玉牌	长6cm	161,000	北京九歌	2011.6.10
清 白玉雕仙人乘槎图牌	高6cm	51,750	广州嘉德	2011.6.11
清 白玉雕喜鹊登梅纹牌	高5.5cm	64,960	天津文物	2011.5.13
清 白玉雕羲之爱鹅诗文牌	高5.7cm	145,600	北京荣宝	2011.11.11
清 白玉雕羲之爱鹅牌	高5.5cm	51,750	中贸圣佳	2011.11.6
清 白玉雕武将牌	长5.5cm	172,500	北京九歌	2011.6.10
清 白玉雕无双谱子冈牌	高4cm	207,000	上海大众	2011.8.25
清 白玉雕万事如意纹牌	高5.7cm	50,400	天津文物	2011.11.12
清 白玉雕童子乘槎纹牌	高6.7cm	58,240	天津文物	2011.5.13
清 白玉雕岁岁平安纹牌	高6.3cm	123,200	天津文物	2011.11.12
清 白玉雕寿星诗文龙凤牌	长10.5cm	460,000	北京匡时	2011.6.8
清 白玉雕仕女纹牌子等	尺寸不一	168,000	天津文物	2011.5.13
清 白玉雕十二生肖牌	高6.5cm	56,000	北京荣宝	2011.8.13
清 白玉雕山水纹牌	高6.4cm	67,200	天津文物	2011.11.12
清 白玉雕山水诗文牌	高4.8cm	380,800	天津文物	2011.5.13
清 白玉雕如日中天牌	高7cm	89,600	北京荣宝	2011.3.18
清 白玉雕荣华富贵纹牌	高5.7cm	425,600	天津文物	2011.11.12
清 白玉雕人物诗文牌	高6.2cm	61,600	苏州东方	2011.4.28
清 白玉雕人物山水牌	高4.3cm	57,500	江苏省拍	2011.12.10
清 白玉雕人物故事牌	长5.5cm	89,600	中贸圣佳	2011.4.29
清 白玉雕平安无事牌子	高5cm	138,000	中贸圣佳	2011.11.6
清 白玉雕平安无事牌	高5.6cm	123,200	北京荣宝	2011.11.11
清 白玉雕平安无事牌	高6cm	50,400	北京荣宝	2011.3.18
清 白玉雕平安牌	高6.1cm	69,000	中贸圣佳	2011.11.6
清 白玉雕牧马纹牌	高6cm	50,400	北京荣宝	2011.3.18
清 白玉雕米芾拜石诗文牌	高6cm	50,400	天津文物	2011.11.12
清 白玉雕梅花仕女牌	高6cm	50,400	北京荣宝	2011.3.18
清 白玉雕龙戏珠席纹牌	高8.3cm	95,200	中贸圣佳	2011.4.29
清 白玉雕蕉下仕女图诗文子冈牌	高6.3cm	51,750	北京纳高	2011.7.6
清 白玉雕吉祥纹牌	高5.6cm	109,760	天津文物	2011.11.12
清 白玉雕吉庆有余纹牌	高6cm	58,240	天津文物	2011.11.12
清 白玉雕稣气致祥牌子	长5.5cm	138,000	中贸圣佳	2011.11.6
清 白玉雕观鹤图诗文子冈牌	高6cm	207,000	上海大众	2011.8.25
清 白玉雕富寿绵牌	高6.5cm	179,200	苏州东方	2011.4.28
清 白玉雕福禄呈祥纹牌	高5.7cm	184,800	天津文物	2011.5.13
清 白玉雕风云际会牌	长7cm	69,000	江苏省拍	2011.12.10
清 白玉雕大吉葫芦纹牌	长4cm	196,000	天津文物	2011.11.12
清 白玉雕吹箫引凤牌	长6.3cm	112,000	中贸圣佳	2011.4.29
清 白玉雕百事如意纹牌	长7.5cm	134,400	天津文物	2011.11.12
清 白玉雕“吉庆有余”牌	高5.5cm	425,600	古天一	2011.6.4
清 白玉大吉诗文牌	长6cm	51,750	北京保利	2011.7.27
清 白玉大吉牌	长6.8cm	97,750	北京保利	2011.6.6
清 白玉大吉葫芦牌	长6.1cm	74,750	中国嘉德	2011.3.19
清 白玉螭纹牌饰	高4.6cm	63,250	北京保利	2011.10.23
清 白玉螭龙纹牌	高6.2cm	69,000	中拍国际	2011.12.6
清 白玉八吉祥纹牌	长5.8cm	401,373	香港淳浩	2011.7.30
清 白玉“竹月松风”子冈牌	高4cm	61,600	海士德	2011.6.17
清 白玉“岁岁平安”牌	高5.3cm	103,500	福建拍卖	2011.7.2
清 白玉“吉庆有余”牌	高6.6cm	126,500	中国嘉德	2011.5.23
清 白仁款青玉牌	高6.5cm	80,500	中拍国际	2011.12.6
清末 和田白玉透雕花开富贵牌	高6.7cm	65,280	澳门中信	2011.11.25
19世纪 三色玉巧雕镂空牌	高5cm	667,000	古天一	2011.12.5
民国 和田玉俏色马到成功牌	高6cm×2	76,160	山东大成	2011.9.29
民国 白玉雕十二生肖套牌	长13.5cm	230,000	江苏省拍	2011.12.10
暗八僊福寿牌	高7cm	190,400	浙江永暄	2011.10.30
白玉 财神牌		134,400	江苏爱涛	2011.1.16
白玉 观音牌		69,440	江苏爱涛	2011.1.16
白玉 加官授禄牌		69,440	江苏爱涛	2011.1.16
白玉 喜报传音牌		140,000	江苏爱涛	2011.1.16

拍品名称	尺寸	成交价RMB	拍卖公司	拍卖日期
白玉 一世英武牌		84,000	江苏爱涛	2011.1.16
白玉“八臂观音”牌	高7.2cm	268,800	山东大成	2011.9.29
白玉“乾隆御览之宝”牌	长6.4cm	69,000	中拍国际	2011.12.6
白玉丹凤朝阳图牌	长5.4cm	78,200	中国嘉德	2011.12.17
白玉雕观音牌	高6cm	86,250	北京九歌	2011.6.10
白玉雕猴子捞月方牌	长5.9cm	57,500	北京歌德	2011.9.17
白玉雕老子出关牌	长6.4cm	224,000	中贸圣佳	2011.1.23
白玉雕连年有余牌	长6cm	112,000	中贸圣佳	2011.1.23
白玉雕罗汉牌	长6.8cm	201,600	中贸圣佳	2011.1.23
白玉雕三娘教子纹牌	高9cm	80,640	蓝天国拍	2011.6.24
白玉雕益寿延年牌	长9.8cm	224,000	中贸圣佳	2011.1.23
白玉雕子冈牌	高5.8cm	291,200	未来四方	2011.6.11
白玉凤首簪	长18.6cm	115,000	中拍国际	2011.7.17
白玉福山寿海牌	高8.8cm	106,400	中鸿信	2011.6.26
白玉高风亮节牌	长8cm	58,240	北京博观	2011.11.25
白玉高浮雕喜鹊牡丹牌	长4.5cm	63,250	北京保利	2011.10.23
白玉平安无事对牌	高4.2cm	53,760	北京博观	2011.11.25
白玉俏皮御题关公牌	高10cm	63,250	北京纳高	2011.7.6
白玉三娘教子牌	长6cm	50,400	北京博观	2011.6.12
白玉生肖马牌	高5.9cm	76,160	浙江永暄	2011.10.30
白玉生肖犬牌	高6cm	89,600	浙江永暄	2011.10.30
白玉盛世麒麟玉牌		67,200	北京荣宝	2011.11.11
白玉仕女子冈牌	高6cm	67,200	浙江永暄	2011.10.30
白玉渔家乐大牌	长9.5cm	168,000	北京博观	2011.6.12
白玉御制渡海图牌	高6.5cm	58,240	浙江永暄	2011.10.30
白玉招财进宝牌	长9.8cm	56,000	中鸿信	2011.6.26
曹扬 春晓 白玉牌	长61cm	460,000	西泠拍卖	2011.7.16
曹扬 四君子 白玉套牌	长6.6cm	1,380,000	西泠拍卖	2011.7.16
曹扬 喜事连至 白玉牌	长6.3cm	126,500	西泠拍卖	2011.7.16
陈健 和田玉籽料福牛牌	高4.7cm	50,400	北京博观	2011.6.12
陈健 轮回 白玉牌	长6.8cm	172,500	西泠拍卖	2011.7.16
程磊 和田玉籽料祝福对牌	长5.2cm	128,800	北京博观	2011.6.12
当代 白玉观音牌	长7.5cm	100,800	浙江民和	2011.8.14
范同生 澄心 白玉牌	长7.8cm	207,000	西泠拍卖	2011.7.16
范同生 观音 白玉牌	长6.5cm	149,500	中国嘉德	2011.5.22
范同生 和田玉籽料花开见佛牌	长6cm	117,600	北京博观	2011.6.12
仿古龙牌	长6.5cm	253,000	苏州吴门	2011.6.12
高浮雕胡人戏狮牌	高6.4cm	67,200	浙江永暄	2011.10.30
葛洪 和田玉龙凤对牌	长5.2cm	313,600	北京博观	2011.6.12
葛洪 和田玉籽料佛牌	长4.9cm	89,600	北京博观	2011.6.12
古玉发饰	长11cm	68,749	香港富得	2011.4.9
羊公牌	长7.3cm	322,000	苏州吴门	2011.6.12
郭海军 凤逸翩然 白玉牌	长7.6cm	264,500	西泠拍卖	2011.7.16
周雁明 千古神韵 白玉牌	长6cm	63,250	西泠拍卖	2011.7.16
张庆强 江声夜潮 青花玉牌	长7cm	161,000	西泠拍卖	2011.7.16
张红哲 白玉钟馗牌	长6.3cm	89,600	北京博观	2011.6.12
翟倚卫 和田玉籽料意欲凌风翔牌	长4.4cm	58,240	北京博观	2011.6.12
翟倚卫 和田玉籽料思飘云物外牌	长4.9cm	58,240	北京博观	2011.6.12
翟倚卫 白玉醉卧花荫牌	长6.7cm	1,288,000	北京博观	2011.6.12
翟倚卫 暗香浮动 白玉牌	长8.5cm	322,000	中国嘉德	2011.5.22
和田白玉雕春风得意牌	高5.3cm	126,500	中贸圣佳	2011.11.6
和田白玉雕仿子冈牌	长6.5cm	92,000	中贸圣佳	2011.11.6
和田白玉雕福禄寿全牌	高5.5cm	230,000	中贸圣佳	2011.11.6
和田白玉雕福寿如意牌	高7.7cm	402,500	中贸圣佳	2011.11.6
和田白玉雕关公牌	高8cm	322,000	中贸圣佳	2011.11.6
和田白玉雕观音牌	高5.8cm	437,000	中贸圣佳	2011.11.6
和田白玉雕观音牌	高6.8cm	379,500	中贸圣佳	2011.11.6
和田白玉雕观音牌	高7cm	230,000	中贸圣佳	2011.11.6
和田白玉雕花鸟牌	高7.5cm	368,000	中贸圣佳	2011.11.6
和田白玉雕净瓶观音牌	高8cm	322,000	中贸圣佳	2011.11.6
和田白玉雕刘海戏金蟾牌	高4.7cm	149,500	中贸圣佳	2011.11.6
[illegible]	高5.5cm	195,500	中贸圣佳	2011.11.6
[illegible]	6.8×5cm	50,000	[illegible]	[illegible]

拍品名称	尺寸	成交价RMB	拍卖公司	拍卖日期
和田黄玉雕后院幽情牌	高6cm	552,000	中贸圣佳	2011.11.6
和田留淡色洒金黄原生皮籽玉 精慎勤忍椭圆牌	高5.7cm；重56.2g	280,000	北京国信	2011.8.19
和田留老土黄原生皮籽玉滴水形观音牌	高6.5cm；重55.6g	112,000	北京国信	2011.8.19
和田留老土黄原生皮籽玉活环平安牌	高5.3cm；重26g	56,000	北京国信	2011.8.19
和田青白玉雕如日中天平安牌(一对)	高7.5cm×2	230,000	中贸圣佳	2011.11.6
和田玉雕御题诗文牌	径4.5cm	100,000	印千山	2011.6.3
和田玉浮雕“南海观音”牌	高6.3cm；宽4cm	51,520	山东大成	2011.9.29
和田玉兰香宜人牌	7.1×4.2×1.2cm；102g	235,200	北京博观	2011.6.12
和田玉巧雕龙牌	5.5cm×3.0cm	179,200	山东大成	2011.9.29
和田玉籽料八仙过海牌	8.4×4.2×1.4cm；124g	1,030,400	北京博观	2011.6.12
和田玉籽料螭龙牌	4.5×3.2×1.1cm；重43g	89,600	北京博观	2011.11.25
和田玉籽料春雪牌	高4.7cm；重16g	84,000	北京博观	2011.11.25
和田玉籽料富甲天下牌	6.9×3.7×1.1cm；重52g	89,600	北京博观	2011.11.25
和田玉籽料观音牌	4.8×3.0×1.8cm；40g	69,440	北京博观	2011.6.12
和田玉籽料观音牌	4.7×3×1.2cm；重28g	58,240	北京博观	2011.11.25
和田玉籽料荷塘清趣牌	4.9×2.6×1.1cm；重33g	50,400	北京博观	2011.11.25
和田玉籽料金玉满堂牌	4.0×3.9×1.0cm；重32g	87,360	北京博观	2011.11.25
和田玉籽料龙凤对牌	4.4×2.5×1.0cm；重22g；4.4×2.5×1.0cm；重22g	134,400	北京博观	2011.11.25
和田玉籽料龙凤对牌	3.8×2.6×1.2cm；重26g；3.8×2.6×1.2cm；重26g	123,200	北京博观	2011.11.25
和田玉籽料龙凤对牌	长4.9cm	67,200	北京博观	2011.11.25
和田玉籽料南海观音牌	长5.3cm	69,440	北京博观	2011.11.25
和田玉籽料秋韵插牌	高35cm	392,000	北京博观	2011.6.12
和田玉籽料劝学牌	长7.8cm	1,232,000	北京博观	2011.6.12
和田玉籽料山水牌	长5.4cm	69,440	北京博观	2011.11.25
和田玉籽料梳子	长13cm	106,400	北京博观	2011.11.25
和田玉籽料松荫高士牌	长6.7cm	100,800	北京博观	2011.11.25
和田玉籽料松荫双骏图牌	长5.1cm	106,400	北京博观	2011.11.25
和田玉籽料站观音牌	长7.1cm	638,400	北京博观	2011.6.12
和田玉籽料作揖弥勒牌	长6.2cm	50,400	北京博观	2011.11.25
和田籽料雕龙凤呈祥乳丁牌	长7.2cm	105,280	山东大成	2011.9.29
和田籽料净瓶观音牌	长8cm	403,200	北京博观	2011.6.12
和田籽玉 草圣张旭牌		280,000	江苏爱涛	2011.5.8
红皮龙凤牌	长7cm	230,000	苏州吴门	2011.6.12
黄玉观音牌	长4.9cm	134,400	北京博观	2011.6.12
蒋喜 和田玉龙凤对牌	高4.8cm	106,400	北京博观	2011.6.12
蒋喜 和田玉籽料龙凤对牌	长6cm	235,200	北京博观	2011.6.12
蒋喜 龙凤牌(一对)	尺寸不一	168,000	北京荣宝	2011.11.11
蒋喜 龙翔凤翥 白玉对牌		253,000	西泠拍卖	2011.7.16
金 白玉砂坑沁双鹤火珠云纹牌	长7.2cm	253,000	北京保利	2011.6.6
金代 玉雕秋山牌	高5cm	230,000	古天一	2011.12.5
金代 玉雕秋山牌	高5.5cm	322,000	古天一	2011.12.5
瞿利军 和田玉籽料秋韵牌	长6.1cm	156,800	北京博观	2011.6.12
瞿利军 一生相随 白玉对牌	长4.7cm	287,500	西泠拍卖	2011.7.16
李东 天道 白玉牌	长8.8cm	322,000	中国嘉德	2011.5.22
李东 智童道合 白玉牌	长10.9cm	483,000	西泠拍卖	2011.7.16
刘国皓 白玉高风亮节牌	长7.8cm	103,040	北京博观	2011.6.12
刘忠荣 和田玉籽料屹立牌	长5.2cm	1,456,000	北京博观	2011.6.12
刘忠荣 相马 白玉牌	高6.2cm	862,500	西泠拍卖	2011.7.16
龙鼎皇 籽料观音牌	长6.2cm	66,000	海南泰达	2011.12.18
龙凤呈祥牌 白玉挂件	长6.5cm	57,500	荣宝斋	2011.11.25
龙玉牌 白玉挂件	长7.6cm	529,000	荣宝斋	2011.11.25
卢开飞 玉润兰香 白玉牌	长6.1cm	80,500	西泠拍卖	2011.7.16
倪洪平 达摩渡江玉牌		56,000	北京荣宝	2011.11.11
倪洪平 仕女玉牌		67,200	北京荣宝	2011.11.11
平安无事牌	长6.5cm	540,500	荣宝斋	2011.11.25
青白玉雕耕种图牌	长14.5cm	280,000	中贸圣佳	2011.1.23
青白玉雕平安无事纹牌	高9cm	53,760	蓝天国拍	2011.6.24
青白玉人物诗文子冈牌	长6cm	55,200	中翰清花	2011.9.10
青玉观音牌	长5.6cm	100,800	北京博观	2011.11.25
山水人物玉牌	长7.5cm	345,000	苏州吴门	2011.6.12
山水人物子冈玉牌		106,400	北京荣宝	2011.11.11
山水玉牌		123,200	北京荣宝	2011.11.11
苏然 和田玉籽料碧涧寒山牌	长9.6cm	235,200	北京博观	2011.6.12
苏然 和田玉籽料山水牌	长6cm	145,600	北京博观	2011.6.12
苏然 劝学 白玉牌	长9.9cm	575,000	西泠拍卖	2011.7.16
苏然 虚心高节 白玉牌	长7cm	149,500	西泠拍卖	2011.7.16
苏然 云游 白玉牌	长9.2cm	437,000	西泠拍卖	2011.7.16
唐伟琪 兰堂 白玉牌	长6.3cm	55,200	西泠拍卖	2011.7.16
吴金星 螭龙纹 白玉牌	长4cm	80,500	西泠拍卖	2011.7.16
吴灶发 和田玉籽料冠上加冠把件	长7.5cm	392,000	北京博观	2011.6.12
现代 白玉雕“苍影兰香”牌	高6cm	67,200	海士德	2011.6.17
现代 吴宏武 白玉《福禄寿牌》	高8.2cm	201,600	海士德	2011.6.17
现代 吴宏武 黄玉《观音插牌》	高7cm	470,400	海士德	2011.6.17
现代 吴金星 白玉《平安牌》	高7cm	106,400	海士德	2011.6.17
徐志浩 和田玉籽料观音牌	高4.7cm	91,840	北京博观	2011.6.12
杨曦 和田玉龙凤呈祥牌	高5.8cm	224,000	北京博观	2011.6.12
杨曦 和田玉一琴一鹤牌	高6.7cm	80,640	北京博观	2011.6.12
杨曦 水乡韵 白玉牌	高6cm	517,500	西泠拍卖	2011.7.16
杨曦 相映成趣 白玉对牌	尺寸不一	379,500	西泠拍卖	2011.7.16
叶清 和田玉籽料玉兔牌	高5.6cm	61,600	北京博观	2011.6.12
一路连科玉牌		69,440	北京荣宝	2011.11.11
易少勇 夏惠杰 白玉对牌	尺寸不一	517,500	西泠拍卖	2011.7.16
佩玩人物件				
商代 青白玉神人坠	长13cm	275,000	北京中嘉	2011.1.9
商代 青白玉神人执斧佩	长8.5cm	165,000	北京中嘉	2011.1.9
商代 白玉神人坠	长9.2cm	132,000	北京中嘉	2011.1.9
商代 白玉神人异体佩	长8cm	198,000	北京中嘉	2011.1.9
商代 白玉神人佩	长9.5cm	198,000	北京中嘉	2011.1.9
商 玉人面佩	高2.7cm	55,200	北京翰海	2011.5.21
汉 白玉舞人佩	长6cm	55,000	北京中嘉	2011.1.9
汉 白玉舞人佩(一对)	通长6cm	66,000	北京中嘉	2011.1.9
汉 青黄玉舞人佩	长11.7cm	63,800	北京中嘉	2011.1.9
宋 白玉莲花平安童子佩	高7.2cm	379,500	北京保利	2011.6.6
宋 白玉莲花平安童子佩	高6.1cm	345,000	北京保利	2011.6.6
宋 白玉褐色沁留皮持荷双童子佩	高5.1cm	690,000	北京保利	2011.6.6
宋-元 白玉童子佩	高3.8cm	115,000	北京保利	2011.6.6
宋-明 白玉套佛	长3cm	368,000	北京匡时	2011.6.8
元 白玉童子骑鱼佩	长5cm	138,000	北京保利	2011.6.6
元 白玉飞天式莲花童子佩	长4.4cm	103,500	北京保利	2011.6.6
元 白玉飞天佩	长4.7cm	207,000	北京保利	2011.10.23
明 青白玉仙人骑鹤纹饰	长5.9cm	138,000	北京保利	2011.6.6
明 和田玉雕童子洗鹅摆件	长20cm	250,000	中都国际	2011.6.12
明 白玉托瓶仙女花鸟纹饰	高8.4cm	109,250	北京保利	2011.6.6
明 白玉童子佩	高4.5cm	57,500	北京保利	2011.10.23
明 白玉人物把件	8cm×4cm	63,250	北京九歌	2011.6.10
明 白玉留皮巧色刘海戏金蟾佩	宽5.3cm	138,000	北京保利	2011.10.23
明 白玉飞天进果纹饰	长4.5cm	115,000	北京保利	2011.10.23
明 白玉雕执芝童子佩	5.4cm	123,200	天津文物	2011.11.12
清早期 黄玉“宜子孙”人物佩	长9.3cm	230,000	北京保利	2011.12.8
清乾隆 苏作玛瑙梅花高士佩	高4.5cm	368,000	北京保利	2011.6.6
清乾隆 玛瑙巧雕“刘海戏金蟾”把件	高4.6cm	115,000	江苏省拍	2011.12.10

2011玉器拍卖成交汇总

(成交价RMB：5万元以上)

拍品名称	尺寸	成交价RMB	拍卖公司	拍卖日期
清乾隆 琥珀镂雕福寿高士四爱图佩	长5.5cm	149,500	北京保利	2011.6.6
清乾隆 白玉童子击鼓佩	长4.5cm	172,500	中国嘉德	2011.6.18
清乾隆 白玉随身小佛(两件)	尺寸不一	184,000	北京保利	2011.6.7
清乾隆 白玉胡人进宝纹火镰佩	长8.6cm	805,000	北京保利	2011.6.6
清乾隆 白玉雕溪山高隐纹挂件	长5.3cm	184,000	北京东正	2011.11.17
清乾隆 白玉雕西山高隐图坠	高4cm	310,500	北京华辰	2011.5.20
清乾隆 白玉雕仕女诗文碑	高4.3cm	207,000	福建拍卖	2011.7.2
清乾隆 白玉 "瑞象童子" 饰	长7cm	164,000	香港苏富比	2011.10.5
清中期 白玉无双谱佩	高5.4cm	92,000	北京翰海	2011.5.21
清中期 白玉雕留皮双欢 童子执荷挂件	尺寸不一	1,242,000	北京东正	2011.6.5
清中期 白玉无双谱	高3.9cm	632,500	北京翰海	2011.11.19
清中期 白玉文武双全诗文佩	高5.7cm	460,000	北京翰海	2011.5.21
清中期 白玉童子献寿佩	高5.1cm	101,200	北京翰海	2011.5.21
清中期 白玉童子戏蝶诗文佩	高5.7cm	690,000	北京翰海	2011.5.21
清中期 白玉四喜童子坠	高3.7cm	80,500	北京翰海	2011.5.21
清中期 白玉司马光砸缸诗文佩	高5.6cm	759,000	北京翰海	2011.11.19
清中期 白玉仕女诗文佩	高4.7cm	63,250	北京翰海	2011.11.19
清中期 白玉如意童子坠	高4.7cm	138,000	北京翰海	2011.5.21
清中期 白玉俏色执灵芝双童子佩(一件)	高4.7cm	56,000	上海国拍	2011.12.16
清中期白玉和合二仙佩(一件)	高3.7cm	67,200	上海国拍	2011.12.16
清中期 白玉二乔共读佩	高5.8cm	276,000	北京翰海	2011.5.21
清中期 白玉雕四喜童子鸿运当头佩	高5cm	345,000	北京诚轩	2011.5.22
清中期 白玉雕牧童坠	高5cm	667,000	北京诚轩	2011.5.22
清中期 白玉雕刘海戏金蟾挂件(一对)	长5.8cm	230,000	北京东正	2011.11.17
清中期 白玉采芝求仙佩	高5.2cm	943,000	北京翰海	2011.5.21
清末 人物坠	长5cm	1,387,200	香港佳士得	2011.11.30
清18世纪/19世纪 玛瑙级白玉刘海戏蟾、童子献寿把件(一组三件)	高6.2cm	156,938	香港佳士得	2011.6.1
清18世纪 白玉天台采药诗文佩	高6.5cm	438,588	香港佳士得	2011.6.1
清 人物转心佩	径5cm	250,000	浙江民和	2011.8.14
清 人上人玉挂件	长5cm	102,900	上海拍卖	2011.4.23
清 青白玉童子佩(两件)	尺寸不一	51,750	中国嘉德	2011.9.17
清 青白玉人物纹佩	宽7cm	51,750	北京保利	2011.10.23
清 青白玉巧雕刘海戏蟾纹佩	高5.5cm	168,000	天津文物	2011.5.13
清 青白玉留皮如意童子坠	长4.7cm	92,000	中国嘉德	2011.12.17
清 灰玉刘海戏金蟾佩	高12cm	161,000	北京保利	2011.6.6
清 黄玉童子挂件	高5.5cm	69,000	上海崇源	2011.10.12
清 黄玉仕女佩	长7.5cm	51,750	北京保利	2011.4.17
清 黑白玉弥勒	高4.2cm	92,000	北京翰海	2011.11.19
清 白玉小佛	高4cm	58,240	浙江钱塘	2011.6.12
清 白玉喜庆嘉节诗文佩	高6.3cm	115,000	北京翰海	2011.11.19
清 白玉卧叶仕女佩	长6.9cm	138,000	北京保利	2011.6.6
清 白玉童子坠(三件)	尺寸不一	80,500	中国嘉德	2011.3.19
清 白玉童子戏鹅坠	高6cm	66,700	北京翰海	2011.5.21
清 白玉双童子花形佩	径5.5cm	65,000	浙江民和	2011.8.14
清 白玉双童挂件	高4cm	50,352	香港富得	2011.4.9
清 白玉洒金持荷童子坠	长4.3cm	51,750	北京翰海	2011.5.21
清白玉沁色雕人财两旺纹佩	长6cm	67,200	天津文物	2011.11.12
清白玉琵琶仕女福寿坠(两件)	尺寸不一	63,250	北京保利	2011.4.17
清 白玉米芾拜石诗文佩	高5.7cm	63,250	北京翰海	2011.11.19
清 白玉留皮巧色雕童子戏金蟾佩	高7.1cm	1,035,000	北京保利	2011.6.6
清 白玉刻人物马纹诗句佩	长6cm	193,660	香港淳浩	2011.4.1
清 白玉刻和合二仙佩	长7.4cm	52,561	香港淳浩	2011.7.30
清 白玉蝴蝶童男女转心佩	长5.6cm	78,400	北京荣宝	2011.11.11
清 白玉葫芦童子坠	长5.5cm	161,000	中国嘉德	2011.3.19
清 白玉[illegible]	[illegible]	184,000	北京保利	[illegible]
清 白玉[illegible]	[illegible]	[illegible]	[illegible]	[illegible]

拍品名称	尺寸	成交价RMB	拍卖公司	拍卖日期
清 白玉雕执芝童子佩	长5cm	67,200	天津文物	2011.11.12
清 白玉雕童子骑马纹佩	长6cm	72,800	天津文物	2011.5.13
清 白玉雕人物纹佩	长10.5cm	98,560	天津文物	2011.11.12
清 白玉雕人物诗文佩	长5cm	168,000	北京翰海	2011.9.18
清 白玉雕平安富贵童子佩	高7cm	313,600	天津文物	2011.11.12
清 白玉雕刘海戏蟾纹佩	高5.1cm	123,200	天津文物	2011.11.12
清白玉雕苍龙教子纹斧形佩	高 5.5cm	149,040	天津文物	2011.5.13
清 白玉带皮雕羲之爱鹅纹把件	高7.7cm	86,250	中拍国际	2011.7.17
清 白玉大吉童子佩(一对)	长5.8cm	94,300	中国嘉德	2011.6.18
清 白玉持梅枝双童子佩	宽6.6cm	172,500	北京保利	2011.10.23
清 白玉持莲童子佩	长6.5cm	80,500	北京保利	2011.10.23
青金石观音烧师法经一套铜降魔杵一件	长32cm	80,500	中国嘉德	2011.6.18
2009年 吴德升 和田玉籽料裸女挂件	高6cm	336,000	北京博观	2011.6.12
白玉包金观音坠	高5.9cm	112,000	中鸿信	2011.6.26
白玉财神挂件	6.8×4cm	126,500	北京九歌	2011.6.10
白玉雕福寿禄三星把件	高8.5cm	358,400	蓝天国拍	2011.6.24
白玉雕观音佩	高7.3cm	78,400	未来四方	2011.6.11
白玉雕太子玩莲坠	高8cm	92,000	北京翰海	2011.12.18
白玉老来福把件	长8.4cm	84,000	北京博观	2011.11.25
白玉弥勒把件	长10.3cm	67,200	北京博观	2011.11.25
白玉人物诗文佩(一对)	长5.6cm	64,960	太平洋	2011.9.17
财神 白玉把件	高8.2cm	299,000	荣宝斋	2011.11.25
曹伟 白玉钟馗挂件	长4.8cm	156,800	北京博观	2011.6.12
崔磊 和田玉籽料魁星点斗把件	长6.6cm	560,000	北京博观	2011.6.12
崔磊 望子成龙 白玉把件	长6.6cm	690,000	西泠拍卖	2011.7.16
多子多福白玉人物坠	高6.7cm	140,760	澳门中信	2011.11.25
范同生 洪福齐天 白玉把件	长6.4cm	172,500	西泠拍卖	2011.7.16
风调雨顺 新疆和田籽料		149,500	北京翰海	2011.11.19
佛 白玉挂件	高5.3cm	97,750	荣宝斋	2011.11.25
佛光普照白玉挂件	长6.5cm	322,000	北京九歌	2011.6.10
公元2世纪 药师持珠		62,720	中联环球	2011.11.5
关公 白玉挂件	高5.2cm	103,500	荣宝斋	2011.11.25
观音 白玉挂件	长8.3cm	195,500	荣宝斋	2011.11.25
观音 白玉挂件	高7.3cm	184,000	荣宝斋	2011.11.25
观音挂件	高6cm	517,500	苏州吴门	2011.6.12
郭海军 五福随身 白玉把件	高6.6cm	218,500	西泠拍卖	2011.7.16
郭万龙 和田玉籽料弥勒挂件	高4.3cm	58,240	北京博观	2011.6.12
和田 财神挂件	高7.4cm	212,800	齐鲁国拍	2011.10.15
和田 耄耋挂件	高5cm	235,200	齐鲁国拍	2011.10.15
和田 文昌挂件	高6.8cm	425,600	齐鲁国拍	2011.10.15
和田白玉籽料财神把件	高7cm	74,750	北京歌德	2011.9.17
和田白玉籽料雕站姿观音挂件	高10.5cm	69,000	北京歌德	2011.9.17
和田白玉籽料鹤寿图把件	高7.5cm	74,750	北京歌德	2011.9.17
和田留老土红原生皮籽玉弥勒手把件	高6.8cm	336,000	北京国信	2011.8.19
和田留皮羊脂玉 和合二仙手把件	高9.6cm	2,464,000	北京国信	2011.8.19
和田玉布袋和尚把件	长7.5cm	63,250	北京歌德	2011.12.4
和田玉莲花观音挂件	长8cm	268,800	辽宁建投	2011.5.11
和田玉籽料财神挂件	高3.8cm	53,760	北京博观	2011.11.25
和田玉籽料春宫图把件	长7.3cm	69,440	北京博观	2011.11.25
和田玉籽料大肚弥勒把件	长7cm	526,400	北京博观	2011.6.12
和田玉籽料弥勒挂件	长3.8cm	87,360	北京博观	2011.11.25
和田玉籽料弥勒挂件	长3.3cm	64,960	北京博观	2011.11.25
和田玉籽料弥勒挂件	高4.5cm	50,400	北京博观	2011.11.25
和田玉籽料羊脂白玉观音挂件	高6.3cm	138,000	北京九歌	2011.6.10
和田玉籽料渔家乐把件	高5.3cm	50,400	北京博观	2011.11.25
和田籽料巧雕观音挂件	高7.5cm	156,800	山东大成	2011.9.29
和田籽料巧雕弥勒佛	高8.5cm	103,040	山东大成	2011.9.29
和田籽料[illegible]	[illegible]	[illegible]	[illegible]	[illegible]
[illegible]	[illegible]	51,750	[illegible]	2011.7.16
[illegible]	[illegible]	[illegible]	[illegible]	[illegible]

拍品名称	尺寸	成交价RMB	拍卖公司	拍卖日期
刘国皓 白玉观音挂件	长6.3cm	56,000	北京博观	2011.6.12
刘海戏金蟾 白玉把件	高6.5cm	483,000	荣宝斋	2011.11.25
民国 金镶玉观音挂件	长4.2cm	53,760	浙江民和	2011.8.14
倪伟滨 弱柳扶风 白玉挂件	长6.8cm	92,000	西泠拍卖	2011.7.16
倪伟滨 引福归堂 白玉挂件	长6.4cm	126,500	西泠拍卖	2011.7.16
如意弥勒 白玉挂件	高5.7cm	690,000	荣宝斋	2011.11.25
苏然 和田玉籽料悟道把件	长7.7cm	324,800	北京博观	2011.6.12
晚清 白玉刻武士像佩	高5.2cm	292,950	香港佳士得	2011.6.1
王平 和田玉一团和气把件	长5.1cm	212,800	北京博观	2011.6.12
望子成龙 白玉把件	高11cm	598,000	荣宝斋	2011.11.25
翁祝红 无量智 黄晶挂件	长4cm	69,000	西泠拍卖	2011.7.16
吴德升 春草 白玉把件	长6.8cm	287,500	西泠拍卖	2011.7.16
吴德升 和田玉籽料道情把件	长8.2cm	582,400	北京博观	2011.6.12
吴德升 和田玉籽料罗汉把件	高7cm	1,176,000	北京博观	2011.6.12
仵应汶 心经观音 黄晶挂件	高50mm	80,500	西泠拍卖	2011.7.16
现代 刘启刚制白玉雕“春江垂钩”挂件	长5.2 cm	89,600	海士德	2011.6.17
现代 苏然 白玉《弥勒》	高7.5cm	201,600	海士德	2011.6.17
现代 羊脂白玉如意童子把件	长6cm	483,000	浙商拍卖	2011.8.28
徐志浩 和田玉籽料观音挂件	高4.1cm	91,840	北京博观	2011.6.12
杨曦 布袋和尚 白玉挂件	长4cm	126,500	西泠拍卖	2011.7.16
杨曦 禅心 白玉挂件	长4.8cm	172,500	西泠拍卖	2011.7.16
杨曦 慈心 白玉挂件	长5.8cm	195,500	西泠拍卖	2011.7.16
于雪涛 拨云见日 白玉把件	长8.5cm	667,000	西泠拍卖	2011.7.16
于雪涛 如意佛缘 白玉挂件	长3.5cm	207,000	西泠拍卖	2011.7.16
鱼之乐 新疆和田籽料		92,000	北京翰海	2011.11.19
自在观音挂件	长7.5cm	1,840,000	苏州吴门	2011.6.12
佩玩动物件				
新石器时代 青玉蛙形挂件	长8.8cm	575,000	上海崇源	2011.10.12
商代 青白玉神兽坠	长7.7cm	176,000	北京中嘉	2011.1.9
商代 青白玉蜷龙佩	长5.8cm	165,000	北京中嘉	2011.1.9
商代 青白玉鹿形佩	长6cm	165,000	北京中嘉	2011.1.9
商代 白玉蜷龙佩	长9.8cm	198,000	北京中嘉	2011.1.9
商代 白玉鸟形坠	长10.2cm	107,800	北京中嘉	2011.1.9
商代 白玉龙形佩	长9.3cm	165,000	北京中嘉	2011.1.9
红山文化 玉C型龙	长12cm	352,000	北京中嘉	2011.1.9
红山文化 青玉猪龙	高22cm	480,000	红太阳	2011.5.28
红山文化 青玉兽面纹佩	高5.6cm	580,000	红太阳	2011.5.28
西周 玉蝉	高3cm	63,250	北京翰海	2011.5.21
西周 青白玉神兽形佩	长6.3cm	187,000	北京中嘉	2011.1.9
西周 青白玉神人形佩	长8.5cm	165,000	北京中嘉	2011.1.9
西周 青白玉神鸟形佩	长9.6cm	165,000	北京中嘉	2011.1.9
西周 白玉神兽形佩	长10.3cm	165,000	北京中嘉	2011.1.9
西周 白玉神兽佩	长9cm	165,000	北京中嘉	2011.1.9
西周 白玉鸟形佩	长10.3cm	198,000	北京中嘉	2011.1.9
西周 白玉鸟纹佩	长8.7cm	187,000	北京中嘉	2011.1.9
西周 白玉鸟纹佩	长8.5cm	165,000	北京中嘉	2011.1.9
西周 白玉龙凤形佩	长8.2cm	176,000	北京中嘉	2011.1.9
西周 白玉九龙佩(一组九件)	通长9cm	1,800,000	北京中嘉	2011.1.9
西周 白玉凤鸟形佩	长8.6cm	198,000	北京中嘉	2011.1.9
春秋 玉沁色雕双凤纹佩	长4.2cm	67,200	天津文物	2011.5.13
春秋 白玉带沁狩形佩	长8.5cm	280,000	上海新华	2011.6.25
东汉 玉龙纹韘形佩	高7.7cm	2,127,500	北京翰海	2011.5.21
战国 玉龙凤佩	长6.7cm	109,250	北京翰海	2011.5.21
战国 玉虎	长2cm	92,000	北京翰海	2011.5.21
战国 青玉蝉(一对)	通长9.3cm	110,000	北京中嘉	2011.1.9
汉 玉刻龙凤佩	长8.9cm	134,400	十竹斋	2011.5.29
汉 玉凤形佩	高4.8cm	126,500	北京翰海	2011.5.21
汉 玉蝉	高7cm	71,300	北京翰海	2011.5.21
汉 青玉透雕螭龙佩(一对)	直径6cm	520,000	红太阳	2011.5.28
汉 青玉螭纹鸡心佩	长15.5cm	96,800	北京中嘉	2011.1.9
汉 青白玉兽面纹组合璧(一套五件)	直径14cm	275,000	北京中嘉	2011.1.9
汉 青白玉螭纹兽面纹戈	长16.5cm	132,000	北京中嘉	2011.1.9
汉 青白玉螭纹佩(一对)	通长24cm	209,000	北京中嘉	2011.1.9
汉 青白玉螭纹鸡心佩	长20.5cm	198,000	北京中嘉	2011.1.9

拍品名称	尺寸	成交价RMB	拍卖公司	拍卖日期
汉 黄玉如意纹螭龙佩	长4.8cm	87,360	上海新华	2011.6.25
汉 白玉璃龙佩	长6.2cm	206,448	澳门中信	2011.11.25
汉 白玉龙形佩	长13.3cm	99,000	北京中嘉	2011.1.9
汉 白玉龙凤壹体佩	长18cm	99,000	北京中嘉	2011.1.9
汉 白玉龙凤连体佩(一对)	通长9.7cm	88,000	北京中嘉	2011.1.9
汉 白玉带皮蝉	长5.3cm	73,238	香港佳士得	2011.6.1
汉 白玉螭纹鸡心佩	长11.7cm	66,000	北京中嘉	2011.1.9
唐 镂雕狮子戏莲玉佩	长5.7cm	168,400	香港苏富比	2011.4.8
唐-宋 白玉六牙云象佩	长5.5cm	299,000	北京保利	2011.6.6
宋元 青玉包袱虎挂件	长4.2cm	69,000	西泠拍卖	2011.7.18
宋-明 玉雕鸡形坠	长6cm	336,000	古天一	2011.6.4
宋 玉凤	长3.9cm	67,200	十竹斋	2011.5.29
宋 玉雕虎挂件	长5.5cm	257,600	古天一	2011.6.4
宋 青白玉鹅	长6cm	51,750	北京匡时	2011.6.8
宋 黄玉圆雕公鸡佩	长5.6cm	414,000	北京保利	2011.6.6
宋 黄玉卧马挂件	长5.6cm	115,000	西泠拍卖	2011.7.19
宋 黄玉镂空龙凤羽人佩	高5.8cm	448,000	浙江钱塘	2011.6.12
宋 白玉云龙纹佩	长6cm	97,750	北京保利	2011.6.6
宋 白玉鸭衔莲花佩	长5.7cm	207,000	北京保利	2011.6.6
宋 白玉鹿叼莲花佩	长6.2cm	138,000	北京保利	2011.6.6
宋 白玉龙纹圆佩	直径5.3cm	53,760	十竹斋	2011.5.29
宋 白玉龙纹佩	长6.2cm	218,500	北京保利	2011.6.6
宋 白玉蹲龙饰	长4.6cm	529,000	北京保利	2011.6.6
宋 白玉雕韘形佩	高7.5cm	212,800	古天一	2011.6.4
辽-金 灰白玉卧雁佩	长4cm	69,000	北京保利	2011.6.6
辽-金 白玉双凤莲花纹饰	宽5.1cm	161,000	北京保利	2011.6.6
辽金 白玉金皮秋山佩	长5.6cm	67,200	上海新华	2011.6.25
金元(上)；清(下) 玉雕吉庆有余佩	尺寸不一	313,600	古天一	2011.6.4
金-元 白玉鱼化龙纹佩饰	长4.5cm	759,000	北京保利	2011.6.6
金 镂雕“松鹿图”玉饰	长6cm	71,750	香港苏富比	2011.10.5
元 青白玉双凤牡丹纹饰	宽13.3cm	345,000	北京保利	2011.10.23
元 青白玉 “春水图”饰	宽4.8cm	74,750	北京保利	2011.10.23
元金累丝嵌宝石镶白玉龙佩	长6.5cm	358,400	中拍国际	2011.6.5
元 灰玉牡丹绶带鸟纹饰	长7cm	69,000	北京保利	2011.10.23
元 黄玉雕和为贵挂件	长5.3cm	86,250	北京东正	2011.11.17
元 褐色玉雁佩	宽5.3cm	172,500	北京保利	2011.10.23
元 和田玉雕双摩羯佩	高7.3cm	57,500	中拍国际	2011.12.6
元 白玉坐龙饰	长2.9cm	57,500	北京保利	2011.10.23
元 白玉云狮戏球佩	长4.5cm	218,500	北京保利	2011.6.6
元 白玉行龙流云纹饰	宽4.1cm	368,000	北京保利	2011.10.23
元 白玉双鹿叼灵芝纹饰	高3cm	310,500	北京保利	2011.10.23
元 白玉巧色宝鸭衔荷叶佩	长5cm	345,000	北京保利	2011.6.6
元 白玉镂雕龙纹佩	长4.3cm	168,000	古天一	2011.6.4
元 白玉龙吐珠湖石灵芝纹饰	长9cm	483,000	北京保利	2011.6.6
元 白玉龙首饰	宽7.5cm	80,500	北京保利	2011.10.23
元 白玉孔雀云纹饰	长5cm	63,250	北京保利	2011.10.23
元 白玉雕子辰佩	长11.5cm	1,127,000	北京东正	2011.6.5
元 白玉雕月兔捣药纹挂件	长5.5cm	483,000	北京东正	2011.11.17
元-明 黑白玉巧雕玉兔捣药坠	高4.4cm	115,000	古天一	2011.12.5
元-明 白玉玉桂树下玉兔云纹饰	长6.6cm	299,000	北京保利	2011.6.6
元明 白玉雕年年有鱼佩	长10.3cm	55,200	福建拍卖	2011.7.2
元-明 白玉宝鸭衔莲佩	长5cm	57,500	北京保利	2011.10.23
元/明 白玉狮把件	高4.5cm	167,400	香港佳士得	2011.6.1
明 玉龙佩	12.5cm	103,500	雍和嘉诚	2011.11.27
明 玉雕双螭龙纹佩	高6.6cm	63,250	北京翰海	2011.5.21
明 玉雕年年有余佩	长8.9cm	115,000	中国嘉德	2011.6.18
明 青白玉鱼形佩	长9cm	58,240	雍和嘉诚	2011.6.1
明 青白玉穿花天鹅纹饰	宽5.5cm	69,000	北京保利	2011.6.6
明 黑白玉猫蝶佩	长6.8cm	2,037,640	香港苏富比	2011.4.8
明 白玉松下麒麟纹饰	宽5.5cm	51,750	北京保利	2011.10.23
明 白玉佩(二件)	尺寸不一	287,500	北京保利	2011.12.8
明 白玉吉庆有余佩	高7.1cm	460,000	荣宝斋	2011.11.25
明 白玉欢天喜地桃形饰带	长4.2cm	67,200	北京荣宝	2011.11.11

拍品名称	尺寸	成交价RMB	拍卖公司	拍卖日期
明 白玉雕鲶鱼佩	长8cm	115,000	上海大众	2011.8.25
明 白玉雕龙穿花佩	长7.5cm	67,200	中贸圣佳	2011.4.29
明 白玉雕螭龙纹佩	长6.8cm	195,500	北京匡时	2011.12.5
明 白玉带皮雕龙虎佩	长5.8cm	1,035,000	北京匡时	2011.6.8
明晚期 玉雕蝉形佩	长6.2cm	82,800	北京诚轩	2011.5.22
明16世纪/17世纪 白玉马上封侯把件	长8.3cm	62,775	香港佳士得	2011.6.1
明末清初 白玉双鱼佩	长7.5cm	92,000	北京保利	2011.6.6
明或以前 黄玉龙形佩	宽11.1cm	261,563	香港佳士得	2011.6.1
清初 黄玉雕喜鹊登梅纹琴形佩	长9.5cm	230,000	北京东正	2011.11.17
清初 白玉雕子辰佩	长8cm	161,000	上海大众	2011.8.25
清初 白玉雕松鼠葡萄带皮挂件	长5.4cm	161,000	北京东正	2011.6.5
清康熙 白玉雕鱼挂件	长6cm	74,750	江苏省拍	2011.12.10
清早期 白玉子辰佩	长7.5cm	71,300	北京歌德	2011.12.3
清早期 白玉龙纹钮	高3.3cm	172,500	北京保利	2011.6.6
清早期 白玉留皮时时见喜坠	长6.1cm	172,500	北京匡时	2011.6.8
清乾隆 珊瑚“松鼠葡萄”挂件	长4cm	184,000	江苏省拍	2011.12.10
清乾隆 三色玛瑙鱼纹佩	长4.5cm	123,200	苏州东方	2011.4.28
清乾隆 玛瑙巧色福至心灵如意佩	长4.6cm	138,000	北京保利	2011.6.7
清乾隆 黄玉仿古龙纹佩	宽12.5cm	9,775,000	北京保利	2011.12.6
清乾隆 黄玉雕平安象	长5.3cm	207,000	北京东正	2011.6.5
清乾隆 琥珀雕喜报三元纹挂件	长6.3cm	92,000	北京东正	2011.6.5
清乾隆 长宜子孙龙凤佩	长7.7cm	322,000	西泠拍卖	2011.7.18
清乾隆 白玉双獾	长5.2cm	71,300	中国嘉德	2011.6.18
清乾隆 白玉双凤“比翼同心”佩	长8.5cm	1,092,500	北京保利	2011.12.6
清乾隆 白玉鼠财坠	长5cm	89,700	中国嘉德	2011.6.18
清乾隆 白玉镂雕喜上眉梢纹佩	长5.5cm	166,750	北京东正	2011.11.17
清乾隆 白玉留皮双龙佩	长7cm	92,000	北京保利	2011.12.8
清乾隆 白玉留皮瑞兽坠	长6.5cm	92,000	北京保利	2011.7.26
清乾隆 白玉留皮年年有馀坠	长5cm	74,750	北京保利	2011.4.17
清乾隆 白玉蝠纹佩(一对)	长9.1cm	747,500	中国嘉德	2011.6.18
清乾隆 白玉福寿纹佩	长4.5cm	253,000	北京东正	2011.11.18
清乾隆 白玉雕云龙纹佩	长6.5cm	103,500	北京匡时	2011.6.8
清乾隆 白玉雕鱼跃龙门纹佩	长6cm	207,000	北京东正	2011.6.5
清乾隆 白玉雕一鸣惊人	长7.5cm	92,000	北京保利	2011.6.7
清乾隆 白玉雕松鼠葡萄纹挂件	长5cm	126,500	北京东正	2011.11.17
清乾隆 白玉雕松鼠葡萄挂件	长5.5cm	345,000	北京东正	2011.6.5
清乾隆 白玉雕松鼠葡萄把件	长5.2cm	345,000	江苏省拍	2011.12.10
清乾隆 白玉雕双龙斧形佩	长6.5cm	460,000	上海大众	2011.8.25
清乾隆 白玉雕双凤纹佩	长9cm	437,000	北京东正	2011.11.18
清乾隆 白玉雕兽面纹直孔佩	高3.5cm	80,500	北京东正	2011.6.5
清乾隆 白玉雕瑞兽纹锥觿	长11.3cm	138,000	北京东正	2011.11.17
清乾隆 白玉雕平升三级佩	长7cm	460,000	北京东正	2011.6.5
清乾隆 白玉雕马上封侯挂件	长5cm	287,500	北京东正	2011.6.5
清乾隆 白玉雕龙凤纹长宜子孙佩	长4.5cm	368,000	北京匡时	2011.6.8
清乾隆 白玉雕灵猴献寿	高6.7cm	345,000	北京东正	2011.11.17
清乾隆 白玉雕连年有鱼挂件	长6cm	299,000	北京东正	2011.6.5
清乾隆 白玉雕福寿纹佛手挂件	长8cm	207,000	北京东正	2011.11.18
清乾隆 白玉雕福禄坠	高4.8cm	63,250	广州嘉德	2011.6.11
清乾隆 白玉雕福禄万代坠	高6cm	460,000	北京保利	2011.12.6
清乾隆 白玉雕福禄万代纹挂件	长5.8cm	322,000	北京东正	2011.11.17
清乾隆 白玉雕独角兽佩	长3cm	224,000	苏州东方	2011.4.28
清乾隆 白玉雕螭龙纹挂件	长5cm	1,058,000	北京东正	2011.6.5
清乾隆 白玉雕螭龙佩	长8cm	80,500	江苏省拍	2011.12.10
清乾隆 白玉雕蝉形佩	长6.5cm	517,500	北京东正	2011.6.5
清乾隆 白玉雕蝉形佩	长5.8cm	322,000	北京东正	2011.11.17
[illegible]	长6cm	149,500	北京东正	2011.11.18
[illegible]	长5cm	161,000	北京匡时	2011.6.8

拍品名称	尺寸	成交价RMB	拍卖公司	拍卖日期
清乾隆 白玉带皮巧雕少师太师挂件	长7.7cm	287,500	中贸圣佳	2011.11.6
清乾隆 白玉长宜子孙佩	高12cm	3,910,000	北京保利	2011.12.6
清乾隆 白玉蝉形佩	长5.7cm	230,000	北京东正	2011.11.17
清中期 玉螭龙鸡心佩	长6.9cm	195,500	北京翰海	2011.11.19
清中期 珊瑚双欢挂坠	长5cm	138,000	北京保利	2011.6.6
清中期 灰白玉巧雕云龙纹挂件	长6cm	322,000	北京东正	2011.11.17
清中期 黄玉雕龙纹鸡心佩	长4.2cm	103,500	北京东正	2011.11.17
清中期 白玉透雕龙凤双鱼佩	高6.9cm	74,750	北京翰海	2011.5.21
清中期 白玉透雕春水饰件	长8.3cm	310,500	北京翰海	2011.11.19
清中期 白玉松鼠葡萄纹佩(一件)	长6cm	212,800	上海国拍	2011.12.16
清中期 白玉双龙佩	长6.5cm	123,200	长风拍卖	2011.1.20
清中期 白玉双螭天干地支佩	高7.3cm	161,000	北京翰海	2011.5.21
清中期 白玉受天百禄佩	高6.8cm	253,000	北京翰海	2011.5.21
清中期 白玉洒金松鼠葡萄坠	长8cm	57,500	北京翰海	2011.5.21
清中期 白玉洒金留皮雕松鼠葡萄	高6cm	103,500	华艺国际	2011.12.11
清中期 白玉洒金福寿坠	高4cm	103,500	北京翰海	2011.5.21
清中期 白玉巧色蟾蜍福禄佩	长5.5cm	57,500	北京保利	2011.12.8
清中期 白玉年年有余坠	长4.8cm	71,300	北京翰海	2011.5.21
清中期 白玉马上封侯坠	高3.5cm	57,500	华艺国际	2011.12.11
清中期 白玉龙纹佩	高11.2cm	1,667,500	北京翰海	2011.5.19
清中期 白玉龙纹佩	直径6.6cm	89,700	北京翰海	2011.5.21
清中期 白玉龙凤佩	高5.2cm	161,000	北京翰海	2011.11.19
清中期 白玉龙凤呈祥佩	高5.5cm	69,000	北京翰海	2011.5.21
清中期 白玉留皮金玉满堂坠	长3cm	51,750	北京保利	2011.4.17
清中期 白玉夔龙斋戒佩	高6.3cm	115,000	北京翰海	2011.11.19
清中期 白玉吉庆有余佩	高5.5cm	78,200	北京翰海	2011.5.21
清中期 白玉福寿万代佩	高5.8cm	264,500	广州艺拍	2011.6.12
清中期 白玉福山寿海佩	高6.5cm	149,500	北京翰海	2011.5.21
清中期 白玉福禄万代佩	高6.6cm	207,000	北京翰海	2011.11.19
清中期 白玉雕子辰纹挂件	长5.2cm	287,500	北京东正	2011.6.5
清中期 白玉雕喜上眉梢佩	长5cm	391,000	北京匡时	2011.6.8
清中期 白玉雕松鼠葡萄纹挂件	长6.3cm	287,500	北京东正	2011.11.17
清中期 白玉雕松鼠葡萄纹挂件	长4.5cm	103,500	北京东正	2011.11.17
清中期 白玉雕松鼠葡萄挂件	长3.6cm	74,750	北京东正	2011.6.5
清中期 白玉雕松鼠葡萄挂件	长6.5cm	63,250	北京东正	2011.6.5
清中期 白玉雕十二生肖之蛇	高4.5cm	172,500	北京匡时	2011.6.8
清中期 白玉雕瑞兽形佩	长5.5cm	97,750	北京东正	2011.11.17
清中期 白玉雕瑞兽纹板指及凤纹挂件(一组三件)	长7cm	345,000	北京东正	2011.11.17
清中期 白玉雕年年有余纹佩	直径5cm	345,000	北京东正	2011.11.18
清中期 白玉雕马上封侯挂件	高5.1cm	103,500	北京东正	2011.6.5
清中期 白玉雕龙纹子辰佩	长8.5cm	138,000	北京匡时	2011.6.8
清中期 白玉雕龙凤纹长宜子孙佩(一对)	直径8cm	690,000	北京东正	2011.6.5
清中期 白玉雕灵芝猴挂件	长4cm	230,000	北京东正	2011.6.5
清中期 白玉雕金玉满堂纹挂件	长5.5cm	101,200	北京东正	2011.6.5
清中期 白玉雕瓜形降福纹佩	长4.8cm	322,000	北京东正	2011.11.17
清中期 白玉雕辈辈封侯纹挂件	高5cm	345,000	北京东正	2011.11.17
清中期 白玉雕“福禄万代”佩	长6.5cm	138,000	北京匡时	2011.12.5
清中期 白玉带皮松鼠葡萄佩	长8.5cm	51,750	北京匡时	2011.6.8
清中期 白玉八骏图佩	高6.3cm	63,250	北京翰海	2011.5.21
清18世纪或以前 青玉双獾把件	宽3.8cm	57,544	香港佳士得	2011.6.1
清18世纪/19世纪 灰白玉水牛把件	长6cm	313,875	香港佳士得	2011.6.1
清18世纪/19世纪 黄、白玉镂雕龙纹佩(各一件)	长5.7cm	438,588	香港佳士得	2011.6.1
清18世纪/19世纪 白玉太狮少狮把件	长6cm	198,788	香港佳士得	2011.6.1
[illegible]	高6.3cm	438,588	香港佳士得	2011.6.1

拍品名称	尺寸	成交价RMB	拍卖公司	拍卖日期
清18世纪 浅青白玉“太狮少狮”佩	高4.8cm	97,375	香港苏富比	2011.10.5
清18世纪 白玉双獾把件	宽5.5cm	57,544	香港佳士得	2011.6.1
清18世纪 白玉双欢	高5cm	105,250	香港苏富比	2011.4.8
清18世纪 白玉狮形带口	宽9cm	209,250	香港佳士得	2011.6.1
清18世纪 白玉瑞兽佩	高6.2cm	136,825	香港苏富比	2011.4.8
清 玉沁色雕卧马佩	高4.5cm	56,000	天津文物	2011.5.13
清 玉沁色雕马上翻身纹佩	高6cm	56,000	天津文物	2011.5.13
清 玉雕双面龙凤佩	长7.8cm	184,000	北京歌德	2011.6.3
清 玉雕年年有余佩	高5.7cm	66,700	北京翰海	2011.5.21
清 玉雕独占鳌头摆件	长13cm	103,500	广州嘉德	2011.6.11
清 玉雕蝉(两件)	尺寸不一	55,200	北京保利	2011.4.17
清 羊形和田白玉佩	长5cm	56,000	浙江民和	2011.8.14
清 苏作巧色玛瑙芭蕉鹌鹑诗文佩	长6.5cm	53,760	上海新华	2011.6.25
清 青白玉一鼓作气坠	长4.7cm	89,700	中国嘉德	2011.6.18
清 青白玉年年有余佩(两件)	尺寸不一	103,500	北京保利	2011.10.23
清 青白玉雕刘海戏蟾纹佩	高7cm	106,400	天津文物	2011.5.13
清 青白玉雕府上有福佩	长8.1cm	63,250	北京纳高	2011.7.6
清南红玛瑙巧雕太平有象坠	长5cm	172,500	上海大众	2011.8.25
清 墨玉巧雕双骏图佩	高4.4cm	161,000	北京翰海	2011.5.21
清 蜜蜡螭龙纹佩	长6.7cm	51,750	中国嘉德	2011.3.19
清 玛瑙巧雕松鼠葫芦佩	长4cm	89,600	浙江钱塘	2011.6.12
清 玛瑙巧雕佩	长5cm	61,600	苏州东方	2011.4.28
清 龙纹心形佩	长15cm	360,000	浙江民和	2011.8.14
清 黄玉瑞兽 龟壳坠(二件)	尺寸不一	97,750	北京翰海	2011.5.21
清 黄玉留皮螭龙佩	长5.2cm	115,000	中国嘉德	2011.6.18
清 黄玉欢	长3.6cm	145,600	苏州东方	2011.4.28
清 黄玉雕熊吊坠	高2.6cm	69,000	中贸圣佳	2011.11.6
清 琥珀双欢坠	高4.5cm	63,250	北京翰海	2011.5.21
清 黑白玉俏色代代封侯小件	长6.1cm	103,500	中国嘉德	2011.6.18
清 黑白玉巧雕少狮太狮	长5cm	552,000	浙江钱塘	2011.12.4
清 黑白玉巧雕花虫坠	长4cm	218,500	中国嘉德	2011.3.19
清 黑白玉巧雕鳌鱼太子坠	高4.5cm	253,000	古天一	2011.12.5
清 仿古玉蝉挂件	长5.2cm	61,600	太平洋	2011.6.18
清 带皮白玉连年有余佩	长4cm	82,306	香港淳浩	2011.4.1
清 碧玉雕龙凤纹鸡心佩	长6cm	95,200	天津文物	2011.5.13
清 白玉圆形竹节鸟纹佩	直径6cm	230,000	荣宝斋	2011.11.25
清 白玉鸳鸯莲花佩	长6.1cm	50,400	苏州东方	2011.4.28
清 白玉喜上梅梢坠	长5cm	126,500	北京保利	2011.7.26
清 白玉喜上眉梢挂件	长6.1cm	69,000	西泠拍卖	2011.7.18
清 白玉透雕龙纹佩	直径6.8cm	67,200	中鸿信	2011.6.26
清 白玉童子献兽坠	长4.8cm	80,500	北京翰海	2011.5.21
清 白玉松竹贺寿佩	长9.5cm	60,021	台北富博斯	2011.12.18
清 白玉松鹿纹饰	宽6.7cm	74,750	北京保利	2011.10.23
清 白玉双欢佩	高4cm	89,600	浙江钱塘	2011.1.9
清 白玉双猴	长5cm	103,500	古天一	2011.12.5
清 白玉三羊开泰	长4.5cm	287,500	北京保利	2011.12.8
清 白玉洒金松鼠葡萄坠	长6.1cm	92,000	北京翰海	2011.5.21
清 白玉洒金瓜蝶坠	高5.2cm	94,300	北京翰海	2011.5.21
清 白玉瑞兽纹鸡心佩	长6.5cm	57,500	北京保利	2011.7.27
清 白玉沁色雕以介眉寿纹佩	高5.3cm	67,200	天津文物	2011.11.12
清 白玉巧雕松鼠葡萄坠	长4.5cm	115,000	古天一	2011.12.5
清 白玉巧雕龙凤纹佩	长6cm	207,200	天津文物	2011.11.12
清 白玉巧雕吉庆有余佩	长7.5cm	195,500	华艺国际	2011.12.11
清 白玉盘龙坠	长4.8cm	94,300	北京保利	2011.12.8
清 白玉牛、转心佩各一	尺寸不一	56,161	香港淳浩	2011.4.1
清 白玉年年有余紫檀文玩盒	尺寸不一	57,500	中国嘉德	2011.3.19
清 白玉马上封猴	长4.5cm	82,800	北京翰海	2011.5.21
清 白玉鹿衔灵芝佩	长4.5cm	67,200	苏州东方	2011.4.28
清 白玉镂空佩三件、龙纹带勾一件	尺寸不一	58,098	香港淳浩	2011.4.1
清 白玉龙舟转心佩	长5.7cm	67,200	北京荣宝	2011.11.11
清 白玉龙纹如意佩	长5cm	100,464	香港富得	2011.6.24
清 白玉龙纹佩(四件)	尺寸不一	109,250	北京保利	2011.10.23
清 白玉龙纹佩(三件)	尺寸不一	115,000	北京保利	2011.10.23

拍品名称	尺寸	成交价RMB	拍卖公司	拍卖日期
清 白玉龙纹佩	高6.2cm	126,500	北京翰海	2011.5.21
清 白玉龙凤纹文带	长11.2cm	149,500	中国嘉德	2011.3.19
清 白玉龙凤佩	长5.5cm	172,500	西泠拍卖	2011.7.18
清 白玉龙凤佩	高6.3cm	91,840	浙江钱塘	2011.6.12
清 白玉留皮松下高士佩	高6cm	224,000	浙江钱塘	2011.1.9
清 白玉留皮松鼠葡萄坠	长5.5cm	322,000	北京保利	2011.6.6
清 白玉留皮松鼠葡萄坠	高4.8cm	92,000	北京保利	2011.6.6
清 白玉留皮巧雕喜事连连坠	高5cm	149,500	上海大众	2011.8.25
清 白玉留皮巧雕松鼠葡萄坠	长6cm	94,300	上海大众	2011.8.25
清 白玉留皮巧雕双欢坠	长5cm	230,000	上海大众	2011.8.25
清 白玉留皮巧雕耄耋佩	长6cm	94,300	上海大众	2011.8.25
清 白玉留皮福寿双全佩	长5.3cm	74,750	中国嘉德	2011.3.19
清 白玉留皮福禄坠、白玉留皮镂雕坠(两件)	长5cm	103,500	北京保利	2011.12.8
清 白玉留皮雕一鸣惊人纹佩	长4.8cm	56,000	天津文物	2011.11.12
清 白玉留皮雕双鱼纹佩	长5cm	67,200	天津文物	2011.5.13
清 白玉留皮雕双欢佩	长5.2cm	58,240	天津文物	2011.11.12
清 白玉留皮雕金玉满堂纹佩	长5cm	98,560	天津文物	2011.5.13
清 白玉留皮雕福寿绵长纹佩	长7.3cm	100,800	天津文物	2011.11.12
清 白玉留皮雕福禄纹佩	长6cm	56,000	天津文物	2011.11.12
清 白玉留皮雕福禄万代纹佩	长5.5cm	302,400	天津文物	2011.5.13
清 白玉留皮雕福禄万代纹佩	长5.3cm	280,000	天津文物	2011.5.13
清 白玉留皮雕螭纹斧形佩	长4.5cm	229,600	天津文物	2011.11.12
清 白玉连珠草龙纹饰	宽5.8cm	51,750	北京保利	2011.10.23
清 白玉夔龙纹佩	长6.6cm	149,500	北京保利	2011.12.8
清 白玉金皮松鼠葡萄佩	长7.6cm	112,000	上海新华	2011.6.25
清 白玉花鸟佩	长8cm	253,000	北京保利	2011.6.6
清 白玉花蝶坠	长5.6cm	345,000	中国嘉德	2011.6.18
清 白玉花草正面龙纹饰	长6.1cm	92,000	北京保利	2011.6.6
清 白玉和合转心蝴蝶佩	长5.5cm	230,000	浙江钱塘	2011.12.4
清 白玉瓜果螭龙佩	高4.5cm	56,000	浙江钱塘	2011.6.12
清 白玉蝠莲花鸟纹佩	直径7.5cm	161,000	北京保利	2011.10.23
清 白玉福到眼前佩	长5.5cm	64,960	雍和嘉诚	2011.6.1
清 白玉凤纹佩	长5cm	149,500	北京保利	2011.6.6
清 白玉动物坠(两件)	尺寸不一	50,352	香港淳浩	2011.4.1
清 白玉雕鸳鸯衔芝纹佩	高5.8cm	280,000	天津文物	2011.5.13
清 白玉雕鱼蚌纹佩	高3.8cm	56,000	天津文物	2011.5.13
清 白玉雕喜事连连纹挂件	高6.5cm	67,200	北京荣宝	2011.11.11
清 白玉雕喜报三元纹挂件	长6.5cm	61,600	北京荣宝	2011.11.11
清 白玉雕天禄佩	长4.3cm	80,500	中贸圣佳	2011.11.6
清 白玉雕松鼠葡萄坠	长6cm	97,750	北京翰海	2011.12.18
清 白玉雕松鼠葡萄纹佩	4.5cm	56,000	天津文物	2011.11.12
清 白玉雕双欢佩	长7.7cm	403,200	天津文物	2011.11.12
清 白玉雕三欢佩	长5.2cm	53,760	苏州东方	2011.4.28
清 白玉雕三猴坠	高5cm	57,500	上海大众	2011.8.25
清 白玉雕三猴献寿挂件	高7cm	168,000	北京荣宝	2011.11.11
清 白玉雕瑞兽衔灵芝坠	长6cm	207,000	上海大众	2011.8.25
清 白玉雕瑞兽纹佩	高5cm	89,600	天津文物	2011.5.13
清 白玉雕瑞兽纹佩	高4cm	53,760	天津文物	2011.5.13
清 白玉雕鸾凤坠	长5cm	115,000	上海大众	2011.8.25
清 白玉雕龙舟纹佩	高5.6cm	67,200	天津文物	2011.11.12
清 白玉雕龙符佩	长6.2cm	184,000	中贸圣佳	2011.11.6
清 白玉雕夔龙纹福字佩	长4.5cm	103,500	上海大众	2011.8.25
清 白玉雕金玉满堂坠	长6cm	103,500	上海大众	2011.8.25
清 白玉雕吉庆有余纹佩	长14.3cm	123,200	天津文物	2011.5.13
清 白玉雕鸡纹佩	长6cm	50,400	天津文物	2011.5.13
清 白玉雕欢心守业坠	长5.7cm	63,250	中贸圣佳	2011.11.6
清 白玉雕蝴蝶纹佩	长9cm	76,160	天津文物	2011.5.13
清 白玉雕福寿双全纹佩	长8.6cm	71,680	天津文物	2011.5.13
清 白玉雕福禄纹佩	长5.5cm	67,200	天津文物	2011.11.12
清 白玉雕福禄万代纹佩	长7.5cm	53,760	天津文物	2011.5.13
清 白玉雕福禄万代佩	长5.6cm	172,500	中贸圣佳	2011.11.6
清 白玉雕螭龙纹佩	长8.5cm	299,000	上海大众	2011.8.25
清 白玉雕蟾蜍纹佩	长5.5cm	280,000	天津文物	2011.5.13
清 白玉雕苍龙教子纹佩	长6cm	67,200	天津文物	2011.11.12
清 白玉雕“羊羊如意”佩	长4cm	55,200	北京匡时	2011.12.5

2011玉器拍卖成交汇总

(成交价RMB：5万元以上)

拍品名称	尺寸	成交价RMB	拍卖公司	拍卖日期
清 白玉带皮一鸣惊人坠	长6.3cm	140,760	香港淳浩	2011.11.26
清 白玉带皮松鼠葡萄坠	长5.2cm	197,064	香港淳浩	2011.11.26
清 白玉带皮鸾凤合鸣佩	高7.8cm	134,400	长风拍卖	2011.1.20
清 白玉带皮镂雕"一路莲科"佩	长5.5cm	138,000	北京匡时	2011.6.8
清 白玉带皮福禄佩	高6cm	149,500	北京保利	2011.6.7
清 白玉带皮"喜事连连"佩	长5cm	51,750	北京匡时	2011.6.8
清 白玉穿花龙纹饰	宽4.7cm	51,750	北京保利	2011.10.23
清 白玉穿花螭纹饰	长7.9cm	172,500	北京保利	2011.6.6
清 白玉螭龙纹坠	长4.5cm	53,760	长风拍卖	2011.1.20
清 白玉螭龙纹佩	高8cm	56,000	江苏万达	2011.5.29
清 白玉螭龙佩	长4.6cm	63,250	中国嘉德	2011.12.17
清 白玉螭龙佩	直径5cm	51,750	北京保利	2011.10.23
清 白玉螭龙鸡心佩	长8cm	92,000	中国嘉德	2011.6.18
清 白玉蝉形佩	高7.5cm	69,000	中国嘉德	2011.5.23
清 白玉苍龙教子纹饰	宽6.9cm	63,250	北京保利	2011.10.23
清 白玉博古龙纹玉佩	长10.5cm	72,623	香港富得	2011.4.9
清 白玉宝鸭穿莲小件	长6cm	59,800	中国嘉德	2011.6.18
民国 玛瑙万代封侯佩	长5.2cm	149,500	中国嘉德	2011.3.19
民国 和田白玉龙挂件	长6.8cm	54,427	澳门中信	2011.11.25
18世纪 白玉卧兽挂件	长5cm	56,000	江苏万达	2011.5.29
19世纪 白玉耄耋坠	长5cm	115,000	古天一	2011.12.5
青玉马到功成佩	长5.2cm	80,640	北京博观	2011.11.25
倪伟滨 双骏图 青花玉把件	长6.6cm	92,000	西泠拍卖	2011.7.16
2004年 卢开飞 和田玉籽料凤佩	长6.2cm	324,800	北京博观	2011.6.12
白玉宝鸭穿莲	高3.5cm	50,352	香港富得	2011.4.9
白玉螭龙纹佩	高6cm	67,200	中鸿信	2011.6.26
白玉雕螭虎佩	长7.6cm	78,400	中贸圣佳	2011.1.23
白玉雕螭虎纹佩	长8cm	61,600	蓝天国拍	2011.6.24
白玉雕鱼形坠	长6.5cm	103,500	古天一	2011.12.5
白玉府上有龙佩	长3.5cm	50,400	北京博观	2011.11.25
白玉瓜蝶挂件	长5cm	161,000	北京保利	2011.10.23
白玉红皮雕松鼠葡萄坠	长5cm	115,000	上海大众	2011.8.25
白玉龙凤双佩(一对)	高5.8cm	89,600	中鸿信	2011.6.26
白玉龙纹挂饰	高7cm	86,400	琴岛荣德	2011.5.15
白玉龙纹肆连座	高7cm	282,900	香港拍得高	2011.10.6
白玉马把件	长8.9cm	168,000	中鸿信	2011.6.26
白玉蟠螭纹玉佩	长7cm	138,000	北京九歌	2011.6.10
白玉瑞兽	长7.3cm	145,600	北京博观	2011.6.12
白玉狮纹挂坠(两件)	尺寸不一	74,750	北京保利	2011.10.23
白玉双欢把件	高6.5cm	115,000	北京九歌	2011.6.10
白玉双龙佩	高7.6cm	112,000	中鸿信	2011.6.26
白玉鸮形挂件	高12cm	80,000	红太阳	2011.5.28
白玉籽料挂件	长6cm	89,600	江苏万达	2011.5.29
碧玉 辟邪	长25cm	1,232,000	江苏爱涛	2011.1.16
碧玉 鸭樽	长36cm	168,000	江苏爱涛	2011.1.16
螭龙玉佩	长18cm	3,324,000	中博文化	2011.7.10
当代 羊脂白玉鹦鹉挂件	长7.8cm	311,000	浙江民和	2011.8.14
雕鱼如意佩	长7cm	66,480	中博文化	2011.7.10
范同生 如鱼得水白玉把件	长7cm	345,000	西泠拍卖	2011.7.16
富贵有余	长7.8cm	1,150,000	荣宝斋	2011.11.25
葛洪 和田玉籽料欢天喜地把件	长6.7cm	112,000	北京博观	2011.6.12
葛洪 和田玉籽料龙行天下	长8cm	95,200	北京博观	2011.6.12
郭万龙 福寿如意 白玉把件	长4cm	207,000	中国嘉德	2011.5.22
和田白玉 红运当头玉挂件	高5.5cm	257,600	齐鲁国拍	2011.10.15
和田白玉雕花鸟纹挂坠	长8.5cm	145,600	辽宁建投	2011.5.11
和田白玉雕兽面玉佩	高6.5cm	575,000	中贸圣佳	2011.11.6
和田带皮籽玉 仿古唐马腰佩	高4.6cm	89,600	北京国信	2011.8.19
和田带皮籽玉 连年有余坠及籽玉链	重70.1g	100,800	北京国信	2011.8.19
和田留皮羊脂籽玉 百鸟朝凤透雕佩	高6.5cm	448,000	北京国信	2011.8.19
和田留皮籽玉 [illegible]	高5.4cm	[illegible]	北京国信	2011.8.19
和田留皮籽玉 貔貅手把件	高5.1cm	560,000	北京国信	2011.8.19
和田羊脂白玉螭龙挂件	高5.1cm	57,500	北京九歌	2011.6.10
和田玉 代代封侯挂件	高7.3cm	123,200	齐鲁国拍	2011.10.15
和田玉辟邪把件	高5cm	78,400	北京博观	2011.11.25
和田玉挂件	高5.5cm	138,000	苏州吴门	2011.6.12
和田玉金蟾把件	长6.3cm	134,400	北京博观	2011.6.12
和田玉喜报三多把件	高5.3cm	140,000	北京博观	2011.6.12
和田玉籽料丹凤朝阳佩	高3.8cm	67,200	北京博观	2011.11.25
和田玉籽料雕貔貅	长5.5cm	235,200	辽宁建投	2011.5.11
和田玉籽料蝶恋花挂件	长4.4cm	89,600	北京博观	2011.11.25
和田玉籽料凤佩挂件	长7.2cm	78,400	北京博观	2011.11.25
和田玉籽料福寿挂件	长4cm	58,240	北京博观	2011.11.25
和田玉籽料福运连连挂件	长3.9cm	72,800	北京博观	2011.11.25
和田玉籽料荷塘情趣把件	长7cm	95,200	北京博观	2011.11.25
和田玉籽料荷韵挂件	长4cm	50,400	北京博观	2011.11.25
和田玉籽料贺寿把件	长7.9cm	56,000	北京博观	2011.11.25
和田玉籽料教子图挂件	高6.1cm	60,480	北京博观	2011.11.25
和田玉籽料金蟾把件	高6.4cm	56,000	北京博观	2011.11.25
和田玉籽料金蟾把件	高9.2cm	56,000	北京博观	2011.11.25
和田玉籽料金玉满堂把件	长7.5cm	50,400	北京博观	2011.11.25
和田玉籽料灵猴献寿挂件(一对)	尺寸不一	89,600	北京博观	2011.11.25
和田玉籽料龙凤佩	高5.1cm	56,000	北京博观	2011.6.12
和田玉籽料马上封侯把件	长6.1cm	112,000	北京博观	2011.6.12
和田玉籽料铺首佩	长3.9cm	72,800	北京博观	2011.11.25
和田玉籽料守业挂件	长6.9cm	72,800	北京博观	2011.11.25
和田玉籽料松鼠葡萄坠	长4.6cm	50,400	北京博观	2011.11.25
和田玉籽料天龙地虎挂件	长4.8cm	56,000	北京博观	2011.6.12
和田玉籽料一路连科挂件	长5.9cm	78,400	北京博观	2011.11.25
和田玉籽料云纹龙形对佩	尺寸不一	91,840	北京博观	2011.11.25
和田玉籽料祝福	长4.2cm	64,960	北京博观	2011.6.12
和田玉籽料祝福把件	长6.4cm	593,600	北京博观	2011.6.12
和田籽料雕瑞兽把件	长10cm	55,000	印千山	2011.6.3
和田籽料金蟾挂件	高6cm	50,400	北京博观	2011.6.12
和田籽料巧雕鹅如意把件	高7.5cm	212,800	山东大成	2011.9.29
和阗籽料留皮白玉一世英武坠	长7.5cm	168,000	安华白云	2011.3.6
洪新华 罗汉白玉把件	长8.8cm	195,500	西泠拍卖	2011.7.16
虎虎生威 白玉把件	高8.9cm	483,000	荣宝斋	2011.11.25
黄罕勇 和田玉籽料辟邪佩	长7.2cm	78,400	北京博观	2011.6.12
黄罕勇 一品当朝白玉把件	长8cm	253,000	西泠拍卖	2011.7.16
黄建林 古兽把玩件	长10.3cm	103,500	福建东南	2011.10.23
黄玉雕长宜子孙佩	高12.6cm	94,300	北京翰海	2011.12.18
蒋喜 和田玉籽料龙凤佩	高5.4cm	117,600	北京博观	2011.6.12
蒋喜制和田白玉籽料雕龙纹佩	高8.3cm	291,200	辽宁建投	2011.5.11
瞿利军 和田玉籽料富贵难挡把玩件	长7.3cm	772,800	北京博观	2011.6.12
刘国皓 白玉高瞻远瞩把件	长7.9cm	414,400	北京博观	2011.6.12
刘忠荣 犀牛望月 白玉挂件	长5cm	230,000	西泠拍卖	2011.7.16
卢开飞 路路献瑞 白玉挂件	长6.5cm	345,000	西泠拍卖	2011.7.16
陆爱风 貔貅 白玉把件	长6.5cm	287,500	西泠拍卖	2011.7.16
三色(带绿)"富贵蝶恋"佩件	高3.8cm	151,200	山东大成	2011.9.29
三色玉"蝶恋花"佩	高5.8cm	123,200	山东大成	2011.9.29
珊瑚雕龙坠(八十粒)		78,400	北京翰海	2011.9.18
双龙佩(一对)	长11.5cm	56,000	江苏万达	2011.5.29
苏然 金玉满堂 南红挂件	长4.5cm	80,500	西泠拍卖	2011.7.16
天和玉雕工作室 福气 白玉挂件	长6.8cm	103,500	西泠拍卖	2011.7.16
天和玉雕工作室 含云吐瑞白玉挂件	长5.5cm	55,200	西泠拍卖	2011.7.16
王金忠 和田玉籽料灵猴把件	高4.1cm	89,600	北京博观	2011.6.12
王平 接喜纳福 白玉挂件	长4.8cm	63,250	西泠拍卖	2011.7.16
王平 金蟾 白玉把件	长5.8cm	437,000	西泠拍卖	2011.7.16
[illegible] 和田玉天马行空挂件	长4.4cm	64,960	北京博观	2011.6.12

拍品名称	尺寸	成交价RMB	拍卖公司	拍卖日期
吴灶发 和田玉籽料荷塘情趣把件	长5cm	246,400	北京博观	2011.6.12
吴灶发 洋洋如意 白玉把件	长7.2cm	230,000	中国嘉德	2011.5.22
仵子辉 如意 白玉把件	高9cm	69,000	中国嘉德	2011.5.22
现代 和田籽料洒金巧色"金玉满堂"吉祥如意佩(一对)	长10cm	134,400	上海嘉泰	2011.6.30
现代 刘启刚制"金玉满堂"挂件	长5.5cm	56,000	海士德	2011.6.17
现代 刘启刚制白玉虎面挂件	长6cm	89,600	海士德	2011.6.17
现代 杨曦制白玉雕"安居乐业"挂件		89,600	海士德	2011.6.17
现代 一路连科白玉把件	长7cm	92,000	浙商拍卖	2011.8.28
徐云栋 和田玉财神把件	高6.9cm	67,200	北京博观	2011.6.12
徐志浩 福如东海 白玉把件	长4.6cm	632,500	西泠拍卖	2011.7.16
徐志浩 和田玉辈辈侯把件	长8.6cm	582,400	北京博观	2011.6.12
颜桂明 和田籽料福寿把件	长7cm	728,000	北京博观	2011.6.12
羊脂玉鳌鱼把件	长6.5cm	649,600	北京博观	2011.6.12
一鸣惊人	长6.5cm	184,000	苏州吴门	2011.6.12
英雄威武 新疆和田籽料	长7.7cm	230,000	北京翰海	2011.11.19
硬田一龙龟把件	长7cm	320,000	中都国际	2011.8.28
玉雕螭虎挂件	长7.6cm	66,000	鼎时国际	2011.12.3
玉雕龙纹、蝠纹菱角挂坠(两件)	尺寸不一	57,500	北京保利	2011.10.23
玉雕龙纹挂件(两件)	长4.5cm	63,250	北京保利	2011.10.23
玉龙纹佩(一对)	长6cm	80,500	北京保利	2011.10.23
玉鸳鸯挂件	长2.8cm	56,000	琴岛荣德	2011.12.10
玉猪龙	长5cm	299,000	苏州吴门	2011.6.12
赵琦 金玉满堂白玉把件	长17.5cm	460,000	西泠拍卖	2011.7.16
赵显志 龟鹤延年白玉挂件	长6.4cm	690,000	西泠拍卖	2011.7.16
赵显志 和田玉籽料"桂鱼"把件	长8cm	772,800	北京博观	2011.6.12
佩玩植物件				
元 白玉灵芝花纹饰	长5.2cm	57,500	北京保利	2011.10.23
金代 白玉雕花卉纹佩	长7.9cm	126,500	福建拍卖	2011.7.2
清初 白玉雕荷花纹挂件	长4.5cm	103,500	北京东正	2011.6.5
清初 白玉雕德比君子纹佩	长7.5cm	782,000	北京东正	2011.11.17
清早期 黄玉雕君子佩	高6.5cm	253,000	江苏省拍	2011.12.10
清乾隆 黄玉雕竹节纹挂件	长6.8cm	402,500	北京东正	2011.11.17
清乾隆 黄玉雕竹节纹挂件	高4cm	207,000	北京东正	2011.11.18
清乾隆 红珊瑚雕葫芦形挂件	长6.7cm	51,750	福建拍卖	2011.7.3
清乾隆 白玉梅树佩	高5cm	280,000	浙江钱塘	2011.1.9
清乾隆 白玉留皮镂雕葫芦纹挂件	长4.8cm	218,500	北京东正	2011.11.17
清乾隆 白玉葫芦形挂件	长6.5cm	149,500	北京保利	2011.12.7
清乾隆 白玉葫芦	3.3×5cm	56,000	北京荣宝	2011.11.11
清乾隆 白玉雕喜报三元坠	长4.8cm	276,000	北京东正	2011.11.18
清乾隆 白玉雕灵芝纹挂件	长5.3cm	172,500	北京东正	2011.11.18
清乾隆 白玉雕瓜瓞绵绵挂件	长5cm	264,500	北京东正	2011.6.5
清中期 琥珀雕豆荚挂件	长6.4cm	92,000	西泠拍卖	2011.7.19
清中期 白玉三多九如佩	高5.3cm	287,500	北京翰海	2011.11.19
清中期 白玉洒金皮瓜果坠	长5cm	51,750	中国嘉德	2011.6.18
清中期 白玉茄子坠	高6.3cm	57,500	北京翰海	2011.5.21
清中期 白玉梅寿佩	高5.6cm	161,000	北京翰海	2011.11.19
清中期 白玉榴开百子佩	高5cm	57,500	北京翰海	2011.5.21
清中期 白玉雕芝兰纹摆件	长21.5cm	920,000	北京东正	2011.6.5
清中期 白玉雕荷塘清趣挂件	长4.5cm	172,500	北京东正	2011.6.5
清中期 双桃红碧玺葫芦挂件	长4.5cm	299,000	北京保利	2011.6.6
清18世纪/19世纪 白玉松鼠葡萄坠(两件)	长5.5cm	209,250	香港佳士得	2011.6.1
清18世纪/19世纪 白玉葫芦坠	长6cm	146,475	香港佳士得	2011.6.1
清18世纪 白玉葫芦佩	长4.8cm	52,625	香港苏富比	2011.4.8
清 玉雕荔枝 玉雕葫芦佩各一件	长9.3cm	126,500	中国嘉德	2011.6.18

拍品名称	尺寸	成交价RMB	拍卖公司	拍卖日期
清 青白玉荔枝挂件	长7.5cm	64,960	雍和嘉诚	2011.6.1
清 青白玉瓜形把件	长7cm	172,500	中国嘉德	2011.6.18
清 青白玉雕蘑菇挂件	高5.7cm	55,200	北京歌德	2011.6.3
清 白玉子孙万代坠	长8.5cm	184,000	中国嘉德	2011.3.19
清 白玉桃纹佩	长5.8cm	51,750	中国嘉德	2011.9.17
清 白玉沁色雕芝竹纹佩	长5.1cm	112,000	天津文物	2011.11.12
清 白玉沁色雕双瓜纹佩	长6.1cm	120,960	天津文物	2011.11.12
清 白玉沁色雕葫芦万代纹佩	长6.2cm	179,200	天津文物	2011.11.12
清 白玉沁色雕瓜纹佩	长6.5cm	80,640	天津文物	2011.11.12
清 白玉沁色雕瓜瓞绵绵纹佩	长4.6cm	67,200	天津文物	2011.11.12
清 白玉沁色雕福禄万代纹佩	长5.5cm	100,800	天津文物	2011.11.12
清 白玉巧雕君子比德佩	长6.5cm	322,000	中国嘉德	2011.9.17
清 白玉巧雕瓜瓞绵绵纹佩	长5cm	56,000	天津文物	2011.5.13
清 白玉留皮葫芦万代坠	长4.9cm	89,700	中国嘉德	2011.6.18
清 白玉留皮葫芦佩	长4.5cm	138,000	中国嘉德	2011.6.18
清 白玉留皮葫芦佩	长4.7cm	51,750	中国嘉德	2011.6.18
清 白玉留皮雕瓜瓞绵绵纹佩	长5.3cm	53,760	天津文物	2011.5.13
清 白玉菱角佩	长6.8cm	184,000	北京保利	2011.6.6
清 白玉兰花佩	长6cm	78,400	十竹斋	2011.5.29
清 白玉葫芦佩	高4.8cm	58,240	浙江钱塘	2011.6.12
清 白玉瓜瓞绵绵佩	长6.2cm	115,000	浙江钱塘	2011.12.4
清 白玉福寿佩	高6.6cm	57,500	北京翰海	2011.11.19
清 白玉福禄挂件	长5.5cm	138,000	长风拍卖	2011.12.20
清 白玉雕岁寒三友纹佩	长5.7cm	784,000	天津文物	2011.11.12
清 白玉雕荷花纹佩	长5.9cm	123,200	天津文物	2011.11.12
清 白玉雕瓜蝶绵绵挂件	高4.5cm	57,500	北京歌德	2011.6.3
清 白玉雕大吉葫芦纹佩	长5.5cm	212,800	天津文物	2011.5.13
清 白玉大吉葫芦佩(两件)	尺寸不一	97,750	北京保利	2011.10.23
清 白玉大吉葫芦佩	长6.1cm	69,000	中国嘉德	2011.9.17
19世纪 白玉官事如意坠	高5.5cm	161,000	古天一	2011.12.5
白玉雕金瓜挂件	高9.5cm	53,760	未来四方	2011.6.11
白玉雕双桃福寿挂件	直径5cm	112,000	中贸圣佳	2011.1.23
白玉花卉、兽面挂坠(两件)	长3.5cm	55,200	北京保利	2011.10.23
陈健 香雪 白玉挂件	长5.9cm	78,200	西泠拍卖	2011.7.16
樊军民 暗香 白玉挂件	长5.3cm	230,000	西泠拍卖	2011.7.16
葛洪 和田玉籽料荷花佩	长4cm	67,200	北京博观	2011.6.12
瓜瓞福寿	长12cm	264,500	荣宝斋	2011.11.25
和田玉籽料生生如意挂件	长4cm	50,400	北京博观	2011.11.25
和田玉籽料事事如意挂件	长4.6cm	61,600	北京博观	2011.11.25
和田玉籽料岁寒三友佩	长7.8cm	72,800	北京博观	2011.11.25
和阗籽料红皮灵芝坠	长6.5cm	168,000	安华白云	2011.3.6
瞿利军 三友 白玉挂件	长6.3cm	126,500	西泠拍卖	2011.7.16
莲花佩挂件(一对)	尺寸不一	67,200	北京博观	2011.11.25
王平 和田玉籽料竹韵挂件	长5.3cm	58,240	北京博观	2011.6.12
现代 白玉雕莲花挂件	高4.5cm	53,760	海士德	2011.6.17
现代 白玉雕榴开百子挂件	高6cm	67,200	北京荣宝	2011.3.18
现代 翟倚卫 白玉《荷塘春趣》	高7cm	280,000	海士德	2011.6.17
尤志光 瓜瓞绵绵 白玉把件	长8.3cm	184,000	西泠拍卖	2011.7.16
玉雕葫芦万代佩	高8.3cm	64,960	北京翰海	2011.1.16
玉雕葫芦坠	高8.5cm	57,500	河南原田	2011.11.8
其他佩玩件				
红山文化 玉云形佩	长7.3cm	418,000	北京中嘉	2011.1.9
红山文化 勾云形佩(一对)	通长21cm	980,000	北京中嘉	2011.1.9
红山文化 勾云形佩	长35.2cm	880,000	北京中嘉	2011.1.9
明 玉雕海水龙纹枕	长22.5cm	57,500	中国嘉德	2011.3.19
明 青白玉镂雕文官帐钩(一对)	通长17cm	180,000	北京中嘉	2011.1.9
明 青白玉留皮巧雕松树握件	长7.2cm	302,400	中贸圣佳	2011.4.29
明 灰玉福寿行龙纹铊尾	宽12.1cm	92,000	北京保利	2011.10.23
明 白玉行龙纹铊尾	长15.6cm	299,000	北京保利	2011.6.6
明 白玉巧色万喜灵芝龙纹铊尾	长13.3cm	345,000	北京保利	2011.6.6

(成交价RMB：5万元以上)

拍品名称	尺寸	成交价RMB	拍卖公司	拍卖日期
明 白玉花鸟云龙纹铊尾	长17.2cm	253,000	北京保利	2011.6.6
明 白玉花鸟云龙纹铊尾	长13cm	184,000	北京保利	2011.6.6
西周 玉饰件(七件)	尺寸不一	161,000	北京翰海	2011.5.21
唐代 青白玉杵(一对)	通长52.3cm	6,000,000	北京中嘉	2011.1.9
宋-元 黄玉、碧玉等各式玉器(一组四件)	尺寸不一	184,000	上海大众	2011.8.25
清早期 白玉西洋人物钱币佩	长5.6cm	67,223	台北富博斯	2011.12.18
清早期 白玉连环扣	长9cm	64,960	长风拍卖	2011.1.20
清早期 白玉囍字佩	长7cm	100,835	台北富博斯	2011.12.18
清乾隆 黄玉雕佛手纹摆件	高6cm	138,000	北京东正	2011.11.18
清乾隆 宫廷"西番作"金镶玉(三件套)	尺寸不一	172,500	中拍国际	2011.12.6
清乾隆 白玉天干地支佩	长10.6cm	1,265,000	浙江钱塘	2011.12.4
清乾隆 白玉斧形牌佩	长12.7cm	2,066,265	纽约佳士得	2011.3.24
清乾隆 白玉仿古斧形佩	长10.5cm	402,500	北京东正	2011.11.17
清乾隆 白玉雕博古勾云纹挂件	高8cm	82,800	福建拍卖	2011.7.2
清乾隆 白玉雕'物华天宝'佩	高7.5cm	713,000	北京东正	2011.6.5
清乾隆 白玉带皮雕如意纹佩	高4.7cm	115,000	中贸圣佳	2011.11.6
清乾隆 白玉"乾隆御制心经"别子(一对)	长4.5cm	69,000	北京保利	2011.10.22
清中期 白玉天干地支佩	高7.4cm	195,500	北京翰海	2011.5.21
清中期 白玉双龙正德通宝币形佩	直径5.8cm	71,300	北京翰海	2011.5.21
清中期 白玉诗文提携(二件)	长8.6cm	230,000	北京翰海	2011.11.19
清中期 白玉平安佩	高6.5cm	195,500	北京翰海	2011.11.19
清中期 白玉平安佩	高6cm	80,500	北京翰海	2011.5.21
清中期 白玉各式坠、佩(五件一组)	尺寸不一	92,000	北京保利	2011.7.26
清中期 白玉仿古琴式佩	高8.4cm	207,000	北京翰海	2011.11.19
清中期 白玉雕一路平安纹佩(一对)	直径5.5cm	575,000	北京东正	2011.11.17
清中期 白玉雕四喜佩	长4.9cm	57,500	北京东正	2011.11.17
清中期 白玉雕佛手挂件	高6.5cm	78,400	北京荣宝	2011.3.18
清中期 白玉雕编钟形佩	长8cm	805,000	北京东正	2011.11.17
清中期 白玉璧形绳纹佩	高7.2cm	138,000	北京翰海	2011.11.19
清18世纪 白玉旭日东升佩	长8cm	263,125	香港苏富比	2011.4.8
清18世纪 白玉书卷佩	长4.3cm	73,675	香港苏富比	2011.4.8
清18世纪 K金镶嵌和田籽玉首饰套装(二件)	94g(总重)	336,000	北京博观	2011.6.12
清18世纪 白玉牌形挂佩	高22.9cm	3,327,705	纽约佳士得	2011.3.24
清 玉佩(共十五件)	尺寸不一	67,781	香港淳浩	2011.4.1
清 玉雕挂件(四件)	尺寸不一	69,000	北京保利	2011.10.23
清 珊瑚颈饰	长31cm	184,000	北京匡时	2011.6.8
清 珊瑚雕五芝佛手暖手	长9.4cm	379,500	北京诚轩	2011.5.22
清 青白玉轴头	高7cm	57,500	北京匡时	2011.6.8
清 青白玉佩(四件)	尺寸不一	138,000	中国嘉德	2011.6.18
清 青白玉佩(两件)	尺寸不一	69,000	中国嘉德	2011.9.17
清 青白玉龙纹瓦子(三方)	尺寸不一	92,000	中国嘉德	2011.11.15
清 青白玉法轮佩	直径5.2cm	89,700	中国嘉德	2011.6.18
清 黄玉双璧相连佩	长31cm	2,854,665	纽约苏富比	2011.3.22
清 黄玉留皮雕富足平安纹佩	长6.6cm	201,600	天津文物	2011.5.13
清 琥珀、珊瑚、翡翠马鞍戒(一组三件)	尺寸不一	57,500	北京保利	2011.6.6
清 白玉坠四件、翡翠带勾一件	尺寸不一	77,464	香港淳浩	2011.4.1
清 白玉坠(两件)	尺寸不一	149,500	中国嘉德	2011.6.18
清 白玉钟形佩	高7.3cm	69,000	中国嘉德	2011.5.23
清 白玉玉钺形佩	高7.5cm	369,600	中鸿信	2011.6.26
清 白玉玉瑛紫香佩	高5cm	55,200	北京翰海	2011.5.21
清 白玉喜字佩(三件)	尺寸不一	57,500	北京保利	2011.10.23
清 白玉神兽纹斧形佩	长5.2cm	94,300	中国嘉德	2011.6.18
清 白玉三爵风雅佩	高6.2cm	345,000	北京翰海	2011.5.21
[illegible]	长5.1cm	69,000	北京翰海	2011.5.21
[illegible]	长8cm	188,000	苏州东方	2011.4.28

拍品名称	尺寸	成交价RMB	拍卖公司	拍卖日期
清 白玉如心如意佩	高7.5cm	59,800	北京翰海	2011.5.21
清 白玉佩(五件)	尺寸不一	69,000	北京保利	2011.10.23
清 白玉佩(四件)	尺寸不一	80,500	北京保利	2011.10.23
清 白玉佩(三件)	尺寸不一	97,750	北京保利	2011.10.23
清 白玉佩(三件)	尺寸不一	57,500	北京保利	2011.10.23
清 白玉佩(两件)	尺寸不一	86,250	北京保利	2011.10.23
清 白玉马首刀柄	长10cm	92,000	中国嘉德	2011.12.17
清 白玉交结四方佩	宽5cm	69,000	北京保利	2011.6.6
清 白玉吉祥佩	高5.2cm	55,200	北京翰海	2011.11.19
清 白玉斧形佩(三件)	尺寸不一	63,250	北京保利	2011.10.23
清 白玉雕子辰佩	高6cm	224,000	古天一	2011.6.4
清 白玉雕子辰佩	长8.5cm	61,600	中贸圣佳	2011.4.29
清 白玉雕御制诗文羊脂玉握	长10cm	5,712,000	中贸圣佳	2011.4.29
清 白玉雕磬佩	长8.5cm	172,500	江苏省拍	2011.12.10
清 白玉雕福寿三多带皮佩	长6.5cm	72,800	中贸圣佳	2011.4.29
清 白玉雕佛手佩	长7cm	106,400	天津文物	2011.11.12
清 白玉雕法轮佩	长8.5cm	50,400	北京荣宝	2011.3.18
清 白玉雕必定如意纹佩	长7.5cm	91,840	天津文物	2011.5.13
把酒话桑麻 新疆和田籽料		230,000	北京翰海	2011.11.19
白玉雕福山寿法佩	长6.3cm	168,000	中贸圣佳	2011.1.23
白玉雕钟型佩	长9cm	672,000	中贸圣佳	2011.1.23
白玉件(十件)	高5-7cm	296,608	香港富得	2011.6.24
葛洪 和田玉籽料守护挂件	高4.2cm	58,240	北京博观	2011.6.12
葛洪 天马行空 白玉把件	高6.4cm	1,092,500	西泠拍卖	2011.7.16
各式玉件(八件)	尺寸不一	100,800	北京保利	2011.1.15
古玉(一组三件)	尺寸不一	71,300	河南原田	2011.11.8
古玉云雷纹坠	直径3.4cm	115,000	北京歌德	2011.6.3
和田白玉雕清廉把件	长8.5cm	63,250	北京歌德	2011.9.17
和田留皮羊脂独籽手把件	长4.5cm	336,000	北京国信	2011.8.19
和田留皮羊脂独籽手把件	长4.6cm	246,400	北京国信	2011.8.19
和田留皮羊脂籽玉 双喜临门手把件	高7.8cm	1,456,000	北京国信	2011.8.19
和田留皮籽玉手把件	长6.7cm	1,792,000	北京国信	2011.8.19
和田留皮籽玉手把件	长7cm	1,545,600	北京国信	2011.8.19
和田玉灵芝如意把件	长26.5cm	212,800	北京博观	2011.6.12
和田玉籽料风生水起佩	长4.7cm	58,240	北京博观	2011.11.25
和田籽料三多把件	长10cm	604,800	北京博观	2011.6.12
红珊瑚如意平安佩	高5.1cm	64,960	中鸿信	2011.6.26
红心玉"仿古件"佩	高5.4cm	76,160	山东大成	2011.9.29
洪新华 福到 白玉挂件	长4.8cm	138,000	西泠拍卖	2011.7.16
吉祥联珠白玉饰片	长6.5cm	67,200	琴岛荣德	2011.12.10
旧玉饰(四件)	尺寸不一	115,000	北京保利	2011.10.24
瞿利军 和田玉籽料太湖风光挂件	高5.6cm	103,040	北京博观	2011.6.12
李东 必遇贵人白玉挂件	长5.9cm	103,500	西泠拍卖	2011.7.16
李东 必遇贵人碧玉挂件	长6.4cm	69,000	西泠拍卖	2011.7.16
水晶包铜鎏金錾花卉纹项饰(一套)		50,000	印千山	2011.6.3
现代 苏然 白玉《衣带铭》	高11.5cm	1,232,000	海士德	2011.6.17
鱼篓 白玉挂件	高5.3cm	299,000	荣宝斋	2011.11.25
2009年 林清仪 和田玉开启心灵之锁挂件	高4.9cm	58,240	北京博观	2011.6.12
当代 红珊瑚胸针	长5cm	84,021	浙江民和	2011.8.14
当代 吴德生作白玉四海升平挂件	高4.5cm	250,000	浙江民和	2011.8.14
陈设和生活用品				
玉屏				
清乾隆 白玉龙马纹插屏	高25.5cm	1,955,000	浙江钱塘	2011.12.4
清乾隆 白玉雕松山仿友纹插牌	长12.6cm	230,000	北京东正	2011.6.5
清乾隆 白玉雕大吉插牌	高21cm	1,344,000	北京荣宝	2011.3.18
清乾隆 白玉赤壁怀古座屏	高20.7cm	690,000	北京保利	2011.6.5
和田留皮籽玉 共读西厢插牌	高15.9cm	3,920,000	北京国信	2011.8.19
[illegible]	高26cm	89,600	太平洋	2011.9.17

拍品名称	尺寸	成交价RMB	拍卖公司	拍卖日期
清 龙凤纹青玉牌连座(一对)	高10cm	132,020	香港拍得高	2011.10.6
清 碧玉雕山水题诗纹插屏	高56cm	58,240	太平洋	2011.9.17
清 白玉刻山水人物御题诗插屏	高18.7cm	89,600	太平洋	2011.9.17
白玉牌插屏	高17cm	470,400	江苏万达	2011.5.29
尤志光 知足常乐 白玉插牌	高11.7cm	460,000	西泠拍卖	2011.7.16
玉如意				
明 青玉螭龙如意	长38.5cm	2,645,000	古天一	2011.12.5
明 碧玉福禄寿如意	长31.5cm	80,500	中拍国际	2011.7.17
清乾隆 紫檀木镂雕嵌白玉龙纹如意	长44.8cm	747,500	福建拍卖	2011.7.2
清乾隆 青白玉御题诗水仙如意	长36.5cm	4,025,000	北京保利	2011.12.6
清乾隆 青白玉福寿花卉如意	长43cm	805,000	北京保利	2011.4.17
清乾隆 青白玉多福多寿如意	长48cm	4,025,000	中国嘉德	2011.5.22
清乾隆 青白玉雕灵芝纹如意	长19cm	272,025	香港佳士得	2011.6.1
清乾隆 黄玉如意	长31.5cm	5,108,160	香港佳士得	2011.11.30
清乾隆 碧玉如意	长29cm	741,100	浙江民和	2011.8.14
清乾隆 白玉御题诗文如意	长33.5cm	7,820,000	中国嘉德	2011.5.22
清乾隆 白玉三镶八仙过海如意	长55cm	53,760	太平洋	2011.9.17
清乾隆 白玉嵌百宝花鸟如意	长43.5cm	6,325,000	中国嘉德	2011.5.22
清乾隆 白玉龙纹如意	长50cm	7,130,000	浙江钱塘	2011.12.4
清乾隆 白玉福寿如意	长39cm	5,038,740	香港佳士得	2011.6.1
清乾隆 白玉雕羊羊如意摆件	长14.5cm	287,500	北京匡时	2011.6.8
清乾隆 白玉雕松山访友福寿纹如意	长43.5cm	6,670,000	北京东正	2011.6.5
清乾隆 白玉雕升龙五蝠兆庆如意	长43.5cm	20,700,000	中国嘉德	2011.5.22
清乾隆 白玉雕如意	长41cm	2,012,500	江苏省拍	2011.12.10
清乾隆 白玉雕如意	长33.5cm	632,500	北京东正	2011.11.17
清乾隆 白玉雕吉庆年年如意	长40.7cm	1,680,000	中贸圣佳	2011.4.29
清乾隆 白天填金刻御题诗龙纹如意	长41cm	17,250,000	北京保利	2011.6.5
清中期 紫檀三镶玉雕福寿三多纹如意	长57cm	385,000	鼎时国际	2011.12.3
清中期 玉八仙人物如意	长46cm	598,000	北京翰海	2011.5.21
清中期 铜鎏金嵌白玉雕三星纹如意	长51cm	379,500	北京东正	2011.11.17
清中期 青玉雕安居乐业如意	长47.6cm	101,200	北京翰海	2011.5.21
清中期 青白玉雕太平有象如意	长45.5cm	1,725,000	中贸圣佳	2011.11.6
清中期 青白玉雕事事如意摆件	长12cm	437,000	北京歌德	2011.6.3
清中期 青白玉雕福寿八宝如意	长49.5cm	2,415,000	北京保利	2011.12.6
清中期 白玉三镶吉庆有余如意	长49cm	80,500	北京翰海	2011.5.21
清中期 白玉如意云纹兽面文带	长10.2cm	74,750	北京翰海	2011.11.19
清中期 白玉雕山水人物如意	长40cm	2,070,000	北京匡时	2011.6.8
清中期 白玉雕花卉如意	长40.7cm	1,150,000	北京翰海	2011.11.19
清中期 白玉雕“九桃九福”纹如意	长46cm	4,025,000	北京东正	2011.11.17
清18世纪/19世纪 白玉嵌百宝灵猴献寿如意	长41.2cm	11,801,700	香港佳士得	2011.6.1
清18世纪 黄玉如意	长31.5cm	2,366,400	香港佳士得	2011.11.30
清18世纪 白玉如意	长32.5cm	3,737,280	香港佳士得	2011.11.30
清 紫檀嵌玉三镶如意	51cm	368,000	雍和嘉诚	2011.11.27
清 紫檀嵌白玉如意	长54cm	92,000	上海崇源	2011.7.6
清 紫檀白玉三镶如意	长41.5cm	67,200	辽宁建投	2011.5.11
清 章识言旧藏水晶雕灵芝如意	长33.5cm	920,000	西泠拍卖	2011.7.18
清 玉如意	长54cm	280,000	东方艺都	2011.7.6

拍品名称	尺寸	成交价RMB	拍卖公司	拍卖日期
清 玉雕花鸟 福寿如意(两件)	尺寸不一	55,200	北京保利	2011.7.27
清 玉雕福寿纹如意	长19.5cm	112,000	浙江佳宝	2011.6.23
清 雍正 青玉鹤鹿同春如意	高41cm	216,000	琴岛荣德	2011.5.15
清 珊瑚雕如意摆件	重636g	253,000	北京歌德	2011.9.17
清 青白玉太平有象图如意	长38.2cm	80,500	中国嘉德	2011.6.18
清 青白玉寿字八宝如意	长44cm	207,000	雍和嘉诚	2011.11.27
清 青白玉山水诗文如意	长38cm	80,500	中国嘉德	2011.9.17
清 青白玉龙纹如意	长40.5cm	358,400	上海嘉泰	2011.4.1
清 青白玉龙纹如意	长39.5cm	115,000	中国嘉德	2011.9.17
清 青白玉龙纹如意	长40cm	109,250	北京保利	2011.7.27
清 青白玉雕御制诗文螭龙如意	长28.9cm	59,800	北京纳高	2011.7.6
清 青白玉雕暗八仙图福寿如意	长56cm	115,000	北京纳高	2011.7.6
清 青白玉缠枝莲纹吉祥如意炉	长19cm	78,200	中国嘉德	2011.3.19
清 黄玉灵芝如意	长34cm	3,220,000	浙江钱塘	2011.12.4
清 红木三镶如意	长50cm	82,800	雍和嘉诚	2011.11.27
清 红木三镶白玉雕献寿图如意	长51cm	145,600	中贸圣佳	2011.4.29
清 红木嵌螺钿三镶太平有象如意	长48.5cm	168,000	中贸圣佳	2011.4.29
清 红木八宝纹三镶如意(一对)	长46cm	80,500	北京保利	2011.10.23
清 碧玉三多如意	长40cm	230,000	北京保利	2011.12.7
清 碧玉雕太平有象如意	长49cm	51,750	上海大众	2011.8.25
清 碧玉雕如意	长43cm	138,000	北京翰海	2011.12.18
清 碧玉雕福禄万代纹如意	长41cm	212,800	天津文物	2011.11.12
清 白玉仙鹤暗八仙如意	长35cm	575,000	浙江钱塘	2011.12.4
清 白玉三镶如意		322,000	苏州吴门	2011.6.12
清 白玉如意	长21cm	672,000	江苏万达	2011.5.29
清 白玉如意	长28cm	190,400	江苏万达	2011.5.29
清 白玉嵌百宝如意	长35.7cm	80,500	中国嘉德	2011.9.17
清 白玉灵芝头如意	长19cm	72,800	苏州东方	2011.4.28
清 白玉灵芝如意摆件	长36cm	649,600	江苏万达	2011.5.29
清 白玉灵芝如意	长30cm	56,000	上海嘉泰	2011.6.30
清 白玉红木衬梗大吉三厢如意	长55cm	407,000	上海新华	2011.6.25
清 白玉雕祝寿纹三镶如意	长55cm	537,600	天津文物	2011.5.13
清 白玉雕太平有象如意	长28.5cm	2,576,000	中贸圣佳	2011.4.29
清 白玉雕松下老人纹如意	长31cm	224,000	未来四方	2011.6.11
清 白玉雕诗文如意	长27.5cm	336,000	中贸圣佳	2011.1.23
清 白玉雕三多纹三镶如意	长52cm	168,000	天津文物	2011.5.13
清 白玉雕八骏图三镶如意	长55cm	302,400	天津文物	2011.11.12
清 白玉雕八宝纹三镶如意	长42cm	380,800	天津文物	2011.11.12
清 白玉八宝纹如意	长37cm	126,500	中国嘉德	2011.3.19
清 “定郡王”铭白芙蓉双联如意	长24cm	728,000	浙江钱塘	2011.6.12
民国 白玉云龙如意	28×7cm	112,000	上海嘉泰	2011.6.30
民国 白玉山水纹如意	长47cm	345,000	中国嘉德	2011.3.19
民国 白玉如意件(一对)	长12.5cm	113,160	香港拍得高	2011.10.6
青玉山水人物纹如意	长43.5cm	80,500	中国嘉德	2011.3.19
青白玉雕灵芝如意摆件	长45cm	56,000	云南典藏	2011.10.31
蒋喜 吉祥如意 碧玉薄胎和合茶具	尺寸不一	230,000	中国嘉德	2011.5.22
和田玉雕灵芝纹如意	长40cm	50,000	印千山	2011.6.3
和田青白玉龙纹如意	长36.6cm	112,000	辽宁建投	2011.5.11
当代 白籽玉事事如意	长7.5cm	390,000	浙江民和	2011.8.14
碧玉籽料如意	长42cm	156,800	安华白云	2011.3.6
碧玉嵌百宝“乾隆”刻款螭龙纹如意	长35.5cm	50,400	山东大成	2011.5.7
白玉云龙纹如意	长39.5cm	92,000	中国嘉德	2011.9.17
白玉如意件	长19cm	58,098	香港富得	2011.4.9
白玉俏色雕佛手事事如意摆件	长57cm	140,000	中都国际	2011.3.13
白玉嵌百宝福寿纹如意	长31.5cm	57,500	中国嘉德	2011.12.17
白玉福寿如意摆件	长30cm	201,600	北京博观	2011.6.12
白玉雕灵芝如意	长27cm	50,400	北京荣宝	2011.8.13

2011玉器拍卖成交汇总

(成交价RMB：5万元以上)

拍品名称	尺寸	成交价RMB	拍卖公司	拍卖日期
白玉八宝福寿纹如意	长49cm	149,500	中国嘉德	2011.3.19
19世纪 青玉刻暗八仙如意	长44.5cm	80,640	云南典藏	2011.5.14
玉雕诗文松树人物如意	长28.5cm	172,500	北京翰海	2011.12.18
玉佛手				
清乾隆 白玉佛手	长19.5cm	2,539,305	纽约佳士得	2011.3.24
清乾隆 白玉雕佛手摆件	高9.8cm	690,000	北京匡时	2011.6.8
清中期 蜜蜡雕玉兰佛手摆件	长8.7cm	82,800	北京永乐	2011.11.15
清 青白玉雕佛手摆件	高16cm	402,500	北京保利	2011.12.8
清 黄玉圆雕佛手小摆件	高12cm	276,000	北京匡时	2011.6.8
清 白玉佛手摆件	长9cm	72,800	苏州东方	2011.4.28
清 白玉佛手摆件	长15.5cm	379,500	北京保利	2011.12.8
清 白玉雕佛手摆件	高15cm	80,500	北京匡时	2011.9.17
清 白玉带皮佛手	长7cm	56,000	江苏万达	2011.5.29
清 白玉带皮佛手	长9cm	56,000	上海新华	2011.6.25
白玉佛手摆件	长11.8cm	67,781	香港淳浩	2011.4.1
现代 白玉《佛手》	长8cm	201,600	海士德	2011.6.17
玉船				
清乾隆 白玉船形摆件	长16.5cm	460,000	北京匡时	2011.12.5
清乾隆 白玉船	长28cm	3,220,000	浙江钱塘	2011.12.4
清18世纪/19世纪 白玉龙船摆件	宽16.3cm	4,034,340	香港佳士得	2011.6.1
清19世纪 白玉舢舨摆件	宽6.1cm	68,006	香港佳士得	2011.6.1
清 白玉玉船摆件	长17.5cm	57,500	雍和嘉诚	2011.11.27
清 白玉船	长10.5cm	55,200	中国嘉德	2011.9.17
清 白玉雕龙舟	长38cm	1,760,000	北京中嘉	2011.1.9
玳瑁珊瑚船	高24cm	126,500	北京歌德	2011.6.3
玉山子				
宋 白玉褐黑色皮仙人灵龟纹山子	高11.6cm	943,000	北京保利	2011.6.6
宋 白玉褐黑皮提油人物纹山子	高9.4cm	805,000	北京保利	2011.6.6
金-元 青玉褐皮巧色龙纹湖石山子	长10.4cm	253,000	北京保利	2011.6.6
金-元 白玉褐皮提油巧色龙纹湖石玉山子	长4.9cm	310,500	北京保利	2011.6.6
金代 玉雕秋山山子	长12.8cm	1,840,000	古天一	2011.12.5
元-明 白玉雕仿灵璧石纹山子	长12cm	805,000	北京东正	2011.11.17
元 龟鹤延年仙人图白玉山子雕	长9.5cm	257,600	北京荣宝	2011.11.11
清初 蜜蜡山子	宽15.5cm	161,000	北京东正	2011.6.5
清初 “仪周珍藏”款菊花石山子摆件	高40cm	123,200	苏州东方	2011.4.28
清乾隆 御制白玉雕罗汉山子	高21.5cm	4,140,000	北京东正	2011.11.17
清乾隆 玉雕山水大山子	高23cm	494,500	中国嘉德	2011.9.17
清乾隆 青玉雕“御题鸡雏待饲图”御制诗山子	长26.3cm	2,643,880	香港苏富比	2011.4.8
清乾隆 青白玉高士松鹤山子	高12.5cm	115,000	北京保利	2011.12.8
清乾隆 青白玉雕携琴访友图山子	高9cm	92,000	北京匡时	2011.6.8
清乾隆 浅青玉“罗汉尊者”山子	高22cm	575,000	北京匡时	2011.9.17
清乾隆 黄玉高士小山子	高9cm	2,990,000	北京保利	2011.12.6
清乾隆 黄玉雕御题诗文罗汉山子	高12cm	322,000	北京东正	2011.6.5
清乾隆 黑白玉巧雕御制诗山子	长23cm	1,380,000	北京匡时	2011.6.8
清乾隆 白玉御制诗“人物山水”图山子	长19cm	1,229,320	香港苏富比	2011.4.8
清乾隆 白玉留皮婴戏山子	长17cm	4,370,000	北京保利	2011.12.6
清乾隆 白玉留皮山水山子	宽9cm	517,500	北京保利	2011.7.27
清乾隆 白玉留皮海屋添筹山子	宽20cm	896,000	北京保利	2011.1.15
清乾隆 白玉福禄寿山子	高16cm	1,150,000	北京保利	2011.6.5
清乾隆 白玉雕御题诗卓锡泉图山子	高15.5cm	2,300,000	中贸圣佳	2011.11.6
清乾隆 [illegible]山子		16,675,000	北京东正	2011.6.5

拍品名称	尺寸	成交价RMB	拍卖公司	拍卖日期
清乾隆 白玉雕西山高隐纹山子	高12.2cm	897,000	北京东正	2011.6.5
清乾隆 白玉雕松鹤老人山子	长8.6cm	828,000	北京东正	2011.11.17
清乾隆 白玉雕九阳消寒图山子连座	长31.5cm	1,150,000	北京匡时	2011.6.8
清乾隆 白玉雕高士雅集图山子	长9.5cm	368,000	北京歌德	2011.6.3
清中期 青白玉山水人物诗文山子	高24cm	5,175,000	北京翰海	2011.5.21
清中期 青白玉留皮松下高士山子	高26cm	1,012,000	北京保利	2011.4.17
清中期 白玉渔樵耕读山子摆件	高20cm	1,058,000	北京保利	2011.10.23
清中期 白玉携琴访友山子	高18.5cm	2,645,000	北京翰海	2011.11.19
清中期 白玉松下高士御题诗文山子	高11cm	920,000	北京翰海	2011.11.19
清中期 白玉松鹿鹤纹山子	长10.7cm	299,000	北京保利	2011.6.6
清中期 白玉山水人物纹山子	长9.5cm	126,500	中国嘉德	2011.12.17
清中期 白玉高士山子摆件	高15cm	713,000	北京保利	2011.7.27
清中期 白玉雕牧马图山子	长18.7cm	1,265,000	中国嘉德	2011.11.15
清中期 白玉雕鸣锣报喜山子	长12.5cm	218,500	北京匡时	2011.6.8
清18世纪/19世纪 白玉雕群仙贺寿山子	高16.7cm	569,160	香港佳士得	2011.6.1
清 竹林七贤白玉山子	高24cm	369,600	北京荣宝	2011.11.11
清 御题诗文达摩山子	高20cm	2,352,000	安华白云	2011.3.6
清 玉山子	长26.5cm	134,400	江苏万达	2011.5.29
清 玉刻人物山子	长13.8cm	145,600	十竹斋	2011.5.29
清 玉雕随形山子	高24cm	61,600	中贸圣佳	2011.4.29
清 玉雕访友图山子摆件	高12.5cm	150,000	中都国际	2011.6.12
清 玉雕访友图山子	高16.5cm	172,500	北京翰海	2011.11.19
清 英石山子连座	高43cm	80,500	苏州吴门	2011.6.12
清 叶蜡石鹿鹤同春山子	高23cm	190,400	云南典藏	2011.5.14
清 山水人物玉山子摆件	宽37cm	55,200	北京保利	2011.7.27
清 青玉秋山图山子雕	长12cm	134,400	北京荣宝	2011.11.11
清 青玉雕庭院人物雅集山子	长14cm	95,200	北京荣宝	2011.3.18
清 青金石御制诗山水人物山子	高30cm	69,000	北京歌德	2011.9.17
清 青金石雕五子祝寿图山子	高29cm	134,400	上海嘉泰	2011.6.30
清 青白玉洗象山子摆件	高12.5cm	172,500	中国嘉德	2011.5.23
清 青白玉山子	长11.5cm	149,500	朵云轩	2011.7.4
清 青白玉山水人物大山子	高40cm	313,600	上海新华	2011.6.25
清 青白玉人物山子	长14.5cm	253,000	北京保利	2011.7.27
清 青白玉老子出关图山子	长14cm	126,500	中国嘉德	2011.9.17
清 青白玉刻人物罗汉山子	长19cm	78,400	十竹斋	2011.5.29
清 琥珀随行山子	高16.5cm	51,750	北京匡时	2011.6.8
清 琥珀山子	高20cm	71,300	北京纳高	2011.7.6
清 和田青白玉山子	高22.5cm	517,500	荣宝斋	2011.11.25
清 碧玉山水楼阁诗文山子	长37cm	105,800	中国嘉德	2011.3.19
清 观音山子摆件	高20cm	3,682,000	浙江民和	2011.8.14
清 白玉仙鹤延年山子	宽22cm	468,720	香港佳士得	2011.6.1
清 白玉五福齐天山子	高19.3cm	336,000	浙江钱塘	2011.6.12
清 白玉松荫高士图山子	长19.8cm	112,700	中国嘉德	2011.6.18
清 白玉松下高士听泉山子	长18cm	168,000	长风拍卖	2011.1.20
清 白玉山子	高14.5cm	87,120	浙江民和	2011.8.14
清 白玉山水人物山子	高15cm	616,000	浙江钱塘	2011.6.12
清 白玉山水人物山子	高9cm	246,400	江苏万达	2011.5.29
清 白玉人物诗文山子	长6cm	57,500	北京保利	2011.12.8
清 白玉米芾拜石山子	高7.8cm	299,000	北京保利	2011.6.6
清 白玉镂雕秋山窥趣图山子	长13cm	294,700	香港苏富比	2011.4.8
清 白玉留皮巧雕诗文山子摆件	长10cm	690,000	上海大众	2011.8.25
清 白玉[illegible]山子	[illegible]	[illegible]	[illegible]	[illegible]
[illegible]	[illegible]	161,000	北京保利	[illegible]
[illegible]	[illegible]	[illegible]	[illegible]	[illegible]

拍品名称	尺寸	成交价RMB	拍卖公司	拍卖日期
清 白玉雕瑶台祝寿山子	高17.5cm	2,070,000	上海大众	2011.8.25
清 白玉雕仙山访友山子	高13cm	448,000	北京荣宝	2011.3.18
清 白玉雕松下高士纹山子	高10cm	89,600	北京荣宝	2011.3.18
清 白玉雕山子	高24.5cm	1,150,000	江苏省拍	2011.12.10
清 白玉雕山水人物山子摆件	高23cm	828,000	福建拍卖	2011.7.2
清 白玉雕三老图山子	长67.5cm	275,000	北京中嘉	2011.1.9
清 白玉雕人物故事纹山子	高8.5cm	64,960	天津文物	2011.11.12
清 白玉雕牧牛图山子	长18cm	1,495,000	中贸圣佳	2011.11.6
清 白玉雕梅花山子	长14c	86,250	江苏省拍	2011.12.10
清 白玉雕麻姑献寿山子	长69cm	1,210,000	北京中嘉	2011.1.9
清 白玉雕鹤鹿长青山子	长9.5cm	115,000	北京匡时	2011.6.8
清 白玉雕18世纪罗汉山子	长60.5cm	165,000	北京中嘉	2011.1.9
清 白玉达摩渡海山子	宽18.5cm	322,000	荣宝斋	2011.11.25
清 白玉八仙山子摆件	长11.5cm	287,500	雍和嘉诚	2011.11.27
清 白玛瑙丛芝形山子	长15.4cm	57,500	北京诚轩	2011.5.22
清 “被褐怀玉”石山子	高41.5cm	92,000	中国嘉德	2011.11.15
清18世纪 带皮白玉山子	高16.8cm	3,012,345	纽约佳士得	2011.3.24
19世纪 白玉雕人物山子摆件	长14.5cm	100,800	云南典藏	2011.5.14
民国 青金石山子摆件	通高29.3cm	138,000	西泠拍卖	2011.7.19
民国 青白玉山水人物大山子	高38cm	728,000	上海新华	2011.6.25
民国 蜜蜡山子	高9cm	98,900	北京歌德	2011.9.17
白田薄意喜上梅梢小山子	高4cm	672,000	琴岛荣德	2011.12.10
白玉雕老子出关山子	高13.5cm	235,200	北京荣宝	2011.8.13
白玉雕御题诗文人物山子	长24cm	1,008,000	北京翰海	2011.4.9
白玉高浮雕松下人物山子摆件	高25cm	77,000	中都国际	2011.8.28
白玉留皮松下高士山子	长13cm	86,250	北京保利	2011.7.27
白玉镂雕牛郎织女题诗山子	高24cm	73,600	香港普艺	2011.9.24
白玉巧雕山水人物山子	高23cm	287,500	北京九歌	2011.6.10
碧玉雕“高山流水”摆件	高18cm	100,800	山东大成	2011.9.29
碧玉山子	长20cm	134,400	北京博观	2011.6.12
碧玉山子	高26cm	57,500	中国嘉德	2011.6.18
车绍国雕和田青白玉踏雪寻梅山子	高22cm	224,000	辽宁志和	2011.4.16
车绍国雕和田青花玉金蟾报喜山子	长23cm	201,600	辽宁志和	2011.4.16
崔磊苏然 钟馗嫁妹 白玉山子	高12.8cm	667,000	西泠拍卖	2011.7.16
20世纪 和田红皮玉“高士爱鹅”山子	高12cm	437,000	上海嘉泰	2011.10.17
樊军民 采芝图白玉山子	长10cm	345,000	西泠拍卖	2011.7.16
顾永骏 月是故乡明白玉山子	长13.2cm	172,500	西泠拍卖	2011.7.16
和田白玉雕高山流水山子	高14.5cm	63,250	中贸圣佳	2011.11.6
和田青籽料山水人物山子摆件	高28cm	706,350	中博文化	2011.7.10
和田玉松荫对弈图山子	高25cm	2,912,000	北京博观	2011.6.12
和田玉籽料访友图小山子	高6.6cm	50,400	北京博观	2011.11.25
和田玉籽料江南早春山子	长15cm	58,240	北京博观	2011.11.25
和田玉籽料曲径通幽山子	长9.5cm	89,600	北京博观	2011.11.25
和田籽料雕婴戏纹山子摆件	长26cm	3,920,000	蓝天国拍	2011.11.25
和田籽玉 雄关山子		89,600	江苏爱涛	2011.5.8
和田籽玉雕佛像大山子	长31cm	1,120,000	琴岛荣德	2011.12.10
和阗仔料山子	高17cm	291,200	安华白云	2011.3.6
旧青玉雕老子出关玉山子摆件	宽50cm	494,500	北京保利	2011.10.22
旧玉“距肆庄栗”山子	长15cm	89,600	琴岛荣德	2011.12.10
绿松石山子	长50cm	60,480	上海嘉泰	2011.4.1
牧龙作薄意遥指杏花村山子	高9cm	224,000	琴岛荣德	2011.12.10
青白玉山水人物山子摆件	高16.5cm	56,000	中鸿信	2011.6.26
青金石雕松山隐士图御题诗文山子	高18cm	62,000	印千山	2011.6.3
王平 和田玉山子	长18cm	560,000	北京博观	2011.6.12
现代 和阗玉籽料雕浣溪沙山子摆件	长15cm	134,400	山东大成	2011.9.29
现代 刘启刚制白玉巧雕春山独钓山子	长16cm	145,600	海士德	2011.6.17

拍品名称	尺寸	成交价RMB	拍卖公司	拍卖日期
岫玉18世纪罗汉山子	宽160cm	1,792,000	辽宁建投	2011.5.12
薛春梅 白玉雕溪山放鹤山子	高36cm	896,000	北京荣宝	2011.11.11
张庆强 观瀑图 青花玉山子	高17.6cm	230,000	西泠拍卖	2011.7.16
张庆强 坐看云起时 青花玉山子	带座高17cm	3,450,000	西泠拍卖	2011.7.16
陈设人物件				
商代 青白玉跪人(一对)	通高8.5cm	1,650,000	北京中嘉	2011.1.9
商代 青白玉跪人	高16.5cm	2,530,000	北京中嘉	2011.1.9
商代 白玉跪人(一对)	通高13cm	2,530,000	北京中嘉	2011.1.9
三星堆文化 神人捧圭摆件	高27.5cm	308,000	北京中嘉	2011.1.9
三星堆文化 神人捧璧摆件	高27.7cm	308,000	北京中嘉	2011.1.9
三星堆文化 神人摆件(一对)	通高19cm	3,520,000	北京中嘉	2011.1.9
三星堆文化 青黄玉神人立件(一对)	通高26.5cm	20,000,000	北京中嘉	2011.1.9
战国 青白玉天子巡游马车(一组20件)	通高22cm	1,980,000	北京中嘉	2011.1.9
汉 青玉说唱俑(一组八件)	通高4.5cm	650,000	北京中嘉	2011.1.9
汉 青玉神人祭祀摆件(一组四件)	通高17.2cm	440,000	北京中嘉	2011.1.9
汉 青黄玉仙人乘兽摆件	长21.5cm	176,000	北京中嘉	2011.1.9
汉 青白玉舞人螭纹出廓(一对)	通长32.5cm	1,760,000	北京中嘉	2011.1.9
汉 青白玉舞乐场景编钟(一套31件)	通高41cm	660,000	北京中嘉	2011.1.9
汉 青白玉舞乐摆件(一套28件)	通高11.8cm	726,000	北京中嘉	2011.1.9
汉 青白玉仕女立件(一对)	通高25.5cm	308,000	北京中嘉	2011.1.9
汉 仿古青玉仕女立像	高20cm	50,000	红太阳	2011.5.28
汉 白玉舞人	长7cm	63,800	北京中嘉	2011.1.9
汉 白玉舞人	长6.7cm	55,000	北京中嘉	2011.1.9
唐代 青玉乐人(一组九件)	通高19cm	748,000	北京中嘉	2011.1.9
唐代 青玉反弹琵琶玉飞天(一对)	通长29cm	165,000	北京中嘉	2011.1.9
唐代 青白玉仕女化妆摆件	高21.5cm	308,000	北京中嘉	2011.1.9
唐代 青白玉教子摆件	高22.3cm	363,000	北京中嘉	2011.1.9
唐代 白玉文官仕女摆件	高23.5cm	638,000	北京中嘉	2011.1.9
唐代 白玉仕女读书摆件	高12.8cm	308,000	北京中嘉	2011.1.9
唐代 白玉仕女摆件	高21.8cm	363,000	北京中嘉	2011.1.9
唐 白玉漆金双身像	高30cm	600,000	红太阳	2011.5.28
唐宋期 和田白玉玉佛	长5.1cm	65,688	澳门中信	2011.11.25
五代-宋 白玉雕天人立像	高5.5cm	291,200	古天一	2011.6.4
辽—金 白玉飞天	长7.6cm	172,500	北京翰海	2011.5.21
宋-元 玉巧雕倚卧童子	长6cm	582,400	古天一	2011.6.4
宋 旧玉麒麟童子摆件	高4.6cm	78,400	上海新华	2011.6.25
宋 白玉击鼓童子	长4.4cm	168,000	苏州东方	2011.4.28
宋 白玉红沁雕持瓶童子	高6cm	57,500	上海大众	2011.8.25
宋 白玉雕羲之爱鹅摆件	长6cm	92,000	上海大众	2011.8.25
元/明 白玉人物摆件	高7cm	1,387,200	香港佳士得	2011.11.30
元 白玉文士	高3.3cm	56,000	北京荣宝	2011.11.11
元 白玉雕执卷观音像	高12cm	460,000	中拍国际	2011.7.17
明早期 青白玉雕飞天	长8.5cm	138,000	江苏省拍	2011.12.10
明初 白玉雕释迦牟尼佛像	高19cm	3,220,000	北京东正	2011.6.5
明 玉雕无量寿佛	高11.6cm	89,600	天津文物	2011.5.13
明 青玉招财进宝摆件	长61.5cm	440,000	北京中嘉	2011.1.9
明 青玉文官像	高7cm	115,000	北京保利	2011.12.8
明 旧玉雕伏虎罗汉摆件	高10.5cm	92,000	北京翰海	2011.12.18
明 黄玉雕高士像	高15.1cm	2,530,000	北京东正	2011.11.17
明 白玉坐莲如来佛像	高4.8cm	379,500	北京保利	2011.10.23
明 白玉坐莲菩萨像	高5.6cm	230,000	北京保利	2011.6.6
明 白玉坐莲花童子像	高5.5cm	55,200	北京保利	2011.10.23
明 白玉坐佛像	高3.6cm	460,000	北京保利	2011.6.6
明 白玉竹林观音坐像	高9.5cm	460,000	北京保利	2011.6.6
明 白玉仙童(一对)	高9cm	448,500	北京保利	2011.12.6
明 白玉立莲双童子拜观音像	高4.7cm	92,000	北京保利	2011.6.6
明 白玉刻仕女立件	高15cm	168,000	十竹斋	2011.5.29
明 白玉伏虎神像	长3cm	310,500	北京保利	2011.10.23
明 白玉飞天童子	高8cm	56,000	北京荣宝	2011.11.11
明 白玉雕吉庆如意童子	高5.5cm	207,000	北京东正	2011.11.17
明 白玉雕和合二仙造像摆件	高9.8cm	126,500	福建拍卖	2011.7.2

2011玉器拍卖成交汇总

(成交价RMB：5万元以上)

拍品名称	尺寸	成交价RMB	拍卖公司	拍卖日期
明 白玉雕佛像	高4cm	67,200	天津文物	2011.11.12
清初 珊瑚雕观音坐像	高7.3cm	101,200	北京歌德	2011.6.3
清初 白玉带皮卧童	长5.2cm	67,200	上海新华	2011.6.25
清康熙 白玉渔翁	高9.8cm	598,000	北京保利	2011.12.6
清康熙 白玉童子献花	高14.5cm	2,645,000	北京保利	2011.12.6
清康熙 白玉雕无量寿佛像	高11.3cm	5,750,000	北京东正	2011.11.17
清早期 雄晶雕自在观音像	像高4cm	92,000	西泠拍卖	2011.7.18
清早期 白玉圆雕持荷童子摆件连紫檀座	长9.5cm	218,500	北京匡时	2011.6.8
清早期 白玉胡人献宝	高6.5cm	69,000	北京保利	2011.12.8
清早期 白玉东方朔像	高10cm	138,000	北京保利	2011.7.26
清早期 白玉雕招财童子	高8.2cm	313,600	古天一	2011.6.4
清早期 白玉雕童子牧牛摆件	长5cm	51,750	北京匡时	2011.6.8
清乾隆 御制仿汉仙人骑羊	长15cm	4,600,000	北京保利	2011.6.6
清乾隆 玉雕巴那塔嘎尊者	高11cm	345,000	北京诚轩	2011.5.22
清乾隆 羊脂白玉弥勒佛	高6.8cm	1,265,000	浙江钱塘	2011.12.4
清乾隆 青玉胡人献寿	长7cm	173,330	浙江民和	2011.8.14
清乾隆 青白玉渔家乐摆件	长22cm	690,000	北京保利	2011.6.6
清乾隆 碧玉佛坐像原配白玉背光莲花座及掐丝珐琅底座	高30cm	6,900,000	北京保利	2011.6.5
清乾隆 白玉籽料留皮芭蕉美人摆件	高6cm	1,725,000	北京保利	2011.12.6
清乾隆 白玉圆雕寿星童子摆件	高7.5cm	552,000	北京匡时	2011.6.8
清乾隆 白玉如意童子	高3cm	84,000	北京荣宝	2011.11.11
清乾隆 白玉胡人献宝摆件	高8.8cm	144,050	台北富博斯	2011.12.18
清乾隆 白玉胡人戏狮摆件	长14cm	1,955,000	北京保利	2011.12.6
清乾隆 白玉佛陀坐像	高18.5cm	2,258,873	台北富博斯	2011.12.18
清乾隆 白玉雕午马像	高4cm	80,500	上海大众	2011.8.25
清乾隆 白玉雕童子戏牛摆件(一对)	长5cm	287,500	北京东正	2011.6.5
清乾隆 白玉雕童子戏鹅摆件	高6.5cm	805,000	中贸圣佳	2011.11.6
清乾隆 白玉雕童子(一组三件)	尺寸不一	172,500	北京东正	2011.6.5
清乾隆 白玉雕太白醉酒摆件	高4.5cm	92,000	中贸圣佳	2011.11.6
清乾隆 白玉雕苏东坡人物摆件	高16.2cm	1,035,000	北京东正	2011.11.17
清乾隆 白玉雕守业童子纹诗筒	高9cm	667,000	北京东正	2011.11.18
清乾隆 白玉雕仕女行舟摆件连座	长17cm	368,000	北京匡时	2011.6.8
清乾隆 白玉雕人物纹摆件	高5.6cm	172,500	北京东正	2011.11.18
清乾隆 白玉雕木马童子挂件	高6cm	51,750	北京东正	2011.6.5
清乾隆 白玉雕耄耋童子纹摆件	重7cm	322,000	北京东正	2011.11.18
清乾隆 白玉雕和合二仙摆件	高7cm	184,000	北京匡时	2011.6.8
清乾隆 白玉雕和合二仙摆件	高6.5cm	101,200	江苏省拍	2011.12.10
清乾隆 白玉“玉莲瓣观音赞”御制诗山子	长16cm	6,079,240	香港苏富比	2011.4.8
清乾隆 雕和合二仙	高6.3cm	363,936	澳门中信	2011.11.25
清中期 玉雕翁童摆件	高8.6cm	51,750	北京翰海	2011.5.21
清中期 玉雕鹿寿仙翁摆件	长15cm	126,500	北京九歌	2011.6.10
清中期 三色玉巧雕载来花甲摆件	长10cm	345,000	中国嘉德	2011.3.19
清中期 青白玉人物摆件	高11.5cm	74,750	北京保利	2011.4.17
清中期 青白玉胡人洗象摆件	长9.2cm	138,000	中国嘉德	2011.9.17
清中期 黄玉持荷童子	高8.2cm	195,500	北京翰海	2011.11.19
清中期 碧玉雕释迦牟尼佛配白玉座	高27cm	805,000	北京东正	2011.11.17
清中期 黑白玉童子戏兽	高3cm	224,000	长风拍卖	2011.1.20
清中期 黑白玉童子戏牛	长4.3cm	106,400	长风拍卖	2011.1.20
清中期 白玉圆雕仙翁祝寿摆件	高15.5cm	517,500	北京匡时	2011.6.8
清中期 白玉圆雕人物摆件	高8cm	115,000	北京匡时	2011.6.8
清中期 白玉圆雕胡人戏狮摆件	高14cm	322,000	北京匡时	2011.6.8
清中期 白玉渔翁摆件	高8cm	115,000	长风拍卖	2011.6.11
[illegible]	[illegible]	[illegible]	长风拍卖	2011.1.20
[illegible]	[illegible]	92,000	北京翰海	2011.11.19

拍品名称	尺寸	成交价RMB	拍卖公司	拍卖日期
清中期 白玉童子捧鹅卧像	长8cm	575,000	中国嘉德	2011.11.15
清中期 白玉刘海戏金蟾	高4.5cm	92,000	北京东正	2011.6.5
清中期 白玉刘海戏蟾摆件	高8cm	115,000	北京翰海	2011.5.21
清中期 白玉济公活佛(一尊)	高11.6cm	324,800	上海国拍	2011.12.16
清中期 白玉欢天喜地	高3.8cm	69,000	北京保利	2011.12.8
清中期 白玉高士乘舟摆件	长16cm	115,000	北京保利	2011.7.27
清中期 白玉高士摆件	长14cm	69,000	北京保利	2011.10.23
清中期 白玉高士摆件	长7.5cm	51,750	北京保利	2011.4.17
清中期 白玉佛	高10cm	230,000	长风拍卖	2011.6.21
清中期 白玉东方朔立像	高18cm	345,000	北京保利	2011.4.17
清中期 白玉雕童子瑞兽摆件	高11cm	172,500	北京匡时	2011.12.5
清中期 白玉雕牧牛童子摆件	长5.5cm	168,000	古天一	2011.6.4
清中期 白玉雕榴开百子纹牌 童子击鼓纹摆件	尺寸不一	94,300	北京东正	2011.11.17
清中期 白玉雕胡人献宝摆件	高7cm	138,000	北京匡时	2011.6.8
清中期 白玉雕和合童子	长7.5cm	149,500	中贸圣佳	2011.11.6
清末 红珊瑚弥勒佛	高14cm	299,000	荣宝斋	2011.11.25
清末 红珊瑚雕观音	高20cm	299,000	荣宝斋	2011.11.25
清18世纪 白玉圆雕和合二仙乘槎摆件	长14.7cm	437,000	北京匡时	2011.12.5
清18世纪 白玉天下太平摆件	高10.4cm	8,051,940	香港佳士得	2011.6.1
清18世纪 白玉“耆老童子”	高5cm	287,000	香港苏富比	2011.10.5
清17世纪末 青白玉童子牧牛	长11cm	7,897,960	香港苏富比	2011.4.8
清17世纪／18世纪 白玉“持荷童子”	高6.8cm	112,750	香港苏富比	2011.10.5
清 玉寿星	高10.5cm	988,740	浙江民和	2011.8.14
清 玉巧雕魁星点斗摆件	高9cm	448,000	古天一	2011.6.4
清 玉弥勒佛坐像	高16cm	149,500	广州艺拍	2011.6.12
清 羊脂白玉和合二仙摆件	高27.2cm	253,000	北京中嘉	2011.1.9
清 血珀童子牧牛摆件	高7cm	69,000	中拍国际	2011.12.7
清 水晶达摩立像	高20cm	80,640	上海嘉泰	2011.4.1
清 双色玛瑙巧雕献寿图摆件	高6cm	57,500	北京匡时	2011.6.8
清 珊瑚逍遥童子	长8.9cm	67,200	苏州东方	2011.4.28
清 珊瑚童子拜观音	高22cm	184,000	中国嘉德	2011.5.23
清 珊瑚侍女	高20cm	189,750	上海博海	2011.10.29
清 珊瑚仕女摆件	高15.5cm	172,500	北京保利	2011.12.7
清 珊瑚仕女	高28.2cm	322,000	浙江钱塘	2011.12.4
清 珊瑚仕女	高23cm	134,400	长风拍卖	2011.1.20
清 珊瑚福禄寿三星摆件	高36cm	299,000	上海博海	2011.10.29
清 珊瑚雕童子拜观音摆件	高24.5cm	184,000	北京保利	2011.12.7
清 珊瑚雕送子观音摆件	高14.3cm	67,200	北京荣宝	2011.3.18
清 珊瑚雕仕女像	高23cm	134,400	北京翰海	2011.4.9
清 珊瑚雕仕女童子摆件	高21cm	172,500	北京匡时	2011.6.8
清 珊瑚雕仕女花卉摆件	高21cm	253,000	福建拍卖	2011.7.3
清 珊瑚雕仕女摆件	高46cm	667,000	北京东正	2011.11.17
清 珊瑚雕仕女摆件	高24cm	580,000	中都国际	2011.6.12
清 珊瑚雕仕女摆件	高30cm	123,200	辽宁建投	2011.5.11
清 珊瑚雕仕女摆件	高18cm	97,750	北京歌德	2011.6.3
清 珊瑚雕人物乘槎	长17.5cm	97,750	古天一	2011.12.5
清 珊瑚雕人物摆件	高18.5cm	425,500	北京匡时	2011.6.8
清 珊瑚雕群童戏弥勒摆件	长14.5cm	207,000	福建拍卖	2011.7.3
清 珊瑚雕南海观音像	高29.5cm	782,000	北京东正	2011.6.5
清 珊瑚雕观音像摆件	高17.5cm	115,000	江苏省拍	2011.12.10
清 珊瑚雕观音立像	高13.4cm	57,500	北京歌德	2011.4.24
清 珊瑚雕二娇摆件	高26.4cm	138,000	北京歌德	2011.6.3
清 洒金白玉雕观音大士立像	高32.5cm	460,000	上海嘉泰	2011.10.17
清 青玉雕观音菩萨像	高27cm	230,000	中贸圣佳	2011.11.6
清 青玉达摩摆件	高36.5cm	385,000	北京中嘉	2011.1.9
清 青金石雕山居图摆件	长20cm	67,200	中贸圣佳	2011.4.29
清 青黄玉达摩摆件	高30cm	550,000	北京中嘉	2011.1.9
清 青白玉执莲观音摆件	高24cm	2,240,000	江苏万达	2011.5.29
清 青白玉仙人乘槎	长23cm	1,008,000	浙江钱塘	2011.6.12
清 青白玉洗象摆件	高8cm	51,750	北京保利	2011.4.17
[illegible]	高12cm	[illegible]	上海新华	2011.6.25
[illegible]	尺寸不一	71,674	[illegible]	2011.7.30
[illegible]	[illegible]	[illegible]	[illegible]	[illegible]

拍品名称	尺寸	成交价RMB	拍卖公司	拍卖日期
清 青白玉牧牛童子摆件	长16cm	1,344,000	江苏万达	2011.5.29
清 青白玉荷花童子摆件	高27cm	201,600	江苏万达	2011.5.29
清 青白玉过桥图摆件	长38cm	3,200,000	北京中嘉	2011.1.9
清 青白玉观音	高17cm	50,400	山东大成	2011.9.29
清 青白玉雕渔家乐船形摆件	长19cm	179,200	蓝天国拍	2011.6.24
清 青白玉雕童子击鼓镇	高2.7cm	69,000	北京保利	2011.12.6
清 青白玉雕四臂观音像	高19cm	138,000	北京纳高	2011.7.6
清 青白玉雕刘海戏金蟾	高10cm	604,800	古天一	2011.6.4
清 青白玉雕大肚弥勒佛	宽12cm	56,000	江苏万达	2011.5.29
清 青白玉雕达摩摆件	高20.3cm	77,000	北京中嘉	2011.1.9
清 青白玉长眉罗汉坐像	高9.8cm	90,200	北京中嘉	2011.1.9
清 巧色玛瑙"妙笔生花"供	长14.5cm	90,720	上海嘉泰	2011.4.1
清 蜜腊送子观音摆件	11cm	67,200	天津文物	2011.5.13
清 弥勒佛	高13cm	126,500	北京容海	2011.10.24
清 绿松石雕荷花仙子戏麟儿摆件	高26.5cm	82,800	福建拍卖	2011.7.3
清 黄玉仙人乘槎摆件	长17cm	218,500	雍和嘉诚	2011.11.27
清 黄玉童子摆件	高6cm	69,000	北京容海	2011.10.24
清 黄玉巧雕罗汉摆件	高22.5cm	123,200	浙江佳宝	2011.6.23
清 黄玉雕一团和气摆件	高12cm	425,500	上海大众	2011.8.25
清红珊瑚童子婴戏摆件(金座)	高20.5cm	1,012,000	北京纳高	2011.7.6
清 红珊瑚僊女摆件		264,500	苏州吴门	2011.6.12
清 红珊瑚仕女童子摆件	高17cm	172,500	北京保利	2011.12.7
清 红珊瑚雕神仙人物故事图摆件	长28cm	504,000	苏州东方	2011.4.28
清 红珊瑚雕观音像摆件	高14.9cm	50,400	苏州东方	2011.4.28
清 红珊瑚雕观音摆件	高16cm	50,400	南京正大	2011.4.23
清 黑白玉雕胡人戏狮	高5.2cm	51,750	北京翰海	2011.5.21
清 和田玉雕观音坐像	高25cm	138,000	北京保利	2011.4.17
清 碧玉龛及白玉佛	高26cm	126,500	中国嘉德	2011.11.15
清 碧玉佛像	高22.3cm	69,000	中国嘉德	2011.9.17
清 碧玉雕佛像	高21cm	89,600	北京翰海	2011.9.18
清 碧玉雕18世纪罗汉	尺寸不一	88,000	中都国际	2011.8.28
清 白玉雕深山访友图杯形摆件	高41.5cm	2,464,000	中贸圣佳	2011.4.29
清 白玉运财童子	长5.9cm	54,427	香港淳浩	2011.11.26
清 白玉圆雕关公立像	高67.5cm	4,025,000	北京匡时	2011.6.8
清 白玉渔翁童子摆件	高8.6cm	345,000	北京翰海	2011.5.21
清 白玉渔翁得利	高12cm	425,600	江苏万达	2011.5.29
清 白玉渔翁	高21cm	336,000	江苏万达	2011.5.29
清 白玉渔翁	高16cm	216,000	江苏万达	2011.5.29
清 白玉婴戏摆件	宽4.5cm	80,500	北京保利	2011.7.27
清 白玉休闲观音	高22cm	504,000	江苏万达	2011.5.29
清 白玉镶金菩萨像	高17cm	59,800	中国嘉德	2011.3.19
清 白玉童子献寿摆件	高14.5cm	161,000	雍和嘉诚	2011.11.27
清 白玉童子戏兔摆件	长5.5cm	138,000	北京保利	2011.6.6
清 白玉童子戏鹅	长3.9cm	75,072	香港淳浩	2011.11.26
清 白玉童子洗象摆件	高9.2cm	56,000	中拍国际	2011.6.5
清 白玉童子福禄摆件	高10cm	287,500	北京九歌	2011.6.10
清 白玉铁拐李	高6cm	56,000	北京荣宝	2011.11.11
清 白玉松鹿高士摆件	长13cm	138,000	北京保利	2011.7.27
清 白玉双童乘槎进宝图	长6.1cm	92,000	北京保利	2011.6.6
清 白玉寿星摆件	高10.5cm	97,750	北京保利	2011.7.27
清 白玉寿翁乘槎进桃贺寿摆件	长10.2cm	230,000	北京保利	2011.6.6
清 白玉释迦像	高20.5cm	230,000	北京保利	2011.12.7
清 白玉侍女像	宽7.3cm	184,000	北京保利	2011.10.23
清 白玉仕女立像	高12.8cm	103,500	北京翰海	2011.11.19
清 白玉神农大帝坐像	高8.8cm	4,140,000	北京保利	2011.6.6
清 白玉山水人物摆件	高17.5cm	392,000	江苏万达	2011.5.29
清 白玉三元摆件	长10.5cm	96,830	香港淳浩	2011.4.1
清 白玉人物山水摆件	长13.5cm	78,400	苏州东方	2011.4.28
清 白玉人物摆件	高8cm	537,600	江苏万达	2011.5.29
清 白玉人上人摆件	高10.5cm	350,000	浙江民和	2011.8.14
清 白玉人上人摆件	高5.5cm	74,750	中拍国际	2011.12.6
清 白玉牧牛童子	长12.5cm	313,600	江苏万达	2011.5.29
清 白玉罗汉	高14.6cm	140,400	琴岛荣德	2011.5.15

拍品名称	尺寸	成交价RMB	拍卖公司	拍卖日期
清 白玉留皮雕欢天喜地纹摆件	高6.5cm	89,600	天津文物	2011.5.13
清 白玉刘海戏金蟾像	高8.9cm	56,000	苏州东方	2011.4.28
清 白玉刘海戏金蟾摆件	高3cm	57,500	西泠拍卖	2011.7.18
清 白玉刘海戏金蟾	高5.3cm	57,500	荣宝斋	2011.11.25
清 白玉灵芝观音摆件	长28cm	201,600	江苏万达	2011.5.29
清 白玉胡人戏狮	高5.1cm	55,200	北京翰海	2011.5.21
清 白玉荷叶仙子	长6cm	56,000	江苏万达	2011.5.29
清 白玉和合童子摆件	高12.5cm	336,000	江苏万达	2011.5.29
清 白玉和合童子	宽9cm	67,200	江苏万达	2011.5.29
清 白玉和合二仙人物摆件	高12.5cm	96,800	北京中嘉	2011.1.9
清 白玉海水座立像观音	高19cm	253,000	苏州吴门	2011.6.12
清 白玉观音像连碧玉莲花座摆件	高21cm	460,000	上海崇源	2011.10.12
清 白玉观音山子摆件	高14cm	80,500	北京保利	2011.4.17
清 白玉观音立像	高22cm	195,500	北京保利	2011.10.22
清 白玉观音佛头像	长16cm	230,000	北京保利	2011.10.22
清 白玉观音	高48cm	495,000	北京中嘉	2011.1.9
清 白玉观音	高14.5cm	144,050	台北富博斯	2011.12.18
清 白玉东方朔坐像	高10.5cm	55,200	北京保利	2011.6.7
清 白玉雕坐佛	高15.5cm	287,500	中国嘉德	2011.11.15
清 白玉雕招财进宝摆件	高7cm	106,400	北京荣宝	2011.11.11
清 白玉雕五子登科摆件	长10cm	156,800	北京荣宝	2011.11.11
清 白玉雕无量寿佛	高19cm	2,645,000	北京保利	2011.6.7
清 白玉雕韦陀像	高33cm	968,000	北京中嘉	2011.1.9
清 白玉雕童子献寿纹瓶	17.5cm	179,200	天津文物	2011.11.12
清 白玉雕童子洗象摆件	长11cm	560,000	北京荣宝	2011.11.11
清 白玉雕太白醉酒摆件	长8.3cm	172,500	中贸圣佳	2011.11.6
清 白玉雕释迦牟尼像	高13cm	336,000	中贸圣佳	2011.4.29
清 白玉雕人物《咏梅》摆件	高13.3cm	172,500	福建拍卖	2011.7.2
清 白玉雕禄星摆件	高13cm	59,800	华艺国际	2011.12.11
清 白玉雕刘海戏金蟾	高9.5cm	56,000	东方艺都	2011.7.6
清 白玉雕莲花观音像	高19cm	2,817,500	上海大众	2011.8.25
清 白玉雕荷塘清趣纹摆件	高11.5cm	291,200	天津文物	2011.11.12
清 白玉雕和合二仙摆件	高15cm	187,000	北京中嘉	2011.1.9
清 白玉雕和合二仙摆件	高7.5cm	100,800	未来四方	2011.6.11
清 白玉雕观音立像	高19.5cm	253,000	北京匡时	2011.12.5
清 白玉雕东方朔献寿摆件	高10cm	168,000	天津文物	2011.11.12
清 白玉雕大肚佛摆件	高19cm	68,200	北京中嘉	2011.1.9
清 白玉雕八仙	长20cm	56,000	江苏万达	2011.5.29
清 白玉雕"福禄寿"摆件	长15cm	103,500	江苏省拍	2011.12.10
清 白玉带皮石榴童子	高5cm	58,240	上海新华	2011.6.25
清 白玉带皮巧雕刘海戏金蟾	长5cm	57,500	上海大众	2011.8.25
清 白玉达摩像	37cm	134,400	雍和嘉诚	2011.6.1
清 白玉持经罗汉	高13.5cm	575,000	荣宝斋	2011.11.25
清 白玉持荷童子	高6cm	195,500	北京翰海	2011.5.21
清 白玉持荷童子	高8cm	56,000	江苏万达	2011.5.29
清 白玉持荷童子	长7.5cm	56,000	浙江钱塘	2011.6.12
清 白玉持荷孩童	长8cm	56,000	江苏万达	2011.5.29
清 白玉长眉罗汉坐像	高19.5cm	55,000	北京中嘉	2011.1.9
清 白玉财神	高10cm	134,400	江苏万达	2011.5.29
清 白田山水人物雕件	高4.5cm	201,600	谷云轩	2011.4.22
民国 玉雕菩萨像	高29.3cm	57,500	中国嘉德	2011.3.19
民国 珊瑚雕仙女散花纹摆件	长47.5cm	1,725,000	北京东正	2011.11.17
民国 珊瑚雕童子拜观音摆件	高39.2cm	690,000	北京东正	2011.11.17
民国 珊瑚雕童子拜观音摆件	高22.1cm	345,000	北京东正	2011.6.5
民国 珊瑚雕提篮仕女立像	高29.7cm	280,000	北京永乐	2011.5.24
民国 珊瑚雕送子观音摆件	高39.5cm	805,000	北京东正	2011.11.17
民国 珊瑚雕仕女童子摆件	高15cm	100,800	浙江佳宝	2011.6.23
民国 珊瑚雕仕女摆件	高22.7cm	161,000	北京东正	2011.6.5
民国 珊瑚雕沉香救母纹摆件	高21.5cm	253,000	北京东正	2011.11.17
民国 珊瑚雕八仙摆件	长16.5cm	78,400	苏州东方	2011.4.28
民国 珊瑚布袋和尚	长11.7cm	51,750	北京匡时	2011.9.17
民国 青白玉雕仕女摆件	高20cm	165,760	蓝天国拍	2011.6.24
民国 红珊瑚送子观音像	高15.3cm	50,400	苏州东方	2011.4.28
民国 和田白玉运财童子	长7.55cm	56,304	澳门中信	2011.11.25

2011玉器拍卖成交汇总

(成交价RMB：5万元以上)

拍品名称	尺寸	成交价RMB	拍卖公司	拍卖日期
民国 和田白玉观音	高6cm	75,072	澳门中信	2011.11.25
卢开飞 大行普贤菩萨 白玉摆件	高8cm	287,500	西泠拍卖	2011.7.16
榴生百子 白玉摆件	高8.5cm	345,000	荣宝斋	2011.11.25
林东 大山晶观音立像	高12.4cm	201,600	琴岛荣德	2011.12.10
旧玉玉跪人	高12.5cm	78,400	太平洋	2011.6.18
近代 珊瑚雕寿星奉龙摆件		72,800	辽宁中正	2011.1.14
近代 珊瑚雕荷花莲自在观音摆件		190,400	辽宁中正	2011.1.14
近代 珊瑚雕观音立像摆件	高13cm	67,200	辽宁中正	2011.1.14
加官进爵 白玉摆件	高14.5cm	2,760,000	荣宝斋	2011.11.25
黄玉雕五子闹佛摆件	高19.5cm	56,000	未来四方	2011.6.11
红珊瑚仕女	高33cm	235,200	东方艺都	2011.7.6
红珊瑚雕花神摆件	高13.5cm	53,760	山东大成	2011.5.7
红珊瑚八仙人物摆件	长37cm	483,000	北京歌德	2011.9.17
和田留皮羊脂玉 坐相自在观音	高13cm	1,792,000	北京国信	2011.8.19
和田籽玉 西厢记摆件		985,600	江苏爱涛	2011.5.8
和田籽玉 观音		224,000	江苏爱涛	2011.5.8
和田籽玉 婀娜	高15.8cm	5,600,000	江苏爱涛	2011.5.8
和田籽料麻姑献寿摆件	高16cm	1,456,000	北京博观	2011.6.12
和田籽料福寿罗汉	高15cm	1,792,000	北京博观	2011.6.12
和田玉籽料弥勒摆件	高16cm	952,000	北京博观	2011.6.12
和田玉籽料刘海戏金蟾摆件	高9.2cm	257,600	北京博观	2011.6.12
和田玉仕女摆件	高18cm	246,400	北京博观	2011.6.12
和田玉俏色雕唐王戏贵妃摆件	高19.5cm	110,000	中都国际	2011.6.12
和田玉雕如意观音像	高17cm	80,000	印千山	2011.6.3
和田玉财神摆件	高14.8cm	1,064,000	北京博观	2011.6.12
和田白玉籽料观音山子	高11cm	75,000	红太阳	2011.5.28
和田白玉雕钟馗照镜摆件	高11cm	2,530,000	中贸圣佳	2011.11.6
和田白玉雕女人花	高6cm	862,500	中贸圣佳	2011.11.6
桂花黄 浮雕松下高士图摆件	高7cm	537,600	琴岛荣德	2011.12.10
观音	高56cm	280,000	上海中福	2011.8.7
观世音菩萨	高71cm	72,600	海南泰达	2011.3.27
谷胁 俊光 珊瑚普贤菩萨像	高15.5cm	337,132	伊斯特	2011.11.28
古玉兽面仙人像	高23cm	120,000	红太阳	2011.5.28
福佛 白玉摆件	高12.7cm	402,500	荣宝斋	2011.11.25
粉红珊瑚雕弥勒佛摆件	479克	103,500	北京九歌	2011.6.10
洞中观音山子摆件	高18cm	831,000	中博文化	2011.7.10
当代 弥勒摆件	高15cm	952,000	浙江民和	2011.8.14
藏佛 黄玉摆件	高10.8cm	184,000	荣宝斋	2011.11.25
布袋和尚	重191g	66,000	鼎时国际	2011.12.3
拨云见日 白玉摆件	高8.2cm	1,150,000	荣宝斋	2011.11.25
碧玉籽料观音	高48.5cm	162,400	安华白云	2011.3.6
青玉观音(带座独版)	高40cm	134,400	浙江永暄	2011.10.30
青白玉送子观音像	高23.5cm	138,000	中国嘉德	2011.9.17
珊瑚寿星童子摆件	高14.5cm	78,200	中国嘉德	2011.9.17
珊瑚仕女摆件	高20.4cm	71,300	中国嘉德	2011.9.17
珊瑚弥乐佛摆件	宽8cm	67,200	谷云轩	2011.4.22
珊瑚雕送子观音	高39cm	62,720	北京翰海	2011.9.18
珊瑚雕六手观音立像连座	高27cm	177,008	香港富得	2011.6.24
群童闹弥勒摆件	高50cm	253,000	中都国际	2011.8.28
水晶四臂观音摆件	高16cm	78,400	北京博观	2011.11.25
水晶释迦牟尼佛摆件	高13cm	50,400	北京博观	2011.11.25
水晶雕嵌宝白度母座像	高30cm	48,000,000	印千山	2011.6.3
双娇 白玉摆件	长14.7cm	7,475,000	荣宝斋	2011.11.25
紫玉观音立像 连座	高32cm	89,600	琴岛荣德	2011.12.10
籽玉雕庭院人物摆件	高16.cm	218,500	广州艺拍	2011.6.12
张克钊 转动的童年 独山玉摆件	高28cm	115,000	西泠拍卖	2011.7.16
张克钊 拽 独山玉摆件	高28cm	63,250	西泠拍卖	2011.7.16
张克钊 独山玉童年摆件	尺寸不一	103,040	北京博观	2011.6.12
玉随形雕如意观音摆件	长18.5cm	80,000	中都国际	2011.6.12
玉观音	高20cm	1,329,600	中博文化	2011.7.10
[illegible]	[illegible]	[illegible]	[illegible]	[illegible]
[illegible]	[illegible]	[illegible]	[illegible]	[illegible]

拍品名称	尺寸	成交价RMB	拍卖公司	拍卖日期
渔翁得利 白玉摆件	高12.2cm	345,000	荣宝斋	2011.11.25
现代 夏惠杰 白玉《欢天喜地》(一对)	高8.5cm×2	448,000	海士德	2011.6.17
现代 忤子辉 白玉《人王伏羲》	高9.3cm	212,800	海士德	2011.6.17
现代 孙有赓 白玉《观音》	高15cm	649,600	海士德	2011.6.17
现代 宋世义 白玉《花丝裸女》	高22cm	1,456,000	海士德	2011.6.17
现代 孟庆东 青花玉《玉女》	高6.5cm	89,600	海士德	2011.6.17
现代 刘启刚制白玉巧雕“未卜先知”	长8.5cm	313,600	海士德	2011.6.17
现代 刘启刚制白玉雕荷叶童子	长7.5cm	134,400	海士德	2011.6.17
现代 刘建新 碧玉《心中有佛》	直径5.8cm	56,000	海士德	2011.6.17
现代 和田玉籽料原石18世纪罗汉		414,400	辽宁志和	2011.4.16
现代 单春平 碧玉《荷香醉客》	长31cm	560,000	海士德	2011.6.17
现代 单春平 白玉《五子闹春》	高8cm	61,600	海士德	2011.6.17
现代 白玉雕绵绵子孙	长27cm	672,000	江苏万达	2011.5.29
现代 白玉雕孤山韵事摆件	长19cm	109,760	北京荣宝	2011.3.18
吴德升 天伦白玉摆件	高9.9cm	805,000	西泠拍卖	2011.7.16
吴德升 寿翁白玉摆件	高16cm	552,000	西泠拍卖	2011.7.16
吴德升 青史香尘白玉摆件	尺寸不一	10,350,000	西泠拍卖	2011.7.16
吴德升 和田玉籽料相拥摆件	高10.1cm	672,000	北京博观	2011.6.12
天女散花玉摆件	高29cm	415,500	中博文化	2011.7.10
倪洪平 钟馗摆件		134,400	北京荣宝	2011.11.11
倪洪平 童趣		61,600	北京荣宝	2011.11.11
倪洪平 净瓶观音摆件		123,200	北京荣宝	2011.11.11
倪洪平 和合二仙		78,400	北京荣宝	2011.11.11
倪洪平 长眉罗汉摆件		201,600	北京荣宝	2011.11.11
倪洪平 财神		56,000	北京荣宝	2011.11.11
白玉童子乘船摆件	长7cm	69,000	北京保利	2011.10.23
白玉送子观音像	高40cm	1,433,600	北京国信	2011.8.19
白玉寿星摆件	高8.5cm	334,800	香港佳士得	2011.6.1
白玉人物摆件	高4.5cm	126,500	北京保利	2011.10.23
白玉留皮童子戏船摆件	长14cm	80,500	中国嘉德	2011.3.19
白玉两而生四象(一对)	高4cm	141,450	香港拍得高	2011.10.6
白玉观音座像连座	高9cm	56,580	香港拍得高	2011.10.6
白玉观音像	高27cm	101,200	中国嘉德	2011.3.19
白玉观音像	长26cm	86,250	上海驰翰	2011.6.10
白玉观音像	高24.9cm	63,250	中国嘉德	2011.12.17
白玉观音(左手持珠)	高25cm	89,600	浙江永暄	2011.10.30
白玉伏虎罗汉像	高12cm	69,000	中拍国际	2011.12.6
白玉雕渔家乐摆件	长25cm	138,000	北京翰海	2011.12.18
白玉雕童子牧牛摆件	高8cm	156,800	中贸圣佳	2011.1.23
白玉雕松下童子摆件	长15cm	80,640	未来四方	2011.6.11
白玉雕如意观音像	高19.5cm	115,000	北京纳高	2011.7.6
白玉雕麻姑献寿摆件	高15cm	145,600	中贸圣佳	2011.1.23
白玉雕观音立像	高24.5cm	115,000	北京翰海	2011.12.18
白玉雕观音立像	高11.5cm	89,600	中鸿信	2011.6.26
白玉雕观音摆件	高13cm	89,600	未来四方	2011.6.11
白玉持莲如意观音	高21.5cm	322,000	北京纳高	2011.7.6
白玉持卷观音像	高20cm	207,000	中拍国际	2011.12.6
白玉“贵妃出浴”摆件	高7.2cm	470,400	山东大成	2011.9.29
白玉 五子登科		109,760	江苏爱涛	2011.1.16
白玉 童子闹佛	高20cm	3,360,000	江苏爱涛	2011.1.16
白玉 美人夜归	长32cm	1,120,000	江苏爱涛	2011.1.16
白玉 降龙罗汉		280,000	江苏爱涛	2011.1.16
白玉 贵妃出浴图	高23cm	4,256,000	江苏爱涛	2011.1.16
白玉 观音山	高17cm	3,136,000	江苏爱涛	2011.1.16
霸王别姬	高46cm	156,800	上海中福	2011.8.7
19世纪 珊瑚雕持扇仕女摆件	高18cm	126,500	北京歌德	2011.6.3
[illegible]	[illegible]	[illegible]	[illegible]	[illegible]
[illegible]	[illegible]	[illegible]	[illegible]	[illegible]

拍品名称	尺寸	成交价RMB	拍卖公司	拍卖日期
19世纪 珊瑚雕持荷仕女像	高19cm	74,750	北京歌德	2011.6.3
陈设动物件				
商-周 玉雕兽面凤鸟佩(三件)	尺寸不一	55,200	北京保利	2011.6.6
商代 青白玉虎食人摆件	高17cm	3,630,000	北京中嘉	2011.1.9
商 玉兽首	高2.5cm	69,000	北京翰海	2011.5.21
商 玉鸟(五件)	尺寸不一	82,800	北京翰海	2011.5.21
商 玉虎	长4.5cm	78,200	北京翰海	2011.5.21
齐家文化 玉鱼(一组十件)	通长10cm	1,100,000	北京中嘉	2011.1.9
战国 白玉螭纹蜷龙	长13.5cm	63,800	北京中嘉	2011.1.9
春秋 玉龙(五件)	尺寸不一	71,300	北京翰海	2011.5.21
春秋 青玉人面铭文觽	高21.3cm	198,000	北京中嘉	2011.1.9
西周 青玉鹰	长8cm	198,000	北京中嘉	2011.1.9
西周 青玉鹰	长10.8cm	187,000	北京中嘉	2011.1.9
西周 青白玉神兽	长11.5cm	165,000	北京中嘉	2011.1.9
西周 青白玉虎	长12.5cm	150,000	北京中嘉	2011.1.9
西周 白玉鸟摆件	长13cm	1,100,000	北京中嘉	2011.1.9
东汉 S型龙凤纹玉	长12.1cm	3,565,920	澳门中信	2011.11.25
汉 玉羊	长4cm	264,500	北京翰海	2011.5.21
汉 玉瑞兽摆件	高16.5cm	176,000	北京中嘉	2011.1.9
汉 青玉象驮猴摆件	高7.5cm	121,000	北京中嘉	2011.1.9
汉 青玉卧羊	高12cm	418,000	北京中嘉	2011.1.9
汉 青玉瑞兽摆件	长9cm	55,000	北京中嘉	2011.1.9
汉 青玉瑞兽(一对)	通长20.8cm	90,200	北京中嘉	2011.1.9
汉 青玉马上封侯摆件	高18cm	165,000	北京中嘉	2011.1.9
汉 青黄玉鸭(一对)	通高7.5cm	198,000	北京中嘉	2011.1.9
汉 青黄玉三羊开泰摆件	高11cm	462,000	北京中嘉	2011.1.9
汉青白玉天子巡游牛车(一组)	通高11.5cm	2,640,000	北京中嘉	2011.1.9
汉 青白玉马上封侯摆件	高15.5cm	132,000	北京中嘉	2011.1.9
汉 青白玉雕象驮猴摆件	高15cm	176,000	北京中嘉	2011.1.9
汉 青白玉螭纹龙形器	长20.5cm	88,000	北京中嘉	2011.1.9
汉 碧玉马(一对)	通高19.5cm	165,000	北京中嘉	2011.1.9
汉 白玉龙凤挂璧摆件	高13.5cm	209,000	北京中嘉	2011.1.9
唐/元 玉雕鸟首瑞兽	高5cm	73,675	香港苏富比	2011.4.8
宋元 玉兽	宽7cm	287,500	荣宝斋	2011.11.25
宋-元 黄玉雕辟邪摆件	长5.5cm	89,600	古天一	2011.6.4
宋 荔枝白玉马上封侯	长6cm	58,240	中拍国际	2011.6.5
宋 旧玉虎	长5.2cm	112,000	苏州东方	2011.4.28
宋 黄玉鼠	长6cm	138,000	上海大众	2011.8.25
宋 黄玉瑞兽摆件	长7cm	291,200	苏州东方	2011.4.28
宋 黄玉红沁犬	长6.5cm	896,000	浙江钱塘	2011.6.12
宋 古沁玉兔	长5.1cm	69,000	北京翰海	2011.5.21
宋 白玉喜鹊	长8cm	138,000	浙江钱塘	2011.12.4
宋 白玉天鹅	长4.4cm	186,352	香港淳浩	2011.7.30
宋 白玉沁色雕卧犬	7cm	89,600	天津文物	2011.11.12
宋 白玉留皮连年有余	长7.5cm	347,200	中拍国际	2011.6.5
辽金 玉卧鹿	长5.2cm	63,250	苏州吴门	2011.6.12
辽 白玉雕海冬青捕鹅	长7cm	156,800	北京翰海	2011.4.9
金-元 水晶伏卧犀牛	长5.7cm	86,250	北京保利	2011.6.6
金 玉雕芦雁	长4.2cm	437,000	古天一	2011.12.5
金 玛瑙兔	长3.3cm	80,500	中国嘉德	2011.3.19
元 玉雕洗马摆件	长12.5cm	172,500	中国嘉德	2011.9.17
元 青玉雕卧牛荷叶枕	高10.5cm	172,500	中拍国际	2011.7.17
元 青花玉羊	高6cm	67,200	北京荣宝	2011.11.11
元 青白玉鱼化龙摆件	高24.3cm	165,000	北京中嘉	2011.1.9
元 黄玉云纹辟邪	长8cm	201,600	北京荣宝	2011.11.11
元 黄玉鱼	长10.3cm	82,800	北京翰海	2011.5.21
元 黄玉马上翻身	高4.7cm	106,400	北京荣宝	2011.11.11
元 黄玉雕瑞兽摆件	长7cm	184,000	中贸圣佳	2011.11.6
元 白玉云雁	高4.5cm	168,000	北京荣宝	2011.11.11
元 白玉太狮少狮	高4cm	123,200	北京荣宝	2011.11.11
元 白玉瑞兽	高7.2cm	667,000	荣宝斋	2011.11.25
元 白玉雕和为贵	长9.5cm	747,500	北京东正	2011.6.5
元-明 黄玉卧犬	长5.9cm	55,200	北京保利	2011.10.23
元一明 白玉带沁瑞兽	长5cm	168,000	浙江钱塘	2011.6.12
元/明 青玉雕朱雀	长9cm	253,000	北京东正	2011.6.5

拍品名称	尺寸	成交价RMB	拍卖公司	拍卖日期
元/明 镂雕祥凤玉佩	高9.2cm	63,150	香港苏富比	2011.4.8
元/明 黄玉卧犬	长5cm	263,125	香港苏富比	2011.4.8
元/明 黄玉雕戏马	长7.5cm	920,000	北京东正	2011.6.5
元/明 黄玉雕喜鹊(一对)	尺寸不一	1,495,000	北京东正	2011.6.5
元/明 黄玉雕卧狗	长8.3cm	1,840,000	北京东正	2011.6.5
元/明 黄玉雕骆驼	长7.4cm	782,000	北京东正	2011.6.5
元/明 黄玉雕螭虎	长7.7cm	1,035,000	北京东正	2011.6.5
元/明 白玉雕瑞兔	长6.2cm	448,500	北京东正	2011.6.5
元/明 白玉雕母仪天下	长10.5cm	4,600,000	北京东正	2011.6.5
元/明 白玉雕鸠形仗首	长10cm	552,000	北京东正	2011.6.5
14世纪 白玉"衔莲宝鸭"	长8cm	823,280	香港苏富比	2011.10.5
明或更早 玉羊	长5cm	414,000	北京保利	2011.12.6
明初 白玉象	长5.5cm	168,000	北京荣宝	2011.11.11
明 玉卧狮	长8.9cm	126,500	北京翰海	2011.11.19
明 玉瑞兽	长5.2cm	57,500	北京翰海	2011.5.21
明 玉瑞兽	长8.6cm	51,750	北京翰海	2011.5.21
明 玉虎摆件	长10.8cm	138,000	中国嘉德	2011.11.15
明 玉雕祥凤	9.2cm	178,925	香港苏富比	2011.4.8
明 玉雕卧鼠暖手	长8.3cm	504,000	北京永乐	2011.5.24
明 玉雕卧马	长20cm	345,000	中国嘉德	2011.12.17
明 玉雕瑞兽摆件	宽27cm	299,000	北京保利	2011.4.17
明 玉雕梅花卧鹿	长9.5cm	345,000	北京保利	2011.12.6
明 群鹅戏水摆件	长15.5cm	150,000	中都国际	2011.6.12
明 青褐玉骆驼	长7cm	205,000	香港苏富比	2011.10.5
明 青白玉卧鹿	长5.5cm	149,500	北京保利	2011.6.6
明 青白玉沁色雕太狮少狮	长8.5cm	56,000	天津文物	2011.11.12
明 路路通玉雕摆件	高8.8cm	51,750	中国嘉德	2011.5.23
明 旧玉瑞兽	长9.5cm	138,000	中国嘉德	2011.6.18
明 旧玉瑞兽	长4.5cm	138,000	北京翰海	2011.5.21
明 旧玉瑞兽	长6cm	80,500	北京翰海	2011.5.21
明 旧玉雕卧马摆件	长12cm	345,000	北京保利	2011.6.6
明 灰白玉雕大象摆件	长12.5cm	115,000	上海大众	2011.8.25
明 黄玉圆雕瑞兽摆件连象牙座	长6.2cm	218,500	北京匡时	2011.12.5
明 黄玉圆雕瑞兽摆件	长7cm	575,000	北京匡时	2011.12.5
明 黄玉圆雕牛摆件	长8.5cm	943,000	北京匡时	2011.6.8
明 黄玉圆雕"双欢"摆件	长5cm	184,000	北京匡时	2011.6.8
明 黄玉卧犬摆件	长7cm	253,000	福建拍卖	2011.7.2
明 黄玉卧牛	长6.7cm	312,109	台北富博斯	2011.12.18
明 黄玉太狮少狮	长7cm	280,000	北京荣宝	2011.11.11
明 黄玉瑞兽	长4.9cm	421,000	香港苏富比	2011.4.8
明 黄玉狗	长11cm	483,000	北京保利	2011.6.5
明 黄玉雕蟹	长7.8cm	287,500	北京东正	2011.6.5
明 黄玉雕瑞兽	长7cm	598,000	北京东正	2011.6.5
明 黄玉雕连年有余	长11cm	1,725,000	北京翰海	2011.11.17
明 黄玉雕辟邪摆件	长5.2cm	552,000	北京东正	2011.11.17
明 黄玉蟾	长5.8cm	195,500	中国嘉德	2011.5.23
明 黄玉辟邪	长6.6cm	67,200	北京荣宝	2011.11.11
明 黑白玉巧雕瑞兽	长3.6cm	51,750	中国嘉德	2011.12.17
明 古玉双狮衔芝	高9.5cm	437,000	北京翰海	2011.11.19
明 白玉鸳鸯小摆件	长4.2cm	56,000	十竹斋	2011.5.29
明 白玉犀牛摆件	长4.5cm	172,500	北京保利	2011.6.6
明 白玉卧牛	长12cm	896,000	江苏万达	2011.5.29
明 白玉兔	长6.8cm	184,000	北京保利	2011.12.6
明 白玉太狮少狮摆件	长6.5cm	312,520	浙江民和	2011.8.14
明 白玉太狮少狮	长7.5cm	280,000	浙江钱塘	2011.1.9
明 白玉少狮太狮	长5.5cm	57,500	浙江钱塘	2011.12.4
明 白玉瑞兽衔芝	高6.6cm	287,500	北京翰海	2011.11.19
明 白玉瑞兽	长8.5cm	421,000	香港苏富比	2011.4.8
明 白玉瑞兽	长9cm	345,000	浙江钱塘	2011.12.4
明 白玉沁色雕瑞兽	长20cm	571,200	天津文物	2011.11.12
明 白玉沁色雕独占鳌头	长8.3cm	448,000	天津文物	2011.11.12
明 白玉巧色雕牛生麒麟	长5.6cm	115,000	北京东正	2011.6.5
明 白玉狸猫太子摆件	长6.2cm	103,500	中拍国际	2011.12.6
明 白玉虎	高5cm	246,400	浙江钱塘	2011.6.12
明 白玉红沁瑞兽	长7.5cm	207,000	上海大众	2011.8.25

(成交价RMB：5万元以上)

拍品名称	尺寸	成交价RMB	拍卖公司	拍卖日期
明 白玉红沁鹅衔荷花摆件	高6cm	322,000	上海大众	2011.8.25
明 白玉独占鳌头摆件	高5.5cm	106,400	长风拍卖	2011.1.20
明 白玉雕卧马	长6.6cm	368,000	北京东正	2011.6.5
明 白玉雕双欢	长6.5cm	460,000	北京东正	2011.6.5
明 白玉雕瑞兽	长7cm	195,500	北京东正	2011.11.17
明 白玉雕辈辈封侯	高5.5cm	51,750	华艺国际	2011.12.11
明中期 南玛瑙巧雕太狮少狮戏球	长7cm	138,000	北京保利	2011.6.6
明晚期 白玉雕龙纹出戟尊	高5.2cm	69,000	江苏省拍	2011.12.10
明末清初(17世纪) 青白玉大卧牛	长42.5cm	7,130,000	北京保利	2011.6.5
明末清初 青白玉鱼龙变化摆件	长8.3cm	74,750	北京保利	2011.4.17
清初 青白玉雕灵鹿	长8.5cm	230,000	北京东正	2011.6.5
清初 灰白玉双兽件	长8cm	174,455	香港拍得高	2011.10.6
清初 黄玉雕瑞兽	长8.5cm	1,380,000	北京东正	2011.6.5
清初 黄玉雕辟邪	长7.5cm	2,185,000	北京东正	2011.6.5
清初 白玉雕卧马背书摆件	长13cm	195,500	中贸圣佳	2011.11.6
清初 白玉雕太狮少狮摆件	长12cm	1,680,000	中贸圣佳	2011.4.29
清初 白玉雕双鹿衔灵芝摆件	长11.5cm	896,000	中贸圣佳	2011.4.29
清初 白玉雕双欢	长5.1cm	287,500	北京东正	2011.6.5
清初 白玉雕双欢	长5.2cm	94,300	北京东正	2011.6.5
清初 白玉雕双凤	长6.8cm	230,000	北京东正	2011.6.5
清初 白玉雕瑞兽	长6cm	345,000	北京东正	2011.6.5
清初 白玉雕麒麟托书	长9cm	1,035,000	北京东正	2011.6.5
清初 白玉雕麒麟送子摆件	长5.5cm	161,000	北京东正	2011.6.5
清初 白玉雕福禄寿	长6cm	575,000	北京东正	2011.6.5
清早期 青玉雕瑞狮戏球摆件	高7cm	402,500	北京匡时	2011.6.8
清早期 青白玉鸭形摆件	长17cm	84,000	北京保利	2011.1.15
清早期 黄玉圆雕瑞兽	长6.5cm	149,500	北京匡时	2011.6.8
清早期 黄玉留皮象	长11cm	230,000	北京保利	2011.7.26
清早期 黄玉留皮瑞兽	长6.7cm	667,000	中国嘉德	2011.6.18
清早期 黄玉雕瑞兽摆件	长5.6cm	105,800	福建拍卖	2011.7.2
清早期 白玉卧牛	长8cm	100,800	长风拍卖	2011.1.20
清早期 白玉天禄	高9cm	253,000	北京保利	2011.12.8
清早期 白玉瑞兽	长7cm	192,067	台北富博斯	2011.12.18
清早期 白玉瑞兽	长6cm	69,000	北京保利	2011.7.26
清早期 白玉留皮卧虎	长8cm	57,500	北京保利	2011.7.26
清早期 白玉雕海马负图摆件	长13cm	184,000	福建拍卖	2011.7.2
清康熙 白玉卧马	长10.5cm	736,000	北京保利	2011.12.6
清康熙 白玉雕鹅衔灵芝摆件	宽14.2cm	2,464,320	香港佳士得	2011.11.30
清康熙 白玉雕宝鸭衔莲	长15cm	3,220,000	北京东正	2011.6.5
清乾隆 御制青金石雕雄鹰立像	高8.6cm	441,208	香港苏富比	2011.4.8
清乾隆 玉雕神猿献寿摆件	高8.5cm	1,120,000	中贸圣佳	2011.4.29
清乾隆 青玉圆雕太狮少狮摆件	长18cm	195,500	北京匡时	2011.6.8
清乾隆 青玉双骏摆件	高7cm	985,600	浙江民和	2011.8.14
清乾隆 青白玉凤衔寿桃摆件	宽20.5cm	414,000	北京保利	2011.6.5
清乾隆 青白玉雕双马	长9.5cm	943,000	北京东正	2011.6.5
清乾隆 青白玉雕“福在眼前”双桃摆件连座	长17.5cm	195,500	北京匡时	2011.6.8
清乾隆 墨玉卧牛	长21cm	5,175,000	北京保利	2011.12.6
清乾隆 黄玉雕太师少师摆件	高6.5cm	313,600	中鸿信	2011.6.26
清乾隆 仿宋白玉卧犬供	长11cm	627,200	上海嘉泰	2011.4.1
清乾隆 仿汉白玉双熊	长6.5cm	920,000	北京保利	2011.12.6
清乾隆 白玉圆雕顾首马摆件	长4.5cm	115,000	北京匡时	2011.6.8
清乾隆 白玉圆雕“羊羊如意”摆件	长5.5cm	172,500	北京匡时	2011.12.5
清乾隆 白玉太平有象摆件	宽14cm	1,523,340	香港佳士得	2011.6.1
清乾隆 白玉双马摆件	长13.3cm	9,926,820	香港佳士得	2011.6.1
清乾隆 白玉双鹿摆件	长18cm	1,725,000	北京保利	2011.6.5
清乾隆 白玉双獾	长5cm	192,067	台北富博斯	2011.12.18
清乾隆 白玉神羊摆件	长8cm	1,955,000	北京保利	2011.6.6
清乾隆 白玉三羊开泰	长8cm	2,760,000	北京保利	2011.12.6
清乾隆 白玉三羊开泰	长7.5cm	690,000	北京保利	[illegible]
[illegible]	[illegible]	[illegible]	北京保利	[illegible]

拍品名称	尺寸	成交价RMB	拍卖公司	拍卖日期
清乾隆 白玉留皮瑞兽摆件	长7.5cm	322,000	北京保利	2011.4.17
清乾隆 白玉留皮福寿辟邪	长6.5cm	690,000	北京保利	2011.12.8
清乾隆 白玉留皮福禄摆件	高13.5cm	1,725,000	北京保利	2011.6.5
清乾隆 白玉灵猴献寿赏件	高7cm	768,267	台北富博斯	2011.12.18
清乾隆 白玉河洛负书摆件	长12.8cm	2,016,000	浙江钱塘	2011.6.12
清乾隆 白玉福寿摆件	长9.5cm	230,000	北京保利	2011.12.8
清乾隆 白玉凤衔牡丹摆件	高18cm	920,000	中国嘉德	2011.11.15
清乾隆 白玉凤持宝瓶摆件	高19.8cm	1,150,000	中国嘉德	2011.11.15
清乾隆 白玉雕子母瑞兽	高6.5cm	517,500	北京东正	2011.6.5
清乾隆 白玉雕酉鸡像	高5.6cm	690,000	北京东正	2011.6.5
清乾隆 白玉雕寅虎像	高5.6cm	575,000	北京东正	2011.6.5
清乾隆 白玉雕午马像	高6.1cm	402,500	北京东正	2011.6.5
清乾隆 白玉雕卧狗	长8cm	782,000	北京东正	2011.6.5
清乾隆 白玉雕未羊像	高5.8cm	667,000	北京东正	2011.6.5
清乾隆 白玉雕天鸡	长5.5cm	92,000	江苏省拍	2011.12.10
清乾隆 白玉雕四鱼纹瓦子	宽12.5cm	55,200	中国嘉德	2011.5.23
清乾隆 白玉雕巳蛇像	高5.3cm	287,500	北京东正	2011.6.5
清乾隆 白玉雕申猴像	高6.4cm	1,012,000	北京东正	2011.6.5
清乾隆 白玉雕三阳开泰	长8.5cm	287,500	北京东正	2011.6.5
清乾隆 白玉雕三羊开泰摆件	长14.8cm	437,000	中国嘉德	2011.5.23
清乾隆 白玉雕麒麟教子纹摆件	长13.5cm	2,300,000	北京东正	2011.11.17
清乾隆 白玉雕牛生麒麟	长9.7cm	1,552,500	北京东正	2011.6.5
清乾隆 白玉雕骆驼摆件	长13.5cm	1,840,000	福建拍卖	2011.7.2
清乾隆 白玉雕九龙壁摆件	长20cm	3,450,000	北京东正	2011.6.5
清乾隆 白玉雕角端	长8cm	1,955,000	北京东正	2011.6.5
清乾隆 白玉雕凤衔牡丹	长8.8cm	1,012,000	北京东正	2011.6.5
清乾隆 白玉雕丑牛像	高5cm	402,500	北京东正	2011.6.5
清乾隆 白玉雕辰龙像	高5.6cm	644,000	北京东正	2011.6.5
清乾隆 白玉雕蟾蜍	长5.3cm	368,000	北京东正	2011.6.5
清乾隆 白玉雕“三羊开泰”摆件	长10.3cm	3,622,500	江苏省拍	2011.12.10
清中期 玉双狮戏球	长5.4cm	86,250	北京翰海	2011.11.19
清中期 玉三羊开泰	长12cm	287,500	北京翰海	2011.11.19
清中期 玉雕双羊摆件	长7.8cm	504,000	古天一	2011.6.4
清中期 青白玉圆雕卧牛摆件	长28.5cm	1,035,000	北京匡时	2011.6.8
清中期 青白玉雕双鹤献瑞摆件	长16.5cm	437,000	中国嘉德	2011.11.15
清中期 青白玉雕凤穿牡丹摆件	10×15cm	69,000	北京歌德	2011.6.3
清中期 玛瑙雕鸳鸯戏荷摆件	长12cm	63,250	北京匡时	2011.6.8
清中期 黄玉双鱼摆件	长14.5cm	897,000	北京保利	2011.6.7
清中期 白玉圆雕喜蟹摆件	长10.5cm	287,500	北京匡时	2011.6.8
清中期 白玉圆雕瑞马、祥羊、双虎摆件	尺寸不一	632,500	北京匡时	2011.6.8
清中期 白玉渔家乐摆件	长17.5cm	2,070,000	北京翰海	2011.5.19
清中期 白玉渔家乐摆件	长18cm	345,000	中国嘉德	2011.5.23
清中期 白玉洋洋得意摆件	长13.2cm	2,300,000	北京翰海	2011.5.19
清中期 白玉仙鹤	高21.8cm	690,000	北京翰海	2011.11.19
清中期 白玉卧牛	长15.5cm	460,000	中国嘉德	2011.11.15
清中期 白玉岁岁平安摆件	宽9cm	51,750	北京保利	2011.10.23
清中期 白玉双欢	长6cm	63,250	北京翰海	2011.11.19
清中期 白玉双鹅摆件	长5cm	58,240	长风拍卖	2011.1.20
清中期 白玉狮子戏球	长19.7cm	816,500	北京翰海	2011.11.19
清中期 白玉三羊开泰摆件	长14.5cm	84,000	北京保利	2011.1.15
清中期 白玉洒金松鼠葡萄	高6cm	230,000	北京翰海	2011.11.19
清中期 白玉沁色鲤鱼跃龙门	高10cm	138,000	北京保利	2011.12.8
清中期 白玉马上封侯	长4.8cm	138,000	北京翰海	2011.11.19
清中期 白玉福禄封侯	高5.2cm	195,500	北京翰海	2011.5.21
清中期 白玉凤衔枝摆件	长6.4cm	126,500	北京翰海	2011.5.21
清中期 白玉凤衔枝摆件	长10.7cm	71,300	北京翰海	2011.5.21
清中期 白玉凤鸣岐山摆件	高16.5cm	368,000	北京东正	2011.6.5
清中期 白玉雕子母双欢	长7cm	448,500	北京东正	2011.6.5
清中期 白玉雕鱼形摆件	长25cm	1,064,000	云南典藏	[illegible]
[illegible]	[illegible]	[illegible]	[illegible]	[illegible]
[illegible]	[illegible]	[illegible]	[illegible]	[illegible]
[illegible]	长4.3cm	57,500	北京东正	2011.6.5

拍品名称	尺寸	成交价RMB	拍卖公司	拍卖日期
清中期 白玉雕太狮少狮摆件	长9cm	55,200	北京匡时	2011.6.8
清中期 白玉雕瑞兽	长5.4cm	92,000	北京东正	2011.6.5
清中期 白玉雕母子灵鹿摆件	长14.6cm	1,437,500	北京东正	2011.6.5
清中期 白玉雕鹅摆件	长6cm	224,250	江苏省拍	2011.12.10
清中期 白玉雕宝鸭穿莲摆件	长6cm	184,000	北京东正	2011.6.5
清中期 白玉雕“仙鹤仙桃”摆件	长9cm	184,000	江苏省拍	2011.12.10
清中期 白玉雕“福禄万代”摆件	高16.5cm	517,500	北京匡时	2011.6.8
清中期 白玉蝉栖花果	高6.2cm	161,000	北京翰海	2011.11.19
清18世纪/19世纪 青玉卧马	长28cm	1,532,440	香港苏富比	2011.4.8
清18世纪/19世纪 青玉水牛	长13.4cm	368,375	香港苏富比	2011.4.8
清18世纪/19世纪 青玉雕三足蟾蜍	长6cm	104,625	香港佳士得	2011.6.1
清18世纪/19世纪 白玉荷塘鸳鸯摆件	长11cm	770,040	香港佳士得	2011.6.1
清18世纪 黄玉瑞兽	长4cm	421,000	香港苏富比	2011.4.8
清18世纪 白玉子干支雕件	长5.1cm	199,975	香港苏富比	2011.4.8
清18世纪 白玉鸳鸯衔莲	长20cm	926,200	香港苏富比	2011.4.8
清18世纪 白玉英雄佩	长6.2cm	168,400	香港苏富比	2011.4.8
清18世纪 白玉双獾	宽5.2cm	104,625	香港佳士得	2011.6.1
清18世纪 白玉樵夫 连 白玉太狮少狮	尺寸不一	189,450	香港苏富比	2011.4.8
清18世纪 白玉胡人骑象	高2.5cm	294,700	香港苏富比	2011.4.8
清18世纪 白玉雕双鹿	宽17.2cm	3,230,820	香港佳士得	2011.6.1
清18世纪 白玉雕“年年有余”摆件	长15cm	805,000	北京匡时	2011.12.5
清18世纪 白玉“卧马”	长5cm	287,000	香港苏富比	2011.10.5
清 玉瑞兽	长8cm	105,800	北京翰海	2011.5.21
清 玉马上封侯摆件	6×6cm	80,500	广州艺拍	2011.6.12
清 玉高浮雕群猴献寿摆件	高27cm	88,000	中都国际	2011.8.28
清 玉雕双猴	高4.5cm	345,000	中国嘉德	2011.5.23
清 玉雕各式鱼(五件)	尺寸不一	51,750	北京保利	2011.4.17
清 玉雕福寿摆件	高10cm	57,500	北京歌德	2011.6.3
清 水晶兔	长8.2cm	92,000	北京保利	2011.6.6
清 珊瑚虬龙摆件	长24cm	128,800	长风拍卖	2011.1.20
清 三色玉巧雕群猴献寿	高8.5cm	368,000	古天一	2011.12.5
清 青玉卧牛摆件	长23cm	56,000	雍和嘉诚	2011.6.1
清 青玉留皮雕福寿双全纹摆件	长9cm	257,600	天津文物	2011.5.13
清 青玉雕卧牛大摆件	长36cm	253,000	北京保利	2011.4.17
清 青黄玉太平有象摆件	长16cm	218,500	中国嘉德	2011.11.15
清 青黄玉狮子舞绣球摆件	高24cm	330,000	北京中嘉	2011.1.9
清 青白玉竹节虾	长11cm	224,000	江苏万达	2011.5.29
清 青白玉圆雕卧牛摆件	高10.5cm	218,500	北京匡时	2011.6.8
清 青白玉卧马吐钱摆件	长7.5cm	57,500	北京保利	2011.6.6
清 青白玉太平有象摆件	高10cm；宽9cm	224,000	江苏万达	2011.5.29
清 青白玉双鹿衔枝摆件	长15cm	92,000	中国嘉德	2011.5.23
清 青白玉麒麟驮书供	高7cm	67,200	上海嘉泰	2011.6.30
清 青白玉留皮太平有象	长8cm	368,000	中国嘉德	2011.12.17
清 青白玉鹅	长5.8cm	92,000	中国嘉德	2011.6.18
清 青白玉雕麒麟送宝福禄摆件	长23cm	55,200	北京纳高	2011.7.6
清 青白玉雕马上封侯	长15cm	287,500	北京保利	2011.12.7
清 青白玉雕连年有余	长8.2cm	161,000	中国嘉德	2011.5.23
清 青白玉雕金蟾摆件	高7cm	165,000	北京中嘉	2011.1.9
清青白玉雕福禄万代纹摆件	长14.5cm	201,600	天津文物	2011.5.13
清 墨玉巧雕大吉羊	长6cm	112,000	浙江钱塘	2011.6.12
清 墨玉白玉巧雕双马摆件	直径16cm	67,200	中贸圣佳	2011.4.29
清 墨玉白玉巧雕封侯有寿摆件	长6.7cm	89,600	中贸圣佳	2011.4.29
清 蓝水晶鲤鱼摆件	高17.5cm	322,000	北京保利	2011.12.8
清 黄玉圆雕鸳鸯戏荷摆件	长9.5cm	115,000	北京匡时	2011.6.8
清 黄玉圆雕“吉象”摆件	长7.8cm	322,000	北京匡时	2011.12.5
清 黄玉太狮少狮摆件	长5.6cm	575,000	荣宝斋	2011.11.25
清 黄玉瑞兽	长4.5cm	230,000	中国嘉德	2011.3.19
清 黄玉沁色鸠	长4.9cm	59,800	中国嘉德	2011.9.17

拍品名称	尺寸	成交价RMB	拍卖公司	拍卖日期
清 黄玉巧色瑞兽	长5.5cm	672,000	上海新华	2011.6.25
清 黄玉年年有馀	长7cm	86,250	北京保利	2011.7.27
清 黄玉马上翻身	长6.7cm	920,000	北京保利	2011.6.6
清 黄玉留皮瑞兽	长9.2cm	172,500	中国嘉德	2011.9.17
清 黄玉留皮骆驼	长6.5cm	575,000	中国嘉德	2011.9.17
清 黄玉金鱼戏水摆件	高17cm	121,000	北京中嘉	2011.1.9
清 黄玉虎	长8cm	920,000	荣宝斋	2011.11.25
清 黄玉狗	长6cm	218,500	中国嘉德	2011.5.23
清 黄玉雕独占鳌头摆件	长7cm	168,000	北京荣宝	2011.11.11
清 黄玉辟邪摆件	长13cm	517,500	上海崇源	2011.10.12
清 红珊瑚双龙摆件	高15cm	69,000	华艺国际	2011.12.11
清 黑白玉螳螂捕蝉黄雀在后摆件	长6.8cm	69,000	中国嘉德	2011.6.18
清 仿古玉雕双兽摆件	高10.5cm	112,000	太平洋	2011.6.18
清 仿古玉雕兽形摆件	高9.2cm	56,000	太平洋	2011.6.18
清 碧玉仙鹤(一对)	高29cm	115,000	北京保利	2011.12.7
清 碧玉卧牛	高52cm	2,688,000	江苏万达	2011.5.29
清 碧玉嘉禾卧牛摆件	长18.5cm	322,000	福建拍卖	2011.7.2
清 白玉子母兽	长13cm	103,500	中国嘉德	2011.12.17
清 白玉圆雕岁岁平安摆件	长9.6cm	149,500	中拍国际	2011.7.17
清 白玉圆雕独占鳌头摆件	长4cm	55,200	北京匡时	2011.6.8
清 白玉圆雕丹凤朝阳摆件	高14.5cm	57,500	北京匡时	2011.12.5
清 白玉鸳鸯摆件	长10.5cm	368,000	荣宝斋	2011.11.25
清 白玉鸳鸯	长16cm	560,000	浙江钱塘	2011.6.12
清 白玉鱼化龙摆件	高22.7cm	207,000	北京匡时	2011.9.17
清 白玉鹰熊摆件	长4.5cm	517,500	北京保利	2011.6.6
清 白玉英雄	高7cm	51,750	北京翰海	2011.11.19
清 白玉洋洋得意	长5.2cm	69,000	中国嘉德	2011.11.15
清 白玉雄鸡摆件	高13.1cm	330,000	北京中嘉	2011.1.9
清 白玉蟹形摆件	长12.5cm	56,000	北京保利	2011.1.15
清 白玉象(二件)	高3cm	66,700	北京翰海	2011.5.21
清 白玉喜上梅梢摆件	长5.2cm	207,000	北京保利	2011.10.23
清 白玉喜上眉梢灵芝	5×3.6cm	64,960	十竹斋	2011.5.29
清 白玉喜鹊登梅摆件	长9.2cm	77,464	香港淳浩	2011.4.1
清 白玉洗象摆件	长21cm	218,500	中国嘉德	2011.6.18
清 白玉卧犬摆件	8.5cm	402,500	雍和嘉诚	2011.11.27
清 白玉卧牛	长13cm	425,600	北京荣宝	2011.11.11
清 白玉卧马	长7.6cm	201,600	江苏万达	2011.5.29
清 白玉卧马	长13cm	89,600	江苏万达	2011.5.29
清 白玉兔	长6.8cm	138,000	北京翰海	2011.5.21
清 白玉兔	长4cm	80,500	北京保利	2011.6.6
清 白玉太狮少狮摆件	长6cm	56,000	江苏万达	2011.5.29
清 白玉太平有象摆件	高10.5cm	299,000	北京翰海	2011.5.21
清 白玉太平有象摆件	长4.5cm	138,000	北京保利	2011.10.23
清 白玉太平有象	长5.5cm	80,500	中国嘉德	2011.5.23
清 白玉岁岁平安摆件	长7cm	138,000	西泠拍卖	2011.7.18
清 白玉松鼠葡萄摆件	高9cm	313,600	江苏万达	2011.5.29
清 白玉双兽	长7cm	57,500	北京翰海	2011.11.19
清 白玉双狮摆件	长9cm	56,000	苏州东方	2011.4.28
清 白玉双马	长6cm	57,500	北京保利	2011.6.7
清 白玉双欢连座	高5cm	99,015	香港拍得高	2011.10.6
清 白玉双欢	高5cm	112,000	天津文物	2011.11.12
清 白玉双鹅摆件	宽5.6cm	138,000	荣宝斋	2011.11.25
清 白玉十二生肖	尺寸不一	207,000	中国嘉德	2011.6.18
清 白玉十二生肖	长25cm	115,000	中国嘉德	2011.9.17
清 白玉狮子戏珠摆件	长9cm	402,500	福建拍卖	2011.7.2
清 白玉狮子戏球	长5cm	138,000	北京翰海	2011.5.21
清 白玉狮子摆件	长6.5cm	414,000	北京保利	2011.10.23
清 白玉神鸟	高8cm	100,800	江苏万达	2011.5.29
清 白玉三羊衔灵芝摆件	宽12cm	1,840,000	中国嘉德	2011.11.15
清 白玉洒金龙	长6cm	55,200	北京翰海	2011.11.19
清 白玉瑞兽香熏	高14.5cm	368,000	北京翰海	2011.5.21
清 白玉瑞兽	长7.5cm	138,000	北京保利	2011.6.6
清 白玉青瓜藤玉	宽18.5cm	112,000	江苏万达	2011.5.29
清 白玉沁色瑞兽	长7.3cm	69,000	中国嘉德	2011.9.17

2011玉器拍卖成交汇总

(成交价RMB：5万元以上)

拍品名称	尺寸	成交价RMB	拍卖公司	拍卖日期
清 白玉沁色雕双鹤衔芝纹摆件	长11cm	280,000	天津文物	2011.5.13
清 白玉沁色雕瑞兽	长6.5cm	67,200	天津文物	2011.5.13
清 白玉沁色雕福寿双全纹摆件	长7.3cm	64,960	天津文物	2011.11.12
清 白玉俏皮鹅形摆件		55,200	北京纳高	2011.7.6
清 白玉巧雕太师少师摆件	长18.8cm	71,300	北京纳高	2011.7.6
清 白玉貔貅	宽9cm	67,200	江苏万达	2011.5.29
清 白玉母子羊	长4.5cm	115,000	浙江钱塘	2011.12.4
清 白玉马上封侯	长5.5cm	115,000	北京保利	2011.12.8
清 白玉马上封侯	长6.4cm	92,000	浙江钱塘	2011.12.4
清 白玉马	长7cm	379,500	中国嘉德	2011.3.19
清 白玉骆驼	宽7cm	172,500	荣宝斋	2011.11.25
清 白玉留皮卧狗摆件	长10cm	103,500	北京保利	2011.4.17
清 白玉留皮瑞兽	长6cm	89,700	中国嘉德	2011.5.23
清 白玉留皮巧雕麒麟送子摆件	高5cm	598,000	上海大众	2011.8.25
清 白玉留皮雕寿鸟纹摆件	长10cm	347,200	天津文物	2011.5.13
清 白玉留皮雕福寿纹摆件	长10.5cm	649,600	天津文物	2011.11.12
清 白玉灵芝卧狮	高6cm	56,000	江苏万达	2011.5.29
清 白玉灵猴献寿摆件	高10cm	224,000	浙江钱塘	2011.6.12
清 白玉鲤鱼摆件	长24cm	224,000	中鸿信	2011.6.26
清 白玉刻凤衔牡丹摆件	长14.5cm	50,352	香港淳浩	2011.4.1
清 白玉举案齐眉摆件	长4.5cm	56,000	长风拍卖	2011.1.20
清 白玉虎符	长6.1cm	115,000	中国嘉德	2011.12.17
清 白玉荷花挂鱼摆件	长21.5cm	448,000	上海新华	2011.6.25
清 白玉狗	长10cm	78,200	中国嘉德	2011.3.19
清 白玉狗	长10.7cm	57,500	中国嘉德	2011.3.19
清 白玉狗	长8.3cm	50,400	北京荣宝	2011.11.11
清 白玉福寿双全	长6cm	60,021	台北富博斯	2011.12.18
清 白玉福禄寿摆件连座	长15cm	172,500	苏州吴门	2011.6.12
清 白玉福禄寿摆件	长11.5cm	61,600	北京保利	2011.1.15
清 白玉福禄寿摆件	高9.3cm	56,000	中拍国际	2011.6.5
清 白玉福禄寿	高6.5cm	168,000	江苏万达	2011.5.29
清 白玉鹅摆件	长7cm	78,400	苏州东方	2011.4.28
清 白玉雕仙禽衔芝摆件	长8.5cm	103,500	福建拍卖	2011.7.2
清 白玉雕卧狮摆件	长5cm	67,200	中贸圣佳	2011.1.23
清 白玉雕卧牛摆件	长15.5cm	575,000	北京匡时	2011.12.5
清 白玉雕亭亭玉立摆件	长5.5cm	106,400	北京荣宝	2011.11.11
清 白玉雕太狮少狮纹摆件	长6.5cm	67,200	天津文物	2011.5.13
清 白玉雕太狮少狮摆件	长6.2cm	63,250	中贸圣佳	2011.11.6
清 白玉雕三阳开泰摆件	宽10cm	517,500	上海大众	2011.8.25
清 白玉雕三羊开泰摆件	高4.5cm	51,750	北京歌德	2011.6.3
清 白玉雕瑞兽衔荷纹摆件	长8cm	201,600	天津文物	2011.5.13
清 白玉雕瑞兽摆件	长5.5cm	460,000	上海大众	2011.8.25
清 白玉雕瑞兽摆件	长17cm	69,000	上海大众	2011.8.25
清 白玉雕鹿摆件	长8cm	690,000	上海大众	2011.8.25
清 白玉雕灵猴献寿纹摆件	6cm	280,000	天津文物	2011.11.12
清 白玉雕鹅衔灵芝摆件	长9.5cm	168,000	北京荣宝	2011.11.11
清 白玉带皮哈叭狗	长4.7cm	123,200	浙江钱塘	2011.6.12
清 白玉蝉	长6.8cm	112,000	天津文物	2011.11.12
清 白玉"吉庆有馀"	长20.5cm	92,000	北京保利	2011.6.7
清 乾隆 白玉独占鳌头	长7cm	313,600	上海新华	2011.6.25
清 乾隆 白玉带皮灵芝双欢	长5cm	156,800	上海新华	2011.6.25
青白玉巧作金蟾摆件	长8cm	132,160	蓝天国拍	2011.6.24
青白玉雕松鹤延年摆件	高10.7cm	123,200	蓝天国拍	2011.6.24
青白玉雕瑞兽摆件	长9cm	50,400	蓝天国拍	2011.6.24
守护	高4.8cm	109,250	苏州吴门	2011.6.12
岁岁平安	高6.3cm	86,250	苏州吴门	2011.6.12
沙漠之舟 白玉摆件	长5.7cm	1,092,500	荣宝斋	2011.11.25
民国 珊瑚雕双龙戏球	长28.5cm	368,000	北京东正	2011.6.5
民国 黄玉雕卧牛	长10cm	92,000	北京歌德	2011.6.3
民国 红珊瑚雕莲花鲤鱼图	长28cm	69,440	苏州东方	2011.4.28
籽玉红皮纤纤款龙凤佩	长7cm	78,400	上海嘉泰	2011.6.30
张森才 携手共进 和田黑玉[illegible]	[illegible]	[illegible]	[illegible]	[illegible]
[illegible]	[illegible]	[illegible]	[illegible]	[illegible]

拍品名称	尺寸	成交价RMB	拍卖公司	拍卖日期
玉刻金蟾云福纹'妙高台'鱼缸-'蒋中正'款	长76cm	64,400	香港普艺	2011.9.24
玉雕松鼠葡萄摆件	长24cm	145,600	安华白云	2011.3.6
玉蟾	长54	198,000	海南泰达	2011.3.27
游龙戏凤	长8cm	368,000	苏州吴门	2011.6.12
现代 周雁明 白玉《将相侯》	长5cm	246,400	海士德	2011.6.17
现代 忤子辉 白玉《一叶成名》	长4.5cm	106,400	海士德	2011.6.17
现代 忤子辉 白玉《貔貅》	长7cm	212,800	海士德	2011.6.17
现代 忤子辉 白玉《貔貅》	长8.5cm	201,600	海士德	2011.6.17
现代 忤子辉 白玉《莲蓬五福》	高4.5cm	56,000	海士德	2011.6.17
现代 王金忠 白玉《团兽》	长4.5cm	156,800	海士德	2011.6.17
现代 苏然 白玉《江山永固》	长11.5cm	1,344,000	海士德	2011.6.17
现代 玛瑙雕鹤立鸡群摆件	高14.5cm	50,400	云南典藏	2011.5.14
现代 付雪飞 白玉《羊》	长4.8cm	89,600	海士德	2011.6.17
现代 曹国斌 白玉《领头羊》	长7.5cm	336,000	海士德	2011.6.17
现代 白玉《玄武》	长6cm	168,000	海士德	2011.6.17
孟庆东制和田籽料瑞兽摆件	长8cm	112,000	辽宁建投	2011.5.11
禄禄连科 白玉摆件	高14.1cm	2,012,500	荣宝斋	2011.11.25
陆爱凤 鱼化龙 白玉摆件	高7cm	402,500	中国嘉德	2011.5.22
连年有余	长6cm	97,750	苏州吴门	2011.6.12
荔枝—双狮戏球	高12.6cm	77,000	中都国际	2011.8.28
旧玉瑞兽摆件	长12cm	67,200	太平洋	2011.6.18
旧玉雕卧羊摆件	长14cm	56,000	太平洋	2011.6.18
近现代白玉雕麒麟驮经书摆件	长9.8cm	82,800	福建拍卖	2011.7.2
黄玉水银渗蟾蜍金钱	长5.5cm	85,210	香港富得	2011.4.9
黄玉雕鱼纹摆件	高13cm	299,000	北京翰海	2011.12.18
黄玉、白玉动物(三件)	尺寸	62,940	香港淳浩	2011.4.1
黄丽娟 鸟语花香摆件	长25.5cm	86,250	福建东南	2011.10.24
黑白玉雕双凤摆件	高20.5cm	92,000	北京翰海	2011.12.18
和阗籽料白马红蝠摆件	长6cm	224,000	安华白云	2011.3.6
和阗青白玉卧牛	长19cm	257,600	安华白云	2011.3.6
和阗白玉雕虾蟹摆件	高19cm	369,600	安华白云	2011.3.6
和田籽料瑞兽摆件	长11cm	739,200	北京博观	2011.6.12
和田籽料福寿摆件	长15cm	403,200	北京博观	2011.6.12
和田玉籽料太平有象摆件	高6.2cm	358,400	北京博观	2011.6.12
和田玉籽料龙凤呈祥摆件	长12.9cm	3,360,000	北京博观	2011.6.12
和田玉籽料龟鹤延年	长7.7cm	392,000	北京博观	2011.6.12
和田白玉雕双欢	长5.3cm	138,000	中贸圣佳	2011.11.6
福寿双全	长6cm	322,000	苏州吴门	2011.6.12
飞黄腾达	长6cm	414,000	苏州吴门	2011.6.12
独占鳌头	长6cm	322,000	苏州吴门	2011.6.12
当代 白玉孔雀摆件	长10.5cm	78,400	浙江民和	2011.8.14
碧玉马	长28.7cm	51,750	中国嘉德	2011.12.17
碧玉凤凰摆件(一对)	长31cm	92,000	北京保利	2011.12.7
辈辈封侯	长6cm	115,000	苏州吴门	2011.6.12
白玉籽料鸳鸯	长4.5cm	89,600	东方艺都	2011.7.6
白玉鸭衔荷花摆件	长6cm	103,500	北京保利	2011.10.23
白玉瑞兽摆件	长10cm	72,800	北京保利	2011.1.15
白玉瑞兽(两件)	尺寸不一	51,750	中国嘉德	2011.3.19
白玉蒲兽	长5cm	345,000	苏州吴门	2011.6.12
白玉母子鹅	高4cm	87,360	浙江永暄	2011.10.30
白玉留皮犀牛	长10.2cm	69,000	中国嘉德	2011.6.18
白玉刻马摆件	长8cm	264,500	北京匡时	2011.6.8
白玉雕麒麟负书摆件	长9.8cm	168,000	云南典藏	2011.10.31
白玉雕蝠禄摆件	长6.9cm	145,600	中贸圣佳	2011.1.23
白玉 携子上潮		134,400	齐鲁国拍	2011.10.15
白玉 喜上眉梢		168,000	江苏爱涛	2011.1.16
白玉 岁岁平安		184,800	江苏爱涛	2011.1.16
安居乐业	长7cm	74,750	苏州吴门	[illegible]
20世纪[illegible]摆件	[illegible]	[illegible]	北京保利	2011.6.7
[illegible]	[illegible]	[illegible]	[illegible]	[illegible]
[illegible](一对)	尺寸不一	230,000	北京东正	[illegible]

拍品名称	尺寸	成交价RMB	拍卖公司	拍卖日期
清中期 白玉洒金葫芦万代	高6.2cm	138,000	北京翰海	2011.11.19
清中期 白玉花卉荠	高6.2cm	86,250	北京翰海	2011.11.19
清中期 白玉雕巧色蘑菇	长6.7cm	89,600	古天一	2011.6.4
清中期 白玉雕“福禄万代”摆件	长5.3cm	69,000	北京匡时	2011.12.5
清中期 白玉蚌	长5cm	89,700	北京翰海	2011.11.19
清 青玉雕并蒂莲摆件连座	长11.5cm	345,000	北京匡时	2011.6.8
清 青白玉雕双寿摆件	高14.5cm	112,000	辽宁建投	2011.5.11
清 翠玉雕荷花摆件	长12cm	138,000	北京歌德	2011.6.3
清 白玉人参摆件	长23cm	207,000	雍和嘉诚	2011.11.27
清 白玉巧雕石榴纹摆件	长6.6cm	199,360	天津文物	2011.11.12
清 白玉灵芝寿桃	高10cm	168,000	江苏万达	2011.5.29
清 白玉莲莲有喜摆件	长7.5cm	112,000	江苏爱涛	2011.1.16
清 白玉莲荷摆件	长6cm	67,200	江苏万达	2011.5.29
清 白玉花卉缠枝摆件	18cm	224,000	江苏万达	2011.5.29
清 白玉葫芦万代	高6cm	51,750	北京翰海	2011.11.19
清 白玉瓜瓞绵绵	长10cm	1,120,000	江苏万达	2011.5.29
清 白玉雕喜事连连摆件	长6.5cm	89,600	北京荣宝	2011.11.11
清 白玉雕花卉摆件	高16cm	291,200	辽宁建投	2011.5.11
清 白玉雕瓜蝶连绵坠摆件	高6.5cm	166,750	上海大众	2011.8.25
民国 珊瑚树形摆件	长64.5cm	1,035,000	北京东正	2011.11.17
羊脂籽玉白菜摆件	高28cm	415,500	中博文化	2011.7.10
现代 周雁明 碧玉《喜投明堂》	高28cm	336,000	海士德	2011.6.17
现代 王金忠 白玉《金玉满堂》	长6.5cm	179,200	海士德	2011.6.17
现代 孟庆东 白玉《松林梅》	高8cm	134,400	海士德	2011.6.17
双喜临门 百财亨通	长32cm	448,000	江苏万达	2011.5.29
珊瑚树	高29cm	92,000	中国嘉德	2011.9.17
红珊瑚整树摆件	高33.5cm	126,500	北京歌德	2011.6.3
红珊瑚树摆件	重130g	138,000	北京歌德	2011.12.4
和田籽玉 花开富贵	高14cm	806,400	江苏爱涛	2011.5.8
和田玉蝶恋花摆件	高16cm	145,600	辽宁建投	2011.5.11
和田白玉雕一叶知秋	长12cm	3,795,000	中贸圣佳	2011.11.6
白玉雕石榴摆件	长29cm	230,000	北京翰海	2011.12.18
白玉 一生清廉		168,000	江苏爱涛	2011.1.16
白玉 白菜	长75cm	21,280,000	江苏爱涛	2011.5.8
白荔枝一薄意	长10cm	55,000	中都国际	2011.8.28
19世纪 珊瑚雕花卉摆件	高30cm	100,800	云南典藏	2011.5.14
其他陈设件				
良渚文化 神人兽面纹玉冠形器	长24.6cm	330,000	北京中嘉	2011.1.9
汉 青玉天子出游马车(一组68件)	通高26.5cm	3,520,000	北京中嘉	2011.1.9
汉 青黄玉四方编钟(一组)		25,000,000	北京中嘉	2011.1.9
汉 青白玉错金虎形枕	长24cm	330,000	北京中嘉	2011.1.9
汉 青白玉螭纹卮	高19cm	220,000	北京中嘉	2011.1.9
汉 青白玉螭纹卮	高16.5cm	187,000	北京中嘉	2011.1.9
汉 白玉雕螭编钟(淮阳玉玺)(一组)	长88cm	3,520,000	北京中嘉	2011.1.9
元 白玉雕秋山纹板	宽15.3cm	89,600	浙江钱塘	2011.1.9
元 白玉雕福绿寿摆件	长14cm	201,600	北京翰海	2011.9.18
清雍正 和田碧玉龙赶珠纹伞盖	高27cm	2,400,000	红太阳	2011.5.28
清乾隆 御制青白玉金刚杵	长12cm	2,185,000	北京保利	2011.12.6
清乾隆 青白玉御题介如峰摆件	尺寸不一	6,900,000	中国嘉德	2011.11.15
清乾隆 白玉“北斗图”三连环	长11.6cm	2,037,640	香港苏富比	2011.4.8
清 珊瑚盆景(一对)	高28cm	80,500	上海博海	2011.10.29
清 珊瑚摆件	高40cm	896,000	上海中福	2011.8.7
清 碧玉制琴棋书画(一组四件)	通长30.7cm	150,000	北京中嘉	2011.1.9
清 白玉移居图摆件	长25cm	218,500	中国嘉德	2011.9.17
清 白玉雕一统江山摆件	高12cm	112,000	北京荣宝	2011.11.11
清 白玉雕“御制八征念之宝记”片	长11cm	190,400	中贸圣佳	2011.4.29
清 白玉螭龙纹竹节腕枕	高14.5cm	92,000	北京翰海	2011.5.21
清 白玉“一统山河如意太平”摆件	长9.5cm	207,000	长风拍卖	2011.6.21

拍品名称	尺寸	成交价RMB	拍卖公司	拍卖日期
清18世纪 K金嵌辣椒红珊瑚盆景	重687.1g	737,000	中都国际	2011.8.28
清晚期 珊瑚原始盆景	高30cm	69,000	上海博海	2011.10.29
民国 风生水起水晶球摆件	高43cm	103,500	北京九歌	2011.6.10
张克钊 独山玉纸飞机摆件	尺寸不一	78,400	北京博观	2011.6.12
玉原石	长56cm	3,739,500	中博文化	2011.7.10
现代 忤子辉 白玉《福寿如意》	长6cm	106,400	海士德	2011.6.17
现代 阿明 白玉《吉祥如意》	长6cm	156,800	海士德	2011.6.17
珊瑚雕“福寿平安”摆件	高25cm	57,500	河南原田	2011.11.8
人生如意有福	长16.5cm	828,000	苏州吴门	2011.6.12
青白玉雕人参如意纹摆件	高15.5cm	95,200	未来四方	2011.6.11
青白玉“祝福”摆件	高34cm	115,000	北京纳高	2011.7.6
蜜蜡摆件	高25cm	56,000	安华白云	2011.3.6
黄罕勇 和田玉籽料雅赏(四件套)	尺寸不一	162,400	北京博观	2011.6.12
红珊瑚树摆件	重130g	184,000	北京歌德	2011.9.17
和田籽料碧玉原石	长88cm	694,400	山东大成	2011.9.29
和田玉籽料喜事年年摆件	高9.7cm	134,400	北京博观	2011.11.25
和田白玉雕如意云纹蜡台	高14cm	100,000	印千山	2011.6.3
葛洪 水中白玉香插	长7.4cm	138,000	西泠拍卖	2011.7.16
白玉小桥流水摆件	长25cm	89,700	中国嘉德	2011.3.19
白玉莲花纹狮柄佛前灯	长15.8cm	50,400	中拍国际	2011.6.5
刘忠荣 和田玉籽料太极摆件	长8.4cm	1,176,000	北京博观	2011.6.12
19世纪末-20世纪初 碧玉九龙大玉海	口径62cm	713,000	中国嘉德	2011.3.21
玉瓶				
元 白玉春水秋山纹瓶	高28cm	280,000	中拍国际	2011.6.5
明 玉沁色雕兽面纹瓶	高16.5cm	168,000	天津文物	2011.5.13
清初 黄玉雕鱼越龙门纹瓶	高13.6cm	2,012,500	北京东正	2011.6.5
清康熙 仿古玉雕兽面纹瓶	高16.5cm	172,500	北京保利	2011.12.8
清乾隆 玉雕荷花双联瓶	高18.5cm	985,600	古天一	2011.6.4
清乾隆 玉雕荷花芦雁纹薄胎赏瓶	高32cm	170,000	中都国际	2011.6.12
清乾隆 水晶螭龙瓶	高15.5cm	123,200	雍和嘉诚	2011.6.1
清乾隆 珊瑚雕云龙纹瓶	高38cm	575,000	北京匡时	2011.6.8
清乾隆 青白玉留皮兽面纹双耳小瓶	高8.2cm	138,000	中国嘉德	2011.3.19
清乾隆 青白玉高浮雕菊寿常青图盖瓶	高18.7cm	402,500	北京永乐	2011.11.15
清乾隆 青白玉雕兽面纹贯耳瓶	高13cm	168,000	北京荣宝	2011.3.18
清乾隆 青白玉“三希堂”款挂瓶	高28cm	117,600	中翰清花	2011.4.10
清乾隆 乾隆工方瓶	高21cm	78,400	江苏万达	2011.5.29
清乾隆 黄玉龙凤盖瓶	高14cm	1,840,000	北京保利	2011.12.6
清乾隆 黄玉莲花盖瓶	宽21cm	2,427,300	香港佳士得	2011.6.1
清乾隆 黄玉仿铜器纹双耳盖瓶	高12.3cm	840,000	上海新华	2011.6.25
清乾隆 黄玉雕瑞兽童子纹瓶	高14.5cm	3,910,000	北京东正	2011.6.5
清乾隆 黄玉雕凤出岐山纹瓶	高15.8cm	2,300,000	北京东正	2011.11.17
清乾隆 痕都斯坦白玉瓶	高13cm	448,000	北京荣宝	2011.11.11
清乾隆 仿古玉瓶	高15.2cm	3,149,760	香港佳士得	2011.11.30
清乾隆 碧玉洋菊纹盖瓶	高27.2cm	1,035,000	北京保利	2011.12.6
清乾隆 碧玉吉庆扁瓶	高32cm	1,008,000	浙江钱塘	2011.6.12
清乾隆 碧玉雕双凤纹椭形盖瓶	高29.8cm	1,265,000	福建拍卖	2011.7.2
清乾隆 碧玉雕螭纹小瓶	高12.5cm	179,200	北京翰海	2011.9.18
清乾隆 白玉御题诗喜鹊登梅双环耳盖瓶	高16.5cm	3,910,000	北京保利	2011.6.5
清乾隆 白玉衔环耳觚式瓶	高21cm	1,030,400	浙江钱塘	2011.6.12
清乾隆 白玉五蝠螭龙包袱瓶	高13.5cm	690,000	北京保利	2011.12.8
清乾隆 白玉饕餮纹瓶	高13cm	89,600	苏州东方	2011.4.28
清乾隆 白玉水波云蝠“和合二仙”图葫芦盖瓶	高120.5cm	2,574,800	香港苏富比	2011.10.5
清乾隆 白玉兽面纹象耳瓶	高25.3cm	402,500	中国嘉德	2011.6.18
清乾隆 白玉龙纹瓶	高14.3cm	552,000	中国嘉德	2011.9.17
清乾隆 白玉莲纹双象活环耳盖瓶	高31.2cm	7,047,540	香港佳士得	2011.6.1

2011玉器拍卖成交汇总

(成交价RMB：5万元以上)

拍品名称	尺寸	成交价RMB	拍卖公司	拍卖日期
清乾隆 白玉夔龙纹四联瓶	高12cm	134,400	浙江钱塘	2011.6.12
清乾隆 白玉夔龙纹双耳盖瓶	高22cm	690,000	北京保利	2011.12.8
清乾隆 白玉活环提梁瓶	高22cm	192,067	台北富博斯	2011.12.18
清乾隆 白玉葫芦瓶	高19.7cm	2,309,585	伦敦苏富比	2011.5.11
清乾隆 白玉仿古花瓶	高21.5cm	4,746,825	纽约佳士得	2011.3.24
清乾隆 白玉雕喜上梅梢花卉耳瓶	长17.5cm	368,000	北京东正	2011.6.5
清乾隆 白玉雕西番莲纹四方盖瓶	高19.6cm	149,500	北京诚轩	2011.5.22
清乾隆 白玉雕饕餮纹双龙瓶	高10cm	1,150,000	江苏省拍	2011.12.10
清乾隆 白玉雕兽面纹双龙耳衔环狮钮盖瓶	高19cm	1,058,000	北京匡时	2011.6.8
清乾隆 白玉雕兽面纹盖瓶	高23.5cm	3,680,000	北京匡时	2011.12.5
清乾隆 白玉雕兽面纹盖瓶	高24.5cm	2,875,000	北京保利	2011.6.5
清乾隆 白玉雕兽耳双环瓶	高12cm	184,000	江苏省拍	2011.12.10
清乾隆 白玉雕寿带鸟纹瓶	高27cm	1,035,000	北京东正	2011.11.17
清乾隆 白玉雕瑞狮戏球盖瓶	高13cm	782,000	北京匡时	2011.6.8
清乾隆 白玉雕梅纹盖瓶	高24cm	1,904,000	云南典藏	2011.5.14
清乾隆 白玉雕梅花纹瓜棱瓶	高17.5cm	1,610,000	北京东正	2011.11.17
清乾隆 白玉雕龙盖瓶	高28cm	27,042,240	香港佳士得	2011.11.30
清乾隆 白玉雕莲瓣纹双螭龙耳扁盖瓶	高27cm	2,530,000	上海大众	2011.8.25
清乾隆 白玉雕鹤鹿同春盖瓶连碧玉座	高17.5cm	816,500	北京匡时	2011.6.8
清乾隆 白玉雕福禄万代盖瓶	高18cm	2,185,000	北京匡时	2011.6.8
清乾隆 白玉雕八角双耳衔环瓶	高22.5cm	1,008,000	北京荣宝	2011.3.18
清乾隆 白玉雕“五世同堂”纹瓶	高12.8cm	782,000	北京东正	2011.11.17
清乾隆 白玉雕“福寿”纹双联盖瓶	高20cm	1,207,500	北京匡时	2011.6.8
清乾隆 白玉雕“福寿”纹葫芦盖瓶	高14cm	506,000	北京匡时	2011.6.8
清乾隆 白玉蝉翼夔凤纹如意耳卧狮钮扁瓶	高20.5cm	82,800	福建拍卖	2011.7.2
清中期 玉天鸡瓶	高24.5cm	1,610,000	北京翰海	2011.5.21
清中期 玉瑞兽雕螭龙纹盖瓶	高9.5cm	92,000	广州艺拍	2011.6.12
清中期 水晶雕狮钮活环耳盖瓶	高21cm	103,500	北京永乐	2011.11.15
清中期 水晶雕活环盖瓶	高29.8cm	403,200	北京永乐	2011.5.24
清中期 仕女童子献寿瓶	高31cm	4,025,000	长风拍卖	2011.6.21
清中期 青玉雕痕都斯坦双环耳盖瓶	高24.5cm	690,000	北京保利	2011.6.5
清中期 青白玉双凤耳瓶	高19.8cm	2,300,000	北京保利	2011.6.6
清中期 青白玉兽面纹瓶	高21cm	345,000	中国嘉德	2011.11.15
清中期 青白玉龙首盖瓶	高14.5cm	391,000	北京保利	2011.4.17
清中期 青白玉螭龙纹盖瓶	高16.3cm	138,000	北京匡时	2011.6.8
清中期 南红玛瑙铺首耳扁瓶	高8.6cm	63,250	北京歌德	2011.6.3
清中期 黄玉饕餮纹双环耳盖瓶	高15.6cm	840,000	长风拍卖	2011.1.20
清中期 黄玉雕饕餮纹兽钮御环耳瓶	高23.5cm	483,000	北京东正	2011.11.17
清中期 碧玉夔龙双耳衔环狮钮盖瓶	高27.8cm	195,500	北京翰海	2011.5.21
清中期 碧玉雕兽面纹双耳盖瓶	高27.5cm	287,500	北京匡时	2011.6.8
清中期 白玉双龙戏球盖瓶	高20.5cm	690,000	北京保利	2011.6.7
清中期 白玉梅花瓶	高13.5cm	126,500	北京保利	2011.12.8
清中期 白玉活环双耳盖瓶	高18.8cm	784,000	长风拍卖	2011.1.20
清中期 白玉花卉纹双耳瓶	高13.7cm	106,400	苏州东方	2011.4.28
清中期 白玉仿古龙纹盖瓶	高23.5cm	782,000	北京保利	2011.12.8
清中期 白玉雕喜鹊登梅纹瓶	高27.5cm	3,220,000	北京东正	2011.11.17
清中期 白玉雕饕餮纹瓶	高22.5cm	460,000	北京歌德	2011.6.3
清中期 白玉雕花鸟纹盖瓶	高15cm	253,000	北京匡时	2011.6.8
清中期 白玉雕花卉纹盖瓶	高15.5cm	460,000	北京东正	2011.11.17
清中期 白玉雕贯耳瓶	高10.3cm	149,500	江苏省拍	2011.12.10
清中期 白玉雕古松双环耳盖瓶	高23cm	896,000	中贸圣佳	2011.4.29
[illegible]	[illegible]	[illegible]	[illegible]	[illegible]
[illegible]	[illegible]	[illegible]	[illegible]	[illegible]
[illegible]	[illegible]	2,932,500	北京匡时	2011.6.8

拍品名称	尺寸	成交价RMB	拍卖公司	拍卖日期
清中期 白玉雕大吉纹双花耳衔环葫芦瓶	高25cm	862,500	北京东正	2011.6.5
清中期 白玉苍龙教子纹瓶	高22.4cm	896,000	浙江钱塘	2011.6.12
清晚期 黄玉雕盖瓶	高10.5cm	402,500	江苏省拍	2011.12.10
清道光 白玉“道光年制”款盖瓶	高28.5cm	2,185,000	长风拍卖	2011.6.21
清19世纪 青白玉福寿瓶	高18.4cm	397,575	香港佳士得	2011.6.1
清18世纪/19世纪 青金石雕凤凰盖瓶	高20.3cm	188,325	香港佳士得	2011.6.1
清18世纪/19世纪 白玉双活环耳盖瓶	高23cm	1,523,340	香港佳士得	2011.6.1
清18世纪/19世纪 白玉雕缠莲纹双龙活环耳盖瓶	高30.2cm	334,800	香港佳士得	2011.6.1
清18世纪 水晶兽耳活环六方盖瓶		471,520	香港苏富比	2011.4.8
清18世纪 黄玉螭凤纹双联盖瓶	高16cm	1,222,020	香港佳士得	2011.6.1
清18世纪 白玉瓶	高23.5cm	2,182,013	伦敦苏富比	2011.5.11
清18世纪 痕都斯坦白玉瓶	高25cm	575,000	中拍国际	2011.7.17
清18世纪 白玉仿古花瓶	高25.5cm	8,636,265	纽约佳士得	2011.3.24
清19世纪 玉雕鹿鹤同春双象耳瓶	高35cm	87,360	云南典藏	2011.5.14
清19世纪 水晶雕松鹿凤鸟盖瓶	高27.3cm	209,250	香港佳士得	2011.6.1
清 玉双子瓶	高18.7cm	97,750	荣宝斋	2011.11.25
清 玉雕鸳鸯戏水图双耳盖瓶	高23cm	201,600	浙江佳宝	2011.6.23
清 玉雕双耳瓶	高19cm	89,600	江苏万达	2011.5.29
清 玉雕宝相花双耳抱月瓶	高30cm	52,800	中都国际	2011.8.28
清 玉雕宝相花抱月瓶	高29cm	65,000	中都国际	2011.3.13
清 婴戏瓶	高25.5cm	1,232,000	江苏万达	2011.5.29
清 水晶饕餮纹兽钮龙耳瓶	高18.3cm	212,800	苏州东方	2011.4.28
清 水晶兽钮环耳瓶	高22cm	97,750	中国嘉德	2011.12.17
清 水晶活环瓶	高20.5cm	134,400	浙江钱塘	2011.6.12
清 水晶雕英雄瓶	高23.5cm	103,500	福建拍卖	2011.7.3
清 水晶雕喜鹊登梅盖瓶	高19.5cm	448,000	云南典藏	2011.5.14
清 水晶雕双螭龙纹双耳瓶	高24.5cm	56,000	北京荣宝	2011.3.18
清 水晶雕兽钮扁瓶	高21cm	74,750	中贸圣佳	2011.11.6
清 水晶雕如意耳虎钮瓶		67,200	中贸圣佳	2011.4.29
清 水晶螭龙花瓶	高20cm	89,600	上海嘉泰	2011.6.30
清 珊瑚雕花鸟纹瓶	高16.5cm	460,000	北京东正	2011.6.5
清 珊瑚雕富贵瓶摆件	高22cm	253,000	江苏省拍	2011.12.10
清 珊瑚雕抱瓶仕女	高40cm	126,500	北京歌德	2011.6.3
清 青玉瓶	高12.5cm	53,760	东方艺都	2011.7.6
清 青玉雕西番莲纹双耳瓶	高29.5cm	89,600	太平洋	2011.9.17
清 青玉螭龙纹三联瓶	长15.3cm	161,000	中国嘉德	2011.6.18
清 青金石雕狮钮双耳瓶	高24cm	67,200	浙江佳宝	2011.6.23
清 青白玉小立瓶连座	高10cm	69,000	苏州吴门	2011.6.12
清 青白玉西番莲纹双耳瓶	高24.5cm	89,600	太平洋	2011.6.18
清 青白玉饕餮纹双龙耳扁瓶	高22cm	368,000	福建拍卖	2011.7.2
清 青白玉双羊耳瓶	高14.5cm	57,500	北京保利	2011.4.17
清 青白玉兽面出戟双耳瓶	高23.8cm	667,000	北京翰海	2011.5.21
清 青白玉山水人物纹扁瓶	高31.5cm	184,000	中国嘉德	2011.9.17
清 青白玉瓶(三件)	尺寸不一	195,500	中国嘉德	2011.3.19
清 青白玉龙凤诗文瓶	高18.5cm	71,300	中国嘉德	2011.3.19
清 青白玉夔龙纹盖瓶	高24cm	230,000	北京保利	2011.12.7
清 青白玉花卉如意耳扁瓶	高16.8cm	115,000	北京保利	2011.12.8
清 青白玉盖瓶	高16cm	76,160	雍和嘉诚	2011.6.1
清 青白玉凤纹瓶	长18.1cm	172,500	中国嘉德	2011.6.18
清 青白玉雕云蝠纹葫芦瓶	高20.5cm	437,000	北京保利	2011.12.8
清 青白玉雕五福祥云纹瓶	高18cm	70,200	天津文物	2011.11.12
清 青白玉雕饕餮夔龙纹象耳活环盖瓶	高24.1cm	78,200	北京纳高	2011.7.6
清 青白玉雕松鹤延年双耳盖瓶	高32cm	57,500	北京纳高	2011.7.6
清 青白玉雕兽面纹瓶	高16.2cm	134,400	天津文物	[illegible]
[illegible]	[illegible]	[illegible]	[illegible]	[illegible]
[illegible]	[illegible]	[illegible]	[illegible]	[illegible]
[illegible]	[illegible]	[illegible]	[illegible]	[illegible]
[illegible]	[illegible]	483,000	浙江钱塘	2011.12.4

拍品名称	尺寸	成交价RMB	拍卖公司	拍卖日期
清 玛瑙龙凤瓶	高12cm	89,600	浙江钱塘	2011.6.12
清 镂空穿花白玉瓶	高23cm	67,574	中信国际	2011.3.13
清 黄玉沁色双耳瓶	高11cm	235,200	天津文物	2011.5.13
清 黄玉环耳瓶	高28cm	71,300	中国嘉德	2011.9.17
清 琥珀双耳小方瓶	高10.5cm	230,000	北京保利	2011.6.6
清 琥珀雕龙凤纹活环耳盖瓶	高26cm	100,800	云南典藏	2011.5.14
清 琥珀雕爵禄封侯扁瓶	高15.7cm	230,000	北京保利	2011.6.6
清 红珊瑚雕花鸟纹瓶	高13.8cm	51,750	福建拍卖	2011.7.3
清 痕都斯坦白玉松荫高士图盖瓶	高20cm	517,500	上海崇源	2011.7.6
清 和田玉籽料雕宝相花纹吊链瓶	高50cm	222,200	中都国际	2011.8.28
清 和田糖玉巧雕诗文吊链瓶	高23cm	95,000	中都国际	2011.3.13
清 和田白玉平安吊链瓶	长34cm	120,000	中都国际	2011.6.12
清 翠雕凤衔牡丹兽耳瓶	高12cm	67,200	天津文物	2011.11.12
清 碧玉双环瓶	高34cm	1,344,000	浙江钱塘	2011.6.12
清 碧玉兽钮瓶	高29.4cm	74,750	中国嘉德	2011.9.17
清 碧玉兽面纹兽耳衔环瓶	高33cm	57,500	中国嘉德	2011.3.19
清 碧玉兽面纹瓶	高26.6cm	103,500	中国嘉德	2011.6.18
清 碧玉冠耳瓶	高10.8cm	53,760	东方艺都	2011.7.6
清 碧玉雕鱼龙变化纹瓶	高20cm	504,000	天津文物	2011.5.13
清碧玉雕“世代平安”吉祥瓶	高18cm	57,500	上海崇源	2011.7.6
清 碧玉大吉图链瓶	高31.2cm	115,000	中国嘉德	2011.9.17
清 白玉正面云龙纹兽耳盖瓶	高33cm	3,680,000	北京保利	2011.6.5
清 白玉云龙纹吊瓶	高42.5cm	550,000	北京中嘉	2011.1.9
清 白玉鸳鸯纹象耳瓶	高25.1cm	82,800	中国嘉德	2011.3.19
清 白玉五蝠纹瓶	高26cm	94,300	中国嘉德	2011.6.18
清 白玉透雕鸳鸯戏水瓶	高27cm	1,232,000	江苏万达	2011.5.29
清 白玉天鸡耳扁瓶	高24.8cm	82,800	中国嘉德	2011.9.17
清 白玉饕餮蝉纹扁盖瓶	高20.5cm	333,500	北京保利	2011.10.23
清 白玉双环带链玉瓶摆件	高14cm	179,200	江苏万达	2011.5.29
清 白玉双耳双链挂瓶	高15cm	1,680,000	江苏万达	2011.5.29
清 白玉寿字双耳瓶	高18.5cm	123,200	江苏万达	2011.5.29
清 白玉寿字双耳盖瓶	高29cm	276,000	北京保利	2011.7.27
清 白玉三羊盖瓶	高15.5cm	230,000	北京保利	2011.12.7
清 白玉如意耳瓶	高11.5cm	86,250	中贸圣佳	2011.11.6
清 白玉浅雕山水双耳链瓶	高53cm	414,000	北京翰海	2011.12.18
清 白玉描金花卉诗文小梅瓶	高13.5cm	55,200	中国嘉德	2011.5.23
清 白玉龙纹出戟瓶	高16cm	1,320,000	江苏万达	2011.5.29
清 白玉龙虎瓶	高17cm	184,000	上海崇源	2011.7.6
清 白玉龙凤盖瓶	高21cm	3,808,000	浙江钱塘	2011.1.9
清 白玉龙凤盖瓶	高16cm	1,456,000	浙江钱塘	2011.6.12
清 白玉龙耳扁瓶	高20.6cm	862,500	北京翰海	2011.5.21
清 白玉夔龙焦叶纹双耳瓶	高22cm	78,200	北京纳高	2011.7.6
清 白玉活环竹梅纹吊瓶	高39cm	572,000	北京中嘉	2011.1.9
清 白玉花卉纹葫芦瓶	高11.7cm	230,000	北京保利	2011.6.6
清 白玉花卉瓶	高22.5cm	112,000	江苏万达	2011.5.29
清 白玉葫芦万代瓶	高21.8cm	1,725,000	荣宝斋	2011.11.25
清 白玉鹤鹿同春扁瓶	高18.5cm	336,000	长风拍卖	2011.1.20
清 白玉观音图链瓶	高34.7cm	63,250	中国嘉德	2011.12.17
清 白玉拐子龙纹双兽耳盖瓶(一对)	高23cm	103,500	北京保利	2011.7.27
清 白玉福寿纹瓶	高25cm	71,300	中国嘉德	2011.3.19
清 白玉凤钮螭龙纹链瓶	高19cm	82,800	福建拍卖	2011.7.2
清 白玉仿痕都斯坦三足瓶	高19.3cm	123,200	苏州东方	2011.4.28
清 白玉雕芝仙祝寿纹瓶	高15cm	1,097,600	天津文物	2011.11.12
清 白玉雕象耳活环盖瓶	高25cm	168,000	浙江佳宝	2011.6.23
清 白玉雕西番莲双耳瓶	高31.5cm	56,000	太平洋	2011.9.17
清白玉雕五蝠祥云纹双耳瓶	高11cm	112,000	天津文物	2011.5.13
清 白玉雕望子成龙纹瓶	高13.8cm	89,600	天津文物	2011.11.12
清 白玉雕岁寒三友纹瓶	高23.5cm	224,000	天津文物	2011.5.13
清 白玉雕松鹤延年瓶	高19cm	53,760	海士德	2011.6.17
清 白玉雕双象耳盖瓶	高15cm	896,000	中贸圣佳	2011.4.29
清 白玉雕双联瓶	高10.8cm	483,000	江苏省拍	2011.12.10
清白玉雕兽面纹双耳活环瓶	高26cm	78,400	太平洋	2011.9.17
清 白玉雕兽面纹扁瓶	高18cm	345,000	上海大众	2011.8.25

拍品名称	尺寸	成交价RMB	拍卖公司	拍卖日期
清 白玉雕兽面龙钮瓶	高20.5cm	437,000	中贸圣佳	2011.11.6
清 白玉雕兽面蕉叶纹瓶	高21.8cm	616,000	中贸圣佳	2011.4.29
清 白玉雕龙纹象耳衔环耳盖瓶(一对)	高24cm	69,000	北京匡时	2011.9.17
清 白玉雕蕉叶纹盖瓶	高19.5cm	1,792,000	中贸圣佳	2011.4.29
清 白玉雕花鸟双龙耳瓶	高16.8cm	82,800	福建拍卖	2011.7.2
清 白玉雕鹤寿图盖瓶	高20cm	246,400	中贸圣佳	2011.4.29
清 白玉雕福寿纹瓶	高25.5cm	1,120,000	中贸圣佳	2011.4.29
清 白玉雕凤纹双辅首活连环扁瓶	高20.6cm	943,000	福建拍卖	2011.7.2
清 白玉雕螭龙纹瓶	高11.7cm	138,000	中贸圣佳	2011.11.6
清 白玉雕蝉纹玉瓶	高16.3cm	672,000	中贸圣佳	2011.4.29
清 白玉雕缠枝花卉狮耳盖瓶	高25cm	172,500	北京保利	2011.12.7
清 白玉雕宝相花纹双耳活环吊链瓶	高43cm	220,000	中都国际	2011.6.12
清 白玉大吉葫芦瓶	高19cm	437,000	北京保利	2011.4.17
清 白玉螭龙纹龙耳方瓶	高28.7cm	115,000	中国嘉德	2011.6.18
清 白玉缠枝莲纹瓶	高23.5cm	59,800	中国嘉德	2011.9.17
清 白玉缠枝莲纹环耳瓶	高26.6cm	51,750	中国嘉德	2011.6.18
清 白玉缠枝莲纹方瓶	高33.5cm	149,500	中国嘉德	2011.6.18
清 白玉插瓶	高11.5cm	115,000	古天一	2011.12.5
清 白玉八棱活环瓶	高14.3cm	115,000	长风拍卖	2011.6.21
清 白石八宝圆瓶花台(一对)	高78cm	80,500	西泠拍卖	2011.7.17
民国 玉雕双龙耳挂瓶	高24cm	74,750	北京保利	2011.10.23
民国 青白玉龙纹瓶	高26.1cm	51,750	中国嘉德	2011.9.17
民国 青白玉雕喜鹊登梅海棠式双耳盖瓶	高26cm	392,000	浙江佳宝	2011.6.23
民国 乾隆款诗文白玉瓶	高20.5cm	86,250	北京歌德	2011.4.24
民国 白玉龙纹瓶	高26.3cm	82,800	中国嘉德	2011.3.19
民国 白玉活环盖瓶 痕都斯坦式瓶(两件)	尺寸不一	57,500	北京保利	2011.7.27
民国 白玉浮雕花鸟盖瓶	高30.5cm	51,750	北京保利	2011.7.27
民国 白玉浮雕和合二仙象耳活环盖瓶	高27cm	69,000	北京保利	2011.7.27
民国 白玉雕吊环宝瓶连座	高34cm	59,777	中信国际	2011.3.13
20世纪 翠玉富贵平安炼瓶摆件	高25cm	7,753,653	台北富博斯	2011.12.18
白玉“吉祥如意”缠枝莲瓶	高27cm	57,500	北京保利	2011.7.27
白玉带盖链子瓶	高33cm	172,500	北京保利	2011.12.7
白玉雕宝相花纹吊链瓶	高46cm	79,200	中都国际	2011.8.28
白玉雕人物故事纹吊链瓶	高27cm	1,100,000	鼎时国际	2011.12.3
白玉雕御题诗鹤鹿同春瓶	高15.5cm	336,000	中贸圣佳	2011.1.23
白玉吊链瓶	尺寸不一	415,500	中博文化	2011.7.10
白玉吊链瓶	高30cm	86,400	琴岛荣德	2011.5.15
白玉对瓶	高7.5cm	138,000	福建东南	2011.10.24
白玉活链方对瓶	高14cm	324,800	北京博观	2011.6.12
白玉西番莲链子瓶	高33cm	106,400	太平洋	2011.9.17
碧玉雕龙凤纹瓶	高25cm	64,960	北京荣宝	2011.8.13
碧玉对瓶	高11cm	89,600	北京博观	2011.11.25
碧玉象耳龙凤瓶	高40cm	212,800	雍和嘉诚	2011.6.1
缠枝莲纹梅瓶	高18cm	299,000	苏州吴门	2011.6.12
陈兰华 双鹤如意链条瓶		448,000	北京荣宝	2011.11.11
高毅进 兰花瓶		470,400	北京荣宝	2011.11.11
和田白玉雕缠枝花抱月瓶	高22.3cm	74,750	中贸圣佳	2011.11.6
和田白玉雕御题诗文吊链瓶	高40cm	82,000	印千山	2011.6.3
和田白玉花鸟纹瓶	高27.5cm	92,000	北京歌德	2011.9.17
和田白玉活链提梁瓶	高53cm	313,600	辽宁建投	2011.5.11
和田白玉籽料雕福纹吊链瓶	高27cm	80,000	印千山	2011.6.3
和田碧玉雕富贵无头双联瓶(一对)	高27cm	150,000	印千山	2011.6.3
和田留皮籽玉 花卉炉瓶	高15cm	2,016,000	北京国信	2011.8.19
和田玉雕御题诗文瓶(一对)	高19cm	52,000	印千山	2011.6.3
和阗青白玉西番莲纹梅瓶	高20cm	649,600	安华白云	2011.3.6
和阗籽料白玉链瓶	高14cm	235,200	安华白云	2011.3.6
黄玉铺首方瓶	高9.5cm	3,220,000	古天一	2011.12.5
黄玉双鱼链瓶	高47.5cm	80,500	中国嘉德	2011.6.18
蒋大雄 缠枝花兽头双耳瓶		369,600	北京荣宝	2011.11.11
旧玉凸雕花卉瓶	高19.5cm	73,920	北京翰海	2011.4.9

(成交价RMB：5万元以上)

拍品名称	尺寸	成交价RMB	拍卖公司	拍卖日期
刘卫国 白玉链瓶		713,000	北京翰海	2011.11.19
刘卫国 莨苕纹白玉链瓶		713,000	北京翰海	2011.11.19
龙头双耳三足瓶		1,344,000	北京荣宝	2011.11.11
青白玉缠枝莲纹方瓶	高25.1cm	66,700	中国嘉德	2011.9.17
青白玉雕花卉纹扁瓶	高30cm	82,800	北京纳高	2011.7.6
青白玉雕花纹盖瓶	高24.2cm	103,500	北京纳高	2011.7.6
青白玉花卉盖瓶	高24cm	86,250	北京保利	2011.4.17
青白玉瓶(两件)	尺寸不一	51,750	中国嘉德	2011.6.18
青白玉巧雕安居乐业图吊链瓶	高29.2cm	55,200	北京纳高	2011.7.6
青白玉青花三色“金玉惜莲”纹活环辅首扁瓶	高15.6cm	246,400	山东大成	2011.9.29
青白玉山水纹瓶	高29cm	51,750	中国嘉德	2011.9.17
青白玉素面双龙耳盖瓶	高21cm	55,200	北京保利	2011.4.17
青玉雕云龙纹瓶	高22.5cm	392,000	北京荣宝	2011.3.18
玉瓶	高11cm	67,200	山东德道	2011.11.9
瑞兽双耳瓶		616,000	北京荣宝	2011.11.11
饕餮纹螭龙盖双耳瓶	高21.5cm	336,000	江苏万达	2011.5.29
五福链条瓶		672,000	北京荣宝	2011.11.11
现代 李东 青玉《气贯乾坤瓶》	高33cm	784,000	海士德	2011.6.17
现代 柳朝国 白玉福寿链瓶	高60cm	3,584,000	海士德	2011.6.17
现代 马进贵 墨玉《错金银象耳瓶》	高19cm	336,000	海士德	2011.6.17
现代 杨光 碧玉《荷花瓶》	高24.5cm	392,000	海士德	2011.6.17
宋鸣放 白玉如意瓶	高15cm	1,725,000	中国嘉德	2011.5.22
玉尊				
明 碧玉圆雕瑞兽平安尊	高15.5cm	552,000	北京匡时	2011.6.8
明 玉雕兽面纹出戟方尊	高20.3cm	425,600	浙江佳宝	2011.6.23
清乾隆 白玉雕仿古纹出戟尊	高11.4cm	2,300,000	北京东正	2011.11.17
清乾隆 白玉雕仿古纹双龙活环耳葵口尊	宽15.8cm	6,043,140	香港佳士得	2011.6.1
清乾隆 白玉雕龙钮仿古尊	高13cm	2,300,000	北京东正	2011.11.17
清乾隆 白玉雕兽面纹螭龙钮尊	高18cm	2,912,000	中贸圣佳	2011.4.29
清乾隆 白玉蕉叶兽面纹小尊	高7cm	134,400	上海新华	2011.6.25
清乾隆 茶晶双耳尊	高11.8cm	161,000	江苏省拍	2011.12.10
清乾隆 痕都斯坦白玉雕花卉纹双耳尊	高9.2cm	920,000	北京匡时	2011.6.8
清乾隆 青白玉雕天鸡尊	长8cm	368,000	江苏省拍	2011.12.10
清中期 白玉雕瑞兽尊	长13cm	690,000	北京东正	2011.6.5
清 仿古玉雕四羊方尊	高14cm	67,200	太平洋	2011.6.18
清 青白玉雕绳纹云龙兽首环耳尊	高20.3cm	71,300	北京纳高	2011.7.6
仿汉玉花尊	高20.2cm	112,000	上海中福	2011.8.7
王晓红 青玉仿古天鸡樽		112,000	北京荣宝	2011.11.11
玉环紫尊	高40cm	53,760	上海中福	2011.8.7
玉觥				
汉 和田玉觥	高15cm	794,144	澳门中信	2011.6.25
清初 白玉雕龙纹觥	高17cm	2,070,000	北京东正	2011.6.5
清乾隆 白玉夔首觥	长15.5cm	345,000	上海大众	2011.8.25
清乾隆 白玉盘螭龙纹觥	长22.5cm	1,840,000	北京保利	2011.6.5
清乾隆 白玉兽面纹觥	高16.8cm	690,000	中国嘉德	2011.6.18
清乾隆 御题诗白玉仿汉龙尾觥	长17cm	14,375,000	北京保利	2011.6.5
清 白玉雕龙凤觥	高20.8cm	1,008,000	中贸圣佳	2011.4.29
清 白玉雕龙凤纹觥	长12.5cm	112,000	天津文物	2011.11.12
清 黄玉雕花果纹螭龙觥	长14.3cm	109,250	北京匡时	2011.12.5
清 青白玉雕螭龙觥连座	高15cm	80,500	北京匡时	2011.6.8
19世纪 青白玉觥	高22.8cm	4,605,881	伦敦苏富比	2011.5.11
玉觥	高17.5cm	2,016,000	浙江永暄	2011.10.30
玉觚				
明 白玉蕉叶纹仿古花觚	高16.6cm	402,500	北京翰海	2011.5.21
明 玉雕龙纹花觚	高24.8cm	207,000	古天一	2011.12.5
清乾隆 青白玉雕蕉叶纹出戟花觚	高18cm	1,265,000	北京保利	2011.12.6
清乾隆 玉雕仿古兽面纹觚	[illegible]	460,000	北京保利	2011.12.6
清中期 白玉雕海水云龙纹[illegible]	高22.5cm	3,450,000	北京翰海	2011.5.21

拍品名称	尺寸	成交价RMB	拍卖公司	拍卖日期
清 白玉螭龙纹花觚	高27.6cm	161,000	中国嘉德	2011.9.17
清 白玉雕仿古青铜花觚	高14cm	287,500	中贸圣佳	2011.11.6
清 白玉雕蕉叶寿纹花觚	高14cm	253,000	中贸圣佳	2011.11.6
清 白玉兽面纹花觚	高14.2cm	230,000	中国嘉德	2011.9.17
清 白玉饕餮纹出戟花觚	高18.1cm	207,000	中国嘉德	2011.5.23
清 青玉花觚	高17cm	56,000	北京荣宝	2011.11.11
清19世纪 青白玉浮雕“兽面”纹双耳活环花觚	高20.6cm	508,400	香港苏富比	2011.10.5
青白玉雕兽面纹花觚(一对)	高16cm×2	276,000	北京九歌	2011.6.10
碧玉活环兽面方觚(一对)	高30.5cm	172,500	北京保利	2011.12.7
玉鼎				
西周 兽面纹白玉鼎	高17.5cm	880,000	北京中嘉	2011.1.9
西周 青玉兽面纹鼎	高19.8cm	638,000	北京中嘉	2011.1.9
春秋 青玉铭文盖鼎	高17cm	418,000	北京中嘉	2011.1.9
清乾隆 碧玉西番莲鼎	高26cm	1,456,000	浙江钱塘	2011.6.12
清 青玉雕满汉龙纹鼎鼎(一套九件)	尺寸不一	50,000	中都国际	2011.6.12
清 黄玉雕饕餮纹方鼎	高16cm	896,000	古天一	2011.6.4
清 白玉龙纹四足方鼎	高8.5cm	2,016,000	江苏万达	2011.5.29
清 白玉龙纹鼎	高19cm	257,600	雍和嘉诚	2011.6.1
清 白玉雕兽面纹四足方鼎	高19cm	517,500	北京匡时	2011.6.8
和田玉双龙耳青玉四足鼎	高22cm	134,400	琴岛荣德	2011.12.10
和田玉雕螭龙纹鼎	高15cm	450,000	印千山	2011.6.3
和田玉带皮仙人炉鼎	10cm	89,600	琴岛荣德	2011.12.10
白玉四足方鼎	高20cm	205,200	琴岛荣德	2011.5.15
祥和玉鼎	高104cm	20,160,000	北京国信	2011.8.19
玉壶				
汉 青玉兽面纹盖壶	高24cm	440,000	北京中嘉	2011.1.9
汉 青黄玉螭纹提梁盖壶(一对)	高24.3cm	900,000	北京中嘉	2011.1.9
汉 青白玉螭纹盖壶	高16.5cm	88,000	北京中嘉	2011.1.9
辽 白玉银盖天鹅形壶(一对)	高8.8cm	89,600	中拍国际	2011.6.5
元 玉壶	高9.1cm	109,250	中拍国际	2011.12.6
明万历 玉雕八仙祝寿图执壶	高21cm	253,000	中国嘉德	2011.3.19
明 白玉雕瑞兽纹砚壶	高15cm	1,097,600	天津文物	2011.5.13
明 青玉寿字执壶	宽18cm	80,500	北京保利	2011.12.8
明 青白玉兽面纹双环耳壶	长15.5cm	78,400	辽宁中正	2011.4.17
明 白玉雕出戟尊茶壶(两件)	壶长9.4cm	759,000	北京东正	2011.11.17
清初 黄玉龙纹酒壶	高20.5cm	264,040	香港拍得高	2011.10.6
清初 白玉雕凤形提梁壶	长19cm	2,875,000	北京东正	2011.11.17
清中期 青玉带皮龙凤壶	高11.5cm	69,000	北京九歌	2011.6.10
清中期 白玉雕岁岁平安纹双耳洁提梁扁盖壶	高22.5cm	690,000	福建拍卖	2011.7.2
清早期 德化窑龙把凤首小壶	长7cm	71,300	北京诚轩	2011.5.22
清晚期 白玉双层透雕花卉茶壶	宽21.5cm	287,500	北京保利	2011.12.8
清乾隆/嘉庆 白玉壶	宽16.5cm	3,443,520	香港佳士得	2011.11.30
清乾隆 痕都斯坦佛像执壶	高14.5cm	403,200	上海嘉泰	2011.4.1
清乾隆 白玉饕餮纹兽流带盖执壶	高18cm	6,584,440	香港苏富比	2011.4.8
清乾隆 白玉双龙执壶	高18.7cm	6,545,340	香港佳士得	2011.6.1
清乾隆 白玉鹤鹿同春凤纹注壶	宽14cm	1,150,000	北京保利	2011.6.7
清乾隆 白玉雕宝相花莲钮茶壶	长18cm	977,500	北京匡时	2011.6.8
清嘉庆 墨绿玉雕饕餮纹双象耳扁壶	高34.6cm.	770,040	香港佳士得	2011.6.1
清 白玉壶	高23cm	4,256,000	江苏万达	2011.5.29
清18世纪 青玉雕仿古饕餮纹匜式壶	宽6.4cm	52,313	香港佳士得	2011.6.1
清18世纪 白玉壶	高18.3cm	2,170,560	香港佳士得	2011.11.30
清 玉雕扁壶	高16.6cm	66,700	中国嘉德	2011.3.19
清 青白玉双龙戏珠玉壶	高11.5cm	168,000	江苏万达	2011.5.29
清 青白玉凤首壶	高12cm	69,000	中国嘉德	2011.12.17
清 黄玉茶壶	宽14cm	126,500	中国嘉德	2011.11.13
清 白玉凤壶	高19cm	184,000	中国嘉德	2011.3.19
清 白玉[illegible]壶	高15cm	115,000	北京保利	[illegible]
清 白玉[illegible]	[illegible]	2,016,000	江苏万达	2011.5.29

拍品名称	尺寸	成交价RMB	拍卖公司	拍卖日期
清 白玉刻大吉烟壶	高6.2cm	56,000	十竹斋	2011.5.29
清 白玉猴钮提首壶	高17.2cm	82,500	北京中嘉	2011.1.9
清 白玉痕都斯坦式缠枝花卉纹壶	长14cm	71,300	北京纳高	2011.7.6
清 白玉雕竹纹壶	长11cm	896,000	北京荣宝	2011.11.11
清 白玉雕链式茶壶	长10cm	168,000	江苏万达	2011.5.29
清 白玉雕蕉叶纹提梁壶	高10.5cm	172,500	中贸圣佳	2011.11.6
白玉茶壶	高3.3cm	58,240	北京博观	2011.11.25
白玉雕痕都斯坦茶壶	高16cm	95,200	北京荣宝	2011.8.13
白玉痕都斯坦式花卉执壶	高18cm	66,700	北京纳高	2011.7.6
碧玉薄胎壶	长12cm	103,500	苏州吴门	2011.6.12
翠链盖秋虫提壶	壶高5cm	287,500	上海嘉泰	2011.10.17
和田白玉雕樱桃纹提梁壶	高11.2cm	156,800	未来四方	2011.6.11
和田玉雕花卉纹僧帽壶	高23cm	55,000	印千山	2011.6.3
和田玉雕御题满汉诗文僧帽壶，小杯四只	尺寸不一	900,000	印千山	2011.6.3
和田玉壶带杯(一套五件)	尺寸不一	92,000	北京歌德	2011.9.17
和田玉籽料薄胎壶	高9.6cm	324,800	北京博观	2011.6.12
和田玉籽料西番莲瓣纹薄胎壶	高7cm；重129g	78,400	北京博观	2011.11.25
蒋大雄 玉壶		336,000	北京荣宝	2011.11.11
马进贵 玉壶	尺寸不一	69,000	西泠拍卖	2011.7.16
水晶雕凤穿牡丹盖壶	长19cm	99,394	香港佳士得	2011.6.1
宋鸣放 白玉香草纹茶壶	高10cm	402,500	西泠拍卖	2011.7.16
现代 高毅进 竹节壶	高12cm	1,120,000	海士德	2011.6.17
现代 和阗籽玉八戒壶	长9.5cm	50,400	山东大成	2011.9.29
玉雕缠枝花卉执壶	高18cm	63,250	北京保利	2011.4.17
玉雕壶	高18.5cm	115,000	北京翰海	2011.12.18
玉卣				
清乾隆 白玉雕仿古饕餮纹提梁卣	高27.8cm	8,280,000	福建拍卖	2011.7.2
清乾隆 白玉雕饕餮纹提梁卣	高25cm	5,175,000	江苏省拍	2011.12.10
清中期 玉兽面纹出戟提梁卣	高17.5cm	460,000	北京翰海	2011.5.21
玉罐				
战国 青玉兽面纹掏药罐	通高29cm	330,000	北京中嘉	2011.1.9
辽、金或宋 白玉雕荷叶盖罐	高3.6cm	257,600	古天一	2011.6.4
明 白玉雕龙纹大罐	高24.3cm	4,368,000	中鸿信	2011.6.26
清乾隆 和田玉雕云头纹将军盖罐(一对)	高13cm	950,000	中都国际	2011.6.12
清乾隆 和田玉雕瓜棱罐(一对)	高15.5cm	210,000	中都国际	2011.6.12
清乾隆 白玉雕折沿如意纹盖罐	宽6.5cm	943,000	北京东正	2011.11.17
清18世纪 青白玉洋花小罐	高10cm	315,750	香港苏富比	2011.4.8
清 青白玉镂雕花叶纹提梁盖罐	高20.5cm	352,000	北京中嘉	2011.1.9
碧玉雕夔龙纹盖罐(一对)	高28.5cm	57,500	北京保利	2011.10.23
白玉三螭盖罐	高9cm	56,000	琴岛荣德	2011.12.10
玉盆				
清乾隆 西洋风格白石菊瓣盆	直径51cm	115,000	北京保利	2011.10.22
清 碧玉雕云龙纹盆	直径72cm	82,000	中都国际	2011.6.12
清乾隆 青玉御题百花诗花盆	直径18cm	1,610,000	北京保利	2011.6.5
玉匜				
战国 青玉蟠虺纹匜	高14cm	132,000	北京中嘉	2011.1.9
明 羊首玉匜	长5.5cm	81,140	浙江民和	2011.8.14
现代 陆爱凤 白玉《匜》	长9cm	190,400	海士德	2011.6.17
玉炉				
汉 青玉瑞兽托炉摆件	通高20.5cm	308,000	北京中嘉	2011.1.9
汉 青白玉雕兽面纹盖炉	高14.5cm	220,000	北京中嘉	2011.1.9
明 夔龙纹双耳三狮足金累丝嵌宝石喜上眉梢白玉炉	高11cm	1,380,000	中拍国际	2011.12.6
明 仿古玉雕凤耳盖炉	高12.5cm	89,600	太平洋	2011.6.18
明 白玉福寿如意纹四足炉	长16cm	201,600	苏州东方	2011.4.28
明 白玉福庆寿纹双环耳炉	长16cm	246,400	中鸿信	2011.6.26
清初 青白玉牡丹花卉双耳圆炉	直径13.2cm	78,400	上海新华	2011.6.25
清乾隆 青玉雕菊瓣纹三足炉连座	直径10.5cm	483,000	北京匡时	2011.6.8
清乾隆 青白玉蝶纹活环耳盖炉	宽16cm	3,220,000	北京保利	2011.12.6

拍品名称	尺寸	成交价RMB	拍卖公司	拍卖日期
清乾隆 黄玉雕饕餮纹三足炉	高16.6cm	4,600,000	北京东正	2011.6.5
清乾隆 碧玉贴金镂空香炉	直径17.5cm	3,680,000	中拍国际	2011.7.17
清乾隆 碧玉兽面纹龙耳三足炉	宽18cm	920,000	北京保利	2011.12.6
清乾隆 碧玉刻佛莲盖炉	直径14cm	345,000	北京保利	2011.10.22
清乾隆 碧玉雕双辅首簋式炉	直径14.2cm	82,800	福建拍卖	2011.7.2
清乾隆 碧玉雕兽面龙耳炉	长14cm	57,500	中贸圣佳	2011.11.6
清乾隆 碧玉雕如意莲纹炉瓶盒三式	尺寸不一	1,380,000	北京匡时	2011.6.8
清乾隆 碧玉雕夔龙纹双凤耳衔环盖炉连白玉座	高13.5cm	1,725,000	北京匡时	2011.6.8
清乾隆 碧玉雕夔龙纹出脊盖炉	高12.5cm	575,000	北京诚轩	2011.11.12
清乾隆 碧玉雕花卉双菊耳菊瓣形盖炉	直径24.5cm	1,150,000	北京匡时	2011.6.8
清乾隆 白玉香炉	宽19.5cm	3,737,280	香港佳士得	2011.11.30
清乾隆 白玉饕餮纹双龙活环耳三足盖炉	宽21cm	11,801,700	香港佳士得	2011.6.1
清乾隆 白玉饕餮纹兽耳熏炉	宽16.6cm	1,495,000	荣宝斋	2011.11.25
清乾隆 白玉双如意耳双狮戏球钮盖炉	宽16cm	6,325,000	中国嘉德	2011.11.15
清乾隆 白玉兽钮三足炉	高8.5cm	161,000	中国嘉德	2011.3.19
清乾隆 白玉狮纽香炉	宽14.5cm	920,000	北京保利	2011.6.5
清乾隆 白玉龙纹盖炉	长17cm	2,070,000	北京东正	2011.11.17
清乾隆 白玉菊纹香炉	高6.5cm	920,000	荣宝斋	2011.11.25
清乾隆 白玉雕饕餮纹活环香炉	长17cm	2,070,000	上海大众	2011.8.25
清乾隆 白玉雕双环龙耳熏炉	直径21.5cm	690,000	江苏省拍	2011.12.10
清乾隆 白玉雕兽面纹双耳炉	宽11.5cm	506,000	北京匡时	2011.6.8
清乾隆 白玉雕兽面纹双耳盖炉	直径16cm	322,000	北京匡时	2011.6.8
清乾隆 白玉雕兽面纹双耳鼎式炉	高16cm	1,150,000	北京匡时	2011.6.8
清乾隆 白玉雕三羊开泰纹炉	高7cm	402,500	北京东正	2011.11.17
清乾隆 白玉雕牡丹四花钮盖炉连座	长18cm	2,645,000	北京匡时	2011.6.8
清乾隆 白玉雕吉祥盖炉	高9.5cm	2,016,000	中贸圣佳	2011.4.29
清乾隆 白玉雕缠枝花卉纹盖炉连座	直径11.4cm	1,265,000	北京匡时	2011.6.8
清乾隆 白玉出戟"兽面"纹双耳三足龙钮盖炉	高15.8cm	7,888,400	香港苏富比	2011.10.5
清中期 碧玉雕龙纹鼎式炉连座 碧玉雕龙纹鼎式炉连座	高35cm	552,000	北京匡时	2011.6.8
清中期 水晶雕双龙耳衔环小盖炉连座	直径10.5cm	69,000	北京匡时	2011.6.8
清中期 珊瑚雕龙纹盖炉	长14cm	1,955,000	北京东正	2011.11.17
清中期 青白玉兽面纹双耳盖炉	高12cm	115,000	北京中汉	2011.5.23
清中期 青白玉兽面纹炉	直径15.3cm	402,500	中国嘉德	2011.6.18
清中期 青白玉雕龙纽兽面纹双耳炉	宽14.5cm	230,000	北京保利	2011.12.8
清中期 青白玉朝冠耳三足炉	长7.4cm	172,500	中国嘉德	2011.6.18
清中期 黄玉雕兽钮鼎式炉	高17cm	632,500	江苏省拍	2011.12.10
清中期 碧玉双龙耳龙纹炉	宽14cm	80,500	北京保利	2011.10.23
清中期 碧玉镂雕花卉纹双耳衔环盖炉(一对)	长24cm×2	920,000	北京匡时	2011.6.8
清中期 碧玉龙纽薰炉	高16cm	392,000	苏州东方	2011.4.28
清中期 碧玉雕福寿纹香炉	长18.5cm	287,500	北京东正	2011.6.5
清中期 碧玉雕宝相花纹莲花形盖炉	直径19cm	184,000	北京纳高	2011.7.6
清中期 白玉透雕花卉双耳炉	高12cm	713,000	北京翰海	2011.5.21
清中期 白玉太狮少狮双耳炉	高13cm	4,600,000	北京保利	2011.12.6
清中期 白玉双狮龙耳三足活环炉	长15.5cm	805,000	北京保利	2011.6.6
清中期 白玉双龙衔环耳狮钮炉	长17.5cm	5,750,000	北京东正	2011.6.5
清中期 白玉双耳衔环兽纽三足炉	高15.2cm	5,175,000	北京翰海	2011.11.19
清中期 白玉镂雕牡丹耳香熏盖炉	宽18.5cm	1,127,000	北京保利	2011.6.6
清中期 白玉仿古饕餮纹出戟双耳炉	高14cm	483,000	北京翰海	2011.11.19
清中期 白玉雕炉瓶盒三式	尺寸不一	345,000	北京歌德	2011.6.3

(成交价RMB：5万元以上)

拍品名称	尺寸	成交价RMB	拍卖公司	拍卖日期
清中期 白玉雕吼狮薰炉	高9cm	460,000	北京东正	2011.6.5
清晚期 白玉雕鸳鸯形香炉	高14cm	207,000	北京匡时	2011.6.8
清末民初 白玉香炉	宽14.5cm	897,600	香港佳士得	2011.11.30
清道光 石刻金文三足炉	高12cm	92,000	北京歌德	2011.6.3
清18世纪 青白玉如意足兽耳香炉	宽26cm	820,260	香港佳士得	2011.6.1
清18世纪 白玉镂空双兽活环耳瑞狮戏球钮三足盖炉	宽19cm	4,563,640	香港苏富比	2011.4.8
清18世纪 白玉龙纹兽耳三足盖炉	宽20cm	3,048,040	香港苏富比	2011.4.8
清 紫玉雕兽面纹三足鬲式炉	高17.3cm	1,680,000	中贸圣佳	2011.4.29
清 玉雕云龙炉瓶盒三事	尺寸不一	920,000	北京保利	2011.6.7
清 玉雕狮钮三足炉	高17cm	190,400	中贸圣佳	2011.4.29
清 玉雕痕都斯坦式风格盖炉	宽23.5cm	230,000	北京保利	2011.12.7
清 水晶狮钮盖炉	宽21cm	86,250	北京保利	2011.12.8
清 水晶雕双龙耳香炉	高13cm	470,400	天津文物	2011.11.12
清 狮钮绿松石香炉	高8cm	69,000	苏州吴门	2011.6.11
清 青玉题诗龙纹鼎式炉	高10cm	300,000	红太阳	2011.5.28
清青玉雕谷纹龙钮盖双耳方炉	高14.7cm	392,000	中贸圣佳	2011.4.29
清 青金石龙耳狮钮三足炉	直径14cm	55,200	福建拍卖	2011.7.3
清 青白玉兽钮炉	高12.1cm	92,000	中国嘉德	2011.9.17
清 青白玉兽面纹香炉	宽18cm	56,000	北京保利	2011.1.15
清 青白玉兽面纹双耳炉	长13.6cm	112,700	中国嘉德	2011.9.17
清 青白玉兽面纹炉	长19.3cm	78,200	中国嘉德	2011.6.18
清 青白玉兽耳簋式炉	长19cm	115,000	中国嘉德	2011.9.17
清 青白玉龙纹炉	高16.5cm	57,500	中国嘉德	2011.12.17
清 青白玉花卉纹炉(三件)	尺寸不一	184,000	中国嘉德	2011.3.19
清 青白玉雕云蝠纹双耳螭钮三足炉	长27.3cm	149,500	北京纳高	2011.7.6
清 青白玉雕双龙耳炉	长21.5cm	76,160	太平洋	2011.6.18
清青白玉雕龙纹海棠形香炉	长12cm	313,600	天津文物	2011.11.12
清 青白玉雕龙首衔环炉三足炉	长24cm	51,750	北京匡时	2011.9.17
清 青白玉雕痕都斯坦式三足活环盖炉	高19.5cm	230,000	北京纳高	2011.7.6
清 青白玉缠枝牡丹纹炉	直径13.4cm	92,000	中国嘉德	2011.12.17
清 青白玉缠枝莲纹兽耳炉	长18.1cm	69,000	中国嘉德	2011.9.17
清 黄玉雕兽面纹双耳活环香炉	宽16.5cm	690,000	上海大众	2011.8.25
清 黄玉雕狮钮盖兽首衔环三足炉	高17cm	1,680,000	中贸圣佳	2011.4.29
清 黄玉雕簋式炉	高6cm	448,000	古天一	2011.6.4
清 黄玉缠枝莲纹炉	高24.5cm	69,000	中国嘉德	2011.6.18
清 碧玉香炉 花觚(一组三件)	尺寸不一	552,000	北京匡时	2011.12.5
清 碧玉兽耳衔环三足炉	高11.4cm	241,500	北京翰海	2011.5.21
清 碧玉镂空雕兽面纹炉	长25cm	172,500	北京保利	2011.12.7
清 碧玉雕龙首衔环耳炉	长19.7cm	115,000	中贸圣佳	2011.11.6
清 白玉钟馗送福盖炉	宽13cm	368,000	中国嘉德	2011.5.23
清 白玉双耳五足琴炉	高6cm	134,400	北京荣宝	2011.11.11
清 白玉双耳炉(两件)	尺寸不一	51,750	北京保利	2011.7.27
清 白玉兽纹炉	高21.4cm	63,250	中国嘉德	2011.3.19
清 白玉兽面纹炉、瓶、盒(三件)	尺寸不一	172,500	中国嘉德	2011.11.15
清 白玉如意钮菊瓣纹玉炉	直径14cm	470,400	长风拍卖	2011.1.20
清 白玉炉 瓶 盒(一套三件)	尺寸不一	126,500	中国嘉德	2011.3.19
清 白玉镂雕蕃莲纹双环耳盖炉	高10cm	644,000	北京保利	2011.10.23
清 白玉龙首香炉	高22cm	224,000	江苏万达	2011.5.29
清 白玉龙耳炉	直径9cm	161,000	中国嘉德	2011.3.19
清 白玉灵芝耳炉	长16cm	51,750	中国嘉德	2011.9.17
清 白玉菊瓣炉	长17cm	80,500	中国嘉德	2011.9.17
清 白玉吉祥如意双象耳活环炉	宽20.5cm	72,800	北京保利	2011.1.15
清 白玉花纽盖花耳葵瓣形高足炉	净高11cm	649,600	长风拍卖	2011.1.20
清 白玉花卉纹炉	长16.2cm	69,000	中国嘉德	2011.3.19
清 白玉痕都斯坦簋式炉	宽17.5cm	[illegible]	[illegible]	[illegible]
[illegible]	高18cm	[illegible]	中贸圣佳	2011.4.29
[illegible]	高16cm	224,000	浙江佳宝	2011.6.23
清 白玉雕兽钮凤耳炉	高16cm	5,600,000	苏州东方	2011.4.28
清 白玉雕兽面纹四兽首衔环带盖四足炉	高12.5cm	1,008,000	中贸圣佳	2011.4.29
清 白玉雕狮钮双凤耳炉	高17cm	761,600	中贸圣佳	2011.1.23
清 白玉雕狮钮龙耳衔环香炉	高18.5cm	392,000	天津文物	2011.5.13
清 白玉雕三羊开泰钮双耳炉	长12cm	537,600	中贸圣佳	2011.4.29
清 白玉雕龙钮香炉	高13.5cm	1,344,000	中贸圣佳	2011.4.29
清 白玉雕花卉纹双耳三足炉	长12.5cm	63,250	北京匡时	2011.9.17
清 白玉雕螭龙纹鼎式炉	高19cm	560,000	中贸圣佳	2011.4.29
清 白玉雕蝉纹兽耳狮钮三足炉	高20cm	1,624,000	中贸圣佳	2011.4.29
清 白玉螭龙扁方炉	长24cm	356,500	北京保利	2011.12.7
清 白玉螭耳炉	高18.8cm	92,000	中国嘉德	2011.9.17
清 白玉缠枝莲纹双耳炉	长20.3cm	69,000	中国嘉德	2011.6.18
清 白玉缠枝莲纹炉	长18.6cm	82,800	中国嘉德	2011.3.19
清 白玉缠枝莲纹炉	直径15cm	57,500	中国嘉德	2011.3.19
清 白玉"瑞雪永丰年"炉	高11.1cm	145,600	苏州东方	2011.4.28
民国 青白玉炉(三件)	尺寸不一	207,000	中国嘉德	2011.3.19
民国 青白玉龙纹炉	高18.7cm	66,700	中国嘉德	2011.9.17
民国 青白玉螭龙纹炉	高20cm	63,250	中国嘉德	2011.3.19
民国 碧玉云龙双耳熏炉	高49cm	57,500	北京保利	2011.4.17
民国 碧玉狮耳炉	高22cm	115,000	北京保利	2011.12.7
青白玉炉(三件)	尺寸不一	66,700	中国嘉德	2011.6.18
青白玉花卉纹炉(两件)	长16cm	57,500	中国嘉德	2011.6.18
青白玉雕卷草纹吉祥如意盖炉	宽22cm	92,000	北京保利	2011.4.17
乾隆年制款碧玉香炉	高15cm	80,500	中拍国际	2011.12.6
倪洪平 天官炉		392,000	北京荣宝	2011.11.11
活环双耳手炉	长6.5cm	80,500	苏州吴门	2011.6.12
和阗白玉仿古兽面纹盖炉	高13cm	649,600	安华白云	2011.3.6
和田云脚明仿汉香炉	高10cm	67,200	江苏万达	2011.5.29
和田碧玉雕三足圆炉	高21.5cm	920,000	中贸圣佳	2011.11.6
和田白玉雕三足圆炉	高14.5cm	1,840,000	中贸圣佳	2011.11.6
和田白玉雕瑞兽钮四足炉	高17cm	166,750	中贸圣佳	2011.11.6
和田白玉雕福寿龙钮炉	高16.5cm	155,250	中贸圣佳	2011.11.6
和田白玉雕螭龙耳炉	长11cm	862,500	中贸圣佳	2011.11.6
碧玉饕餮纹二足香炉	高24.5cm	672,000	江苏万达	2011.5.29
碧玉狮耳龙钮盖炉	高17cm	115,000	北京保利	2011.12.7
碧玉三足炉	高15.6cm	560,000	北京博观	2011.6.12
白玉双耳炉	长15.8cm	63,250	中国嘉德	2011.12.17
白玉兽耳如意盖炉	长20cm	78,200	北京纳高	2011.7.6
白玉三足狮耳龙纹盖炉	高14.5cm	403,200	中鸿信	2011.6.26
白玉三足瑞兽炉	高14cm	1,472,000	中拍国际	2011.12.6
白玉俏皮五福捧寿龙钮活环吊链炉	高32cm	149,500	北京纳高	2011.7.6
白玉环耳炉	长17cm	74,750	中国嘉德	2011.6.18
白玉雕痕都斯坦香炉	长17cm	134,400	北京荣宝	2011.8.13
白玉雕痕都斯坦缠枝莲纹炉	长15.5cm	89,600	中贸圣佳	2011.1.23
白玉缠枝莲盖炉 白玉缠枝莲"吉祥"盖瓶(两件)	尺寸不一	51,750	北京保利	2011.4.17
白玉缠枝花卉盖炉	长17.5cm	172,500	北京保利	2011.12.7
玉炉(两件)	尺寸不一	66,700	中国嘉德	2011.6.18
俞艇 云外兰香 白玉琴炉	长4.5cm	69,000	西泠拍卖	2011.7.16
俞艇 白玉龙耳香草纹香炉	高9.8cm	4,140,000	西泠拍卖	2011.7.16
香炉(一件)	长5.5cm	97,750	泰和嘉成	2011.11.27
宋鸣放 心香白玉琴炉	长5cm	126,500	西泠拍卖	2011.7.16
请19世纪末 白玉雕龙活环耳四棱盖炉	高18.4cm	4,837,860	香港佳士得	2011.6.1
玉盒				
元 玉刻螭龙玳瑁盒	长9.2cm	50,400	十竹斋	2011.5.29
元 青白玉嵌宝石兔形香盒	长5cmcm	230,000	中拍国际	2011.12.6
明 子冈制白玉麻姑献寿摆件连原座盒	高16.5cm	1,840,000	北京匡时	2011.6.8
明 白玉凤鸟祥云纹粉盒	直径5.2cm	[illegible]	中拍国际	[illegible]
[illegible]	[illegible]	189,430	香港苏富比	2011.4.8
清乾隆 [illegible]	长10cm	112,000	[illegible]	2011.6.1
清乾隆 玉鸟盖盒	长12.7cm	144,050	台北富博斯	2011.12.18

拍品名称	尺寸	成交价RMB	拍卖公司	拍卖日期
清乾隆 青白玉宝鸭穿莲四连盒	长22.5cm	2,185,000	北京保利	2011.6.5
清乾隆 黄玉透雕八仙贺寿人物故事大捧盒	直径28.5cm	1,725,000	北京保利	2011.6.5
清乾隆 黄玉嵌红宝石雕五福临门盖盒	高6cm	126,500	北京匡时	2011.6.8
清乾隆 黄玉雕嵌银镶白玉盒	直径6cm	747,500	北京东正	2011.6.5
清乾隆 痕都斯坦玉花卉格盒	长9.1cm	287,500	北京翰海	2011.5.21
清乾隆 碧玉嵌白玉葵口玉盒	长14cm	8,064,000	东方艺都	2011.7.6
清乾隆 白玉桃形盖盒莲碧玉桃叶座	直径11.5cm	690,000	北京匡时	2011.6.8
清乾隆 白玉石榴盖盒	长7cm	210,500	香港苏富比	2011.4.8
清乾隆 白玉嵌百宝瓜形盒	长6.5cm	246,400	苏州东方	2011.4.28
清乾隆 白玉留皮葫芦万代盖盒	长10.5cm	552,000	北京保利	2011.12.8
清乾隆 白玉留皮雕花果纹盖盒	长8.5cm	230,000	北京东正	2011.6.5
清乾隆 白玉雕狩猎纹扳指盒	直径4cm	80,500	北京东正	2011.11.17
清乾隆 白玉雕盘肠纹盖盒	直径8cm	184,000	北京东正	2011.11.17
清乾隆 白玉雕福寿纹香盒	直径6.7cm	218,500	北京东正	2011.11.18
清乾隆 白玉雕福寿纹盖盒	长9cm	1,624,000	云南典藏	2011.10.31
清乾隆 白玉雕福禄万代盖盒	长11.5cm	134,400	太平洋	2011.9.17
清乾隆 白玉雕多子多福纹盖盒	直径10.4cm	805,000	北京东正	2011.11.17
清乾隆 白玉雕“福禄万代”“瓜蝶绵绵”纹盖盒	直径6.8cm	1,840,000	北京东正	2011.11.17
清乾隆 白玉八吉祥纹方形盖盒	长13.6cm	2,037,640	香港苏富比	2011.4.8
清乾隆 白玉鹌鹑盒	长11.5cm	2,170,560	香港佳士得	2011.11.30
清乾隆 白玉安居乐业盖盒(一对)	高7cm×2	4,025,000	北京匡时	2011.6.8
清中期 玉雕“安居乐业”盖盒	直径15.1cm	2,530,000	中国嘉德	2011.5.23
清中期 青玉吉祥盒	长22cm	218,500	中国嘉德	2011.5.23
清中期 白玉花果倭角盒	长6.6cm	172,500	北京翰海	2011.5.21
清中期 白玉凤凰盖盒(一对)	尺寸不一	276,000	中国嘉德	2011.3.19
清中期 白玉雕牡丹纹盖盒	长7cm	184,000	北京东正	2011.11.17
清中期 白玉雕龙凤呈祥纹盖盒	直径6cm	437,000	北京东正	2011.11.17
清中期 白玉雕福如东海纹盖盒	长12cm	575,000	北京东正	2011.6.5
清19世纪 白玉鹌鹑盖盒	宽6cm	125,550	香港佳士得	2011.6.1
清19世纪 白玉“瑞鸟”盖盒	长16.5cm	902,000	香港苏富比	2011.10.5
清18世纪/19世纪 白玉鹌鹑盖盒	长10cm	569,160	香港佳士得	2011.6.1
清18世纪 白玉五福捧寿盖盒	直径15.5cm	4,235,220	香港佳士得	2011.6.1
清 玉雕五福献寿纹盒	长17.5cm	168,000	天津文物	2011.11.12
清 青玉葫芦盒	长11cm	138,000	荣宝斋	2011.11.25
清 青白玉螭龙纹盒	长9.9cm	103,500	中国嘉德	2011.12.17
清 金镶玉牙签盒	长13.5cm	168,000	浙江钱塘	2011.6.12
清 黄玉雕玉璧凤纹盒	长9.8cm	103,500	中贸圣佳	2011.11.6
清 黄玉雕“安居乐业”盖盒(一对)	长8.5cm	149,500	北京匡时	2011.12.5
清 耕织诗文玩盒及白玉兽(三件)	尺寸不一	105,800	中国嘉德	2011.11.15
清 白玉鸳鸯盒	长11.4cm	95,200	苏州东方	2011.4.28
清 白玉衔灵芝螭纹香熏盒	高6.2cm	109,250	北京保利	2011.10.23
清 白玉透雕龙纹食盒	高22.5cm	1,344,000	江苏万达	2011.5.29
清 白玉素身盖盒	长21.3cm	1,120,000	中贸圣佳	2011.4.29
清 白玉浅刻描金仕女执梅盖盒	直径5cm	126,500	中拍国际	2011.7.17
清 白玉镂空雕八宝纹香盒	直径13.2cm	172,500	福建拍卖	2011.7.2
清 白玉镂雕福在眼前香盒	直径4.6cm	161,000	北京匡时	2011.6.8
清 白玉龙纹方盒	长6.5cm	89,600	苏州东方	2011.4.28
清 白玉花鸟纹盖盒	高5cm	103,500	朵云轩	2011.7.4
清 白玉葫芦形盒	长7.5cm	470,400	浙江钱塘	2011.6.12
清 白玉红运当头盒(二件)	长7cm	1,058,000	北京翰海	2011.5.21
清 白玉盒	直径9.8cm	345,000	荣宝斋	2011.11.25
清 白玉蝶形香盒	长6.8cm	59,800	中国嘉德	2011.3.19
清 白玉雕访友图盖盒	长15cm	61,600	浙江佳宝	2011.6.23
碧玉竹篓大捧盒	直径27cm	138,000	北京保利	2011.12.7

拍品名称	尺寸	成交价RMB	拍卖公司	拍卖日期
白玉海水龙纹海棠样盖盒	长18cm	202,745	香港拍得高	2011.10.6
19世纪 玉透雕花卉盖盒(一对)	长10.5cm	56,350	广州艺拍	2011.6.12
玉奁				
清乾隆 白玉双蝶活环耳婚喜奁	宽23.1cm	3,532,140	香港佳士得	2011.6.1
清乾隆 白玉福寿如意活环耳奁	宽20.5cm	2,829,060	香港佳士得	2011.6.1
玉簋				
周代 兽面纹玉簋	通高33.5cm	825,000	北京中嘉	2011.1.9
汉 青玉神人神兽纹簋	高9cm	165,000	北京中嘉	2011.1.9
清 黄玉雕龙纹簋	高5cm	168,000	中贸圣佳	2011.4.29
玉盘				
清乾隆 青白玉莲花高足盘	直径14.2cm	598,000	北京保利	2011.12.8
清乾隆 痕都斯坦玉菊瓣盘	长14cm	143,600	浙江民和	2011.8.14
清乾隆 痕都斯坦菊瓣形盘(一对)	长11.8cm	253,000	北京匡时	2011.6.8
清乾隆 白玉盘	直径14.7cm	138,000	中国嘉德	2011.6.18
清乾隆 白玉盘	直径19.5cm	368,000	北京保利	2011.12.7
清 白玉仙鹤灵芝盘	直径20cm	1,064,000	江苏万达	2011.5.29
清 白玉填金花鸟盘	直径15cm	230,000	北京保利	2011.4.17
清 白玉雕喜鹊登梅供盘	长11cm	112,000	浙江佳宝	2011.6.23
清 “生机一片”巧雕玉盘	长20.5cm	2,760,000	古天一	2011.12.5
痕都斯坦式白玉菊花纹盘(一对)	直径15cm	58,098	香港富得	2011.4.9
和田青玉雕龙凤纹盘(一对)	直径21cm	65,000	中都国际	2011.3.13
19世纪 白玉盘	直径9.5cm	56,000	云南典藏	2011.5.14
18世纪 白玉盘(两件)	尺寸不一	72,800	云南典藏	2011.5.14
玉碗				
清雍正 御制花玛瑙碗	直径10.2cm	3,450,000	北京保利	2011.6.5
清乾隆 透琥珀料花口斗笠碗	直径11.8cm	690,000	北京保利	2011.6.5
清乾隆 青玉雕盖碗(一对)	直径12cm×2	89,600	北京荣宝	2011.8.13
清乾隆 青白玉六骏图碗	直径12.5cm	115,000	北京保利	2011.12.8
清乾隆 蒙兀儿帝国平口花蕾形双柄对碗	宽17cm	384,134	台北富博斯	2011.12.18
清乾隆 刻字墨玉碗	直径13cm	1,974,720	香港佳士得	2011.11.30
清乾隆 黄玉描金宫苑仕女图碗	直径14cm	1,610,000	北京保利	2011.6.6
清乾隆 痕都斯坦玉雕菊瓣纹碗(二件)	直径10.2cm	195,500	北京翰海	2011.5.21
清乾隆 痕都斯坦白玉菊瓣碗	直径18cm	168,000	上海嘉泰	2011.4.1
清乾隆 宫廷“西蕃作”薄胎神仙故事纹碧玉碗(一对)	直径21.5cm	276,000	中拍国际	2011.12.6
清乾隆 碧玉碗(一对)	直径15.4cm	126,500	北京诚轩	2011.5.22
清乾隆 碧玉痕都斯坦式菊瓣碗(一对)	直径16.5cm	437,000	北京保利	2011.6.5
清乾隆 碧玉贡碗(一对)	直径16cm	224,000	长风拍卖	2011.1.20
清乾隆 白玉御题诗盖碗	高12cm	504,000	长风拍卖	2011.1.20
清乾隆 白玉御题诗茶碗	直径10.6cm	3,450,000	北京保利	2011.12.6
清乾隆 白玉阴刻梅花诗文碗	直径14.5cm	368,000	北京匡时	2011.6.8
清乾隆 白玉碗	直径17.4cm	1,974,720	香港佳士得	2011.11.30
清乾隆 白玉碗	直径9cm	69,000	北京保利	2011.12.8
清乾隆 白玉嵌红宝石碗	直径12.9cm	598,000	北京翰海	2011.5.21
清乾隆 白玉龙纹碗	直径8.5cm	690,000	中国嘉德	2011.5.23
清乾隆 白玉痕都斯坦花卉碗	直径15.5cm	1,840,000	北京保利	2011.6.7
清乾隆 白玉盖碗	高10cm	1,840,000	北京翰海	2011.11.17
清乾隆 白玉雕勾云纹盖碗	直径9.5cm	246,400	长风拍卖	2011.1.20
清乾隆 白玉雕八吉祥纹盖碗连碧玉座	直径13cm	6,900,000	北京东正	2011.6.5
清乾隆 白玉“乾隆丙午”款弦纹碗	直径12.7cm	2,300,000	北京保利	2011.6.5
清中期 青白玉刻花卉碗	直径10.5cm	92,000	北京保利	2011.6.7
清中期 白玉碗(二件)	直径14.4cm	667,000	北京翰海	2011.5.21
清嘉庆 白玉碗	直径12.3cm	2,185,000	北京保利	2011.12.6
清道光 珊瑚红地粉彩开光赏灯纹碗	直径14.8cm	402,500	北京东正	2011.11.17
清19世纪末 白玉菊瓣碗	宽12.4cm	78,469	香港佳士得	2011.6.1
清19世纪 青白玉年年丰余碗	宽13.4cm	1,121,580	香港佳士得	2011.6.1
清18世纪 碧玉撇口碗	径12.5cm	72,800	上海嘉泰	2011.4.1

2011玉器拍卖成交汇总

(成交价RMB：5万元以上)

拍品名称	尺寸	成交价RMB	拍卖公司	拍卖日期
清 玉雕暗八仙云纹碗	直径11.8cm	82,800	中国嘉德	2011.3.19
清 青白玉莲花净水碗	直径9cm	134,400	长风拍卖	2011.1.20
清 青白玉雕御题诗碗	直径10cm	80,500	北京歌德	2011.6.3
清 玛瑙葫芦纹碗	直径12cm	51,750	北京保利	2011.10.24
清 痕都斯坦白玉金丝嵌宝盖碗	宽11.5cm	92,000	北京保利	2011.4.17
清 和田青玉雕龙纹描金诗文碗	直径20cm	65,000	中都国际	2011.3.13
清 和田青玉雕宝相花纹福禄寿喜薄胎大碗	直径25cm	95,000	中都国际	2011.3.13
清 碧玉碗	直径18.7cm	224,000	江苏万达	2011.5.29
清 碧玉刻诗文大碗(一对)	直径22cm	64,960	太平洋	2011.9.17
清 碧玉菊瓣碗	直径15cm	322,000	北京保利	2011.6.7
清 碧玉雕御题诗文碗	直径13cm	504,000	中贸圣佳	2011.4.29
清 碧玉雕薄胎诗文碗(一对)	直径10.5cm	55,000	中都国际	2011.3.13
清 碧玉雕宝相花福禄寿薄胎大碗	直径25cm	60,000	中都国际	2011.6.12
清 碧玉缠枝莲纹碗	直径12cm	121,038	香港富得	2011.4.9
清 白玉刻菊瓣纹碗	直径11.3cm	52,561	香港淳浩	2011.7.30
清 白玉雕小碗	直径6.6cm	103,500	江苏省拍	2011.12.10
清 白玉薄胎玉碗(一对)	直径18.5cm	3,136,000	江苏万达	2011.5.29
民国 碧玉大碗	直径33cm	51,750	北京纳高	2011.7.6
玉竹纹盖碗	高8.2cm	457,050	中博文化	2011.7.10
玉雕碗	直径20cm	172,500	北京翰海	2011.12.18
玉杯				
汉 青玉螭纹兽爪角杯	高25.5cm	363,000	北京中嘉	2011.1.9
汉 青玉螭纹盖杯	高19.5cm	154,000	北京中嘉	2011.1.9
汉 青玉螭纹盖杯	高12cm	143,000	北京中嘉	2011.1.9
汉 青白玉兽面纹螭柄盖杯	高12cm	176,000	北京中嘉	2011.1.9
汉 青白玉螭纹高足活环杯(一对)	高14.9cm	209,000	北京中嘉	2011.1.9
汉 青白玉螭纹高足盖杯	高21.5cm	352,000	北京中嘉	2011.1.9
汉 青白玉螭纹带盖高足杯	高19cm	154,000	北京中嘉	2011.1.9
汉 黄玉凤鸟驮杯	高22.5cm	220,000	北京中嘉	2011.1.9
汉 白玉兽面纹盖杯	高26cm	352,000	北京中嘉	2011.1.9
唐 白玉灵芝朵云纹耳杯	通径11.7cm	109,760	中拍国际	2011.6.5
明永乐 白玉雕金盅杯	直径9.5cm	690,000	北京东正	2011.6.5
明末 青白玉百合耳杯	宽10.3cm	73,238	香港佳士得	2011.6.1
明/清 白玉鼓钉纹把杯、龙凤纹烟壶(各一件)	宽7.7cm	59,250	香港淳浩	2011.7.30
明 玉雕仿古螭龙杯	高15cm	345,000	北京保利	2011.12.6
明 玉杯	直径7cm	89,600	浙江民和	2011.8.14
明 青玉桃形单耳杯	长11.9cm	86,250	北京保利	2011.10.23
明 青白玉双夔龙耳杯	宽11.5cm	138,000	北京保利	2011.10.23
明 青白玉双螭耳杯	宽14.7cm	322,000	北京保利	2011.6.6
明 青白玉镂雕凤穿牡丹杯	宽14.5cm	78,200	中国嘉德	2011.5.23
明 青白玉雕梅花纹杯	宽13.5cm	67,200	天津文物	2011.11.12
明 青白玉螭龙纹杯	高12.5cm	112,700	中国嘉德	2011.11.15
明 芙蓉桃花杯	高5.5cm	201,600	浙江民和	2011.8.14
明 白玉子母螭荷莲杯	长13cm	78,400	上海嘉泰	2011.4.1
明 白玉阳刻诗文双龙耳杯(一对)	宽12cm	920,000	北京保利	2011.6.5
明 白玉桃形单耳杯	宽9.7cm	287,500	北京保利	2011.6.6
明 白玉双云纹耳杯	宽12.5cm	126,500	北京保利	2011.6.6
明 白玉双梅枝耳杯	宽14.8cm	218,500	北京保利	2011.6.6
明 白玉双龙耳杯	宽13.8cm	138,000	北京保利	2011.6.6
明 白玉沁色雕双龙耳杯	直径10.2cm	80,640	天津文物	2011.11.12
明 白玉巧雕梅花纹桃形杯	直径13.7cm	87,360	天津文物	2011.11.12
明 白玉梅花纹双灵芝耳杯	宽11.3cm	207,000	北京保利	2011.6.6
明 白玉合卺杯	高8.5cm	56,000	北京荣宝	2011.11.11
明 白玉雕云纹双耳杯	直径11.5cm	56,000	天津文物	2011.5.13
明 白玉雕云纹如意耳杯	直径10.8cm	56,000	天津文物	2011.5.13
明 白玉雕双螭耳杯	直径13.5cm	313,600	天津文物	2011.11.12
17世纪 玉雕“螭龙”双耳方杯	直径10.8cm	184,500	香港苏富比	2011.10.5
清初 鸡骨白玉[illegible]杯	[illegible]	[illegible]	[illegible]	[illegible]
[illegible]	高7cm	438,388	香港佳士得	2011.6.1

拍品名称	尺寸	成交价RMB	拍卖公司	拍卖日期
清乾隆 水晶鎏金刻心经御制杯	高5cm	168,000	上海嘉泰	2011.1.25
清乾隆 青玉仿古爵杯(一对)	长12cm	2,070,000	北京保利	2011.12.6
清乾隆 青白玉英雄合卺杯	高26.7cm	3,029,940	香港佳士得	2011.6.1
清乾隆 龙耳四足水晶杯	长17.5cm	126,500	福建拍卖	2011.7.2
清乾隆 茶晶螭龙杯	高11cm	89,600	安华白云	2011.3.6
清乾隆 白玉匜形杯	高15.3cm	10,843,785	纽约苏富比	2011.3.23
清乾隆 白玉痕都斯坦嵌金花口杯	长17.5cm	728,000	上海嘉泰	2011.6.30
清乾隆 白玉仿青铜匜式杯	直径12cm	115,000	北京匡时	2011.6.8
清乾隆 白玉雕素杯	直径7.5cm	575,000	北京东正	2011.6.5
清乾隆 白玉雕素杯	直径6cm	103,500	北京东正	2011.11.17
清乾隆 白玉雕爵杯	高20cm	2,576,000	古天一	2011.6.4
清乾隆 白玉雕菊瓣纹花耳杯	长11cm	92,000	北京东正	2011.11.18
清乾隆 白玉雕锦地螭龙纹耳杯	长13cm	241,500	北京东正	2011.11.18
清乾隆 白玉雕簋式双龙耳杯	直径15cm	2,072,000	浙江钱塘	2011.1.9
清乾隆 白玉雕螭龙纹耳杯	高10cm	460,000	北京东正	2011.11.17
清乾隆 白玉雕螭龙纹杯	直径11cm	156,800	北京荣宝	2011.3.18
清乾隆 白玉杯碟	直径11cm×2；直径6cm×2	2,539,305	纽约佳士得	2011.3.24
清乾隆 白玉“如意吉祥”盖杯	高10cm	53,760	太平洋	2011.9.17
清道光 玉爵杯	高13.5cm	63,800	上海拍卖	2011.4.23
清中期 洒金白玉雕英雄杯	高15.5cm	747,500	上海嘉泰	2011.10.17
清中期 青白玉花鸟桃形杯	长11cm	172,500	北京保利	2011.6.7
清中期 黄玉螭龙杯	高7.7cm	207,000	北京翰海	2011.5.21
清中期 和田白玉雕螭龙双耳杯	直径10cm	97,750	北京歌德	2011.4.24
清中期 冰糖玛瑙桃实杯	径10cm	72,800	上海嘉泰	2011.4.1
清中期 冰糖玛瑙俏色巧雕荷叶杯	高18.8cm	168,000	北京永乐	2011.5.24
清中期 白玉雕龙纹螭龙三足爵杯	高12.5cm	437,000	北京匡时	2011.12.5
清18世纪 白玉梅树椿形三龙杯	高11.5cm	2,527,740	香港佳士得	2011.6.1
清 御制白玉刻心经杯	高5cm	134,400	上海嘉泰	2011.4.1
清 玉雕杯(一组)	尺寸不一	235,200	浙江佳宝	2011.6.23
清 双凤耳玉杯	宽12.5cm	82,306	香港淳浩	2011.4.1
清 青白玉爵杯	高12.7cm	69,000	中国嘉德	2011.6.18
清 青白玉果形三足杯	高13cm	246,400	江苏万达	2011.5.29
清 琥珀桃形杯	直径5.1cm	88,550	苏州吴门	2011.6.12
清 仿古玉雕如意杯	长19.5cm	61,600	太平洋	2011.6.18
清 白玉镶金口杯	口径6.5cm	57,500	上海大众	2011.8.25
清 白玉五福齐天匜形杯	高10cm	224,000	浙江钱塘	2011.6.12
清 白玉双螭耳杯	宽11cm	230,000	中国嘉德	2011.5.23
清 白玉留皮螭虎杯	长10.5cm	63,250	北京保利	2011.4.17
清 白玉雕双夔形耳寿字杯	直径9.8cm	115,000	福建拍卖	2011.7.2
清 白玉雕夔纹带把匜形杯	直径14.3cm	368,000	福建拍卖	2011.7.2
清 白玉雕痕都斯坦式花草海棠形双耳杯	长15.1cm	82,800	北京纳高	2011.7.6
清 白玉螭龙杯	长11.6cm	138,000	浙江钱塘	2011.12.4
清 白玉 碧玉杯(一对)	尺寸不一	62,422	台北富博斯	2011.12.18
青玉缠枝花纹薄胎耳杯	长8cm	87,360	北京博观	2011.11.25
青白玉双龙耳杯	宽15cm	57,500	北京保利	2011.7.27
碧玉双兽耳对杯	高4.1cm	67,200	北京博观	2011.11.25
碧玉十二生肖兽头腾龙爵	尺寸不一	313,600	北京国信	2011.8.19
白玉双龙耳杯	高7.5cm	67,200	琴岛荣德	2011.12.10
白玉螭龙方杯	高7.3cm	106,400	江苏万达	2011.5.29
玉杯	高4.5cm	84,000	安华白云	2011.3.6
俞艇 青玉缠枝莲纹小杯	高4.8cm	76,160	北京博观	2011.6.12
俞艇 青玉薄胎双耳杯	长10.5cm	50,400	北京博观	2011.6.12
玉缸				
20世纪 [illegible]	[illegible]	[illegible]	北京保利	2011.4.17
清 碧玉[illegible]	[illegible]	170,000	中都国际	2011.8.28
玉花插				
明晚期 玛瑙雕玉兰形花插	高10.4cm	56,000	北京永乐	2011.5.24

拍品名称	尺寸	成交价RMB	拍卖公司	拍卖日期
明晚期 白玉松石灵芝花插	高12cm	287,500	北京保利	2011.6.6
明 黄玉雕灵石芭蕉花插	高17.4cm	336,000	苏州东方	2011.4.28
清乾隆 子冈款白玉岁寒三友小花插	高7cm	632,500	北京匡时	2011.6.8
清乾隆 青白玉雕灵芝花插	高9.5cm	345,000	北京中汉	2011.5.23
清乾隆 仿古玉花插	高22.5cm	4,912,320	香港佳士得	2011.11.30
清乾隆 白玉松树春花插	高13.6cm	1,824,660	香港佳士得	2011.6.1
清乾隆 白玉雕缠枝莲纹橄榄形花插	高10.5cm	115,000	北京匡时	2011.6.8
清乾隆 白玉大吉百财花插	高15.5cm	1,092,500	北京保利	2011.6.7
清中期 水晶雕三多盖瓶花插连座	高19cm	184,000	北京匡时	2011.6.8
清18世纪 白玉佛手花插	宽22cm	3,149,760	香港佳士得	2011.11.30
清18世纪 白玉雕花篮摆件	高13cm	644,000	北京匡时	2011.12.5
清 青玉竹形花插	高12cm	78,400	北京荣宝	2011.11.11
清 青玉雕梅花灵芝竹节形花插	高14.5cm	195,500	北京匡时	2011.6.8
清 青白玉天鸡花插	高9cm	56,000	上海新华	2011.6.25
清 青白玉雕玉兰花插	高13.8cm	57,500	荣宝斋	2011.11.25
清 黄玉髓九如纹花插(一对)	高16cm	1,380,000	北京匡时	2011.6.8
清 白玉俏皮巧雕玉兰花花插	高18cm	117,600	北京纳高	2011.7.6
清 白玉立凤驮双耳花插	高16cm	207,000	长风拍卖	2011.6.21
清 白玉花插	高8.6cm	848,640	香港佳士得	2011.11.30
清 白玉雕玉兰花插	高18cm	403,200	北京荣宝	2011.3.18
清 白玉雕松竹梅花插	高9cm	105,800	上海大众	2011.8.25
清 白玉雕佛手花插	高19cm	537,600	苏州东方	2011.4.28
清 白玉带皮飞龙花插	高9.6cm	56,000	上海新华	2011.6.25
清 18世纪 白玉饕餮纹双龙戏珠觚形花插	高17.1cm	2,326,860	香港佳士得	2011.6.1
玉香筒				
清康熙 白玉雕芭蕉仕女纹香筒	高17.3cm	483,000	北京东正	2011.11.17
清乾隆 珊瑚雕童子香插	高5.8cm	126,500	西泠拍卖	2011.7.19
清乾隆 青白玉香筒	高21.5cm	51,750	北京保利	2011.10.22
清乾隆 白玉山水人物纹香筒(一对)	高25.4cm	977,500	中国嘉德	2011.9.17
清乾隆 白玉镂雕御题诗山水人物纹香筒	高23.8cm	6,325,000	北京东正	2011.6.5
清乾隆 白玉雕仙山高士图香筒	高18.9cm	5,175,000	中国嘉德	2011.5.22
清乾隆 白玉雕溪山高隐图香筒(一对)	长24.9cm	2,875,000	北京东正	2011.11.17
清 青白玉镶碧玉山水人物香筒(一对)	高29cm	92,000	北京纳高	2011.7.6
清 青白玉雕人物故事纹香筒	17.5cm	425,600	天津文物	2011.5.13
清 黄玉雕松间风景图香筒(一对)	通高37cm	682,000	北京中嘉	2011.1.9
清 碧玉镶白玉山水人物香筒(一对)	高29cm	78,200	北京纳高	2011.7.6
清 白玉如意平安香筒	高18.8cm	69,000	北京纳高	2011.7.6
清 白玉“八骏图”香筒	高18cm	322,000	长风拍卖	2011.6.21
碧玉雕高士松鹤纹香筒(一对)	高26.5cm	161,000	北京九歌	2011.6.10
玉香熏				
商代 神人骑兽玉制香熏(一对)	通高29.3cm	242,000	北京中嘉	2011.1.9
汉 青白玉螭纹香熏	高18cm	330,000	北京中嘉	2011.1.9
明 玉饕餮纹琮式香熏	高7.5cm	368,000	北京翰海	2011.11.19
明 青玉狮子香熏	高17cm	115,000	中国嘉德	2011.3.19
清乾隆 青白玉镂空山水人物图香薰(一对)	高21.2cm	1,734,520	香港苏富比	2011.4.8
清乾隆 碧玉雕兽形香薰	长17cm	67,200	太平洋	2011.9.17
清乾隆 白玉透雕西番莲纹香熏	高6.3cm	192,067	台北富博斯	2011.12.18
清乾隆 白玉雕云龙纹香熏	长20.9cm	3,565,000	北京东正	2011.6.5
清乾隆 白玉雕太极云纹香薰	直径10.3cm	368,000	北京东正	2011.11.17
清 青金石瑞兽香薰	高12cm	92,000	广州艺拍	2011.6.12
清 青白玉透雕双耳环香熏	高14cm	896,000	江苏万达	2011.5.29
清 青白玉雕花卉纹香熏	高11.5cm	425,600	天津文物	2011.11.12
清 镂空雕青白玉香熏	高30.2cm	299,000	西泠拍卖	2011.7.18
清 黄玉香熏	高18cm	805,000	长风拍卖	2011.6.21

拍品名称	尺寸	成交价RMB	拍卖公司	拍卖日期
清 黄玉花卉香熏	宽9cm	402,500	中国嘉德	2011.5.23
清 痕都斯坦玉雕花卉香熏	高12cm	470,400	浙江佳宝	2011.6.23
清 碧玉甪端香熏	高12.5cm	92,000	广州嘉德	2011.6.11
清 白玉透雕西番莲纹香熏	长6.3cm	184,000	中国嘉德	2011.6.18
清 白玉雕香薰	高5cm	138,000	江苏省拍	2011.12.10
青玉雕龙纹大香熏	高61.5cm	3,584,000	中鸿信	2011.6.26
和田玉香熏	高16cm	291,200	北京博观	2011.6.12
碧玉雕竹鹊纹香熏	高25cm	997,200	中博文化	2011.7.10
玉香囊				
清乾隆 黄玉雕螭龙纹香囊	高5.5cm	494,500	北京东正	2011.6.5
清乾隆 嵌珊瑚珠寿字香囊	长8cm	74,750	北京保利	2011.6.6
清乾隆 碧玉雕香囊	高6.8cm	63,250	江苏省拍	2011.12.10
清 白玉刻螭龙香囊	长5.2cm	67,200	十竹斋	2011.5.29
清 白玉透雕双鸟香囊	长4.5cm;	56,000	江苏万达	2011.5.29
清 琥珀蝉形香囊	长9cm	64,960	雍和嘉诚	2011.6.1
玉觿				
战国 玉龙形觿	长9cm	1,092,500	北京翰海	2011.5.21
战国 白玉龙首觿	长13.5cm	187,000	北京中嘉	2011.1.9
汉 青玉龙首觿(一对)	通长30.5cm	176,000	北京中嘉	2011.1.9
玉手镜				
清 白玉雕安居乐业纹手镜	长24.6cm	67,200	天津文物	2011.11.12
清中期 白玉八宝寿字手镜	长20.5cm	57,500	北京保利	2011.7.26
玉盏				
明 白玉雕双龙捧寿纹盏托	直径18cm	179,200	天津文物	2011.5.13
明 青白玉雕双龙纹盏托	直径17.8cm	56,000	天津文物	2011.11.12
清 白玉雕海棠形盏	长14.8cm	560,000	天津文物	2011.5.13
玉渣斗				
清乾隆 白玉雕对凤纹渣斗	直径17cm	2,070,000	北京匡时	2011.12.5
清18世纪/19世纪 青玉嵌宝石痕都斯坦式菱口渣斗连盖	宽11cm	770,040	香港佳士得	2011.6.1
白玉渣斗	高12.3cm	914,100	中博文化	2011.7.10
玉斝				
清 青白玉兽面纹斝	高18.5cm	109,250	北京保利	2011.7.27
清 青玉兽面纹斝	高23cm	86,250	北京保利	2011.7.27
清 青玉雕仿古饕餮纹出戟斝	高28cm	828,000	江苏省拍	2011.12.10
其他生活器				
红山文化 马蹄形器	高13.5cm	440,000	北京中嘉	2011.1.9
战国 青玉兽面纹盉	高22cm	154,000	北京中嘉	2011.1.9
元 白玉错金马头形器(一对)	通高24cm	8,250,000	北京中嘉	2011.1.9
宋 青玉象棋(一套三十二枚)	通长4cm	187,000	北京中嘉	2011.1.9
明 黄玉雕勾连纹长方铲	长12.3cm	280,000	中都国际	2011.3.13
清中期 黄玉雕素身方形诗筒	高6cm	138,000	北京东正	2011.11.18
清中期 白玉鞋	长4.8cm	195,500	中国嘉德	2011.3.19
清 嵌玉镜子	长26.5cm	86,250	中拍国际	2011.7.17
清 浅浮雕龙纹盖筒	高35cm	64,975	中信国际	2011.3.13
清 白玉箫	长61.5cm	115,000	中国嘉德	2011.6.18
清 白玉萧	长60.5cm	57,500	中国嘉德	2011.9.17
清 白玉满汉文字餐具(一套十三件)	通长20cm	88,000	北京中嘉	2011.1.9
清 白玉镂雕香器	直径5.3cm	112,000	古天一	2011.6.4
清 白玉钵	口径4cm	201,600	天津文物	2011.5.13
青玉雕筒型器	高17.5cm	92,000	北京翰海	2011.12.18
青玉薄胎小碟	长8cm	61,600	北京博观	2011.11.25
民国 碧玉烛台(一对)	高23.3cm	66,700	中国嘉德	2011.6.18
水晶镶银鎏金舍利塔	高26cm	70,000	印千山	2011.6.3
红皮仿古筛	长6.8cm	253,000	苏州吴门	2011.6.12
玉雕转心香	高56cm	92,000	北京翰海	2011.12.18
文房用品				
笔管				
清康熙 白玉浮雕云龙纹笔	长21cm	218,500	北京匡时	2011.6.8
清 白玉龙纹毛笔	长16.5cm	230,000	古天一	2011.12.5
玉笔筒				
清乾隆 御制碧玉“朝贡图”笔筒	高15.5cm	5,428,400	香港苏富比	2011.10.5
清乾隆 青白玉山水人物笔筒	高7.5cm	134,400	山东大成	2011.9.29

2011玉器拍卖成交汇总

(成交价RMB：5万元以上)

拍品名称	尺寸	成交价RMB	拍卖公司	拍卖日期
清乾隆 黑白玉巧雕喜上眉梢笔筒	高11.2cm	149,500	北京匡时	2011.6.8
清乾隆 碧玉雕渔樵耕读纹笔筒	高15.5cm	1,840,000	北京东正	2011.11.17
清乾隆 白玉五足素面笔筒	高8.3cm	253,000	福建拍卖	2011.7.2
清乾隆 白玉巧雕九灵纹笔筒	高8.7cm	287,500	北京东正	2011.6.5
清乾隆 白玉浮雕灵仙祝寿笔筒	高15.5cm	667,000	北京保利	2011.6.5
清乾隆 白玉雕溪山高隐纹笔筒	高8.9cm	2,070,000	北京东正	2011.11.18
清乾隆 白玉雕山水人物三足小笔筒	高8.5cm	632,500	北京匡时	2011.6.8
清乾隆 白玉雕荷叶形笔筒	高12cm	862,500	北京匡时	2011.6.8
清乾隆 白玉笔筒	高15.3cm	5,695,680	香港佳士得	2011.11.30
清嘉庆 水晶留皮螭龙纹笔筒	高14.5cm	437,000	北京保利	2011.4.16
清中期 水晶雕灵仙祝寿笔筒连座	宽11cm	115,000	北京匡时	2011.6.8
清中期 青白玉阴刻回纹笔筒	高8.5cm	126,500	北京匡时	2011.6.8
清中期 黄玉开光御题诗文花卉笔筒	高9.8cm	920,000	中国嘉德	2011.11.15
清中期 白玉素笔筒	高8cm	138,000	北京匡时	2011.6.8
清中期 白玉狩猎图笔筒	高9.8cm	1,380,000	北京翰海	2011.5.21
清18世纪 白玉笔筒	高10.5cm	3,170,025	纽约佳士得	2011.3.24
清18世纪 青白玉百子图笔筒	高14.8cm	10,107,945	纽约苏富比	2011.3.23
清19世纪 白玉雕如意寿字纹笔筒	高7.9cm	115,088	香港佳士得	2011.6.1
清18世纪 碧玉寿老捧桃笔筒	高13.2cm	3,048,040	香港苏富比	2011.4.8
清18世纪 白玉羲之爱鹅图笔筒	高14cm	10,929,160	香港苏富比	2011.4.8
清 青玉山水人物笔筒	高13cm	168,000	江苏万达	2011.5.29
清 青玉雕松鹤延年笔筒	高16.5cm	275,000	北京中嘉	2011.1.9
清 青白玉松下高士图笔筒	高15.5cm	537,600	雍和嘉诚	2011.6.1
清 青白玉松纹笔筒	高13cm	97,750	苏州吴门	2011.6.11
清 青白玉山水人物纹笔筒	高8.5cm	82,800	中国嘉德	2011.3.19
清 青白玉留皮雕五蝠松树纹笔筒	高22cm	334,800	天津文物	2011.5.13
清 青白玉笔筒	高13cm	61,600	江苏万达	2011.5.29
清 黄玉雕山水人物故事笔筒	高15cm	94,300	北京纳高	2011.7.6
清 和田玉雕山水人物笔筒	高12cm	51,750	北京歌德	2011.9.17
清 碧玉诗文笔筒(一对)	高19cm	69,440	雍和嘉诚	2011.6.1
清 碧玉雕浴马图笔筒	高18cm	920,000	上海大众	2011.8.25
清 碧玉雕诗文笔筒	长31cm	75,000	中都国际	2011.3.13
清 碧玉雕山水人物高士图笔筒	高16.5cm	51,750	北京纳高	2011.7.6
清 碧玉笔筒	高16.5cm	87,360	十竹斋	2011.5.29
清 白玉平安笔筒	高8.7cm	103,500	北京纳高	2011.7.6
清 白玉高士图笔筒	高17cm	437,000	中国嘉德	2011.3.19
清 白玉访友图笔筒	高8cm	59,800	中国嘉德	2011.6.18
清 白玉雕山水人物笔筒	高15.5cm	280,000	北京翰海	2011.9.18
民国 白玉雕山水人物笔筒	高13.5cm	55,200	北京翰海	2011.12.18
黄玉浮雕山水人物笔筒	高16cm	470,400	北京歌德	2011.7.30
和田碧玉三足素笔筒	高9.5cm	84,000	上海嘉泰	2011.4.1
高浮雕鹤鹿同春图笔筒	高14.5cm	55,000	鼎时国际	2011.12.3
碧玉香山五老图笔筒	高20cm	302,400	北京博观	2011.6.12
碧玉雕放牧图笔筒	高19cm	517,500	北京九歌	2011.6.10
玉雕山水人物笔筒	高16cm	92,000	北京保利	2011.7.27
现代 夏惠杰 白玉《四季笔筒》	高20cm	3,136,000	海士德	2011.6.17
笔搁、笔架				
金 青白玉笔架山	长10.2cm	230,000	北京保利	2011.6.6
元 墨玉巧雕笔架	长20cm	575,000	北京保利	2011.12.6
元 灰玉笔架山	长14.2cm	253,000	北京保利	2011.6.6
明中期 水晶鱼龙变化笔山	长15cm	138,000	北京保利	2011.6.6
明 水晶雕山形笔架	长20cm	80,500	北京永乐	2011.11.15
清初 黄玉雕瑞兽笔架	长7.8cm	989,000	北京东正	2011.6.5
清早期 青白玉松鹤笔山	长10cm	55,200	北京保利	2011.12.8
清乾隆 白玉四灵纹山形笔架	长11.1cm	828,000	福建拍卖	2011.7.2
清乾隆 白玉梅花洞石笔架	长19cm	575,000	北京保利	[illegible]
清乾隆 白玉雕[illegible]马笔架	长7.7cm	207,000	北京东正	[illegible]
清乾隆 白玉雕龙纹笔架	长8cm	92,000	北京东正	2011.11.18
清中期 黑白玉巧雕三阳开泰纹笔架	长7.2cm	172,500	北京东正	2011.11.17
清中期 黑白玉雕巧色梅花纹笔架	长7cm	172,500	北京东正	2011.11.18
清中期 白玉渔翁垂钓笔山	长16cm	112,700	北京翰海	2011.11.19
清中期 白玉人物故事笔山	长12cm	92,000	北京保利	2011.12.8
清中期 白玉雕太湖石形笔架	长16.7cm	483,000	北京东正	2011.6.5
清 鱼化龙雕笔架	长19cm	59,800	中国嘉德	2011.5.23
清 玛瑙山石灵芝路路通山子笔架	长12.3cm	63,250	福建拍卖	2011.7.3
清 白玉五子连科笔架	长10.8cm	69,000	北京翰海	2011.11.19
清 白玉三多笔架	长12.7cm	161,000	荣宝斋	2011.11.25
清 白玉俏色三多小笔搁	长11.5cm	161,000	北京保利	2011.6.6
清 白玉留皮雕连年有余纹笔架	长8.8cm	53,760	天津文物	2011.5.13
清 白玉雕犬形笔架	长15cm	50,400	中鸿信	2011.6.26
清 白玉雕桥形笔架	长27cm	94,300	北京纳高	2011.7.6
清 白玉雕龙形笔架	长11.5cm	392,000	中贸圣佳	2011.4.29
清 白玉雕笔架山子	长14.5cm	138,000	中贸圣佳	2011.11.6
清 白玉带皮访友笔架	长8.6cm	224,000	浙江钱塘	2011.6.12
清 白玉笔架	长7.5cm	172,500	荣宝斋	2011.11.25
笔掭				
明 灰白玉雕双鱼笔掭	长20.5cm	230,000	北京匡时	2011.6.8
明 白玉雕小笔掭	直径3.8cm	69,000	江苏省拍	2011.12.10
清乾隆 白玉雕佛手笔掭	宽13.5cm	172,500	北京保利	2011.6.7
清乾隆 白玉雕对凤纹书卷笔掭	长7cm	253,000	北京匡时	2011.6.8
清乾隆 青白玉兰花秋叶笔掭	长14cm	112,000	上海新华	2011.6.25
清中期 青白玉福寿纹笔掭	长9.1cm	67,200	北京荣宝	2011.8.13
清中期 白玉留皮雕松鼠葡萄笔掭	长15.8cm	78,200	中国嘉德	2011.5.23
清中期 白玉雕枝梅遒劲笔掭	长20cm	230,000	北京匡时	2011.6.8
清中期 白玉雕双鱼纹笔掭	直径8cm	97,750	北京东正	2011.6.5
清 黄玉荷叶双鱼笔掭	长17.7cm	690,000	西泠拍卖	2011.7.18
清 白玉荷叶笔掭	长5.8cm	86,250	古天一	2011.12.5
清 白玉雕秋叶纹笔掭	长8.7cm	117,600	天津文物	2011.11.12
清 白玉雕荷叶形笔掭	长9.5cm	112,000	浙江佳宝	2011.6.23
臂搁				
明末清初 碧玉雕螭云纹诗文臂搁连染色透雕象牙座	长13.8cm	322,000	北京永乐	2011.11.15
清早期 黑白玉竹节臂搁	长12.5cm	92,000	北京匡时	2011.6.8
清乾隆 紫檀镶辽金白玉海冬青带饰臂搁	长17cm	1,150,000	北京匡时	2011.6.8
清乾隆 白玉雕古琴形臂搁	长20.7cm	632,500	中国嘉德	2011.5.22
清乾隆 白玉"桃实三千"臂搁	长8.8cm	1,000,500	北京匡时	2011.12.5
清 水晶雕秋声图臂格	长14.3cm	51,750	北京翰海	2011.5.21
清 黄玉雕竹节形臂搁	长9cm	89,600	中贸圣佳	2011.4.29
清 白玉竹节臂搁	长20cm	74,750	朵云轩	2011.7.4
清 白玉梅花诗文臂搁	长14.3cm	172,500	北京保利	2011.12.8
清 白玉雕山水人物臂搁	长19cm	184,000	北京翰海	2011.12.18
印盒				
元 青玉螭纹印盒	宽5.1cm	195,500	北京保利	2011.6.6
明 青白玉雕荔枝纹印盒	长7cm	179,200	天津文物	2011.5.13
明 白玉螭龙云纹印盒	长6.2cm	207,000	北京保利	2011.6.6
清乾隆 碧玉云蝠纹印盒	直径9.5cm	134,400	北京翰海	2011.4.9
清乾隆 碧玉雕菊瓣纹印盒	直径7.8cm	287,500	北京东正	2011.6.5
清乾隆 白玉太极图印泥盒	高7cm	392,000	浙江钱塘	2011.6.12
清乾隆 白玉岁寒三友图印盒	直径5.2cm	251,100	香港佳士得	2011.6.1
清乾隆 白玉留皮花蝶印盒	直径5cm	207,000	北京保利	2011.6.5
清乾隆 白玉雕团寿纹印泥盒	直径5cm	195,500	福建拍卖	2011.7.2
清乾隆 白玉雕福寿纹印盒	直径7cm	690,000	北京匡时	2011.6.8
清道光 玉成窑段泥虫鸟篆印泥盒	长6cm	126,500	北京匡时	2011.12.4
清中期 白玉佛手印盒	长8.4cm	86,250	北京翰海	2011.11.10
清中期 白玉[illegible]印盒	长6cm	115,000	北京翰海	[illegible]
清 青白玉雕[illegible]印盒(一对)	直径5.5cm	78,400	蓝天国拍	2011.6.24

拍品名称	尺寸	成交价RMB	拍卖公司	拍卖日期
清 老蕉闲人款黄玉印盒	通经5.3cm	57,500	西泠拍卖	2011.7.19
青白玉雕夔龙纹印盒	直径10.6cm	134,400	北京翰海	2011.4.9
墨床				
元—明 白玉雕婴戏图墨床	长7cm	276,000	上海大众	2011.8.25
清早期 紫檀嵌白玉雕旭日东升墨床	长12.5cm	230,000	北京东正	2011.6.5
清乾隆 黄玉雕墨床	长7.1cm	460,000	北京东正	2011.6.5
清乾隆 白玉雕喜鹊登枝墨床	长8cm	156,800	北京荣宝	2011.3.18
清乾隆 白玉"桃宾三千"墨床	宽8.9cm	498,852	香港佳士得	2011.6.1
清中期 白玉文镇、墨床、水呈(三件)	尺寸不一	690,000	北京翰海	2011.11.19
清中期 白玉雕兰花诗文墨床	长8.3cm	80,500	北京东正	2011.11.17
清 碧玉墨床	长12.7cm	61,600	北京荣宝	2011.11.11
清 白玉章 翠墨床(一对)	尺寸不一	97,750	北京保利	2011.12.8
清 白玉盘螭墨床	长11.2cm	149,500	北京保利	2011.6.7
清 白玉墨床	长8cm	72,800	浙江佳宝	2011.6.23
清 白玉螭龙纹墨床	长11cm	145,600	苏州东方	2011.4.28
水丞(水呈)				
清初 白玉雕葵口水丞	直径5.3cm	92,000	北京东正	2011.11.18
清乾隆 水晶雕瑞兽纹水丞	长10cm	103,500	北京东正	2011.11.17
清乾隆 白玉凤形水丞	长12.3cm	1,512,000	浙江钱塘	2011.6.12
清乾隆 白玉雕双螭龙荷叶纹水丞	长11cm	71,300	北京东正	2011.11.18
清乾隆 白玉雕海水螭龙水丞	宽11.5cm	920,000	中国嘉德	2011.5.23
清中期 白玉雕松石水呈 玉勺(一组)	长9cm	134,400	北京荣宝	2011.3.18
清 水晶驼龙水丞	长10cm	151,200	辽宁中正	2011.4.17
清 痕都斯坦缠玉缠枝花卉水呈	高9.5cm	173,600	山东大成	2011.9.29
清 仿古玉雕凤凰水丞	长19.5cm	103,040	太平洋	2011.6.18
清 白玉"榴生百子"水呈	长12.5cm	201,600	长风拍卖	2011.1.20
水盂				
元–明 白玉雕荷叶纹水盂配玉匙	长9cm	161,000	北京东正	2011.11.18
明 白玉雕戏龙童子纹水盂	长13cm	230,000	北京东正	2011.11.18
明 白玉雕太师少师纹水盂	长15cm	437,000	北京东正	2011.11.17
清初 玉雕佛手水盂	长10.5cm	69,000	北京歌德	2011.6.3
清乾隆 御玩款水晶童子水盂	高8.7cm	57,500	西泠拍卖	2011.7.18
清乾隆 青玉梅花纹水盂	高5cm	71,300	中拍国际	2011.12.6
清乾隆 青玉雕山水纹水盂	长15.5cm	207,000	北京匡时	2011.9.17
清乾隆 青玉雕鹅衔水草水盂	长12.5cm	632,500	北京保利	2011.6.5
清乾隆 琥珀色料双鱼连形水盂	直径10.5cm	69,000	北京匡时	2011.6.8
清乾隆 白玉留皮巧雕葡萄水盂	长11cm	575,000	北京保利	2011.6.6
清乾隆 白玉荷塘清趣水盂	长16.2cm	432,150	台北富博斯	2011.12.18
清乾隆 白玉雕万福纹水盂	长7cm	1,150,000	北京东正	2011.11.17
清乾隆 白玉雕寿桃水盂	长14.5cm	253,000	江苏省拍	2011.12.10
清乾隆 白玉雕三子捧寿纹水盂	长12.5cm	2,415,000	北京东正	2011.6.5
清乾隆 白玉雕莲蓬形水盂	直径7cm	287,500	上海大众	2011.8.25
清18世纪/19世纪 灰白玉福寿双全水盂	宽12.7cm	125,550	香港佳士得	2011.6.1
清 玉水盂(一组)	尺寸不一	590,110	浙江民和	2011.8.14
清 玉水盂	长11.5cm	103,500	朵云轩	2011.7.4
清 青白玉俏皮巧雕福寿灵芝形水盂	长15.2cm	115,000	北京纳高	2011.7.6
清 南红玛瑙佛手水盂	长6.3cm	112,000	浙江钱塘	2011.6.12
清 白玉水盂	直径4.5cm	336,000	云南典藏	2011.5.14
清 白玉水盂	高7.5cm	56,000	江苏万达	2011.5.29
清 白玉雕薄意访友纹水盂	高5cm	123,200	北京荣宝	2011.3.18
砚滴(水注)				
明 玉沁色雕瑞兽纹砚滴	高9.7cm	168,000	天津文物	2011.11.12
明 玉雕辟邪砚滴	长8cm	168,000	古天一	2011.6.4
明 白玉雕瑞兽水滴	长12.5cm	517,500	北京匡时	2011.12.5
明 白玉雕辟邪纹水注	长12cm	287,500	北京东正	2011.11.17
清乾隆 白玉仿青铜凤首水滴连座	长12.5cm	805,000	北京匡时	2011.6.8

拍品名称	尺寸	成交价RMB	拍卖公司	拍卖日期
清乾隆 白玉雕福寿长春纹壶形水注	高11cm	1,150,000	北京东正	2011.11.18
清乾隆 白玉宝鸭青莲砚滴连象牙座	长12cm	345,000	北京匡时	2011.6.8
清 白玉留皮雕凤鸟纹砚滴	长7.5cm	58,240	天津文物	2011.11.12
笔洗				
元 玉雕荷叶水洗	长18.5cm	115,000	古天一	2011.12.5
元 白玉雕葵花纹洗	长15.5cm	91,840	天津文物	2011.5.13
明 玉弦纹洗	直径6.3cm	57,500	北京翰海	2011.5.21
明 玉雕双凤衔枝纹洗	长15cm	207,000	北京翰海	2011.11.19
明 旧玉乳钉纹兽耳洗	直径15cm	50,400	太平洋	2011.6.18
明 黄玉笔洗	直径8.8cm	168,000	中鸿信	2011.6.26
明 白玉云龙纹笔洗	长12.2cm	88,000	北京中嘉	2011.1.9
明 白玉巧雕梅花水洗	直径12cm	184,000	北京匡时	2011.6.8
明 白玉花卉螭龙洗	宽20.5cm	138,000	北京保利	2011.6.5
明 白玉雕山水人物诗文斗形小洗	直径5.6cm	82,800	福建拍卖	2011.7.2
明 白玉雕三螭纹笔洗	直径17.5cm	69,440	天津文物	2011.11.12
明 白玉雕梅花纹桃形笔洗	直径14cm	112,000	天津文物	2011.5.13
明 白玉缠枝花卉纹笔洗	高11.4cm	145,600	中拍国际	2011.6.5
明 白玉蝙蝠双耳四足方形洗	长9.5cm	56,000	上海新华	2011.6.25
明末清初 玉雕云龙纹笔洗	长13.8cm	310,500	北京诚轩	2011.5.22
17世纪 白玉荷花小洗	直径9.4cm	231,550	香港苏富比	2011.4.8
清初 白玉雕一路连科笔洗	长28cm	672,000	中贸圣佳	2011.4.29
清早期 云龙纹白玉洗	直径13.5cm	517,500	福建拍卖	2011.7.2
清早期 青白玉云龙纹笔洗	长15.4cm	1,035,000	北京保利	2011.12.8
清早期 黄玉雕荷叶洗	长13cm	313,600	古天一	2011.6.4
清早期 琥珀雕螭龙纹笔洗	长13cm	322,000	北京歌德	2011.6.3
清早期 白玉留皮秋葵洗	直径17cm	784,000	北京保利	2011.1.15
清乾隆 玉雕兽面纹四方洗	长13cm	230,000	北京保利	2011.12.8
清乾隆 玉雕龙纹洗	直径12cm	672,000	古天一	2011.6.4
清乾隆 玉雕缠枝花卉纹盖洗	直径12.5cm	517,500	北京九歌	2011.6.10
清乾隆 青白玉龙纹笔洗	直径12cm	246,400	北京保利	2011.1.15
清乾隆 青白玉花蝶纹折沿洗	直径14cm	392,000	苏州东方	2011.4.28
清乾隆 青白玉雕如意笔洗	长15cm	345,000	北京匡时	2011.6.8
清乾隆 青白玉雕荷叶洗	长14cm	218,500	北京九歌	2011.6.10
清乾隆 乾隆御制玉雕羊首诗文洗	长9.5cm	50,400	辽宁中正	2011.4.17
清乾隆 南红玛瑙盘螭洗	宽8cm	322,000	北京保利	2011.12.6
清乾隆 玛瑙灵芝耳海棠洗	长12.5cm	168,000	长风拍卖	2011.1.20
清乾隆 黄玉双耳笔洗	宽11cm	166,750	北京匡时	2011.6.8
清乾隆 琥珀莲花缠枝洗	宽11.5cm	402,500	北京保利	2011.6.6
清乾隆 汉白玉雕缠枝莲纹双耳洗	长22.5cm	460,000	北京东正	2011.11.17
清乾隆 碧玉雕八宝纹四足洗	直径18.1cm	322,000	福建拍卖	2011.7.2
清乾隆 白玉云龙纹御题诗洗	长16.5cm	3,450,000	北京保利	2011.12.6
清乾隆 白玉云蝠纹双环耳洗	长31.5cm	4,140,000	北京保利	2011.12.6
清乾隆 白玉御题诗贝壳形洗	长11cm	1,265,000	北京保利	2011.12.6
清乾隆 白玉双龙戏珠洗	长13.5cm	1,150,000	北京匡时	2011.6.8
清乾隆 白玉双活环耳洗	长24cm	4,058,440	香港苏富比	2011.4.8
清乾隆 白玉双蝶活环耳洗	宽34cm	7,549,740	香港佳士得	2011.6.1
清乾隆 白玉年年有馀双蝠洗	宽17cm	460,000	北京保利	2011.6.5
清乾隆 白玉梅花洗	长13.5cm	460,000	北京保利	2011.12.8
清乾隆 白玉荷叶笔洗	长11.2cm	672,000	浙江钱塘	2011.6.12
清乾隆 白玉海棠形小笔洗	高5.4cm	324,800	浙江钱塘	2011.6.12
清乾隆 白玉海棠形洗	长21cm	356,500	北京匡时	2011.12.5
清乾隆 白玉福禄万代笔洗	长12.5cm	598,000	北京匡时	2011.6.8
清乾隆 白玉雕鸳鸯荷叶洗连座	宽18cm	368,000	北京匡时	2011.6.8
清乾隆 白玉雕万福万寿纹洗	长16.5cm	4,370,000	北京东正	2011.6.5
清乾隆 白玉雕双鱼洗	直径18cm	3,795,000	北京东正	2011.6.5
清乾隆 白玉雕双蝠如意笔洗连紫檀座	长11.5cm	276,000	北京匡时	2011.6.8
清乾隆 白玉雕绳纹小洗	直径10.2cm	126,500	福建拍卖	2011.7.2
清乾隆 白玉雕嵌宝灵芝纹洗	长11.5cm	977,500	北京东正	2011.11.17
清乾隆 白玉雕年年有余纹荷叶洗	长22cm	5,290,000	北京东正	2011.11.17
清乾隆 白玉雕牡丹双喜纹洗	长7.5cm	402,500	北京东正	2011.11.18

(成交价RMB：5万元以上)

拍品名称	尺寸	成交价RMB	拍卖公司	拍卖日期
清乾隆 白玉雕灵芝如意笔洗连座	直径22cm	1,495,000	北京匡时	2011.6.8
清乾隆 白玉雕葫芦形洗	长13.3cm	517,500	中国嘉德	2011.5.23
清乾隆 白玉雕海棠形洗	长8.3cm	299,000	北京东正	2011.11.18
清乾隆 白玉雕“九如”花口洗	直径13.8cm	1,092,500	北京保利	2011.12.8
清乾隆 白玉螭龙纹洗	长12cm	280,000	苏州东方	2011.4.28
清乾隆 白玉 碧玉雕荷叶纹洗	长9.5cm	230,000	北京东正	2011.11.17
清康熙 白玉雕五龙洗	直径15cm	322,000	福建拍卖	2011.7.2
清嘉庆 碧玉海棠式洗(一对)	长22.3cm	230,000	北京保利	2011.12.7
清嘉庆 白玉佛教莲托八宝洗	直径15.5cm	621,000	北京保利	2011.10.22
清中期 玉高浮雕人物故事随形大笔洗	长39cm	60,000	中都国际	2011.6.12
清中期 青白玉洗	长18cm	112,700	中国嘉德	2011.6.18
清中期 火烧玉葫芦形水洗	长16cm	161,000	北京歌德	2011.6.3
清中期 痕渡斯坦白玉九灵芝菊瓣洗	径23cm	437,000	上海嘉泰	2011.10.17
清中期 痕都斯坦白玉叶形洗	长13.1cm	103,500	北京翰海	2011.5.21
清中期 碧玉云龙纹水洗	直径21cm	943,000	北京保利	2011.4.17
清中期 白玉喜鹊登梅洗	长10.3cm	86,250	北京翰海	2011.11.19
清中期 白玉松鹤蝠纹洗	长14.5cm	172,500	中国嘉德	2011.5.23
清中期 白玉花卉象耳衔环四足洗	高7.3cm	2,300,000	北京翰海	2011.5.19
清中期 白玉葫芦形蝉纹笔洗	长11.5cm	207,000	北京保利	2011.12.8
清中期 白玉荷莲洗	长8.3cm	862,500	北京翰海	2011.11.19
清中期 白玉荷花洗	长9.8cm	80,500	北京保利	2011.6.7
清中期 白玉海晏河清洗	长24.5cm	690,000	北京保利	2011.6.6
清中期 白玉海水龙纹洗	长13cm	207,000	中国嘉德	2011.5.23
清中期 白玉福寿桃形洗	宽10cm	55,200	中国嘉德	2011.5.23
清中期 白玉雕桃形洗	长9.5cm	943,000	北京东正	2011.11.17
清中期 白玉雕年年有馀双耳洗	直径22.5cm	268,800	北京荣宝	2011.3.18
清中期 白玉雕灵芝形水洗	高9.5cm	115,000	北京匡时	2011.6.8
清中期 白玉雕红沁方洗	长6.4cm	184,000	北京东正	2011.11.17
清中期 白玉雕福禄万代纹洗	长8cm	115,000	北京东正	2011.11.17
清中期 白玉雕八吉祥纹双凤衔环倭角洗	直径19.5cm	2,357,500	北京翰海	2011.5.21
清中期 白玉“一路连科”洗	长23cm	402,500	长风拍卖	2011.6.21
清18世纪 红玉髓莲花小洗	长6cm	68,413	香港苏富比	2011.4.8
清18世纪 白玉岁寒三友海棠式洗	宽12.4cm	104,625	香港佳士得	2011.6.1
清18世纪 白玉荷花小洗	长5.5cm	73,675	香港苏富比	2011.4.8
清18世纪 白玉浮雕“牡丹”图双耳洗	长13cm	71,750	香港苏富比	2011.10.5
清18世纪 白玉雕如意寿桃笔洗	长18.5cm	747,500	北京匡时	2011.12.5
清 玉洗	直径11.2cm	161,000	中国嘉德	2011.3.19
清 玉雕连年有余洗	长21.5cm	69,000	中国嘉德	2011.3.19
清 水藻玛瑙巧作葫芦洗	长14cm	74,750	北京歌德	2011.6.3
清 双色玛瑙雕灵福笔洗	直径13cm	322,000	北京匡时	2011.6.8
清 双色玛瑙雕“事事如意”笔洗连座	高6cm	115,000	北京匡时	2011.6.8
清 青白玉双螭龙云纹洗	宽16cm	747,500	中国嘉德	2011.5.23
清 青白玉盘螭洗	宽12.5cm	218,500	北京保利	2011.10.23
清 青白玉梅花洗	长12.5cm	287,500	北京保利	2011.12.8
清 青白玉菱形婴戏水洗	长12.8cm	51,750	北京华辰	2011.5.20
清 青白玉刻填金诗文腰圆形笔洗	口长23.5cm	352,000	北京中嘉	2011.1.9
清 青白玉荷叶洗	高7.5cm	280,000	江苏万达	2011.5.29
清 青白玉荷叶洗	宽13cm	201,600	江苏万达	2011.5.29
清 青白玉蝶耳洗	长29.5cm	145,600	十竹斋	2011.5.29
清 青白玉雕童子洗	直径11cm	92,000	朵云轩	2011.7.4
清 玛瑙小笔洗	长5.8cm	56,000	浙江钱塘	2011.6.12
清 玛瑙灵芝耳海棠洗	直径15cm	230,000	福建拍卖	2011.7.3
清 黄玉雕双螭纹洗子	长7cm	253,000	中贸圣佳	2011.11.6
清 黄玉带皮桃形洗	长15.5cm	134,400	上海新华	2011.6.25
清 痕都斯坦青玉叶形洗	长20cm	161,000	中拍国际	[illegible]
[illegible]	[illegible]	[illegible]	西泠拍卖	2011.7.19
清 碧玉蝴蝶海藻洗	长33cm	322,000	北京匡时	2011.6.8

拍品名称	尺寸	成交价RMB	拍卖公司	拍卖日期
清 碧玉缠枝莲纹洗	长29.5cm	63,250	中国嘉德	2011.9.17
清 白玉一束莲洗	长9cm	78,400	苏州东方	2011.4.28
清 白玉羊首洗	长21.5cm	56,000	太平洋	2011.9.17
清 白玉仙鹤灵芝洗	长20cm	952,000	江苏万达	2011.5.29
清 白玉洗	长23cm	287,500	荣宝斋	2011.11.25
清 白玉童子戏鱼笔洗	长9cm	69,000	荣宝斋	2011.11.25
清 白玉童子水洗	长11.5cm	50,400	北京荣宝	2011.3.18
清 白玉桃形洗	直径16cm	358,400	浙江钱塘	2011.6.12
清 白玉如意耳洗	长16.5cm	86,250	中国嘉德	2011.6.18
清 白玉牡丹洗	长18cm	896,000	浙江钱塘	2011.6.12
清 白玉梅竹纹大洗	直径19.2cm	1,344,000	浙江钱塘	2011.6.12
清 白玉龙纹水洗	长14cm	345,000	北京保利	2011.7.26
清 白玉灵芝洗	长9.4cm	460,000	浙江钱塘	2011.12.4
清 白玉花卉洗	高13cm	840,000	江苏万达	2011.5.29
清 白玉葫芦形笔洗	长13cm	517,500	荣宝斋	2011.11.25
清 白玉荷叶洗	长9cm	64,960	中鸿信	2011.6.26
清 白玉荷叶青蛙双联洗	长14cm	246,400	浙江钱塘	2011.6.12
清 白玉荷叶笔洗	15×13cm	97,750	北京九歌	2011.6.10
清 白玉荷花笔洗	高5.5cm	134,400	江苏万达	2011.5.29
清 白玉蝠纹洗	长10.5cm	51,750	中国嘉德	2011.3.19
清 白玉福寿笔洗	宽18cm	896,000	江苏万达	2011.5.29
清 白玉雕羊首花口洗	长24cm	86,250	北京纳高	2011.7.6
清 白玉雕小友山房藏螭龙洗	直径10cm	268,800	北京荣宝	2011.11.11
清 白玉雕象耳洗子	直径15.7cm	230,000	中贸圣佳	2011.11.6
清 白玉雕双蝠耳衔环洗	长21cm	287,500	北京匡时	2011.6.8
清 白玉雕双蝶耳洗	长19.7cm	291,200	中贸圣佳	2011.4.29
清 白玉雕梅花式水洗	直径12cm	84,000	北京荣宝	2011.3.18
清 白玉雕龙蝠双耳衔环菱形笔洗	长24cm	207,000	北京匡时	2011.6.8
清 白玉雕蕉叶洗	长21cm	172,500	江苏省拍	2011.12.10
清 白玉雕福寿水洗	长11cm	112,000	浙江佳宝	2011.6.23
清 白玉苍龙教子海棠洗	长18.5cm	448,000	长风拍卖	2011.1.20
清 白玉八角双耳洗	长12.9cm	61,600	十竹斋	2011.5.29
清 乾隆 青白玉海水云纹洗	直径6.3cm	504,000	上海新华	2011.6.25
民国 碧玉花蝶双耳大洗	宽33cm	138,000	北京保利	2011.6.7
玉霖禅林 筋纹笔洗	高8cm	78,400	中鼎国际	2011.10.15
玉雕松鼠葡萄洗	长17cm	80,640	北京翰海	2011.4.9
玉雕梅花洗	长32.5cm	172,500	北京保利	2011.12.7
玉雕荷叶蜻蜓洗	长29cm	69,000	中国嘉德	2011.9.17
宋鸣放 吉祥欢喜 白玉笔洗	高5.5cm	138,000	西泠拍卖	2011.7.16
瞿惠中 螭龙白玉洗	长9.1cm；97.2克	92,000	西泠拍卖	2011.7.16
浮雕花纹碧玉洗连坐	直径12.8cm	956,800	澳门中信	2011.6.25
白玉羊头洗	长23cm	69,000	中国嘉德	2011.3.19
白玉双桃耳洗	长20cm	50,400	北京保利	2011.1.15
白玉缠枝莲纹灵芝耳洗	长18.5cm	86,250	中国嘉德	2011.3.19
纸镇				
宋 浅青玉骆驼纸镇	长10.5cm	294,700	香港苏富比	2011.4.8
元末明初 白玉沁色龙龟镇纸	长10cm	3,696,000	浙江钱塘	2011.6.12
明中期 黄玉瑞兽镇	长6cm	575,000	北京保利	2011.6.6
明或更早 古玉骆驼镇	长5cm	1,380,000	北京保利	2011.12.6
明 青玉雕虎形镇	长6.2cm	86,250	江苏省拍	2011.12.10
明 黄玉双獾文镇	长4.8cm	89,600	北京荣宝	2011.11.11
明 黄玉巧雕羊衔灵芝镇子	长5.6cm	2,576,000	古天一	2011.6.4
明 黄玉狗纸镇	长8.2cm	230,000	中国嘉德	2011.12.17
明 白玉沁色雕瑞兽纹镇纸	长22.8cm	64,960	天津文物	2011.11.12
明 白玉雕天鹿镇子	长4.7cm	425,600	古天一	2011.6.4
明 白玉雕瑞兽镇纸	长9cm	138,000	北京匡时	2011.6.8
清初 黄玉雕瑞兽纹纸镇	长6cm	402,500	北京东正	2011.11.17
清初 黄玉雕瑞兽纹纸镇	长8.3cm	368,000	北京东正	2011.11.17
清初 白玉雕辟邪衔灵芝纹纸镇	长7cm	161,000	北京东正	2011.11.17
清早期 黄玉苍龙教子镇	宽9cm	230,000	北京保利	[illegible]
[illegible]	[illegible]	747,500	北京保利	2011.6.7
清乾隆 白玉圆雕欢天喜地镇纸	高3.5cm	710,000	北京匡时	2011.6.8
清乾隆 白玉双獾纸镇	长7.7cm	253,000	北京保利	2011.6.6

拍品名称	尺寸	成交价RMB	拍卖公司	拍卖日期
清乾隆 白玉巧雕双蝠镇	长7cm	69,000	北京保利	2011.7.26
清乾隆 白玉牧牛童子镇纸	长7.5cm	1,680,000	浙江钱塘	2011.6.12
清乾隆 白玉耄耋纸镇	长4.5cm	92,000	北京保利	2011.6.6
清乾隆 白玉雕镇尺	长22.5cm	701,500	江苏省拍	2011.12.10
清乾隆 白玉雕喜鹊登梅纹纸镇	长6.6cm	460,000	北京东正	2011.11.17
清乾隆 白玉雕三友纹纸镇	长8.5cm	218,500	北京东正	2011.11.17
清乾隆 白玉雕瑞兽纹纸镇	长7.1cm	138,000	北京东正	2011.11.18
清乾隆 白玉雕瓜果纹纸镇	长6.5cm	402,500	北京东正	2011.11.17
清乾隆 白玉雕凤形文纸镇	长13cm	345,000	北京东正	2011.11.18
清乾隆 白玉雕螭龙纹纸镇	长25.5cm	92,000	北京东正	2011.11.18
清中期 玉雕瑞鹿衔灵芝镇	长9.4cm	230,000	北京诚轩	2011.11.12
清中期 楠木题诗嵌白玉兔镇纸	长37cm	483,000	北京保利	2011.6.5
清中期 黄玉佛手纸镇	长12.5cm	70,150	北京翰海	2011.11.19
清中期 白玉圆雕狮形镇纸	长9cm	207,000	北京匡时	2011.6.8
清中期 白玉双凤镇纸	长9.6cm	240,000	北京中汉	2011.5.23
清中期 白玉琴棋书画镇纸	高9.5cm	57,500	中国嘉德	2011.5.23
清中期 白玉雕双鹿纹纸镇	长11.5cm	575,000	北京东正	2011.11.17
清中期白玉雕沁色佛手镇纸	长7.5cm	161,000	北京东正	2011.11.17
清中期白玉雕琴棋书画镇纸	长7cm	230,000	北京歌德	2011.6.3
清18世纪 白玉灵芝双鹿纸镇	长5.5cm	336,800	香港苏富比	2011.4.8
清 青玉雕瑞狮钮镇纸	直径5.5cm	59,800	北京匡时	2011.6.8
清 琥珀狮子滚绣球纸镇(一对)	长10cm	56,000	四川嘉禾	2011.1.23
清 黑白玉瑞兽镇纸	长6.5cm	87,360	浙江钱塘	2011.6.12
清 白玉籽洋洋得意镇	高4cm	67,200	上海嘉泰	2011.6.30
清 白玉圆雕瑞兽镇纸	长8cm	69,000	北京匡时	2011.6.8
清 白玉卧兽纸镇	长11cm	92,000	北京保利	2011.6.6
清 白玉卧狮镇	长8.3cm	149,500	北京保利	2011.12.8
清 白玉山水纹镇尺	长21.5cm	53,760	浙江钱塘	2011.6.12
清 白玉琴棋书画纸镇	长7.5cm	80,500	中国嘉德	2011.12.17
清 白玉留皮雕刘海戏蟾纹镇纸	长5.3cm	201,600	天津文物	2011.5.13
清 白玉和谐纸镇	长7.5cm	66,700	北京翰海	2011.11.19
清 白玉雕螃蟹镇纸	长9.3cm	896,000	中贸圣佳	2011.4.29
清 白玉雕荷莲纹镇纸	长5.5cm	98,560	天津文物	2011.5.13
清 白玉雕滚马镇子	长5cm	280,000	古天一	2011.6.4
清 白玉螭龙纸镇	长15cm	103,500	北京翰海	2011.11.19
清 白玉缠枝宝相花纹镇尺(一对)	长13.8cm	180,000	红太阳	2011.5.28
瞿利军 渔樵耕读书镇	长18.5cm	2,242,500	西泠拍卖	2011.7.16
红木嵌玉镇纸	长32cm	103,500	泰和嘉成	2011.11.27
和田玉雕"鸿运当头"金蟾纸镇	直径6.5cm	156,800	山东大成	2011.9.29
19世纪-20世纪 白玉麒麟负书文镇	长13.4cm	76,827	台北富博斯	2011.12.18
玉砚				
明 白玉雕仙人乘槎船形砚	长10.4cm	672,000	中贸圣佳	2011.4.29
清康熙 白玉太平有象砚	高20cm	1,322,500	荣宝斋	2011.11.25
清乾隆 玉兔朝圆砚	直径12cm	230,000	北京歌德	2011.12.3
清乾隆 碧玉龙纹辟雍砚	口径18.7cm	418,000	北京中嘉	2011.1.9
清 玉雕琴形砚	长19cm	115,000	江苏省拍	2011.12.10
清 青白玉风字砚	长15cm	402,500	西泠拍卖	2011.7.18
清 黄宗绎铭云纹水晶砚	长8.2cm	149,500	西泠拍卖	2011.7.19
清 白玉砚	高9.4cm	58,240	浙江钱塘	2011.6.12
清 白玉雕太平有象砚	长15cm	172,500	上海大众	2011.8.25
玉砚	长16cm	322,000	苏州吴门	2011.6.12
白玉砚台	长14.5cm	78,200	上海驰翰	2011.11.3
白玉砚	长13.8cm	53,760	安华白云	2011.3.6
砚屏				
明 白玉镂雕凤穿牡丹小砚屏连座	高15cm	63,250	北京匡时	2011.6.8
清乾隆 白玉仙童采莲图砚屏	高22cm	126,500	中国嘉德	2011.3.19
清乾隆 白玉雕戏马诗文砚屏	长7.6cm	598,000	北京东正	2011.11.17
清乾隆 白玉雕和合二仙纹砚屏	长7cm	575,000	北京东正	2011.11.17
清乾隆 白玉"春江花月夜"御题诗小砚屏	高12cm	1,380,000	北京保利	2011.6.5

拍品名称	尺寸	成交价RMB	拍卖公司	拍卖日期
清中期 玉雕描金山水花卉御题诗文砚屏(二件)	高25.5cm	322,000	北京翰海	2011.11.19
清中期 和田白玉雕竹菊图砚屏	长12cm	1,344,000	长风拍卖	2011.1.20
清中期白玉山水人物纹插屏	高14.8cm	207,000	中国嘉德	2011.3.19
清 黑白玉巧雕麻姑献寿砚屏	高11.5cm	268,800	北京荣宝	2011.3.18
清 碧玉砚屏	通高9.8cm	115,000	西泠拍卖	2011.7.19
清 白玉携琴访友砚屏	高13.8cm	336,000	浙江钱塘	2011.6.12
清 白玉寿桃砚屏	高17cm	69,440	浙江钱塘	2011.6.12
清 白玉龙纹砚屏	长8.8cm	92,000	北京华辰	2011.5.20
清 白玉雕赤壁夜游砚屏	长11.3cm	57,500	江苏省拍	2011.12.10
清 白玉雕"岁岁平安"砚屏		53,760	中贸圣佳	2011.4.29
清 "紫袍玉带"砚板	长21.5cm	51,750	北京歌德	2011.12.3
玉玺				
元／清雍正 雍正帝御宝镂雕龙钮白玉玺	长5.6cm	29,011,600	香港苏富比	2011.10.5
清乾隆五十四年(1789年) 白玉龙钮"八征耄念之宝""向用五福"宝玺(一组)	尺寸不一	43,125,000	北京保利	2011.12.6
清乾隆六十年(1795年) 白玉御题诗"太上皇帝"圆玺	高5cm	161,000,000	北京保利	2011.12.6
清乾隆 御制黄玉蟠螭钮葫芦玺	长4.2cm	2,070,000	北京保利	2011.12.6
清乾隆 乾隆帝御宝交龙钮白玉玺	高8.6cm	54,309,000	香港苏富比	2011.4.8
清乾隆 红白玛瑙盘螭小玺	长3.5cm	414,000	北京保利	2011.12.6
清道光十一年(1831年) 白玉御制文"慎德堂宝"交龙钮宝玺	高10cm	90,850,000	北京保利	2011.12.6
清 旧玉玺	长8.5cm	92,000	北京翰海	2011.12.18
清 白玉和硕宝亲王宝玺印	长6cm	287,500	北京匡时	2011.6.8
青白玉龙钮玺	直径12.7cm	71,300	中国嘉德	2011.3.19
和田青玉满汉印文交龙钮宝玺	长12.7cm	263,125	香港苏富比	2011.4.8
和田 龙玺摆件	长6.6cm	448,000	齐鲁国拍	2011.10.15
碧玉玺印	高6.6cm	57,500	华夏国拍	2011.6.10
碧玉雕龙钮玉玺	高9.7cm	172,500	北京九歌	2011.6.10
白玉龙钮玺	长10.2cm	57,500	中国嘉德	2011.6.18
玉印				
汉 青玉兽钮印(一组五件)	通高10cm	330,000	北京中嘉	2011.1.9
汉 青白玉兽钮印	高5.7cm	220,000	北京中嘉	2011.1.9
汉 白玉仙人骑马章料	高8.5cm	165,000	北京中嘉	2011.1.9
元 龙钮玉印	高4cm	53,760	琴岛荣德	2011.5.15
元 白玉龙钮押印	宽4.1cm	345,000	北京保利	2011.6.6
元 白玉蹲龙印押	长6.5cm	2,070,000	北京保利	2011.12.6
元 白玉雕虎钮印章	长5cm	184,000	上海大众	2011.8.25
明 玉钮象牙印章	高4.5cm	63,250	江苏省拍	2011.12.10
明 益田香远刻玉龟龙钮章	高4.8cm	126,500	西泠拍卖	2011.7.17
明 青白玉雕霸下印钮	长3.9cm	172,500	北京东正	2011.6.5
明 白玉兽纽方章	高3.5cm	103,500	北京保利	2011.6.7
明 白玉桥钮印	高1.6cm	86,250	苏州吴门	2011.6.11
清早期 黑白玉巧雕龙钮印	长4.7cm	425,500	古天一	2011.12.5
清乾隆 御制"学诗堂"白玉辟邪钮印	长3cm	3,450,000	北京保利	2011.6.5
清乾隆 青白玉玄武章	长4.5cm	2,645,000	福建拍卖	2011.7.2
清乾隆 淡黄玉盘螭方印	高6cm	690,000	北京保利	2011.12.8
清乾隆 白玉章	高5.6cm	80,500	北京匡时	2011.6.8
清乾隆 白玉迎面龙纹宝章	长13cm	4,370,000	北京保利	2011.10.22
清乾隆 白玉印盒	长8.5cm	144,050	台北富博斯	2011.12.18
清乾隆 白玉巧雕福寿方印	高3.5cm	1,035,000	北京保利	2011.6.7
清乾隆 白玉雕卧马钮印章	长4cm	575,000	北京东正	2011.11.17
清乾隆 白玉螭纽方印	长3cm	253,000	北京保利	2011.6.6
清康熙 白玉许容刻谷园堂印	高3.1cm	212,800	北京荣宝	2011.11.11
清嘉庆 碧玉龙纽"经纬乾坤"印	长6.4cm	1,322,500	北京保利	2011.6.7
清道光 白玉雕"行有恒堂"兽钮印	高4.5cm	103,500	北京东正	2011.11.17
清中期 水晶雕桥钮曹绍樾用方章	高6cm	161,000	北京诚轩	2011.11.12

(成交价RMB：5万元以上)

拍品名称	尺寸	成交价RMB	拍卖公司	拍卖日期
清中期 白玉马纽圆印 碧玉团寿盖盒	直径8.3cm	103,500	北京保利	2011.6.5
清中期 白玉雕瑞兽钮印章	高4.2cm	207,000	北京东正	2011.11.17
清中期 白玉雕瑞兽钮印章	高4.3cm	86,250	北京东正	2011.11.17
清中期 白玉雕长天一色龙钮印章	高3.6cm	138,000	江苏省拍	2011.12.10
清19世纪 琥珀瑞兽钮椭圆印	高4cm	57,544	香港佳士得	2011.6.1
清 玉雕兽钮章(五件)	尺寸不一	63,250	北京保利	2011.4.17
清 玉雕兽钮章(三方)	尺寸不一	126,500	中国嘉德	2011.3.19
清 玉雕狮钮印	高4.6cm	112,000	古天一	2011.6.4
清 玉雕龙纽方章	高3.4cm	57,500	北京翰海	2011.11.19
清 羊脂白玉博古瓦钮章	高2.5cm	149,500	西泠拍卖	2011.7.17
清 青玉兽钮章料	高4.3cm	78,400	辽宁中正	2011.4.17
清 青玉交龙钮印	高10.2cm	94,300	北京纳高	2011.7.6
清 青白玉龙纽印	长8cm	51,750	北京保利	2011.4.17
清 青白玉交龙纽印		126,500	北京纳高	2011.7.6
清 南红玛瑙盘螭印	宽2.7cm	80,500	北京保利	2011.12.8
清 琥珀料螭龙钮 "玉宇来清风" 方印	高5.1cm	61,600	中贸圣佳	2011.4.29
清 红玛瑙雕兽纽章	高3.1cm	92,000	西泠拍卖	2011.7.19
清 碧玉交龙钮印	高8cm	57,500	北京纳高	2011.7.6
清 白玉印章	尺寸不一	89,600	天津文物	2011.5.13
清 白玉太极有象钮闲章	长4.3cm	241,500	西泠拍卖	2011.7.17
清 白玉双羊钮章	高2.8cm	66,700	中国嘉德	2011.3.19
清 白玉兽钮章 白玉婴戏钮章各一方	尺寸不一	57,500	中国嘉德	2011.3.19
清 白玉兽钮鉴藏印	高3.7cm	63,250	苏州吴门	2011.6.11
清 白玉龙钮方章	长2.9cm	161,000	福建拍卖	2011.7.2
清 白玉留皮瑞兽章	高4cm	55,200	北京保利	2011.4.17
清 白玉留皮巧雕耄耋钮印章	长4cm	168,000	苏州东方	2011.4.28
清 白玉留皮螭龙纽章料	长4.5cm	103,500	北京保利	2011.10.23
清 白玉雕兽钮印章	高4.4cm	95,200	天津文物	2011.11.12
清 白玉雕螭虎钮印	高4.8cm	184,000	北京保利	2011.12.8
清 白玉螭龙钮印章	高4.7cm	69,000	中国嘉德	2011.5.23
清 白玉 "剑胆琴心" 龙钮印	高2.5cm	161,000	古天一	2011.12.5
清 "体和殿御赏" 玉印	高4cm	92,000	朵云轩	2011.12.16
玛瑙冻荷叶扁方章	高6cm	63,250	北京保利	2011.6.5
瞿利军 瑞兽钮 白玉印	高5cm	86,250	西泠拍卖	2011.7.16
旧玉印章	长5.5cm	61,600	太平洋	2011.6.18
和田玉籽料龙兔对印	尺寸不一	91,840	北京博观	2011.11.25
和田玉籽料龙钮印章	高3.9cm	53,760	北京博观	2011.11.25
和田玉籽料顶呱呱印章	高4.2cm	56,000	北京博观	2011.11.25
和田白玉章等(七方)	尺寸不一	74,750	西泠拍卖	2011.7.17
和田白玉古兽钮章	高3cm	51,750	西泠拍卖	2011.7.17
螭龙钮白玉章	高6cm	57,500	中国嘉德	2011.11.14
碧玉螭龙钮方印	高6cm	164,000	香港苏富比	2011.10.5
白玉双马印章	高6cm	97,750	北京匡时	2011.9.17
白玉人上人方章	高3.3cm	64,960	北京博观	2011.11.25
白玉报喜印章	长5.5cm	402,500	苏州吴门	2011.6.12
2009年 钟建林 和田玉籽料福寿印	高3.6cm	201,600	北京博观	2011.6.12
尤志光 瑞兽白玉印	高8.4cm	80,500	西泠拍卖	2011.7.16
益田香远等刻水晶 蜜蜡 翡翠等印章(十三方)	尺寸不一	310,500	西泠拍卖	2011.7.17
羊脂玉怡亲王宝印	高2cm	552,000	北京容海	2011.10.24
现代 忤子辉白玉《三灵章》	高7.5cm	280,000	海士德	2011.6.17
天和玉雕工作室 龙凤白玉对章	尺寸不一	172,500	西泠拍卖	2011.7.16
唐伟琪 乾坤白玉印	高5.5cm	63,250	西泠拍卖	2011.7.16
其他文房用品				
清初 白玉雕文房(一组六件)	尺寸不一	920,000	北京东正	2011.11.17
清初 白玉雕芦雁文房(一组六件)	尺寸不一	1,127,000	北京东正	2011.11.17
清乾隆 碧玉雕嵌宝书拨	长32.6cm	69,000	北京东正	2011.11.18
清乾隆 白玉雕文房(一组十件)	尺寸不一	[illegible]	[illegible]	2011.11.18
[illegible]	尺寸不一	805,000	北京翰海	2011.11.19

拍品名称	尺寸	成交价RMB	拍卖公司	拍卖日期
清 青黄玉文房用具(一组八件)	通高12.5cm	2,200,000	北京中嘉	2011.1.9
清 碧玉文房五件套	尺寸不一	57,500	北京容海	2011.10.24
清 白玉文房(四件)	尺寸不一	291,200	十竹斋	2011.5.29
和田碧玉刻满汉诗文圣旨	长138cm	100,000	印千山	2011.6.3
兵器及刀剑饰				
商晚期 玉斧	长49.5cm	2,223,945	纽约苏富比	2011.3.22
齐家文化 神人纹五孔玉刀	长53cm	1,500,000	北京中嘉	2011.1.9
齐家文化 神人狩猎纹五孔玉刀	长53.1cm	1,760,000	北京中嘉	2011.1.9
齐家文化 神人狩猎纹三孔玉刀	长41cm	1,650,000	北京中嘉	2011.1.9
战国 青玉兽面纹斧(一对)	通长17cm	110,000	北京中嘉	2011.1.9
战国 刻龙纹青白玉、玛瑙剑璏(各一件)	尺寸不一	71,674	香港淳浩	2011.7.30
战国 白玉剑饰	高3.4cm	52,313	香港佳士得	2011.6.1
西周 青白玉凤鸟纹刀	长22cm	330,000	北京中嘉	2011.1.9
汉 玉沁色雕兽面纹剑饰	长10.4cm	78,400	天津文物	2011.5.13
汉 玉雕剑饰(三件)	尺寸不一	402,500	北京保利	2011.6.6
汉 青玉出征纹刀	长86cm	1,540,000	北京中嘉	2011.1.9
汉 青玉螭纹玉具剑(四件)	通长14.5cm	121,000	北京中嘉	2011.1.9
汉 青玉螭纹剑	长97.1cm	2,090,000	北京中嘉	2011.1.9
汉 青黄玉螭纹戈	长33.5cm	187,000	北京中嘉	2011.1.9
汉 青白玉螭纹斧	长23.5cm	242,000	北京中嘉	2011.1.9
汉 绿琉璃剑饰(四件)	长7.5cm	212,800	北京荣宝	2011.3.18
汉 古玉剑饰(四件)	尺寸不一	299,000	北京保利	2011.6.6
汉 碧玉雕十八般兵器(一套18件)	通长170cm	40,000,000	北京中嘉	2011.1.9
汉 白玉沁色雕螭纹剑饰	长9cm	73,440	天津文物	2011.5.13
汉 白玉螭纹玉具剑(一组四件)	通长9.4cm	154,000	北京中嘉	2011.1.9
汉 白玉螭纹剑璏	长23cm	96,800	北京中嘉	2011.1.9
汉 白玉螭纹剑(带剑鞘)	长55.5cm	440,000	北京中嘉	2011.1.9
汉 白玉螭纹戈	长25cm	330,000	北京中嘉	2011.1.9
汉 白玉螭纹戈	长25cm	198,000	北京中嘉	2011.1.9
宋 白玉雕兽纹剑珌	长4.7cm	57,500	中国嘉德	2011.5.23
元 白玉饕餮纹剑首	直径4.1cm	78,400	北京荣宝	2011.11.11
明17世纪 青白玉螭虎纹剑珌	宽5.1cm	62,775	香港佳士得	2011.6.1
明 白玉沁色双螭剑饰	长8.6cm	112,000	上海新华	2011.6.25
清早期 马头形水晶刀柄	长10cm	86,250	北京保利	2011.4.16
清乾隆 御题元黄天符钺	高12.2cm	4,256,000	中贸圣佳	2011.4.29
清乾隆 黄玉仿古嵌银丝饕餮纹五孔刀	长23cm	100,800	山东大成	2011.9.29
清乾隆 白玉雕螭龙纹玉斧	长14cm	977,500	北京匡时	2011.6.8
清初 旧玉兽面蕉叶纹铲	长11.2cm	78,400	上海新华	2011.6.25
清初 黄玉雕龙钮钺	长8.9cm	805,000	北京东正	2011.6.5
清 菡古集瑞紫檀装旧玉	长15cm	80,500	北京歌德	2011.6.3
清 仿古玉雕剑(三件)	尺寸不一	190,400	太平洋	2011.6.18
清 仿古玉雕剑	高54cm	313,600	太平洋	2011.6.18
旧玉剑首	长4.5cm	126,500	中国嘉德	2011.11.15
古玉龙纹钺	高12cm	300,000	红太阳	2011.5.28
古玉刀及白玉猪	长7.5cm	59,322	香港富得	2011.6.24
雕刻花卉玉柄刀	总长40cm	581,700	中博文化	2011.7.10
葬玉				
汉 白玉覆面(一套八件)	通长8.5cm	242,000	北京中嘉	2011.1.9